I0042773
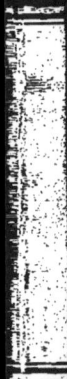

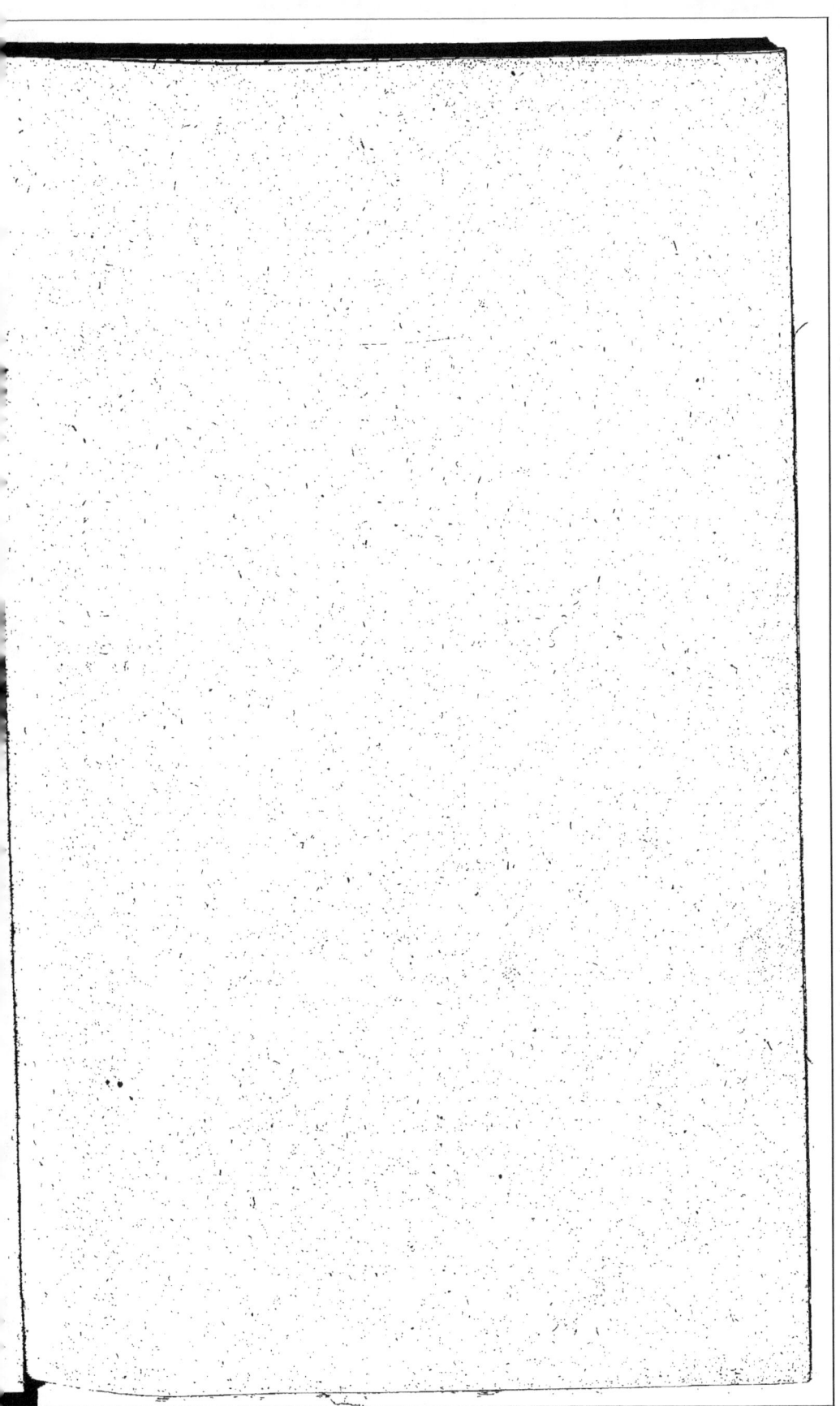

MEMENTO

DU

COMMISSAIRE DE POLICE

GUIDE PRATIQUE

MANUEL DES ASPIRANTS A CES FONCTIONS

PAR ÉMILE DURAND DE VALLEY

Licencié en droit de la Faculté de Paris,

successivement Commissaire spécial, départemental et central.

« Beaucoup de choses en peu de mots. »

DEUXIÈME ÉDITION.

AVIGNON,

BONNET FILS, IMPRIMEUR-ÉDITEUR, RUE BOUQUERIE, 7.

1857.

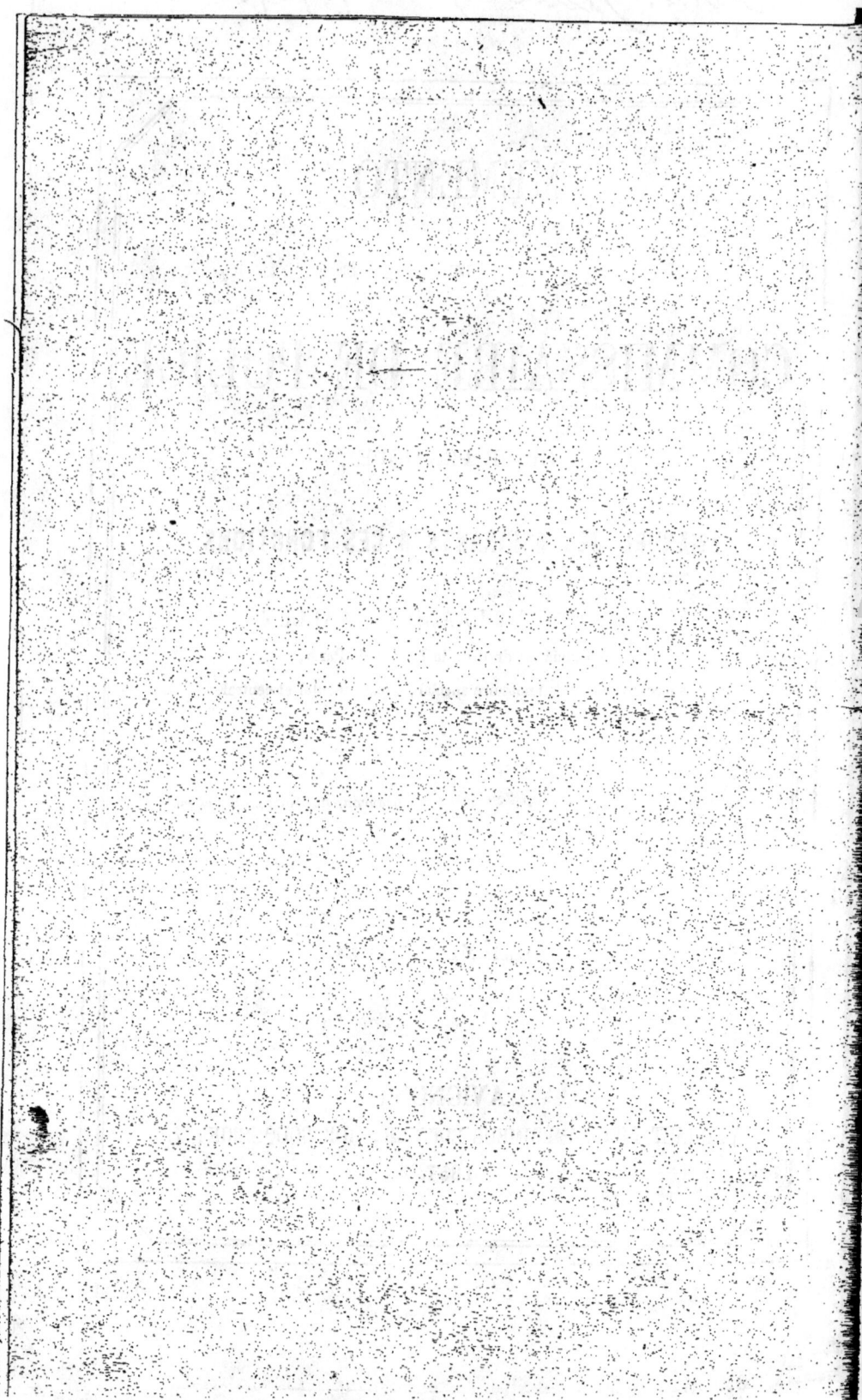

MEMENTO

DU COMMISSAIRE DE POLICE

GUIDE PRATIQUE.

©

MEMENTO

DU

COMMISSAIRE DE POLICE

GUIDE PRATIQUE

MANUEL DES ASPIRANTS A CES FONCTIONS

PAR ÉMILE DURAND DE VALLEY

Licencié en droit de la Faculté de Paris,

successivement Commissaire spécial, départemental et central.

« Beaucoup de choses en peu de mots. »

DEUXIÈME ÉDITION.

AVIGNON,

BONNET FILS, IMPRIMEUR-ÉDITEUR, RUE BOUQUERIE, 7.

1857.

ףכף

MEMENTO

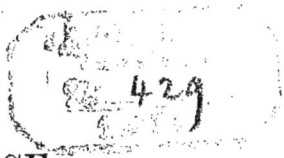

DU COMMISSAIRE DE POLICE.

GUIDE PRATIQUE.

MEMENTO

DU

COMMISSAIRE DE POLICE

GUIDE PRATIQUE

MANUEL DES ASPIRANTS A CES FONCTIONS

par

ÉMILE DURAND DE VALLEY,

Licencié en droit de la Faculté de Paris,

COMMISSAIRE CENTRAL A AVIGNON,

précédemment

*Commissaire départemental de l'Ain, Commissaire en chef à Rochefort,
Commissaire spécial en mission dans les départements du Cher et de la Nièvre.*

« Beaucoup de choses en peu de mots. »

AVIGNON,

BONNET FILS, IMPRIMEUR-ÉDITEUR.

1855

INTRODUCTION.

Memento, — Guide pratique ; — ici , ni doctrine,
ni science : des jalons , un appel aux souvenirs ou
une invitation à l'étude ; — un fil conducteur dans le
labyrinthe d'un cercle d'attributions si nombreuses et
si diverses qu'il faut supposer au fonctionnaire appelé
à s'y mouvoir, l'intelligence et une partie du savoir de
l'économiste, de l'administrateur et du jurisconsulte.

Pas plus de commentaires trop souvent incompris,
qui égarent au lieu d'éclairer , qu'un laconisme dé-
sespérant qui laisse tout à apprendre

Le fond et la forme , indiqués en peu de mots ,
voilà l'œuvre.

La division la plus naturelle et la plus simple a été adoptée.

Le commissaire de police, pris en quelque sorte par la main au seuil de la carrière, est conduit et dirigé dans tout son parcours.

HUIT PARTIES PRINCIPALES.

Iʳᵉ PARTIE.

LA POLICE. — *Sa fin, ses divisions.* — Le commissaire de police, ses droits et ses devoirs, définitions et instructions générales. — Organisation d'un bureau de police ; distribution du service.

II. PARTIE.

POLICE ADMINISTRATIVE. — *Ses différents aspects, son influence.* — Le commissaire de police agent du Gouvernement, dépositaire de l'autorité publique administrative.

III. PARTIE.

POLICE JUDICIAIRE. — *Voies à suivre, Législation.* — Le commissaire de police officier de police judiciaire, auxiliaire du procureur impérial.

IV. PARTIE.

PÓLICE MUNICIPALE. — *Règles particulières*. — Le commissaire de police agent de l'administration municipale; ou chargé de la constatation et de la poursuite des contraventions.

V. PARTIE.

TRIBUNAUX DE SIMPLE POLICE. — *Manuel spécial.* — *Formes*. — *Jurisprudence*. — Le commissaire de police officier du ministère public.

VI. PARTIE.

CONSEILS ET RÈGLES DE DROIT. — *Intervention paternelle de l'Autorité en toute matière*. — Le commissaire de police conciliateur officieux.

VII. PARTIE.

FORMULAIRE DU COMMISSAIRE DE POLICE. — Lexique des modèles de tous les documents, rapports, procès-baux, réquisitoires, taxes, certificats, etc., qui peuvent émaner d'un bureau de police.

VIII. PARTIE.

TABLE ALPHABÉTIQUE, ANALYTIQUE ET GÉNÉRALE, faisant de l'ouvrage le dictionnaire de police pratique le plus complet.

Ce livre est, avec la mise en ordre de quelques textes choisis, le recueil de nos observations ; le résultat des applications spéciales, des études auxquelles nous avons dû nous livrer comme avocat et comme magistrat.

Notre but sera atteint si nous sommes utile à une classe nombreuse de fonctionnaires, si nous avons enfin placé sous la main du commissaire de police un guide sûr et de tous les instants ; le rudiment du métier.

PREMIÈRE PARTIE

LA POLICE. — LE COMMISSAIRE DE POLICE. — ORGANISATION D'UN BUREAU DE POLICE. — DISTRIBUTION DU SERVICE.

CHAPITRE PREMIER.

LA POLICE, SA FIN, SES DIVISIONS.

SECTION UNIQUE.

But de l'institution de la police. — Son caractère essentiel. — Définition. — Origine. — Divisions principales. — Police administrative. — Police judiciaire. — Police municipale. — *Quid?*

1. La Police est instituée pour maintenir l'ordre public, la liberté, la propriété, la sureté individuelle. (*Code du 3 brumaire an IV, livre* 1er, *art.* 16, 17, 18, 19.)

2   Son caractère principal est la vigilance.

2

3. La société considérée en masse est l'objet de sa sollicitude.

4. Sa fin étant la protection de tous les intérêts, elle doit être pratiquée d'une manière équitable, bienveillante, paternelle, et tendre à faire aimer le Gouvernement au nom de qui elle s'exerce.

5. Platon, en traitant des lois, définit la police : *la vie, le règlement et la loi par excellence qui maintient la cité.* Aristote la nomme aussi : *le bon ordre, le gouvernement de la ville, le soutien de la vie du peuple, le premier et le plus grand des biens.*

6. L'organisation de notre police est, en quelque sorte, calquée sur celle des Romains qui l'importèrent dans les Gaules où elle fut conservée par les Francs.

7. Les lois de police et de sûreté obligent tous ceux qui habitent le territoire. (*Code Napoléon, art. 3.*)

8. La police se divise en police *administrative*, en police *judiciaire*, et en police *municipale.*

9. La police *administrative* a pour objet le maintien habituel de l'ordre public dans chaque lieu et dans chaque partie de l'administration générale.

10. Elle tend principalement à prévenir les délits; à donner satisfaction aux besoins légitimes des populations, à pourvoir à leur sûreté; à tenir en garde les citoyens contre l'entraînement ou l'erreur, à les défendre de leurs propres faiblesses.

11. Les lois qui la concernent font partie du Code des administrations civiles.

12. La police *judiciaire* recherche les crimes, les

délits et les contraventions, en rassemble les preuves, et
en livre les auteurs aux tribunaux chargés de les punir.
(Code d'instruction criminelle, art. 8.)

13. La police *municipale* procède tout à la fois de
la police administrative et de la police judiciaire, en ce
sens qu'elle se compose tour à tour d'actes administratifs, basés sur certaines appréciations, tels que les
arrêtés et règlements de police faits par les maires, conformément aux dispositions de l'art. 3, titre XI de la
loi du 16-24 août 1790, et d'actes de procédure tels
que la constatation et la poursuite des contraventions.

14. Sous ce dernier rapport, la police municipale est
aux simples contraventions ce que la police judiciaire est
plus particulièrement aux crimes et aux délits.

15. Les différentes matières, indiquées dans ce chapitre, seront en leur lieu successivement traitées dans la
mesure nécessaire au commissaire de police.

CHAPITRE II.

LE COMMISSAIRE DE POLICE.

SECTION I.

Ediles et gardes de nuit. — Magistrature du commissaire de police. — Multiplicité de ses attributions. — Agent du gouvernement. — Agent de l'administration municipale. — Officier de police judiciaire, auxiliaire du procureur impérial. — Officier du ministère public. — Caractère particulier des fonctions de commissaire de police. — Responsabilité. — Poursuites. — Distinction à établir.

16.   De tous temps l'exercice des fonctions de police a été une magistrature. A Rome, les édiles, magistrats très-considérés, étaient chargés de tout ce qui concernait la police de jour; ils avaient pour mission d'inspecter les marchés, d'examiner la qualité des denrées mises en vente, de vérifier les poids et les mesures, de surveiller les tavernes, les bains et les auberges dont les maîtres étaient obligés de tenir note des personnes qui venaient y loger, d'inscrire les courtisanes qui ne pouvaient exercer leur infâme métier sans au préalable en avoir fait la déclaration devant eux; de veiller à la propreté et à la sûreté des rues, d'en assurer la libre circulation, de n'y laisser courir aucun animal dangereux, etc.

La police de nuit était confiée à d'autres magistrats qui avaient pour chef un chevalier romain avec le titre de *préfet des gardes de nuit.*

17. Le commissaire de police tient à la fois de l'édile et du préfet des gardes de nuit : aux immenses occupations de toute nature qui absorbaient l'attention de ces fonctionnaires, sont venues se joindre pour lui des préoccupations d'un ordre plus élevé encore ; chargé comme eux de veiller à l'exécution des lois, de sauvegarder les intérêts moraux et matériels de la cité, il a en outre une mission politique à remplir : il est la sentinelle avancée de l'ordre, le gardien vigilant de la sûreté de l'État ; il doit prévenir les complôts, pénétrer les projets subversifs, prêter au gouvernement qu'il sert le concours actif et éclairé d'une surveillance et d'une action propres à le défendre, à le préserver contre les manœuvres sourdes et patentes de ses ennemis.

La loi du 10 avril 1831 appelle le commissaire de police *magistrat.*

Les commissaires de police sont en effet magistrats de l'ordre administratif et judiciaire.

18. Ils sont tout à la fois, agents du gouvernement, dépositaires de l'autorité publique administrative ; agents de l'administration municipale ; officiers de police judiciaire, auxiliaires du procureur impérial ; officiers du ministère public près le tribunal de simple police.

19. Comme agents du gouvernement, *dépositaires de l'autorité publique administrative,* les commissaires de police ont mission de s'occuper, *proprio jure,* ou par délégation, de tout ce qui se rattache à la police générale ; ils exercent des fonctions de même nature que les préfets, sous-préfets et maires, dont ils sont, pour ainsi dire, les dédoublements.

20. Ils veillent au maintien et à l'exécution des lois municipales correctionnelles, et les fonctions qui leur sont confiées sont dans l'ordre des pouvoirs propres ou délégués aux corps municipaux. (*Loi du* 21 *septembre* 1791 *et instruction du* 7 *ventôse an IX.*)

21. Ils assistent concurremment avec les juges de paix et avec les maires, les officiers ministériels et agents de la force publique qui veulent s'introduire dans les maisons, ateliers, etc. Ils peuvent être délégués par le juge de paix pour se transporter dans la maison où se trouve le débiteur soumis à la contrainte par corps, et autoriser son arrestation. (*Loi du* 4 *avril* 1855.)

22. Ils comparaissent (*art.* 42, 98, 105 *du Code d'instruction criminelle*) concurremment avec les maires, dans les procès-verbaux que dressent les procureurs impériaux ; ils visent en certain cas les mandats d'amener ou d'arrêt, dressés par les juges de paix ; ceux dont l'exécution confiée à la gendarmerie, est restée impossible.

23. Ils font les sommations aux attroupements concurremment avec les maires et autres magistrats.

24. Les commissaires de police sont en outre investis en la même qualité des attributions légales que les inspecteurs de la librairie avaient reçues de l'art. 45 du décret du 5 février 1810, de l'art. 20 de la loi du 21 octobre 1814 et de l'art. 7 de l'ordonnance du 24 octobre de la même année. (*Ordonnance du* 13 *septembre* 1829.)

Enfin, comme remplaçant les anciens officiers municipaux, ils sont chargés : d'accompagner les préposés du bureau de garantie dans leurs visites pour constater les contraventions en matière de garantie d'or et d'argent ;

d'assister, sur leurs réquisitions, les employés des contributions indirectes, les préposés des douanes, les vérificateurs des poids et mesures, et de procéder eux-mêmes d'office à cette vérification; de présider aux exhumations de cadavres dûment autorisées; de diriger l'expertise des voitures publiques avant leur mise en circulation.

25. Comme *officiers de police judiciaire, auxiliaires du procureur impérial,* les commissaires de police peuvent :

1º Requérir directement la force publique;

2º Faire saisir les prévenus en cas de flagrant délit;

3º Décerner des mandats d'amener;

4º Recevoir les plaintes et les réclamations; tous actes qui n'appartiennent qu'à l'autorité publique, *jus decernendi. (Art.* 9, 11, 35, 40 *et* 50 *du Code d'instruction criminelle.)*

26. Comme *officiers du ministère public,*

1º Ils exercent les fonctions du ministère public près le tribunal de simple police;

2º A ce titre ils font citer les prévenus et les témoins;

3º Ils concluent, requièrent et font exécuter les jugements.

27. A ce dernier titre encore, fonctionnaires de l'ordre judiciaire, ils sont magistrats.

28. Les commissaires de police sont surtout magistrats dans le système des art. 222 et suivants du Code pénal, qui les met en opposition avec les agents de la force publique qu'ils ont le droit de requérir; avec laquelle, par conséquent, ils ne peuvent être confondus.

29. L'art. 37 de la loi de 1791 sur la réquisition de

la force publique, déclare les commissaires de police responsables en cas de négligence ou d'abus de pouvoir dans la réquisition ou l'action de la force publique.

30. La force publique, par sa nature obéissante et passive, n'est pas elle-même responsable des ordres qu'elle a reçu.

31. C'est sur ces principes que la Cour de cassation (chambres réunies), s'est fondée en décidant que les commissaires de police étaient compris, quant à la répression des outrages par paroles à eux faits dans l'exercice de leurs fonctions, ou à l'occasion de cet exercice, dans la qualification générale de *magistrats de l'ordre administratif ou judiciaire*.

32. L'art. 75 de la Constitution du 22 frimaire an VIII, qui ne permet de poursuivre les agents du gouvernement qu'après autorisation du Conseil d'État, est applicable aux *commissaires de police* pour des faits relatifs à leurs fonctions d'agents du gouvernement et de magistrats de l'ordre administratif.

33. Cette garantie cesse lorsque c'est en leur qualité d'officiers de police judiciaire que ces fonctionnaires sont poursuivis, dans ce cas ils n'ont droit qu'à celle déterminée par les art. 483 et 484 du Code d'instruction criminelle.

Les agents de la police locale, nommés et révoqués par les maires, *inspecteurs de police, sergents de ville, etc.*, n'ont pas le caractère d'agents du gouvernement, et ne se trouvent pas par conséquent placés sous la garantie de l'art. 75 de l'acte constitutionnel du 22 frimaire an VIII. *(Décision du Conseil d'État, 15 novembre 1854.)*

34. Les commissaires de police ne doivent pas être considérés comme officiers de police judiciaire, lorsque les crimes ou délits qui leur sont imputés n'ont point été commis par eux dans l'exercice de leurs fonctions en cette qualité, mais ne seraient que l'exercice coupable de pouvoirs attachés à leur caractère primitif. *(Toulouse, 4 août 1841.)*

La demande en autorisation de poursuites contre un commissaire de police n'est recevable que lorsque le demandeur justifie qu'il a porté plainte à l'autorité judiciaire. *(Conseil d'État, 3 novembre 1854.)*

Les infractions aux devoirs des commissaires de police, qualifiés crimes et délits par la loi, font l'objet de la section VI du présent chapitre.

SECTION II.

Rapports des commissaires de police avec les diverses autorités supérieures dont ils dépendent, — Avec les juges de paix, — Avec la gendarmerie. — Droit de requérir la force publique.

35. Relevant à la fois de l'autorité administrative, préfectorale et municipale, et de l'autorité judiciaire, les commissaires de police ont à remplir des devoirs essentiellement complexes.

36. Leurs devoirs envers ces autorités sont de deux natures : ils sont généraux, c'est-à-dire ayant un caractère commun aux divers ordres de fonctionnaires dont ils relèvent ; ou spéciaux, c'est-à-dire rentrant directement

et exclusivement dans les attributions de l'un ou de l'autre de ces fonctionnaires.

37. S'il se produit un fait grave qui intéresse la sûreté publique, un grand désastre, tel qu'un incendie ou une inondation, ou tout autre fait d'un intérêt général, le commissaire de police doit en donner avis simultanément aux trois autorités dont il dépend, le préfet ou le sous-préfet, le procureur impérial et le maire.

38. A côté de ce devoir d'intérêt général envers ces diverses autorités, il en est d'autres qui se rattachent plus particulièrement à chacune d'elles, dans le cercle de leurs attributions respectives.

39. Un même fait donne souvent lieu à un rapport officiel et à un avis officieux.

40. S'il s'agit, par exemple de la recherche d'un prévenu ou d'un condamné, ou de la constatation et de la poursuite d'un crime ou d'un délit, c'est au fonctionnaire de l'ordre judiciaire, au procureur impérial, que le commissaire de police doit directement adresser ses procès-verbaux et rapports détaillés. Toutefois, par déférence, et encore parce que l'autorité administrative a le droit d'être avisée de tous les faits qui se produisent sur le territoire soumis à sa juridiction, le commissaire de police fera bien, dans son rapport quotidien, de rendre au préfet de police ou au maire un compte sommaire de ses opérations.

41. Dans le cas où il s'agirait d'un crime, d'un délit politique, ou d'un fait exceptionnel destiné à produire une profonde impression sur toute une population, le commissaire de police devrait en donner immédiatement et simul-tanément connaissance au préfet ou au sous-préfet, au procureur impérial et au maire.

42. S'il s'agit de questions purement administratives, l'autorité judiciaire n'a le plus souvent aucun intérêt à connaître textuellement les rapports adressés par les commissaires de police aux préfets et aux maires, et elle ne peut exiger que ces rapports lui soient communiqués. Cependant, le commissaire de police ne saurait raisonnablement se refuser à fournir en la forme officieuse les renseignements se rattachant à l'intérêt public, dont le procureur impérial pourrait avoir besoin.

43. Les obligations des commissaires de police, considérés comme agents du gouvernement, agents de l'administration municipale et officiers de police judiciaire, auxiliaires du procureur impérial, sont traitées, avec tous les développements que comporte la matière, dans les seconde, troisième et quatrième parties de cet ouvrage.

44. Quand l'autorité administrative a avec les commissaires de police des relations nécessitées par des faits dont l'appréciation rentre dans le cercle de ses attributions, il y aurait souvent inconvénient à les dépouiller de leur caractère essentiellement confidentiel ; c'est à l'autorité supérieure que le fait intéresse de déterminer, quand elle s'adresse au commissaire de police, si le rapport qu'elle lui demande à ce sujet doit avoir un caractère confidentiel.

45. Lorsque le commissaire de police agit spontanément, c'est à lui de discerner dans les attributions de quel ordre de fonctionnaires rentre plus spécialement le fait dont il s'agit, et s'il doit ou non en donner avis aux trois autorités dont il dépend, ou à l'une d'elles seulement.

46. En tout état de choses, toutes les fois qu'un fonctionnaire aura, en demandant un renseignement au commissaire de police, indiqué que le rapport doit être con-

fidentiel , les fonctionnaires d'un autre ordre ne peuvent
en exiger la communication.

47.   Nous nous résumons. Quand il s'agit d'un
renseignement d'intérêt général , de sûreté publique , le
commissaire de police doit rédiger ses rapports ou procès-verbaux en triple expédition : l'une est adressée au
chef de l'autorité administrative , la seconde au chef de
l'autorité judiciaire , et la troisième au chef de l'autorité
locale , au maire.

48.   Quand il s'agit au contraire d'un ordre émané
de l'autorité administrative ou judiciaire dont dépend le
commissaire de police, pour instrumenter à l'égard d'un
fait qui rentre spécialement dans ses attributions , et au
sujet duquel les renseignements demandés sont signalés
comme ayant un caractère confidentiel , le commissaire de
police n'en doit communication qu'à celle des autorités
qui les a provoqués.

49.   Enfin , de ce que les commissaires de police sont
rétribués sur les budgets municipaux , il ne s'en suit pas
qu'ils doivent être avant tout appliqués au service municipal , et que MM. les maires puissent exercer envers eux
un droit d'investigation et de contrôle sur tous leurs actes.
Comme il vient d'être dit , les fonctions des commissaires
de police sont multiples , et aucune des autorités dont ils
dépendent ne peut prétendre à recueillir exclusivement
pour elle seule le bénéfice de leur concours. (Circulaire
ministérielle. Décembre 1852.)

50.   Les commissaires de police , soit comme agents
de l'autorité administrative , soit comme officiers de police
judiciaire , sont indépendants des juges de paix et n'ont ,
en droit strict , aucun ordre à en recevoir pour l'exercice
de leurs fonctions.

51. Jamais par conséquent les commissaires de police ne peuvent être valablement délégués par les juges de paix pour un acte quelconque d'information, et, en cas de flagrant délit, ils sont libres de procéder à une arrestation ou à toute autre opération de leur compétence, sans prendre l'avis de ces magistrats.

52. Les commissaires de police sont en effet officiers de police judiciaire au même titre que les juges de paix et les commandants de gendarmerie, et ils ne tiennent leurs pouvoirs que de la loi directement *(art.* 11, 48, 49 *du Code d'instr. crim.)* ou de la délégation qui peut leur être faite par le procureur impérial, aux termes de l'art. 52.

Dans aucun cas, ils ne sauraient être considérés comme les auxiliaires des juges de paix.

Rien ne s'oppose cependant à ce que ces magistrats, chargés d'une information, s'adressent officieusement aux commissaires de police pour obtenir une coopération souvent indispensable.

53. Le Commissaire de police est-il obligé de communiquer ses procès-verbaux au juge de paix, avant de les transmettre soit au procureur impérial dans les affaires criminelles, soit au juge de paix lui-même dans les affaires de simple police ?

A l'égard des communations des procès-verbaux dressés en matière criminelle, l'art. 53 du Code d'instr. crim. trace la règle à suivre : ces documents doivent être transmis directement et sans délai au procureur impérial.

Ce principe ne saurait être admis, dans la pratique, d'une manière aussi absolue pour les procès-verbaux en matière de simple police. Le commissaire de police, chargé des fonctions du ministère public, est libre de ne les produire qu'à l'audience ; mais il serait convenable, conformément à ce qui a lieu dans les autres juridictions, qu'il en fût auparavant donné connaissance au juge de paix, lorsque celui-ci exprime le désir de s'éclairer sur la nature de l'affaire qu'il sera appelé à juger.

54. Le procureur impérial ou le juge d'instruction peuvent déléguer leurs pouvoirs aux juges de paix; mais ils ne le peuvent faire que pour des affaires spéciales, dans les seuls cas déterminés par la loi, et non d'une manière générale et permanente. Cette délégation est d'ailleurs toute personnelle, et le juge de paix qui en est investi n'a pas le droit de la faire passer, au moyen d'une sous-délégation, au commissaire de police, et de le charger ainsi d'actes pour lesquels il a été lui-même requis. (*Circulaire ministérielle. Juillet* 1854.)

55. Les rapports du commissaire de police et de ses agents avec la gendarmerie doivent être fréquents et faciles. Appelés à concourir au même but, à veiller à la sûreté publique, à assurer le maintien de l'ordre, le respect dû aux lois, à prêter main-forte pour l'exécution des sentences de justice; l'intérêt général et les besoins du service exigent que la meilleure harmonie existe entre eux. Chacun apportera donc dans l'exercice de ses fonctions l'esprit de conciliation et de bienveillance que ne saurait exclure une rivalité de dévouement.

Les commissaires de police ont, dans l'exercice de leurs fonctions, le droit de requérir directement la force publique. (*Code d'instr. crim., art.* 25.)

Ils doivent user de leur droit de réquisition avec circonspection et seulement lorsqu'il est nécessaire d'assurer force à la justice.

A moins d'un évènement grave qui nécessiterait la transmission d'un avis *urgent et officiel* au procureur impérial ou au préfet, la gendarmerie ne doit pas être détournée de ses fonctions pour porter des dépêches.

Les réquisitions énoncent le motif en vertu duquel elles sont adressées ; hors le cas d'urgence et de *péril en la demeure*, elles sont faites par écrit, datées, signées et, pour plus d'authenticité, revêtues du sceau du fonctionnaire qui les a délivrées.

Enfin, les réquisitions ne doivent contenir aucun terme impératif, tels que *ordonnons, voulons, enjoignons, mandons*, etc.

C'est toujours au commandant du lieu de l'exécution qu'on les adresse. S'il y a refus, elles peuvent être transmises à l'officier sous les ordres duquel est placé celui qui n'y a pas obtempéré ; en cas de nouveau refus, le commissaire de police dresserait un procès-verbal qui serait immédiatement envoyé au procureur impérial qui pourrait requérir contre le refusant les peines édictées par les articles 93 de la loi du 22 mars 1831 et 234 du Code pénal.

Le commissaire de police ne peut en aucune manière s'immiscer dans les opérations militaires, dont la direction appartient au commandant de la gendarmerie ; il a seulement le droit d'indiquer les précautions à prendre et les mesures à exécuter. *(Ord. 29 du oct. 1820, art. 57.)*

SECTION III.

Classification des commissariats de police. — Décret. — Commissaires centraux.
— Commissaires de police des villes chefs-lieux de département. — Commissaires de police du chef-lieu d'arrondissement. — Commissaires de police cantonaux. — Commissaires de police spéciaux. — Attributions et devoirs particuliers à chacun d'eux et communs à tous. — Rapports réciproques. — Gardes champêtres et forestiers. — Surveillance des chemins de fer. — Discipline. — Serment. — Congés. — Interim. — Rang. — Costumes et insignes.

56. Les commissaires de police sont repartis en cinq classes.

Leurs traitements et leurs frais de bureau sont fixés de la manière suivante :

CLASSES.	TRAITEMENT.	Frais de bureau et de tournées.	TOTAL.
1re Classe.	F. 4,000	F. 800	F. 4,800
2e Classe.	3,000	600	3,600
3e Classe.	2,000	400	2,400
4e Classe.	1,500	300	1,800
5e Classe.	1,200	240	1,440

57. La répartition, entre les classes ci-dessus déterminées des commissariats de police, est réglée par des décrets impériaux, dans les limites établies sur les bases suivantes.

58. *Peuvent* être portés à la première classe :

1⁰ Les commissaires de police ayant le titre de commissaires centraux dans les villes qui ont cinq commissaires de police et au-dessus y compris le commissaire central ;

2⁰ Les commissaires de police des villes ayant une population supérieure à 100,000 habitants ;

3⁰ Les commissaires centraux des villes qui sont le siége d'une cour impériale ou d'une cour d'assises, le chef-lieu d'une division militaire ou le siége d'une préfecture maritime, lorsque lesdites villes ont au moins trois commissaires de police, y compris le commissaire central.

59. *Peuvent* être portés à la deuxième classe :

1⁰ Les commissaires centraux de police institués dans les villes qui ne sont pas comprises dans la première classe ;

2⁰ Les commissaires de police dans les villes dans lesquelles les commissaires centraux appartiennent à la première classe d'après les dispositions ci-dessus ;

3⁰ Les commissaires de police des villes dont la population excède 20,000 habitants, et qui n'ont pas de commissaire central ;

4⁰ Les commissaires de police des villes qui sont le chef-lieu d'un département, d'une cour d'assises, d'un arrondissement de sous-préfecture ou d'un tribunal civil, et dont la population est de 15,000 habitants et au-dessus.

60. *Peuvent* être portés à la troisième classe :

1⁰ Les commissaires de police des villes dont la population est supérieure à 7,000 habitants, et qui ne sont comprises dans aucune des catégories déjà indiquées ;

2⁰ Les commissaires de police des villes qui sont

chef-lieu d'un département, alors même que la population desdites villes est inférieure à 7,000 habitants.

61. *Peuvent* être portés à la quatrième classe :

Les commissaires de police des villes et communes dont la population, inférieure à 7,000 habitants, est supérieure à 5,000 habitants, ou qui ayant une population inférieure à 5,000 habitants, sont le siège d'une sous-préfecture ou d'un tribunal civil ou de commerce.

62. Les commissaires de police des villes et communes dont la population est inférieure à 5,000 habitants, et qui ne seraient pas comprises dans l'une des quatre premières catégories, appartiennent à la cinquième classe.

63. Les dispositions qui précèdent ne sont pas applicables aux commissariats de police compris dans le ressort de la préfecture de police de la Seine et dans celui de l'agglomération lyonnaise, ni aux commissaires spéciaux dont le traitement est à la charge de l'État. (*Décret du 27 février* 1855.)

64. Dans les localités dont le service de la police exige le concours simultané de plusieurs commissaires de police, il y aurait eu des inconvénients à laisser ces agents procéder isolément, et l'on a reconnu, ainsi que l'indique la classification qui précède, la nécessité de les soumettre à une direction commune et de les placer sous l'autorité d'un chef responsable.

65. Des commissaires *centraux* ont été institués dans un certain nombre de villes.

66. Cette institution a pour but d'imprimer au service de la police une direction unique sans déplacer ni affaiblir l'action incessante que doit avoir sur lui l'autorité administrative.

67. Dans les vingt-quatre heures de son arrivée, le commissaire *central*, ou le commissaire de police, se présente devant MM. le préfet ou le sous-préfet, le procureur général impérial, s'il réside au chef-lieu, le maire de la ville et le procureur impérial. Il visite, dans le même délai, tous les fonctionnaires dénommés avant lui dans le décret du 24 messidor an XII. Ces visites doivent être faites en costume officiel.

68. Le commissaire *central* est le chef responsable vis-à-vis de l'autorité de tout le service de la ville chef-lieu de sa résidence.

69. Les autres commissaires de police du chef-lieu sont sous son autorité directe.

70. C'est au commissaire *central* qu'ils adressent leurs rapports, et c'est par son intermédiaire qu'ils reçoivent les instructions et les ordres relatifs à leur service, sauf, toutefois, les exceptions motivées par des circonstances particulières, et dont l'appréciation est laissée entièrement aux représentants de l'autorité administrative ou judiciaire.

71. A ces attributions permanentes, en ce qui concerne la ville où il réside, et à raison desquelles il est investi d'une initiative complète, le commissaire *central* de police réunit le pouvoir exceptionnel d'instrumenter dans toute l'étendue de l'arrondissement.

L'exercice de ce droit est subordonné à une autorisation spéciale du préfet ou du sous-préfet. *(Circulaire ministérielle du 3 avril 1854.)*

72. Les commissaires de police ayant la même résidence que le commissaire *central* sont seuls placés sous l'autorité de celui-ci dans les conditions qui viennent d'être indiquées.

73. Les commissaires résidant dans les autres parties de l'arrondissement, bien que devant seconder avec déférence et empressement le fonctionnaire agissant au nom du préfet ou du sous-préfet, demeurent chefs de service dans l'étendue de leurs circonscriptions respectives.

Ils correspondent directement, suivant les cas, avec les représentants de l'autorité administrative ou de l'autorité judiciaire.

74. Le commissaire *central* n'a donc point sur ces commissaires une autorité directe et permanente ; mais le préfet ou le sous-préfet pouvant lui déléguer, en tout ou en partie, celle dont il est investi lui-même, le commissaire *central* est appelé à correspondre directement avec tous les commissaires de police de l'arrondissement, à leur transmettre les instructions et les ordres du préfet ou du sous-préfet, à en surveiller l'exécution.

75. Dans la direction de la police municipale de la ville où il réside, le commissaire *central* agit, suivant le chiffre de sa population, sous l'autorité du préfet ou du maire qui lui donne ses instructions et auquel il rend compte de l'exécution des mesures qu'il a prescrites.

76. Il réunit et étudie tous les faits, renseignements, documents et indices qui touchent à la tranquillité publique et à la sûreté générale, recueille dans la population tous les renseignements utiles et en rend un compte circonstancié au préfet ou au sous-préfet, ou au maire ; il informe le procureur général et le procureur impérial de ce qui peut intéresser la police judiciaire.

77. Outre ses tournées d'inspection et de contrôle, le commissaire *central* doit se transporter immédiatement sur

le point de la ville où s'est produit un désordre grave ou
un événement de nature à troubler la tranquillité publique.
A son arrivée sur les lieux, il agit dans le cercle de ses
attributions, s'il n'a pas été prévenu par une autorité
supérieure ; dans le cas contraire, il se met à la disposition de l'autorité qui l'a prévenu ; s'il n'en reçoit pas
d'ordres spéciaux, il se borne à recueillir des renseignements et à se rendre un compte exact du fait qui s'est
produit. Dans le cas où la procédure n'aurait été commencée que par un commissaire de police ordinaire, ou
un officier de police judiciaire inférieur, il peut la continuer, ou autoriser à la suivre l'officier qui l'aurait
commencée.

S'il était appelé à instrumenter hors le territoire de la
ville chef-lieu, il devrait agir de concert avec le commissaire de police de la localité.

78.　Lorsqu'il y a plusieurs commissaires de police
dans la ville chef-lieu, le commissaire *central* n'est point
ordinairement chargé de la surveillance spéciale d'une
partie de la ville où il réside : cette surveillance est divisée
par arrondissements, entre les commissaires de police
placés sous ses ordres. Néanmoins, ainsi qu'il vient d'être
dit, il a le droit et le devoir de se transporter partout où
il juge sa présence nécessaire, et peut agir seul dans le
cercle de ses attributions.

79.　Lorsqu'il n'y a qu'un seul commissaire de police
dans la ville chef-lieu, il est chargé du service de la
police, sous la direction et les ordres du commissaire
central.

80.　Les commissaires de police de la ville de résidence du commissaire *central* se rendent chaque jour à
son bureau, aux heures qu'il a fixées, pour lui rendre

compte de tout ce qu'ils ont fait dans leurs arrondissements respectifs, de tous les renseignements qu'ils ont recueillis, pour lui remettre leurs rapports et recevoir ses ordres.

En outre, ils l'informent immédiatement de tout événement grave venant à se produire dans leur circonscription.

Ils se transportent sans retard, en cas de besoin, ou s'ils en reçoivent l'ordre, au bureau du commissaire *central*, en dehors des conférences journalières.

Les agents de police reçoivent leurs ordres de service du commissaire *central ;* ils leur sont transmis par le commissaire de police de quartier.

En cas d'urgence, les commissaires de police doivent agir dans le cercle de leurs attributions et d'office ; mais ils rendent, sans retard, compte de leurs actes au commissaire *central*.

La responsabilité qui incombe au commissaire *central* étant permanente, et les commissaires de police de la ville où il réside n'agissant que sous sa surveillance et son contrôle, on ne saurait rigoureusement considérer comme une subdélégation contraire aux principes, la mission qu'il donne à l'un d'eux de le suppléer dans telles ou telles opérations dont il aurait été lui-même chargé ; sauf bien entendu : réquisition personnelle, cas extraordinaire, ou témoignage particulier de confiance.

81. Les services de police administrative et municipale, qui ne peuvent sans inconvénient être divisés entre les commissaires de police de chaque arrondissement de la ville, sont concentrés au bureau du commissaire *central*.

La désignation de ces services est faite par le préfet et le maire sur la proposition du commissaire *central* responsable.

82. Le commissaire *central* reçoit chaque jour, à des heures qu'il détermine, les plaintes et réclamations.

Si ces plaintes ont pour objet la constatation d'un délit, elle sont, sauf les cas graves et exceptionnels, renvoyées devant le commissaire de police du quartier qui est compétent.

S'il s'agit d'un crime, le commissaire *central* reçoit la plainte et les renseignements et en donne avis sans retard au procureur impérial.

83. Le commissaire *central* exerce dans tout l'arrondissement les fonctions d'officier de police judiciaire et d'officier de police judiciaire auxiliaire du procureur impérial, conformément aux dispositions du Code d'instruction criminelle et des lois spéciales.

84. Chaque jour le commissaire *central* se présente au préfet ou au sous-préfet, pour lui rendre compte de son service et prendre ses ordres.

Il lui adresse un rapport quotidien.

85. Chaque jour le commissaire *central* se rend auprès du maire de la ville chef-lieu.

Il lui rend compte dans les villes dont la population est inférieure à 40,000 âmes, de tous les faits qui intéressent la sûreté et la tranquillité de la cité, et le service de la police municipale, dans toutes ses branches.

Dans les communes chefs-lieux de département dont la population excède 40,000 âmes, le préfet remplissant les fonctions de préfet de police, le commissaire *central* doit conformer ses démarches et ses rapports aux dispositions de l'art. 50 de la loi du 5 mai 1855.

86. Le commissaire *central* signale dans des rapports

spéciaux, aux chefs du parquet, tous les faits qui peuvent intéresser leur administration et la police judiciaire.

Il se rend près d'eux si les besoins l'exigent.

87. Les principaux devoirs et obligations des commissaires de police *des villes chefs-lieux de département et de la ville de résidence du commissaire central* sont déterminés, n°s 67, 69, 72, 75, 76, 77, 78, 79, 80, 84, 85 et 86 qui précèdent.

Voir les n°s 91 à 99, qui suivent, pour tout ce qui touche à la police des communes rurales de leur ressort.

88. Le commissaire de police du *chef-lieu d'arrondissement* se présente chaque jour au sous-préfet, pour lui rendre compte de son service et prendre ses ordres.

Il lui adresse des rapports spéciaux toutes les fois que cela est nécessaire, et chaque quinzaine des rapports sommaires sur tous les faits importants parvenus à sa connaissance.

Il reçoit les instructions du maire et lui rend compte de l'exécution qui leur a été donnée.

Il se rend également en personne auprès du procureur impérial, pour lui rendre compte de tout ce qui intéresse la police judiciaire.

89. Le commissaire de police du *chef-lieu d'arrondissement* est soumis aux dispositions énoncées sous les n°s 91 à 99 qui suivent, pour tout ce qui touche à la police des communes rurales placées dans son ressort.

90. Le commissaire de police *cantonal* informe sans retard le préfet ou le sous-préfet de tout fait grave qui arrive à sa connaissance, et il lui adresse un rapport bi-mensuel. Ce rapport contient principalement les faits qui se sont produits dans le canton, l'énumération des contraventions, délits et crimes qui ont été constatés, et

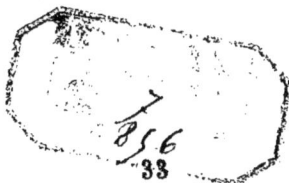

les renseignements qui peuvent intéresser la police générale.

Il lui rend compte du résultat de ses tournées générales, de l'exécution des ordres qu'il a reçus, de ses conférences avec les gardes-champêtres et forestiers, et de toutes les missions spéciales dont il a été chargé.

Selon les cas et l'urgence, les communications ont lieu dans le rapport de quinzaine ou dans les rapports spéciaux.

Il prend les instructions du maire de sa résidence et celles des maires de son canton, pour tout ce qui touche à la police municipale.

Il informe les maires de tout ce qui peut intéresser la tranquillité de leur commune.

Il reçoit les instructions du commissaire central, s'il y en a un dans l'arrondissement, et il en assure l'exécution.

Il exécute les ordres qui lui sont transmis par le préfet, le sous-préfet et le procureur impérial, et il leur en rend compte.

91. Les commissaires *cantonaux* se transportent, au moins une fois tous les trois mois, dans chaque commune de leur canton. Ils font, autant que possible, coïncider le jour de leur tournée dans les communes importantes, avec celui des foires principales de l'année, et des fêtes votives.

92. Ils exercent dans chaque commune de leur ressort les fonctions qui leur sont attribuées par les lois, décrets et ordonnances en vigueur.

93. Il est dû au commissaire de police en tournée, un local convenable à la mairie, pour qu'il puisse y procéder aux actes de son ministère.

5

94. Le commissaire *cantonal* se transporte, suivant les besoins ou sur l'ordre des autorités administratives ou judiciaires, ou du commissaire central, dans la commune de son ressort qui lui est désignée en dehors des tournées générales, pour y agir conformément à ses attributions.

95. Une fois par mois, au moins, le commissaire *cantonal* confère avec les gardes-champêtres des communes du canton.

A cet effet, il leur adresse une réquisition d'avoir à se rendre en personne, à un jour fixé, dans son bureau ou sur un point déterminé du canton.

Toutefois, les convocations doivent être combinées de telle sorte qu'elles aient lieu successivement et sans porter préjudice au service de la police rurale.

96. Les gardes-champêtres et forestiers du canton peuvent être requis par le commissaire de police *cantonal*.

Ils doivent l'informer, sans retard, de tout ce qui intéresse la tranquillité publique; le tout en exécution de l'art. 3 du décret du 28 mars 1852.

Le commissaire de police *cantonal* informe les gardes-champêtres et forestiers de son ressort, des obligations qui leur sont imposées par le décret précité, et il tient la main à leur exécution.

97. Le décret du 28 mars qui confère au commissaire de police le droit de requérir au besoin les gardes-forestiers, a eu pour but de réunir autour du magistrat chargé de la direction de la police, un contingent d'hommes dévoués sur qui l'autorité peut compter dans des moments difficiles ; mais on ne saurait prétendre qu'il ait voulu faire des agents de l'administration des forêts,

les auxiliaires permanents des commissaires de police, et les détourner de leur véritable destination. *(Circ. min. du 4 octobre 1853.)*

98. Ainsi, en ce qui touche les gardes-forestiers, le droit de réquisition directe, accordé au commissaire de police par le décret du 28 mars, n'a d'application que lorsque le maintien de l'ordre, la tranquillité publique, la sécurité des personnes, en un mot, des circonstances exceptionnelles réclament le concours immédiat des préposés forestiers, et nullement lorsqu'il s'agit de la répression des délits, contraventions, etc., de police ordinaire.

Les gardes-champêtres, au contraire, agents essentiellement municipaux, demeurent en toute circonstance à la disposition du commissaire de police délégué de l'administration municipale, dépositaire de l'autorité publique administrative.

99. La qualité d'auxiliaires du procureur impérial a fait attribuer aux commissaires de police la concurrence avec les gardes-champêtres et forestiers pour la recherche de toutes les contraventions rurales et forestières.

La loi leur accorde même *prévention,* c'est-à-dire que le commissaire de police qui a devancé le garde-champêtre ou forestier doit continuer à procéder malgré l'arrivée de ce dernier. *(Cod. d'instr. crim. art. 11.)*

Mais il ne faut point conclure de là, que le garde-champêtre ou forestier qui a devancé le commissaire de police soit tenu de lui céder la place. Saisi légalement, il ne pourrait être dépouillé de son droit qu'en vertu d'une disposition expresse de la loi.

100. Les devoirs et obligations des commissaires de

police *spéciaux* envers les autorités dont ils relèvent, sont les mêmes que ceux des commissaires de police ordinaires.

101.   Leur résidence, leur juridiction et leurs attributions sont déterminées par le décret qui les nomme.

Comme tous les autres commissaires de police, ils exercent dans leur ressort les fonctions d'officiers de police judiciaire auxiliaires du procureur impérial.

102.   Leur costume est le même que celui qui serait affecté à un commissaire de police ordinaire, placé dans la ville de leur résidence.

103.   Le décret impérial du 22 février 1855 a créé, pour la surveillance des chemins de fer et de leurs dépendances, des commissaires *spéciaux* et des inspecteurs de police, placés sous l'autorité du ministre de l'intérieur.

Pour empêcher toute cause de conflit entre ces fonctionnaires et les commissaires et sous-commissaires de surveillance administrative attachés au contrôle des chemins de fer, les attributions respectives de ces divers agents ont été déterminées par une instruction ministérielle dont nous reproduisons les dispositions essentielles.

104.   Les commissaires de police *spéciaux* chargés du service de surveillance des chemins de fer au point de vue de la police générale et de la sûreté de l'État, sont investis des pouvoirs et des attributions conférés par les lois actuelles aux commissaires de police locaux.

105.   Ce sont les commissaires et sous-commissaires administratifs qui recueillent les plaintes et les réclamations du public ayant pour objet des faits d'exploitation, qui prennent les mesures nécessaires pour assurer

le maintien du bon ordre dans les cours et à leurs abords, dans les salles d'attente et sur les quais d'embarquement, qui surveillent l'exécution des mesures relatives à la composition, au départ et à l'arrivée des convois, et qui constatent les irrégularités de l'exploitation.

En cas d'accident ayant causé la mort ou des blessures, ils se transportent immédiatement sur les lieux, dressent procès-verbal des circonstances et des résultats de l'accident et s'assurent que les autorités locales et l'autorité judiciaire ont été prévenues.

Ils sont enfin chargés de la constatation des crimes et délits spéciaux à l'exploitation des chemins de fer, ainsi que des contraventions qui ne sont pas spécialement de la compétence des conducteurs des ponts et chaussées et des gardes-mines.

106. Les commissaires *spéciaux* de police ont dans leurs attributions tout ce qui regarde les mesures de sûreté et de police générale et les mesures de police ordinaire qui ne se rattachent pas au service de l'exploitation des chemins de fer. Il y a lieu d'y ajouter la constatation et la poursuite des délits communs.

107. Ainsi, tous les faits relatifs à l'exploitation des chemins de fer sont du domaine des commissaires et sous-commissaires de surveillance administrative ; tout ce qui se trouve en dehors de l'exploitation appartient aux commissaires de police.

Appelés les uns et les autres, en leur qualité d'officiers de police judiciaire, à concourir à la répression des crimes et délits de toute nature commis dans l'enceinte des chemins de fer, ils peuvent, pour cette partie de leurs fonctions, se prêter un mutuel secours et se suppléer en cas d'absence ou d'empêchement.

108.   Les commissaires de police établis dans des localités traversées par des chemins de fer exercent leur autorité sur la partie de ces lignes comprises dans leur circonscription, concurremment avec les commissaires de police *spéciaux*. *(Décret du 22 février 1855.)*

109.   Les commissaires de police spécialement attachés au service de la surveillance des chemins de fer, rendent compte aux préfets de tous les faits intéressant leur service ; ils adressent en même temps copie de leurs rapports au ministre de l'intérieur.

110.   Sont communes à tous les commissaires de police les dispositions suivantes :

Hors les cas d'extrême urgence intéressant le maintien de l'ordre ou la sûreté publique, ils ne doivent correspondre avec le ministre de l'intérieur qu'en se conformant aux règles hiérarchiques.

Ils transmettent au préfet, au sous-préfet, ou au commissaire central, dans la ville où ce fonctionnaire réside, les demandes qu'ils croient devoir former dans leur intérêt personnel, avec les renseignements propres à en faire apprécier la valeur.

Ils doivent s'abstenir d'adresser des lettres intéressant leur position officielle aux employés de l'administration centrale.

C'est encore au commissaire central, au sous-préfet ou au préfet que les commissaires de police fournissent les explications nécessaires à l'occasion des plaintes dont ils peuvent devenir l'objet ; qu'ils adressent, pour être transmises à l'autorité supérieure, leurs demandes d'indemnité, de gratification, d'avancement, de congé, etc.

111.   Les demandes de congé doivent toujours être motivées. Les préfets peuvent accorder aux commissaires de police des congés au-dessous de quinze jours.

112. Le ministre de l'intérieur statue sur les congés d'une plus longue durée, ou sur les prolongations de congé qui entraineraient une absence totale de plus de quatorze jours.

113. Les prolongations de congé ne sont accordées que dans le cas de nécessité absolue et d'utilité constatée.

114. Lorsqu'un commissaire de police est absent ou empêché, comme en cas de vaccance de l'emploi, s'il appartient à une commune ayant plusieurs titulaires, c'est le préfet qui désigne, après avoir consulté le maire, celui qu'il convient de charger de l'intérim; mais s'il s'agit d'une commune ayant un seul commissaire de police, le préfet se borne à prévenir officiellement les maires, tant de la commune où est établi le chef-lieu du commissariat, que des différentes communes composant la circonscription, qu'ils sont investis, chacun en ce qui le concerne, des attributions et des devoirs appartenant au commissaire de police pendant toute la durée de l'empêchement ou de la vacance. *(Circ. min. du 10 février 1855.)*

115. Tout commissaire de police qui s'absente de sa résidence sans autorisation, est privé de traitement pendant le temps de son absence, et peut être même suspendu, sans préjudice des mesures plus sévères qui peuvent être prises contre lui.

116. Le commissaire central reçoit et instruit, comme les sous-préfets, les plaintes portées contre les commissaires de police. Il constate les fautes de service qu'ils commettent, et il en fait son rapport au préfet, qui avertit ou réprimande le fonctionnaire signalé, ou provoque des mesures de sévérité de la part de l'autorité supérieure.

117. Tout commissaire de police qui manque de su-

bordination est, sur le rapport du sous-préfet ou du commissaire central, averti par le préfet ; en cas de récidive, il peut être suspendu, sans préjudice des peines plus graves, conformément aux lois, décrets, ordonnances et règlements en vigueur.

118. Le ministre de l'intérieur, sur le rapport du préfet, prononce la suspension des commissaires de police.

Dans les cas d'extrême urgence, le préfet peut suspendre un commissaire de police de son département ; il en informe immédiatement le ministre.

La révocation de ces fonctionnaires a lieu conformément aux lois et règlements en vigueur.

119. Les fonctions de commissaire de police sont incompatibles avec tout emploi rétribué, notamment celui de secrétaire de mairie ; cette incompatibité résulte de la nature même des attributions conférées au commissaire de police, qui sont à la fois municipales, politiques et judiciaires. (*Circ. min. du 23 nov. 1854.*)

120. Bien que sous certains rapports, les commisssaires de police soient des agents de l'administration municipale, de même qu'à certains égards ils entrent dans la hiérarchie des pouvoirs judiciaires, il n'en est pas moins vrai qu'ils sont, avant tout, des fonctionnaires politiques placés sous l'autorité directe et immédiate du préfet. C'est donc entre ses mains qu'ils doivent déposer leur promesse de bien servir, comme c'est à lui qu'ils ont à rendre compte de l'accomplissement de leur mandat.

121. Ces considérations, tirées du mode de leur nomination et de la nature de leurs fonctions, s'appliquent tout aussi bien à la prestation du serment professionnel

qu'à celle du serment politique. La formule du premier est conçue en termes généraux et renferme tous les devoirs de leurs attributions diverses.

122. Ainsi, les préfets reçoivent eux-mêmes le double serment des commissaires de police, ou, en cas d'empêchement, ils délèguent à cet effet le sous-préfet de l'arrondissement de leur résidence. *(Circ. min. du 12 déc. 1854.)*

123. Le traitement des commissaires de police ne court qu'à dater du jour de leur prestation de serment et de leur installation.

124. Les commissaires de police sont appelés aux cérémonies publiques, et y prennent le rang qui leur est assigné par le décret de messidor an XII.

125. Le commissaire central se place, conformément à ce décret, immédiatement après les juges de paix. Il a à sa droite et à sa gauche, les deux commissaires de police les plus anciens. Les autres commissaires de police marchent à la suite par ordre d'ancienneté.

126. Le costume des commissaires de police est obligatoire. *(Instruct. min. du 30 avril 1853.)*

127. Il est réglé par l'art. 1er du décret du 30 août 1852, ainsi qu'il suit :

1o Commissaires de police de la ville de Paris et commissaires centraux des départements :

Habit bleu, broderie à trois rangs en argent, au collet, parements, écusson, conformes au dessin A joint au décret. Boutons à l'aigle.

Le chef de la police municipale de Paris porte en sus les pattes brodées.

2º Commissaires de police de chef-lieu de département et banlieue de Paris :

Broderie à deux rangs au collet , parements et écusson.

3º Commissaires d'arrondissement et de chef-lieu de canton au-dessus de 6,000 âmes :

Broderie à deux rangs au collet et parements.

4º Commissaires de canton :

Broderie à deux rangs au collet, baguette aux parements.

Les commissaires de police portent :

Un gilet de piqué blanc ;

Un pantalon uni bleu ;

Un écharpe tricolore avec franges en argent à petites torsades pour la première classe , et en soie blanche pour les trois autres ;

Une épée à poignée noire , garde argentée ;

, Un chapeau à la française avec ganse brodée pour la première classe , plume noire pour les commissaire de police de la ville de Paris , et avec torsade en argent pour les trois autres.

128.   Les commissaires de police doivent toujours être munis de l'écharpe tricolore , qui est le signe distinctif de l'autorité.

Ils sont tenus de ceindre cette écharpe , dans tous les cas où cela devient nécessaire pour assurer l'exécution des actes de leurs fonctions et maintenir force à la loi.

129.   Dans la plupart des grandes villes, le commissaire de police remplissant les fonctions du ministère public , porte , à l'audience du tribunal de simple police , la toge et les mêmes insignes que le juge de paix , président de ce tribunal.

Ce n'est point , il est vrai , un *droit* consacré par une loi , un décret , ou une ordonnance spéciale ; c'est un usage basé sur la logique et légitimé par les dispositions de l'art. 144 du Code d'instr. crim.

Le ministère public est un, et son organe siége au même titre à tous les degrés de l'échelle judiciaire. Le commissaire de police remplissant les fonctions du ministère public, est évidemment au tribunal de simple police, ce que les procureurs généraux et impériaux sont aux cours impériales et aux tribunaux de première instance, il est là leur substitut ; comme eux, il poursuit, requiert et fait exécuter, *proprio motu* et *proprio jure*, au nom de la société qu'il représente, et de la loi dont il tient ses pouvoirs. Membre du tribunal, pourquoi son costume et son siége différeraient-ils de ceux du magistrat devant lequel il est appelé à porter la parole ?

Cette question a été soulevée par une pétition présentée à la Chambre des députés le 8 février 1840.

Le rapporteur, reconnaissant au procureur général de chaque ressort, la faculté d'examiner si dans tel ou tel cas particulier il n'y aurait pas lieu à exception, et de décider ; a rendu hommage au principe, et la Chambre s'est implicitement prononcée dans le sens que nous venons d'indiquer.

SECTION IV.

Correspondance des commissaires de police. — Franchise. — Tableau officiel. — Contre-seings. — Forme. — Détaxe. — Recommandations particulières.

130. Les commissaires de police *ont franchise* de la correspondance avec un assez grand nombre de fonction-

naires. Le tableau officiel reproduit plus bas a trait surtout à la correspondance ordinaire, et est évidemment moins limitatif qu'énonciatif. Dans beaucoup de cas, notamment dans les rapports entre les commissaires centraux, et lorsque le commissaire de police écrit en qualité d'officier du ministère public, les dispositions de la décision du ministre des finances, souffrent, dans la pratique, mainte extension commandée par la nature même du service ou l'intérêt de la sûreté publique.

131. *TABLEAU annexé à la décision du 2 décembre 1853, réglant la franchise de la correspondance des commissaires de police dans les départements.*

GRADE des COMMISSAIRES ée police	FONCTIONNAIRES correspondant avec réciprocité.	FORME D'ENVOI de la CORRESPONDANCE.	CIRCONSCRIPTION dans laquelle la correspondance circule en franchise.
	Commissaires de police. cantonaux.	sous bandes.	Département.
	de ville.	S. B.	Dép.
	spéciaux.	S. B.	Dép.
	centraux.	sous le contre-seing et le couvert du Préfet.	Départements limitrophes.
	Juges de paix.	S. B.	Dép.
	Juges d'instruction.	S. B.	Dép.
	Maires.	contre-seing et couvert du préfet.	Dép.
COMMISSAIRES CENTRAUX.	Officiers de gendarmerie.	S. B.	Dép.
	Préfet.	lettre fermée.	Dép.
	Premier président de la cour impériale.	S. B.	Ressort de la Cour.
	Président de la cour d'assise.	S. B.	Dép.
	Procureur général.	L. F.	Ressort de la Cour.
	Procureurs impériaux.	L. F.	Dép.
	Sous-préfet.	contre-seing et couvert du préfet.	Dép.

GRADE des COMMISSAIRES de police.	FONCTIONNAIRES correspondant avec réciprocité.	FORME D'ENVOI de la CORRESPONDANCE.	CIRCONSCRIPTION dans laquelle la correspondance circule en franchise.
COMMISSAIRES DE POLICE CANTONAUX.	Commissaires de police. centraux.	S. B.	Dép.
	cantonaux.	S. B.	Cant. limitr.
	locaux ou de ville.	S. B.	Canton.
	Gardes-champêtres.	contre-seing et couvert des maires.	
	Juges de paix.	S. B.	Canton.
	Maires.	S. B.	Canton.
	Officiers de gendarmerie.	S. B.	Arrondissem.
	Procureur impérial.	S. B.	Arrondissem.
	Préfet ou sous-préfet.	S. B.	Arrondissem.
COMMISSAIRES DE POLICE DE VILLE OU LOCAUX.	Commissaires de police. centraux.	S. B.	Dép.
	cantonaux.	S. B.	Canton.
	Procureur impérial.	S. B.	Arrondissem.
	Préfet ou sous-préfet.	S. B.	Arrondissem.
COMMISSAIRES DE POLICE SPÉCIAUX.	Commissaire central.	S. B.	Dép.
	Préfet.	S. B.	Dép.
	Procureur impérial.	S. B.	Arrondissem.
	Sous-préfet.	S. B.	Arrondissem.

Les commissaires spéciaux de police chargés de la surveillance des chemins de fer, sont autorisés à correspondre en franchise, sous bandes ou par lettres fermées, en cas de nécessité, entre eux et avec :

1° Les préfets des départements où ils résident et des départements traversés par le chemin de fer auquels ils sont attachés ;

2° Les sous-préfets de l'arrondissement de leur résidence et des arrondissements traversés par la voie ferrée ;

3° Les procureurs généraux près la cour impériale dans le ressort de laquelle ils résident, et près celles traversées par la voie ferrée ;

4° Les procureurs impériaux et les juges d'instruction

près le tribunal de première instance dans l'arrondissement
duquel ils résident et ceux dont l'arrondissement est traversé par le chemin de fer ;

5° Le commissaire central à Paris ;

6° Les commissaires de police de leur résidence et des
communes traversées par le chemin de fer. (*Décis. min.
Septembre* 1855.)

132. La correspondance expédiée en franchise sous
bandes (S. B.) doit être disposée de manière que les bandes n'excèdent pas en largeur le tiers de la surface des
paquets ; l'une de ces bandes doit porter le nom, le sceau
du commissariat, et la signature du commissaire de police.

133. Les lettres fermées (L. F.), traitant d'affaires
confidentielles ou contenant des pièces d'une importance
exceptionnelle, doivent être placées sous enveloppe; l'un
des coins de l'adresse porte : *Nécessité de clore* ; et au-
dessous : *Le Commissaire de police d*........, la signature
du fonctionnaire et son cachet.

134. Il est défendu de comprendre, dans les dépêches expédiées en franchise, des lettres, papiers ou objets
quelconque étrangers au service. (*Ordonnance du* 14
décembre 1825.) Elles doivent être remises au guichet
du bureau de la direction des postes, et non jetées dans
la boîte comme les lettres ordinaires.

135. Lorsque le commissaire de police reçoit un paquet
soumis à la taxe par erreur, il doit se présenter au bureau
de poste de destination, celui où le facteur rural ou urbain
a pris le paquet, pour faire détaxer la dépêche. Le con-
tenu lui en est remis, s'il y a lieu, et les bandes ou l'enveloppe demeurent au buraliste pour sa garantie. (*Instr.
gén. de l'adm. des postes.* 1832.)

136. Dans l'intérêt du service, et pour simplifier et faciliter l'expédition des affaires, le commissaire de police doit toujours traiter de chaque objet distinct par lettre séparée, afin que le fonctionnaire avec lequel il correspond puisse, sans inconvénient, communiquer à son gré les pièces qu'il reçoit, et les classer dans le dossier particulier à chaque affaire.

SECTION V.

Le commissaire de police, homme privé. — Sa famille ; — Son intérieur ; — Sa tenue ; — Ses discours ; — Ses démarches ; — Ses rapports dans le monde et avec les populations. — Ligne de conduite. — *Amicus amicis.*

137. Les fonctions publiques sont un sacerdoce, il faut y entrer pur, y rester pur, en sortir pur. Le commissaire de police est plus encore qu'un fonctionnaire public ordinaire : il n'a pas seulement à s'occuper de détails vulgaires, d'assurer tel service spécial, d'inspecter des travaux, ou de grouper des chiffres ; il représente à la fois l'administration et la justice ; les bases même sur lesquelles repose la société toute entière sont sous sa sauvegarde. Il a mission d'intervenir en toute circonstance et partout au nom de la morale publique et des principes éternels d'équité et de vérité. Préoccupations graves et austères, grande et noble tâche !

138. Malheur à quiconque prêche une morale qu'il ne pratique pas !

« Qui ne fait pas ce qu'il dit, ne le dit jamais bien. »
                                        (J. J. Rousseau.)

Le commissaire de police doit donc donner l'exemple de l'obéissance aux lois et règlements, du respect dû aux bonnes mœurs, et se distinguer par l'honnêteté de ses sentiments, la régularité de ses habitudes et de sa conduite.

139.　La fréquentation habituelle des cafés et autres lieux publics est mauvaise et dangereuse; le service n'a rien à y gagner, la considération du magistrat a tout à y perdre.

140.　La vie d'intérieur est la seule convenable pour le commissaire de police. L'homme public sera entouré d'autant plus de prestige et d'autorité, que l'homme privé se sera moins produit.

141.　Les rapports de société ont, pour le commissaire de police et les siens, des inconvénients que certains avantages ne sauraient compenser; le fonctionnaire de cet ordre, homme du monde, compromet sa liberté d'action, émousse le glaive en permanence dans sa main. Le degré de l'échelle où il se fixe donne carrière à des appréciations qui tendent à le ranger dans telle ou telle catégorie d'individus, alors que par sa position il doit planer sur toutes; de là, les rivalités, les jalousies, les dédains, les colères; sa sympathie pour les uns appelle l'antipathie des autres; l'esprit de coterie ne manque jamais de lui prêter un langage et des sentiments qui ne sont pas les siens; part lui est faite de toutes les inimitiés et de toutes les rancunes.

142.　La demeure du commissaire de police, bien tenue, toujours paisible, doit rappeler le presbytère: l'homme de Dieu et l'homme de la loi ont plus d'un point de ressemblance; le but qu'ils se proposent est le même.

Le second demande à une salutaire intimidation et à la force
légale, ce que le premier n'a pu obtenir de la persuasion.

143. Chez l'un et chez l'autre, la réserve de l'attitude,
la dignité du maintien et l'irréprochabilité de la mise sont
également indispensables.

144. Le commissaire de police ne saurait trop éviter
de devenir l'obligé de ceux qui sont soumis à sa juridiction : les demandes d'emprunt et de crédit, l'acceptation
de services personnels et gratuits, tendent à faire descendre le magistrat du piédestal sur lequel il doit toujours
rester. De la bien venue des cadeaux à la corruption il n'y
a qu'un pas.

145. Dans l'intérêt de la dignité des fonctionnaires,
autant que dans l'intérêt du public, le législateur a dû leur
défendre de s'ingérer dans des affaires ou commerces incompatibles avec leur qualité. (*Code pén., art.* 175.)

Le commissaire de police ne saurait, non plus, sans
inconvénients, partager le domicile d'un des membres de
sa famille tenant boutique.

146. Le commissaire de police a le plus grand intérêt
à connaître les hommes ; il lui faut pour bien les observer : une grande impartialité à les juger ; un cœur sensible
pour concevoir toutes les passions humaines, et assez
calme pour ne pas les éprouver.

147. Rien n'est plus déplorable, rien n'est plus désas-
treux que le discrédit des autorités ; rien n'est plus dangereux pour le pouvoir. Tous les efforts du fonctionnaire
doivent tendre à faire respecter cette autorité qui impose,
à défendre et maintenir ce prestige qui est la force morale
des institutions.

Toujours plein de déférence envers les magistrats,

ses supérieurs, le commissaire de police doit apporter dans ses rapports avec ses subordonnés beaucoup de bienveillance alliée à une juste sévérité ; la familiarité en sera rigoureusement exclue.

148. Ceux qui ne calculent l'importance de leurs fonctions que par le chiffre du traitement qui y est attaché, sont de mauvais citoyens.

L'importance des fonctions du commissaire de police, quel que soit son grade, est toujours immense.

149. Le commissaire de police doit tout son temps aux populations dont les intérêts moraux et matériels lui sont confiés. A toute heure, en tous lieux et en toute circonstance, les plaintes et les réclamations des citoyens doivent être accueillies par lui avec empressement et une égale bienveillance pour tous.

Les hommes qui aiment peu le travail ne devraient jamais accepter de semblables fonctions, s'ils tiennent à la tranquillité de leur conscience.

Celui qui néglige ses affaires personnelles ne fait du tort qu'à lui-même ; celui qui néglige celles qui dérivent de ses fonctions n'est qu'un malhonnête homme.

150. L'autorité n'est salutaire et respectée qu'à la condition d'être exercée avec une fermeté qui ne laisse pas le temps de marchander avec l'homme et nous montre tout de suite le principe.

Dans tous les actes de son ministère, le commissaire de police doit apporter de la fermeté sans emportement, de la douceur sans faiblesse.

En contact permanent avec les populations, il ne peut faire le bien que par l'usage d'un pouvoir à la fois énergique, parternel et tutélaire.

151. L'esprit de modération, cet esprit que les en-
thousiastes, les fanatiques et tous les ambitieux regardent
comme une faiblesse, est le véritable courage, car il
résiste seul aux partis opposés. C'est la royauté de l'âme
qui, comme celle de la nature, tient la balance entre les
extrêmes, et maintient l'harmonie des êtres. La vertu tient
le milieu : *Stat in medio virtus*. *(Bernardin de St-Pierre.)*

152. En ajoutant à ce que leurs fonctions ont de pénible quelque chose d'essentiellement protecteur, les commissaires de police ont personnellement de la considération à gagner. Malheureusement, tous ne se sont pas toujours fait une juste idée de leur mission ; quelques-uns ne
comprenant pas que la police doit protéger les citoyens sans
les vexer, tantôt par négligence, tantôt par excès de zèle,
ont provoqué en plusieurs endroits des plaintes méritées ;
d'autres s'exagérant le devoir et ne tenant pas assez
compte de certaines susceptibilités des populations, n'ont
pas agi avec toute la prudence et toute la modération
désirables, et sont tombés dans les écarts d'un zèle im-
modéré ou mal entendu.

Le peuple est affectueux d'instinct et la sollicitude de
l'autorité l'attache ; si les commissaires de police se pénètrent bien de cette vérité ; ils feront que, dans leur sphère
d'attributions, la population tranquille ne verra en eux
que la main qui protège, et les ennemis de l'ordre seuls,
celle qui réprime.

Leur règle de conduite est là toute entière, et leurs
constants efforts doivent tendre vers ce but. *(Circ. min.
du 6 décembre 1854.)*

SECTION VI.

Infractions aux devoirs du commissaire de police. — Faits qualifiés crimes et délits : — Abus d'autorité, — Attentats à la liberté, — Coalition de fonctionnaires. — Concussion. — Corruption. — Forfaiture. — Dispositions pénales.

153. Les commissaires de police ne peuvent exercer l'autorité dont ils sont revêtus qu'après avoir prêté serment ; ils doivent cesser de l'exercer dès qu'ils sont révoqués ou suspendus. *(Code pénal, art.* 196 *et* 197. *)*

154. Il y a *abus d'autorité* toutes les fois qu'un fonctionnaire public franchit la limite 'des pouvoirs qui lui ont été conférés par la loi, soit en méconnaissant, soit en outre-passant ses prescriptions.

Des peines sévères sont édictées contre ceux qui s'en rendent coupables. Néanmoins, si le fonctionnaire agent ou préposé du gouvernement justifie qu'il a agi par ordre de ses supérieurs, pour des objets du ressort de ceux-ci sur lesquels il leur était dû obéissance hiérarchique, il sera exempt de la peine. *(Code pénal, art* 114, § 2. *)*

Cependant des auteurs pensent que, selon les circonstances le supérieur et l'agent inférieur peuvent être déclarés coupables l'un et l'autre. *(Chauveau et Hélie, t.* 4, *p.* 221. *)*

155. Tout fonctionnaire de l'ordre administratif ou judiciaire, tout officier de justice ou de police, tout commandant ou agent de la force publique, qui, agissant en sa qualité, se sera introduit dans le domicile d'un citoyen, contre le gré de celui-ci, hors les cas prévus par la loi et sans les formalités qu'elle a prescrites, sera puni d'un emprisonnement de six jours à un an, et d'une amende de 16 fr. à 500 fr. *(Code pénal , art.* 184. *)*

156. Il n'y a de violation du domicile , qu'autant que l'introduction , soit de jour soit de nuit a lieu *contre le gré* du citoyen, c'est-à-dire sans son consentement au moins tacite. *(Arr. de Cass.,* 1ᵉʳ *fév.* 1802, 22 *janv.*-12 *juin* 1829. *)*

157. « Les violences exercées par les magistrats ont, » dit Beccaria , une influence morale qui détruit dans les » citoyens les idées de justice et de devoir pour y substituer » celle du droit du plus fort , droit également dangereux à » celui qui s'en sert et à celui qui en souffre. »

L'article 86 du Code pénal prévoit et punit les violences dont un commissaire de police ou un autre magistrat pourrait se rendre coupable dans l'exercice de ses fonctions.

Pour constituer le crime ou le délit ; il faut le concours des circonstances suivantes ; savoir :

1º Qu'il y ait eu des violences ;

2º Qu'elles aient été exercées envers les personnes ;

3º Qu'elles l'aient été par un fonctionnaire ou sur son ordre ;

4º Que ce soit dans l'exercice ou à l'occasion de l'exercice de ses fonctions ;

5º Qu'il n'ait pas eu des motifs légitimes d'en agir ainsi.

On doit entendre par motif légitime , la nécessité de repousser la violence dans l'accomplissement d'un devoir ou dans l'exécution d'un acte légalement commandé par un supérieur.

158. Toute suppression, toute ouverture de lettres confiées à la poste, commise ou facilitée par un fonctionnaire ou un agent du gouvernement ou de l'administration

des postes , sera puni d'une amende de 16 fr. à 500 fr.,
et d'un emprisonnement de trois mois à cinq ans. Le coupable sera , de plus , interdit de toute fonction ou emploi
public pendant cinq ans au moins et dix ans au plus.
(Code pén. , art. 187. *Loi du* 28 *avril* 1832. *)*

Un juge d'instruction peut toutefois, dans l'intérêt de la
justice, ordonner la saisie et l'ouverture d'une lettre.

Le même droit est attribué aux préfets.

159.   Lorsqu'un fonctionnaire public, un agent ou un préposé du gouvernement , aura ordonné ou fait quelque acte
arbitraire, ou attentatoire soit à la *liberté individuelle* ,
soit aux droits civiques d'un ou de plusieurs citoyens, soit
à la constitution, il sera condamné à la peine de la dégradation civique. *(Code pén. , art.* 114 , § 1er. *)*

160.   Hors le cas de flagrant délit, l'autorisation ne peut
être opérée qu'en vertu d'un mandat régulier , d'une ordonnance de prise de corps ou d'un jugement.

Il est cependant des cas où la police administrative
prête la main à la police judiciaire , ou agit directement
dans l'intérêt de l'ordre et de la sûreté publique, en arrêtant notamment les condamnés évadés, les déserteurs, les
réfractaires , les mendiants , les vagabonds , les gens sans
aveu , les individus voyageant sans passeport , les filles
publiques et les femmes se livrant à la prostitution clandestine coupables d'infractions aux règlements de police.

161.   Il ne faut pas confondre l'*arrestation* avec la
capture , qui consiste uniquement à saisir une personne
sans pouvoir la garder prisonnière, et à la conduire devant
le magistrat qui peut seul en ordonner l'*arrestation.*

162.   Tout concert de mesures contraires aux lois
pratiqué soit par la réunion d'individus ou de corps déposi-

taires de quelque partie de l'autorité publique , soit par
députation ou correspondance entre eux , constitue la
coalition de fonctionnaires prévue et punie par les art.
123, 124 , 125 du Code pénal.

163. Seront coupables de *forfaiture* et punis de la
dégradation civique, les fonctionnaires publics qui auront,
par délibération, arrêté de donner des démissions dont
l'objet ou l'effet serait d'empêcher ou de suspendre, soit
l'administration de la justice, soit l'accomplissement d'un
service quelconque. (*Code pén., art.* 126.)

164. La *concussion* est le crime de tout individu revêtu d'un caractère public , qui abuse de sa charge ou de
son pouvoir , pour exiger des droits qui ne lui sont pas
dus ou de plus forts droits que ceux qui lui sont dus.

La concussion diffère de la corruption en ce que le
concusionnaire exige sans attendre qu'on lui offre , tandis
que le fonctionnaire corrompu se borne à recevoir ce qui
lui est offert.

L'art. 174 du Code pénal punit les officiers publics con-
cussionnaires de la peine de la réclusion.

165. La plainte en concussion est ouverte non seulement au ministère public , mais encore aux parties
intéressées.

166. Une perception, quoique *induement* faite , peut
ne pas être une concussion , si cette perception a été faite
de bonne foi.

167. La première vertu comme le premier devoir du
commissaire de police est l'incorruptibilité.

168. « Le crime de *corruption* dont les fonctionnaires
» publics se rendent coupable est , dit Bousquet, un des

» plus dangereux pour la société ; car ce crime fait tourner
» contre la justice et les lois, les armes qui ont été mises
» dans les mains de ces fonctionnaires pour le maintien de
» la justice et des lois ; car, par là, l'espoir le plus légitime
» est déçu, la cause la plus sainte, les droits les plus
» sacrés sont méconnus, et la confiance dans la protection
» de l'autorité s'éteint dans le cœur des hommes. Aussi, le
» législateur a-t-il dû réprimer un tel crime avec sévérité. »

169.   Tout fonctionnaire de l'ordre administratif ou
judiciaire, tout agent ou préposé d'une administration
publique, qui aura agréé des offres ou promesses, ou reçu
des dons ou présents pour faire un acte de sa fonction,
ou de son emploi, *même juste*, mais non sujet à salaire,
sera puni de la dégradation civique, et condamné à une
amende double de la valeur des promesses agréés ou des
choses reçues, sans que ladite amende puisse être inférieure à deux cents francs. La présente disposition est
applicable à tout fonctionnaire, agent ou préposé de la
qualité ci-dessus exprimée, qui par offres ou promesses
agréés, dons ou présents reçus, se sera abstenu de faire
un acte qui entrait dans l'ordre de ses devoirs.

Dans le cas où la *corruption* aurait pour objet un fait
criminel, emportant une peine plus forte que la dégradation
civique, cette peine plus forte sera appliquée aux coupables. *(Code pén., art.* 177 *et* 178.*)*

170.   Sont préposés d'une administration publique dans
le sens de l'article 177 du Code pénal, les simples agents
de police. *(Bordeaux, 3 février* 1842.*)*

171.   Chacun des faits énumérés plus haut, objet
d'une incrimination spéciale, constitue le crime de forfaiture.

La *forfaiture* est donc le crime commis par un commissaire de police, ou tout autre fonctionnaire public dans l'exercice de ses fonctions.

Toute forfaiture pour laquelle la loi ne prononce pas de peines plus graves, est punie de la dégradation civique.

Les simples délits ne constituent pas les fonctionnaires en forfaiture. *(Code pén., art.* 166, 167 *et* 168.)

3

CHAPITRE III.

ORGANISATION D'UN BUREAU DE POLICE.

DISTRIBUTION DU SERVICE.

SECTION UNIQUE.

Conditions essentielles de la bonne organisation d'un bureau de police. — Écritures. — Registres. — Archives. — Personnel. — Choix et emploi des agents. — Service de jour. — Service de nuit. — Services spéciaux. — Moyens de contrôle. — Inconvénients à prévenir. — Abus à réprimer. — Le service de la police dans les grands centres. — Paris et le département de la Seine. — Agglomération lyonnaise. — Villes dont la population excède 40,000 âmes.

172. L'organisation du bureau d'un commissaire de police est simple et facile : la régularité dans les habitudes, l'ordre et l'arrangement dans les choses, en sont les premières conditions.

Tous les codes français et le recueil des arrêtés locaux doivent figurer sur la table de travail du commissaire de police qui ne saurait se dispenser de consacrer à leur étude, les loisirs que peuvent lui laisser ses fonctions.

Les instruments nécessaires à certaines constatations : balances, galactomètre, pèse-liqueurs, etc., sont des objets devant indispensablement faire partie du mobilier d'un bureau de police.

173. Le commissaire de police doit se tenir chaque jour, à des heures déterminées, dans son cabinet à la disposition du public pour y recevoir les plaintes et réclamations, et mettre au courant ses écritures et sa correspondance.

174. Il y aura dans tout bureau de police bien organisé une place pour chaque ordre de pièces et chaque pièce sera toujours à sa place. La confusion et le désordre n'occasionnent pas seulement une perte de temps par les recherches continuelles qu'ils nécessitent ; ils font naître l'inquiétude et la défiance chez ceux qui en sont témoins. Le désordre dans les choses implique le désordre dans les idées.

175. Le commissaire de police, dont l'activité et la vigilance sont un des principaux mérites, comme un des premiers devoirs, doit s'attacher à simplifier, autant que possible, ses écritures. Le temps employé à des travaux purement calligraphiques, à la reproduction *in extenso* et multipliée de pièces de procédure, émanées du commissaire de police lui-même, fait défaut aux exigences d'un service essentiellement actif, et de tous les instants.

176. Sont néanmoins indispensables au commissaire de police :

1ᵒ Un *journal-agenda*, où main-courante, registre sur lequel le commissaire de police tient note de ses opérations quotidiennes ;

2ᵒ Un *répertoire* servant à l'enregistrement et à l'analyse de ses procès-verbaux ;

3ᵒ Un *registre d'ordre* sur lequel chaque commissaire de police inscrit, à la date de leur arrivée, et sous une séric de numéros reproduits sur la pièce, l'analyse des différents actes, documents, procès-verbaux, lettres, etc., etc., qui lui sont adressés concernant son service. *(Cir. min. du 8 février 1855.)*

Ces deux derniers registres font partie des archives du commissariat ainsi que tous ceux dont l'usage peut être nécessité par les différentes branches du service se rattachant, soit à la police générale, soit à la police municipale, soit à l'exercice des fonctions du ministère public près le tribunal de simple police.

177. Un inventaire établit le nombre et la nature de tous les documents, déposés à chaque commissariat, qui appartiennent à l'administration et constituent les archives.

Toutes les fois qu'un commissaire de police, par une cause quelconque, cesse ses fonctions dans une localité, un procès-verbal dressé sous le contrôle et avec la signature du maire de la résidence, constate la remise au nouveau titulaire, ou le dépôt aux archives du commissariat, de tous les documents appartenant à l'administration dont le commissaire de police n'est que le dépositaire responsable.

178. Toutes les pièces qui émanent officiellement *du bureau* d'un commissaire de police doivent porter le sceau du commissariat.

Les timbres ou cachets des fonctionnaires ne peuvent contenir que leur titre. *(Ordon. du 14 août 1830.)*

179. Les renseignements dont le commissaire central peut avoir besoin à chaque heure du jour, sont obtenus des commissaires de police des différents arrondissements de la ville chef-lieu de sa résidence par l'envoi et le retour du bulletin suivant :

SURETÉ PUBLIQUE.	RENSEIGNEMENTS
DÉPARTEMENT d	
Commissariat Central d	ᴀ PRENDRE.

DEMANDE.	RÉPONSE.
» »	» »
ᴀ le 185	ᴀ le 185
Le Commissaire central,	*Le Com. de police du… Arrond.*

L'usage d'un bulletin semblable facilite et rend plus sûrs certains rapports du commissaire de police, chef de service, avec les inspecteurs, brigadiers, agents de police, et les gardes-champêtres. C'est un document à conserver.

180. Les agents de police ou sergents de ville sont ordinairement nommés par l'administration sur la présentation du commissaire central ou du commissaire de police, chef de service, qui ne saurait apporter trop de soin dans ses choix.

Point de bonne police possible avec de mauvais agents.

L'intelligence, le dévouement, la moralité, la probité, l'énergie, l'activité, l'indépendance de caractère et de position, la politesse sont des qualités indispensables au sergent de ville.

181. Tout ce qui se rattache à la sûreté publique repose sur les bases suivantes :

1º Surveillance des malfaiteurs connus, des individus

mal famés ou dont les moyens d'existence sont problémati-
ques, des commerces illicites, des colporteurs équivoques,
des vagabonds et des mendiants. Démarches occultes,
recherches de toute nature avec précaution et subtilité.

Les agents chargés plus particulièrement de cette partie
importante du service forment une brigade dite de *sûreté;*

2° Visite quotidienne des hôtels, auberges, logements
garnis, et, en général, de tous les lieux où se retirent
les étrangers et la population flottante ;

3° Surveillance des maisons de tolérance et des femmes
publiques ; répression de la prostitution clandestine. Les
agents plus spécialement chargés de surveiller la prostitution et les mœurs, doivent être choisis parmi les hommes mariés, pleins de moralité, et notoirement connus
pour la régularité et la sévérité de leur conduite privée;

4° Police des voitures publiques, des bateaux à vapeur
et des gares de chemins de fer ; exhibition des passeports
et reconnaissance des voyageurs suspects.

182. Le personnel, mis par une ville, dont le service
de la police exige le concours de plusieurs commissaires,
à la disposition du commissaire central, chef responsable,
est reparti dans les différents arrondissements suivant
l'importance de chacun d'eux et dans la mesure des besoins
de la surveillance.

183. Les sergents de ville ne sauraient, sans inconvénients, être attachés d'une manière définitive à tel ou
tel bureau de police, et fonctionner par escouades nécessairement composées des mêmes hommes ; il y a, dans la
pratique, un immense avantage à renouveler les contacts
et à faire successivement passer les agents par les divers
commissariats. A cet effet, un roulement mensuel a lieu.

Toutefois, cette mesure n'est point rigoureusement applicable à la brigade de sûreté attachée au bureau central, où les nécessités d'un service exceptionnel peuvent exiger le concours d'aptitudes spéciales.

184. Dans chaque bureau, le sergent de ville qui a obtenu d'une manière plus particulière la confiance du commissaire de police, et qui par suite est appelé à le suppléer et à exercer sur les autres agents une certaine autorité, peut, sur la proposition du commissaire central, ou du commissaire de police, chef de service, être autorisé par le maire à porter un galon et à prendre le titre de *brigadier*.

L'agent qui se trouve dans des conditions identiques au bureau du commissaire central, et qui est à la fois chargé de transmettre les ordres du maire et du chef de la police, porte deux galons et est appelé *brigadier chef*.

Les brigadiers ayant mission de mettre à chaque renouvellement, les agents nouveaux au courant des questions à l'ordre du jour dans leur arrondissement, sont exceptés du roulement dont il est parlé plus haut.

185. Dans l'intérêt du service, les différents arrondissements d'une ville, ou la ville elle-même quand elle ne forme qu'un seul arrondissement, doivent être divisés en sections composées d'un certain nombre de rues dont le tableau figure dans les divers bureaux de police.

Un sergent de ville au moins, est mensuellement préposé d'une manière plus spéciale à la surveillance de chacune de ces sections, et est chargé d'y recueillir les renseignements demandés par l'autorité administrative et judiciaire.

La responsabilité de tout ce qui doit être fait ou empêché dans sa circonscription incombe à cet agent dont le nom est porté sur le tableau indicateur des sections. Son ser-

vice ordinaire comporte la surveillance de la voie publique,
l'exécution des règlements concernant la voirie, le maintien
de l'ordre et de la liberté de la circulation ; il réprime les
contraventions, met fin aux querelles, aux collisions et
aux rixes ; il obtempère aux réquisitions des habitants
dans un but d'utilité publique, protége les citoyens contre
toute attaque, met en état d'arrestation tout coupable de
crimes ou délits ; enfin, assure dans sa circonscription la
sûreté générale, et fait naître la confiance par la présence
incessante d'un agent de l'autorité.

Il est bien entendu que la mission spéciale confiée à
chaque sergent de ville n'est pas limitative ; les agents de
police, dûment requis, doivent toujours se porter sur tous
les points et dans tous les lieux de la ville où des circonstances exceptionnelles motivent leur présence, et concourir
alors aux services différents que l'intérêt de la police
réclame.

186.   Les brigadiers ont mission de prendre note des
plaintes et réclamations en l'absence des commissaires de
police, de seconder ceux-ci quand ils sont présents, et
de faciliter leurs communications avec le commissaire
central.

Ils doivent en outre inspecter plusieurs fois par jour les
différentes sections de leur arrondissement, s'y assurer
de la présence des agents, et contrôler leurs opérations.

187.   Les agents de police se rendent ordinairement
à leurs bureaux respectifs chaque matin, à 6 heures, en
été ; et en hiver, au point du jour.

Avant de prendre leur service, ils apposent leur signature sur un registre à ce affecté ; il en est de même, à
11 heures du soir, en le quittant.

Ce registre, déposé au bureau du commissaire central

ou du commissaire de police, chef de service, demeure sous la surveillance des agents de garde responsables des inexactitudes qui s'y trouveraient consignées.

188. Les tournées commencent immédiatement : deux agents ayant soin de demeurer au bureau jusqu'au retour d'un de leurs camarades qui leur permet de se dédoubler, et ainsi de suite pendant toute la durée du service, de manière à établir un croisement continuel.

Chaque agent a un petit casier particulier dans lequel il trouve, au moment du départ pour une tournée, les ordres, notes et commissions concernant sa section. Au retour il y place les réponses, documents et paquets destinés au commissaire de police.

189.   Hors le cas d'un service spécial ou de l'exécution d'ordres particuliers, les sergents de ville parcourent sans interruption leurs sections respectives.

La durée des tournées ordinaires est d'une heure.

190.   Tout sergent de ville rentrant au bureau, venant d'accomplir une partie quelconque du service, doit indiquer l'heure de sa sortie et celle de son retour, l'itinéraire suivi par lui, et consigner sur un registre *ad hoc* ses faits, gestes et observations. Un registre du même genre est à l'usage de chaque brigadier qui y formule le compte-rendu de ses inspections. Ces registres peuvent être suppléés par des rapports successivement déposés sur le bureau du commissaire de police.

191.   Les agents doivent s'entendre entre eux pour les repas, comme dans le cas de non présence pour service ou pour tout autre cause, afin que le surveillant d'une section étant absent, il soit suppléé par celui de la section

voisine. Cette prescription s'applique également à la garde des bureaux des commissariats qui doivent demeurer ouverts au public sans interruption jusqu'à la prise du service de nuit.

192.   Le service de *nuit* commence à 11 heures du soir et se prolonge jusqu'au lendemain à l'heure de l'arrivée des agents.

Il se fait à tour de rôle, par un nombre d'agents de police (brigadiers ou sergents de ville), proportionné à l'importance du personnel et aux besoins de la sûreté publique. Ce nombre ne saurait être inférieur à deux.

Dans ce dernier cas, l'un des deux agents demeure au bureau central, tandis que l'autre fait sa ronde accompagné d'un nombre suffisant de soldats de garde qu'il dirige avec intelligence dans les différents quartiers de la ville.

Les patrouilles sont ordinairement d'une heure et demie à deux heures chacune : la première, part de l'hôtel de ville, à 11 heures 1/2 du soir ; la seconde, se met en marche aussitôt la rentrée de celle-ci.

Les agents chargés du service de nuit veillent particulièrement, dans l'intérêt de la morale publique, à ce que les règlements concernant la prostitution soient strictement observés ; ils s'assurent de la fermeture et de l'évacuation des établissements publics.

193.   Le rapport du brigadier ou sergent de ville ayant dirigé la patrouille, est immédiatement consigné sur un registre spécial placé, chaque matin, sous les yeux du commissaire central, ou du commissaire de police, chef de service.

194.   Le commissaire de police, au bureau duquel appartiennent les agents ainsi constitués gardiens de

nuit, exerce un contrôle tout particulier sur leurs opérations et intervient quand cela est nécessaire. Les commissaires de police peuvent encore s'entendre entre eux pour se charger hebdomadairement et à tour de rôle de cette surveillance.

195. Dans les localités où le commissaire de police n'a à sa disposition d'autre agent que le garde-champêtre, il doit, à des heures indéterminées de la soirée ou de la nuit, faire des tournées avec ce fonctionnaire, veiller à la sûreté des habitants, et s'assurer de la clôture des établissements publics aux heures prescrites par les règlements.

196. Toutes les fois qu'un crime est commis, le commissaire central, ou le commissaire de police, chef de service, et le commissaire de police du quartier doivent être avertis.

En cas d'incendie, de tumulte, d'inondation, ou de tout autre danger public pendant la nuit, les agents de garde, présents au bureau, donnent l'alarme et, s'il est possible, portent les premiers secours, préviennent sans retard le préfet de police ou le maire, le commissaire central et les commissaires de police à la diligence desquels le préfet du département, ou le sous-préfet, et le procureur impérial sont à leur tour immédiatement avisés.

197. Tout individu troublant l'ordre public, tant le jour que la nuit ; tout auteur présumé d'un crime ou d'un délit flagrant ; toute personne, légitimement suspecte rencontrée dans les rues de la ville, à une heure indue, doivent être mis en demeure de se rendre à la salle de dépôt à l'hôtel de ville pour y être placés à la disposition du commissaire de police dans l'arrondissement duquel ils ont été rencontrés, après avoir été préalablement fouillés

avec soin et démunis de tous les objets dont ils pourraient faire un mauvais usage, ou qui seraient de nature à éclairer la justice.

Les individus ainsi consignés ne sauraient être, sous aucun prétexte, retenus plus de vingt-quatre heures sans qu'il soit statué sur leur sort.

198. Le service des théâtres est fait par un nombre suffisant de sergents de ville fournis, à chaque représentation, dans une juste proportion, par les différents bureaux de police.

Un poste spécial est assigné à chacun de ces agents qui doivent seuls se présenter au théâtre.

Cette partie du service est dirigée, pendant une semaine, à tour de rôle par les commissaires de police d'arrondissement, sous la surveillance, et, autant que possible, avec le concours du commissaire central.

Le commissaire de police et les agents de service doivent toujours être rendus au théâtre avant l'ouverture des bureaux et ne le quitter qu'après l'évacuation de la salle.

199. La présence d'un ou de plusieurs sergents de ville dans les bals publics, cafés-concerts et autres lieux de réunion est utile à tous les points de vue.

La rétribution que l'administration est dans l'usage d'imposer, au profit des agents, à l'établissement dont la spécialité nécessite ce service extraordinaire, ne doit jamais être perçue par les agents de police eux-mêmes ; c'est dans un des bureaux de la préfecture de police ou de la mairie, ou entre les mains du caissier du corps que le versement quotidien ou mensuel a lieu.

200. Il est formellement interdit à tout brigadier ou sergent de ville d'entrer dans les maisons de tolérance, cabarets ou cafés, hors le cas où il serait requis par le

chef de ces établissements, soit pour procéder à l'arrestation de quelque délinquant, soit pour y rétablir la sécurité et l'ordre, ou encore lorsque, pour ces mêmes causes, la nécessité d'intervenir d'office lui serait démontrée.

201. L'agent reconnu en état d'ivresse doit cesser immédiatement tout service et est de droit privé de sa solde du jour, sans préjudice de la peine disciplinaire qui peut lui être appliquée.

202. La tenue uniforme est obligatoire tous les jours. Les brigadiers et sergents de ville ne peuvent porter le costume bourgeois que dans l'intérêt du service et sur l'ordre de leur commissaire de police. Celui-ci doit à cet égard prendre l'avis du commissaire central.

La police étant à la fois une force publique et un moyen d'investigation, c'est au chef responsable à décider dans quel sens elle doit agir, et quelle forme elle doit emprunter.

203. Tous les dimanches, à une heure déterminée, brigadiers et sergents de ville sont passés en revue par le commissaire central, ou un commissaire de police délégué par lui, à l'effet de s'assurer de l'irréprochabilité de la tenue.

Chaque commissaire de police est spécialement chargé de veiller à la bonne tenue des agents attachés à son bureau.

204. Les manquements au service, les infractions aux règles de l'honnêteté ou de la morale doivent être inexorablement punis ; l'absence de discipline conduit infailliblement à la confusion et au désordre.

Quand le service se fait mal ou donne lieu à des abus, l'autorité a donc le devoir de se montrer rigoureuse à l'égard des agents qui ont fait preuve d'incurie ou se sont

laissés corrompre. Elle se déconsidérerait en tolérant chez
ces agents une conduite incompatible avec l'exercice de
leurs fonctions. Sa surveillance à cet égard doit être incessante.

Les peines ordinairement infligées aux sergents de ville
qui ont méconnus leurs devoirs, sont : la privation de
solde pendant trois ou six jours et la suspension pendant
un mois, sans préjudice de mesures plus rigoureuses pour
fait d'insubordination, concussion, ou tout autre d'une
gravité exceptionnelle.

Dans beaucoup de localités, le commissaire central ou
le commissaire de police, chef de service, inflige directement la première de ces peines ; les autres sont, sur son
rapport, prononcées par le préfet ou par le maire, suivant la classe à laquelle la ville appartient.

205. Lorsque plusieurs gardes-champêtres sont à la
solde d'une même commune, il y a avantage pour le service à en former une brigade dont les opérations sont
dirigées par un garde-chef chargé d'en rendre compte,
chaque jour, au commissaire central ou au commissaire
de police, chef de service, et de faire exécuter, dans la
partie rurale des différents arrondissements, les ordres
particuliers du préfet ou du sous-préfet, du maire et des
commissaires de police.

206. Le garde-chef est responsable des manquements
au service et des inexactitudes des gardes-champêtres
placés sous sa direction.

Il se rend chaque jour au bureau du commissaire central ou du commissaire de police, chef de service, pour y
faire son rapport et recevoir des instructions.

207. Le service de nuit est réglé, suivant la saison
et les besoins quotidiens, par le garde-chef qui fait immé-

diatement son rapport des mesures qu'il a cru devoir prendre.

Les gardes particuliers sont par lui requis de prêter régulièrement assistance aux gardes-champêtres, conformément à la loi. Dans les cas extraordinaires, le commissaire central, ou le commissaire de police, chef de service, peut mettre à la disposition du garde-chef un ou plusieurs agents de police de la ville.

208. Hors le cas où il y a lieu pour les gardes champêtres de se rendre à l'ordre, ou à moins d'évènement extraordinaire constaté, tout garde-champêtre trouvé, sans autorisation spéciale, en dehors de la circonscription territoriale dont la surveillance lui est confiée, est, de la part du commissaire central, ou du commissaire de police, chef de service, l'objet d'un rapport immédiatement adressé au préfet.

209. Les dispositions énoncées sous les nᵒˢ 182 à 208, qui précèdent, n'ont rien d'impératif ni de limitatif ; il n'y a là qu'un cadre et une esquisse, un canevas sur lequel peut broder à l'aise, avec l'agrément et le concours de l'autorité administrative, le commissaire central, ou le commissaire de police, chef de service, aux prises avec une organisation vicieuse, ou en présence d'une absence complète d'organisation de service, en s'inspirant toutefois des temps, des lieux et des circonstances.

Les règles indiquées plus haut, touchant l'organisation du service de la police ne sont d'ailleurs complètement applicables que dans les communes dont la population est inférieure à 40,000 âmes. Pour les villes chefs-lieux de département dont la population excède 40,000 habitants, comme pour l'agglomération lyonnaise et le département de la Seine, le service de la police est règlementé par des arrêtés, lois et décrets.

210.   A Paris, en dehors de l'action de quarante-huit commissaires de police établis dans les différents quartiers, la police municipale comprend, sous la direction d'un commissaire de police chef, assisté d'un sous-chef et de douze commis :

1º Pour les services généraux : douze inspecteurs principaux, dix-huit brigadiers, trente-un sous-brigadiers, quatre cent soixante-un sergents de ville, et vingt auxiliaires ; en tout, cinq cent cinquante-quatre hommes ;

2º Pour la surveillance continue des douze arrondissements : douze officiers de paix, trente-six brigadiers, deux cent quatre-vingt-huit sous-brigadiers, deux mille quatre cent quinze sergents de ville, et deux cent quarante-un auxiliaires ; en tout, deux mille neuf cent quatre-vingt-douze hommes.

Il y a, en outre, sous l'autorité du préfet, un commissaire de police chargé du contrôle général des services extérieurs de la préfecture, et assisté à cet effet d'un secrétaire, d'un officier de paix, d'un brigadier, de deux sous-brigadiers et de vingt agents. Le service de surveillance continue des douze arrondissements se base sur la division topographique des sections en un certain nombre d'îlots. Chaque îlot est parcouru sans interruption par un agent affecté à la surveillance exclusive de son périmètre ; si cet agent a besoin d'aide, à un signal donné, les agents des îlots voisins accourent lui prêter main-forte, et, s'il le faut, ils sont appuyés par la réserve établie au poste central de la section. Dans chaque section, deux sous-brigadiers sont toujours de service ; l'un, restant au poste avec la réserve ; l'autre, parcourant tout le ressort pour vérifier si les agents s'acquittent avec soin et exactitude de leurs devoirs. Dans chaque arrondissement enfin, trois brigadiers se partagent l'inspection continuelle du service, dont l'ensemble, pour l'arrondissement et toutes les sections qui en dépendent, sont sous la direction et la responsabilité d'un officier de paix.

Par cette combinaison, sans compter les petits postes qui, comme bureaux de renseignements, sont disséminés dans les quartiers, il y a dans chaque section un poste central où peuvent se trouver réunis les hommes de service, les pompes à incendie, le commissaire de police de la section, l'officier de paix et tout ou partie des hommes attachés avec lui à la surveillance de cette section.

Les commissaires de police employés dans le département de la Seine (Paris excepté) ayant le titre de : *Commissaire de police des communes du département de la Seine*, sont secondés par un secrétaire, un brigadier ou des inspecteurs et un nombre de sergents de ville proportionné à l'importance de leur commissariat.

211. Le nombre des commissaires de police *de l'agglomération lyonnaise* est de 22.

L'un d'eux est spécialement attaché à la préfecture à Lyon ; mais il n'est ni par son titre, ni par ses attributions, placé hiérarchiquement au-dessus de ses collègues ; son service spécial consiste à donner l'impulsion aux brigades de sûreté, à obtempérer aux réquisitions du préfet, à recevoir les délégations de ce fonctionnaire ; enfin à surveiller l'ensemble des opérations de la police, sans pouvoir jamais, à l'égard de ses collègues, agir par voie d'autorité, ce droit appartenant exclusivement au préfet, au secrétaire général chargé de la police et aux magistrats compétents.

212. Il est établi dans l'agglomération lyonnaise, pour seconder le service et faciliter l'action de la police, six agents principaux, ayant le titre d'inspecteurs de police.

Ces inspecteurs sont sous les ordres du préfet du Rhône, qui peut, selon les besoins du service, les placer sous la direction immédiate du secrétaire général chargé de la police. Ils sont nommés par le ministre de l'intérieur.

Un inspecteur dirige les mouvements de la brigade de sûreté. Un autre est préposé à la surveillance de la prostitution. Un autre à la surveillance de l'inspection des hôtelleries, auberges et maisons garnies. Un autre à la surveillance de l'inspection des voyageurs, bateaux à vapeur, diligences, messageries, etc. Un autre enfin conduit l'exploration de la banlieue et des communes limitrophes des départements de l'Ain et de l'Isère faisant partie de l'agglomération lyonnaise.

213. Au-dessous des inspecteurs, il est établi des agents de police au nombre de quarante-huit. Ils sont directement nommés par le préfet du Rhône.

Les fonctions des agents de police consistent à surveiller le maintien du bon ordre ; à faire rapport aux commissaires ou aux inspecteurs de police près desquels ils sont placés, de tout ce qu'ils voient de contraire à l'ordre, aux règlements ou aux lois ; à conduire devant les magistrats compétents tout individu prévenu d'un délit, d'un crime ou de trouble, tapage ou autre fait contraire à la tranquillité, et surpris en flagrant délit, ou poursuivi par la clameur publique.

Les fonctions des agents de police ne sont point ostensibles ; mais ces agents doivent être commissionnés et porteurs d'une carte indicative de leurs fonctions et du droit qu'ils ont de requérir l'assistance de la force armée.

Ils ne doivent recevoir ni déclarations ni plaintes, mais recueillir seulement avec soin et exactitude, des renseignements sur les contraventions, les délits et les crimes, et sur leurs auteurs, et remettre ces renseignements à l'officier de police auquel ils se trouvent subordonnés.

Ils doivent prêter secours et assistance aux commissaires de police et aux inspecteurs, et obtempérer à leurs réquisitions en tout ce qui concerne l'exercice de la police.

Un de ces agents est attaché à chacun des commissaires de police de quartier de la ville de Lyon et des villes de la Guillotière, de la Croix-Rousse et de Vaise.

Dix autres forment une brigade de sûreté, six autres visitent les hôtels, auberges et garnis, six autres sont chargés de la surveillance des maisons de tolérance et des femmes publiques, huit sont employés à la police des voitures publiques et des bateaux à vapeur.

214. Le corps de sergents de ville est composé de trois cent trois hommes, y compris les officiers, brigadiers et sous-brigadiers. Les sergents de ville sont répartis en trois compagnies ; chaque compagnie, forte d'environ cent hommes est subdivisée en brigades. Chaque compagnie a à sa tête un chef désigné sous le nom d'officier de ville.

La brigade est composée au moins de huit sergents de ville et d'un brigadier ; les brigades de force supérieure ont, en outre, un ou plusieurs sous-brigadiers, lesquels, pour des services déterminés, commandent un certain nombre d'hommes dont se compose la brigade. La force des brigades doit varier selon les nécessités de la surveillance, l'étendue des circonscriptions, le genre d'intérêts à protéger.

Le corps de sergents de ville se recrute de préférence parmi les sous-officiers retirés du service. Il est composé d'hommes robustes, intelligents et que désignent leurs antécédents honorables.

Ils sont tenus de suivre des exercices gymnastiques et

militaires ayant pour objet de les habituer à la partie de
leur service qui consiste à dissiper les attroupements, à
arrêter les perturbateurs, et à envelopper comme dans un
réseau les groupes formés en vue d'un émeute ou d'un désordre. Ils sont astreints à une discipline militaire.

Les sergents de ville de Lyon ont un uniforme semblable
à celui que portent les sergents de ville de Paris.

Dans les cas spéciaux et sur l'avis de leurs chefs, ces
agents peuvent fonctionner en habit bourgeois. Ils sont
armés. De jour et de nuit, dans le service ordinaire, ils
se bornent à porter une épée au côté. Lorsque leurs chefs
jugent convenable de leur en donner l'ordre, en cas de
péril ou d'agitation, les sergents de ville peuvent, indépendamment de l'épée, porter un fusil ou une carabine.

215.   Les sergents de ville sont placés sous la direction immédiate du secrétaire général, chargé de la police;
ce fonctionnaire agissant sous l'autorité du préfet, peut
toujours attribuer aux commissaires de police et aux
inspecteurs le nombre de brigades ou de sergents de ville
qu'il juge nécessaire. Les commissaires de police ou les
inspecteurs, selon l'occurrence, rendent compte au secrétaire général des incidents auxquels le service des sergents
de ville peut donner lieu.

216.   Il y a des brigades de réserve et des brigades de
quartiers. Les brigades de réserve font un service fixe à la
préfecture ; elles forment une réserve pour les éventuali-
tés ; elles sont chargées de l'exécution de tous les mandats
politiques émanant, soit du préfet, soit de l'autorité judiciaire ; elles surveillent les réunions et les attroupements ;
enfin, elles s'acquittent d'une mission de contrôle pour ce
qui concerne le service des brigades de quartiers.

Le nombre des sergents de ville qui forment les brigades de réserve est au moins de vingt, non compris les brigadiers et sous-brigadiers.

Un poste de vingt hommes, au moins, est toujours établi à la préfecture, pour les besoins du service.

Le service ordinaire des brigades de quartiers comporte la surveillance de la voie publique et l'exécution des règlements. Chacune de ces brigades a à parcourir le quartier qui lui est spécialement indiqué pour le service permanent.

Elles fournissent les hommes et les patrouilles nécessaires pour le service de nuit. Ce service est réglé de telle sorte qu'il pèse indistinctement à tour de rôle sur tous les sergents de ville, afin qu'aucun de ces agents n'en soit exonéré au détriment des autres.

Le service des brigades est déterminé de manière à ce qu'il se fasse convenablement sur tous les points de l'agglomération lyonnaise.

Lorsque dans l'intérêt de l'ordre, on a rassemblé sur un point donné, soit une ou plusieurs compagnies, soit une ou plusieurs brigades, le commandement appartient à l'officier de police, et (à défaut de tout agent de ce grade), au brigadier le plus ancien dans le service qui se trouve présent sur les lieux.

Indépendamment du poste de réserve établi à la préfecture, il y a, à Lyon, plusieurs postes fixes assignés aux sergents de ville, ces postes sont au nombre de quatre. Chacun de ces postes est pourvu d'un lit de camp et d'un lieu de détention cellulaire, renfermant quatre à cinq cellules. *(Arrêté min. du 17 sept. 1851.)*

217. L'art. 50 de la loi du 5 mai 1855 statue que, dans les communes chefs-lieux de département dont la population excède 40,000 habitants, le préfet remplit les fonctions de préfet de police, telles qu'elles sont réglées

par l'arrêté des consuls du 12 messidor an VIII, dont il sera bientôt parlé. Toutefois, les maires restent chargés de certaines attributions d'un intérêt exclusivement municipal et que le législateur a expressément désignées.

Sont comprises dans cette catégorie les villes : d'Amiens, Angers, Besançon, Bordeaux, Caen, Lille, Limoges, Marseille, Metz, Montpellier, Nancy, Nantes, Nîmes, Orléans, Rouen, Strasbourg et Toulouse.

Les employés et agents de tout ordre, faisant partie du personnel de la police de ces villes, sont nommés et commissionnés par le préfet, et prêtent serment entre ses mains.

Le maire, pour les attributions de police dont il est chargé, a sous son autorité le commissaire central, qui transmet ses ordres aux divers fonctionnaires et agents de la police, et qui en assure l'exécution. *(Décret du 26 sept. 1855.)*

218. Dans les villes ainsi soumises à la juridiction d'un préfet de police, les agents subalternes de la police sont réglementairement de deux classes :

Les uns, désignés sous le nom d'*agents de police*, sont inostensibles et recherchent les malfaiteurs ;

Les autres, appelés seuls *sergents de ville*, ostensibles et armés, répriment les infractions à la loi et aux règlements.

Des *inspecteurs* dirigent et surveillent les uns et les autres sous le contrôle des commissaires de police d'arrondissement secondés par des secrétaires.

Le service administratif de la préfecture est fait en dehors du commissaire central qui demeure le chef responsable du service actif.

DEUXIÈME PARTIE.

POLICE ADMINISTRATIVE. — SES DIFFÉRENTS
ASPECTS, SON INFLUENCE. — ÉLÉMENTS
ESSENTIELS. — LE COMMISSAIRE DE POLICE
OFFICIER DE POLICE ADMINISTRATIVE,
AGENT DU GOUVERNEMENT.

CHAPITRE IV.

BASES DE LA POLICE ADMINISTRATIVE.

SECTION PREMIÈRE.

La police administrative et le commissaire de police. — Pouvoir administratif, — Son caractère particulier. — Administration active, consultative, contentieuse. — Ses actes, ses organes, sa compétence.

219. Le code du 3 brumaire an IV, art. 19, définit la *police administrative*.

Elle a pour objet le maintien habituel de l'ordre public

dans chaque lieu et dans chaque partie de l'administration
générale ; elle tend surtout à prévenir les délits.

La police administrative est au code des administrations civiles, ce que la police judiciaire est à la législation
criminelle.

220.   Le commissaire de police est à la fois *officier de
police judiciaire* et *officier de police administrative*.

Quand il procède en la première qualité, il réprime ;
quand il agit en la seconde, il prévient.

Les objets réglementés par l'administration sont le point
de départ et la base des opérations du commissaire de
police en matière de police administrative.

L'administrateur est la sagesse qui inspire, la pensée
qui conçoit, la volonté qui arrête ; le commissaire de
police est l'instrument qui agit, le bras qui exécute.

Définir les attributions du premier, c'est indiquer les
devoirs du second.

221.   Le pouvoir administratif est donc celui qui, par
l'exécution des lois d'intérêt général, et les mesures qui
lui sont propres, pourvoit à la sûreté de l'État, au maintien de l'ordre public, à la satisfaction de tous les autres
besoins de la société.

Il diffère de l'autorité législative, en ce que le législateur
statue d'une manière générale et permanente, tandis que
l'autorité administrative prescrit ordinairement dans des
circonstances particulières et en vue d'intérêts qui varient
avec elles.

L'administration est *active* ou *contentieuse et répressive*.

L'administration *active* qui comprend la *police*, celle
dont nous avons surtout à nous occuper, est,

Centrale, avec le MINISTRE pour chef ;

Départementale, ayant à sa tête le PRÉFET ;

Ou *communale,* dirigée par le MAIRE.

Elle a invariablement deux objets : l'exécution de la loi et l'utilité publique.

L'administration est *contentieuse* quand elle juge les questions d'intérêt privé qui se lient à son action.

L'agent par excellence, le régulateur, ou le surveillant de toutes les opérations administratives qui ont lieu dans un département, le centre auquel viennent aboutir tous les fonctionnaires attachés à l'administration départementale, est *le préfet.*

Cette magistrature a été instituée par la loi du 28 pluviôse an VIII, qui a établi l'organisation administrative.

222. Les maires exercent la police administrative sous l'autorité et la surveillance des sous-préfets, des préfets et du ministre de l'intérieur. (*Loi du 28 pluviôse an VIII, art. 2, 3 et 13 ; loi du 18 juillet 1837, art. 9, 10 et 14.)*

223. Un *acte administratif* est un *arrêté* de l'autorité administrative.

On nomme *règlement* en matière d'administration, un acte impératif, prohibitif ou descriptif, émanant d'une magistrature locale ou de l'administration supérieure, et statuant d'une manière générale en vue de l'exécution de la loi ou dans un but d'utilité publique.

224. Il ne faut pas confondre les règlements ministériels, préfectoraux et municipaux avec les règlements d'administration publique qui ne peuvent être faits que par décrets impériaux.

« Les règlements d'administration publique, dit Cotelle,
» décident et disposent, par délégation de la puissance
» législative, des finances de l'État, en réglant les dépenses
» de tous les services publics ; de l'ordre à établir dans
» les grandes communications de terre et d'eau ; de l'ex-

» ploitation de nos richesses minérales, des ressources que
» l'industrie peut tirer des eaux couran'es ; ils règlent les
» lieux dans lesquels les établissements réputés dangereux
» ou incommodes peuvent se former avec le moins d'in-
» convénient ; s'attachant sans cesse à concilier ainsi les
» intérêts de l'agriculture, de l'industrie et du commerce,
» à encourager les associations de capitaux, à développer
» tout espèce de travail et de richesse. Ces grandes me-
» sures de gouvernement, concernant le domaine public,
» et tout ce qui favorise l'usage des facultés les plus vitales
» de la société, se légitiment dans leurs principes, se
«complètent et se fixent, pour les cas difficultueux, par
» les décisions du contentieux administratif, lesquels in-
» terviennent souvent sur des procès-verbaux de contra-
» vention. »

225. On appelle *décision* la manifestation d'une résolution de l'autorité administrative à l'occasion d'une
demande ou d'une réclamation, ou en présence d'une
dificulté ou d'une circonstance particulière. Son caractère
essentiel est la spécialité.

226. Les *instructions* ne sont souvent autre chose que
le développement des ordres qui ont été donnés par le
ministre, le préfet, le sous-préfet ou le maire; elles indiquent les moyens d'arriver à leur exécution ; elles expli-
quent le sens d'une loi, d'un arrêté, d'un règlement ou
d'une décision.

Elles peuvent être *individuelles*, c'est alors une simple lettre adressée à tel ou tel préposé à un service
administratif, ou emprunter la forme de *circulaires* et
être envoyées, pour un seul et même objet, à toute une
série de fonctionnaires.

227. S'il s'agit de règlements nécessaires pour l'exé-

cution des lois, les décisions des ministres, les arrêtés des préfets et des maires, étant rendus par ces fonctionnaires comme délégués de l'autorité impériale, sont authentiques et exécutoires ; ils peuvent même, dans certains cas, emporter hypothèque sur les biens de la partie condamnée. *(Lerat de Magnitot et Huard de Lamarre, Dic. de droit adm.)*

228. Les arrêtés des préfets en matière de police, et les autres décisions prononcées par l'administration sur les contestations de son ressort, sont exécutoires au moment de leur publication, soit par l'affichage, soit par l'insertion dans le *Recueil de leurs actes administratifs*.

Une expédition, certifiée conforme, doit être envoyée au commissaire de police remplissant les fonctions du ministère public près le tribunal de simple police de chaque canton. *(Arr. de cass. du 30 janv. 1829.)*

229. Les arrêtés des maires sont *permanents* ou d'*urgence*.

Les arrêtés qui portent règlement *permanent*, ne sont exécutoires qu'un mois après la remise de l'ampliation, constatée par les récépissés donnés par le préfet ou le sous-préfet. Le préfet peut néanmoins, s'il le juge à propos, ordonner l'exécution immédiate de ces arrêtés. *(Loi du 18 juil. 1837, art. 11, et cir. min. du 1er juil. 1840.)*

Les arrêtés d'*urgence*, pris relativement à un objet déterminé et pour répondre à un besoin du moment, ceux, par exemple, qui fixent le *poids* et le *prix* du pain *(Arr. de cass. du 29 nov. 1838)* sont exécutoires aussitôt après leur publication.

La publication d'un arrêté *individuel* peut être légalement remplacée par sa notification écrite à la personne qu'il concerne. *(Arr. de cass. du 31 août 1821.)*

Ces arrêtés ne sont pas moins obligatoires que les autres pour les citoyens qu'ils concernent. (*Arr. de cass. du 8 oct. 1836.*)

C'est un commissaire de police qui est ordinairement chargé de la notification des actes administratifs. L'original de l'exploit, dont la formule se trouve dans la VIIe partie de cet ouvrage, doit être signé de la partie qu'il concerne ou de la personne de sa maison à laquelle remise est faite d'une copie.

Le délai est de trois mois, à compter du jour de la notification, pour se pourvoir contre les règlements municipaux et contre les arrêtés des sous-préfets devant le préfet,

Contre les arrêtés des préfets devant le ministre,

Contre les arrêtés des conseils de préfecture devant le conseil d'état. (*Déc. du Cons. d'État du 20 nov. 1825.*)

230. Il n'appartient pas à l'autorité administrative d'édicter des peines ; la sanction des arrêtés de police se trouve dans les art. 471, n° 15, et 474 du Code pénal.

231. L'administration n'est jamais liée ni par ses propres décisions, ni par les actes d'une administration antérieure. Sa mission, dont rien ne saurait entraver l'accomplissement, est aussi étendue que les besoins généraux de la société, auxquels elle pourvoit. Protéger, moraliser, instruire, augmenter la somme de bien-être, voilà sa tâche.

232. Les tiers lésés peuvent néanmoins se prévaloir des droits acquis aux termes de la loi ou des règlements qui en ont la force.

La voie contentieuse est ouverte toutes les fois qu'un intérêt privé matériel est atteint par une décision de l'autorité administrative.

233. Le Conseil d'État n'est pas seulement l'organe le plus élevé de l'administration *active*; il occupe le sommet de l'administration *contentieuse*, il est investi de la plus haute juridiction administrative.

« Le Conseil d'État, dit Cormenin, éclaire, représente, » défend, fortifie le gouvernement sans l'enchaîner; il » rassure les citoyens contre l'arbitraire de l'exécution; il » répand l'ordre, la lumière, l'unité d'action et de doctrine » dans toutes les parties du service public. »

234. La loi du 28 pluviôse an VIII a établi un conseil de préfecture dans chaque département. Ce conseil connaît des affaires contentieuses, administratives, sauf le recours au Conseil d'État.

235. La compétence des conseils de préfecture est fort étendue.

Sont portées devant cette juridiction :

1° Toutes les contraventions commises au préjudice de la viabilité des grandes routes, canaux et rivières navigables ;

Le conseil de préfecture se borne à prononcer l'amende et à apprécier le dommage causé ; il renvoie toujours devant les tribunaux de police correctionnelle ou de simple police pour l'application de la peine de l'emprisonnement ;

2° Les questions d'indemnité à payer aux propriétaires riverains à l'occasion de l'établissement des chemins de hallage ;

3° Les demandes en réduction ou en décharge en matière de contributions directes ;

Les tribunaux ordinaires sont seuls compétents en matière d'impositions indirectes ;

4° Les réclamations des percepteurs et des contribuables; les contestations relatives aux prestations en argent ou en nature, établies pour l'entretien des chemins vicinaux, et pour les travaux de salubrité ; les réclamations des concessionnaires des mines afin de dégrèvement des redevances ; les contestations entre l'administration et les fermiers des bacs et bateaux ;

5° Les questions d'alignement ;

6° Les contestations relatives à la confection des travaux pour le curage des canaux et rivières non navigables, et pour l'entretien des digues et ouvrages d'art qui y correspondent ; les difficultés qui s'élèvent entre les entrepreneurs et l'administration concernant le sens ou l'exécution des clauses du marché ; les réclamations des particuliers qui se plaignent des torts et dommages provenant du fait personnel des entrepreneurs et non du fait de l'administration ; les questions d'indemnités dues aux propriétaires riverains des grandes routes, pour les occupations de terrain, hors le cas d'expropriation, dans lequel les tribunaux ordinaires sont seuls compétents ;

7° Les questions se rapportant aux classifications du cadastre ;

8° Les contestations entre les communes relativement aux concessions d'édifices ou de rentes qui leur ont été faites par l'Etat ; les difficultés que peuvent faire naître les opérations de l'administration forestière ; sur les questions d'indemnité à payer par les propriétaires des mines aux propriétaires du sol ;

9° La discussion des droits de propriété des communes sur les sources minérales réclamées par l'Etat ; les contestations relatives au partage des biens communaux ; les usurpations de ces biens lorsqu'il ne s'élève pas de question de propriété particulière ; les contestations qui naissent relativement au recouvrement des droits établis en faveur des pauvres et des hospices sur les divers genres de spectacles ;

10° Toutes les difficultés qui peuvent s'élever à l'occasion des opérations électorales pour la nomination des conseillers généraux, d'arrondissements et municipaux. Enfin, les conseils de préfecture, chargés d'une sorte de tutelle, accordent ou refusent aux communes l'autorisation de plaider; ils interviennent entre elles et leurs créanciers.

236. L'instruction des affaires se fait devant les conseils de préfecture sans publicité ni plaidoirie, mais bien sur simples mémoires.

Leur juridiction ne s'étend pas au-delà du territoire départemental.

Comme *juges d'exception*, ils ne peuvent prononcer que sur les questions qui leur sont spécialement attribuées par les lois ou règlements; comme juges de *droit strict*, ils ne peuvent ni modérer les amendes, ni en faire remise.

237. Les arrêtés des conseils de préfecture emportent hypothèque, et sont exécutoires nonobstant le pourvoi au Conseil d'État.

On peut se pourvoir, même après trente ans, contre un arrêté du conseil de préfecture, qui n'a été ni signifié, ni exécuté. *(Ord. en Cons. d'État du 25 avril 1839.)*

238. Un arrêté de conseil de préfecture, rendu par défaut, est susceptible d'opposition, nonobstant toute signification, tant qu'il n'a pas été exécuté. *(Ord. en Cons. d'État du 14 décem. 1837.)*

On n'est pas recevable à attaquer devant le Conseil d'État l'arrêté du conseil de préfecture qu'on a exécuté. *(Ord. en Cons. d'État du 5 décem. 1837.)*

239. Les conseils de préfecture ne peuvent point connaître de l'exécution de leurs arrêtés, il y a donc excès de pouvoir lorsqu'ils déclarent qu'un de leurs arrêtés par

défaut a été suffisamment exécuté dans une partie de ses dispositions. *(Ord. en Cons. d'État du 22 août 1838.)*

Ils commettent également un excès de pouvoir lorsque, ayant reconnu l'existence d'une contravention, ils se dispensent d'appliquer l'amende prononcée par la loi. *(Ord. en Cons. d'État du 14 janv. 1839.)*

Les arrêtés des conseils de préfecture qui ne contiennent aucun motif sont nuls. *(Ord. en Cons. d'État du 21 décem. 1837.)*

240.   Les conseils de préfecture, d'abord créés tribunaux du premier degré en matière administrative par la loi du 28 pluviôse an VIII, ont été ensuite chargés d'une intervention consultative, en même temps que leurs membres, devenant à leur tour de véritables administrateurs, recevaient mission de suppléer le préfet. *(Loi du 10 thermidor an XI; arr. du 21 frimaire an XII; décr. du 9 brumaire an XIII; loi du 15 sept. 1807; lois des 28 avril 1816 et 28 juillet 1824; ord. du 10 mai 1829; lois des 19 avril 1831, 22 juin 1833, 21 mai 1836 et 10 mai 1838.)*

241.   Le soin d'assurer l'exécution de la plupart des actes administratifs, incombant directement ou par délégation aux commissaires de police, agents du gouvernement, dépositaires de l'autorité publique administrative; l'énumération des objets réglementés par l'administration active dans les différents centres où ils sont appelés à agir, doit trouver place au frontispice de cette matière.

Dans la nomenclature qui suit, sections II, III, IV et V de ce même chapitre, sont nécessairement compris des objets se rattachant à la police municipale et même à la police judiciaire, non moins qu'à la police administrative; ces trois branches du service général sont en contact très-étroit sur beaucoup de points et se confondent souvent ; mais les deux premières s'effacent et deviennent le domaine exclusif de la troisième, quand il y a lieu de réglementer au fond ou sur les moyens d'exécution. Nous traiterons séparément, dans les parties de ce livre qui leur sont propres, *les objets* de police *administrative,* de police *judiciaire* et de police *municipale,* et nous tracerons, en ce qui touche chacun d'eux, la ligne des devoirs du commissaire de police.

SECTION II.

Paris et le département de la Seine. — Attributions du Préfet de police.

242. La préfecture de police a succédé au bureau central qui exista à Paris jusqu'en 1800.

L'arrêté des consuls, du 12 messidor an VIII, qui forme la charte d'institution de cette préfecture, est encore en vigueur dans toutes ses parties.

243. Les fonctions du préfet de police à Paris sont particulièrement déterminées par les arrêtés des 12 messidor an VIII et 3 brumaire an IX.

Ce magistrat exerce ses fonctions sous l'autorité immédiate des ministres et correspond directement avec eux pour les objets qui dépendent de leurs départements respectifs.

244. Les arrêtés du préfet de police prennent le titre d'*ordonnances.*

245. Le préfet de police peut publier de nouveau les lois et règlements de police et rendre les ordonnances nécessaires pour en assurer l'exécution.

Les principaux objets soumis à ses attributions sont :

Les passeports, cartes de sûreté, permissions de séjourner à Paris; les mendiants et vagabonds; les prisons; les maisons publiques; les attroupements; la police de la librairie et de l'imprimerie; les afficheurs, crieurs, vendeurs d'écrits, etc., sur la voie publique; les théâtres, cafés-concerts et chanteurs publics; la vente des poudres et salpêtres; la surveillance des lieux servant aux cultes; les permis de chasse; la recherche des déserteurs; les fêtes publiques; la petite voirie; la liberté et la sûreté de la voie publique; la salubrité de la cité; les incendies, débordements, accidents sur la rivière; la police de la bourse et du change; la sûreté du commerce; les taxes et mercuriales; la libre circulation des subsistances; la représentation des patentes des marchands; les marchandises prohibées; la surveillance des places et lieux publics; les approvisionnements et inspections des marchés; la protection et préservation de monuments et édifices publics; les livrets d'ouvriers; la surveillance des repris de justice; l'administration des halles et marchés; l'autorisation et la surveillance des établissements dangereux, insalubres ou incommodes; les aliénés; la recherche des crimes et délits; l'administration des corps de la garde municipale et de celui des sapeurs-pompiers; les fêtes publiques; la navigation; les voitures publiques, fiacres, cabriolets, omnibus et voitures de la banlieue; les eaux minérales; les boissons falsifiées; les maisons de santé; les hôtels et maisons garnies; la surveillance de l'exercice des diverses professions de pharmaciens, droguistes, herboristes, sage-femmes, boulangers, bouchers, charculiers, cafés, restaurants, marchands de vin, laitières, porteurs d'eau, étalagistes, brocanteurs, chiffonniers, baladins; les bals publics; la vérification des poids et mesures; la garantie des matières d'or et d'argent; les prisons et le dépôt de mendicité du département de la Seine, etc.

246. A ce vaste développement de soins, de surveillance et d'autorité, il faut ajouter le devoir immense de protéger les institutions et de prévenir les complots.

247. Le préfet de police exerce dans toutes les communes du département de la Seine les fonctions qui lui sont déférées par l'arrêté des consuls du 12 messidor an VIII.

Toutefois, les maires des communes du département de la Seine restent chargés, sous la surveillance du préfet de la Seine, et sans préjudice des attributions, tant générales que spéciales, qui leur sont conférées par les lois, de tout ce qui concerne la petite voirie, la liberté et la sûreté de la voie publique; l'établissement, l'entretien et la conservation des édifices communaux, cimetières, promenades, places, rues et voies publiques ne dépendant de la grande voirie; l'éclairage, le balayage, les arrosements, la solidité et la salubrité des constructions privées; les mesures relatives aux incendies; les secours aux noyés; la fixation des mercuriales; l'établissement et la réparation des fontaines, aqueducs, pompes et égouts; les adjudications, marchés et baux. *(Loi du 10 juin 1853.)*

SECTION III.

Agglomération lyonnaise. — Le préfet du Rhône. — Attributions des maires dans les communes de Lyon, la Guillotière, la Croix-Rousse, Vaise, Caluire, Oullins, Sainte-Foy (Rhône); Villeurbanne, Vaux, Bron, Venissieux, (Isère); Rillieux, Miribel, (Ain).

248.   Le préfet du Rhône remplit dans les communes de Lyon, la Guillotière, la Croix-Rousse, Vaise, Caluire, Oullins, Sainte-Foy, les fonctions de préfet de police, telles qu'elles sont réglées par les dispositions de l'arrêté des consuls du 12 messidor an VIII.

Il remplit dans les communes de Villeurbanne, Vaux, Bron et Venissieux du département de l'Isère, dans celles de Rillieux et Miribel du département de l'Ain, les fonctions qui ont été déférées au préfet de police par le décret du 3 brumaire an IX, à l'exception de celles réservées à l'autorité municipale, ainsi qu'il est dit plus bas.

Il est secondé dans son action par un secrétaire général spécialement chargé de la police.

249.   Les maires des communes composant l'agglomération lyonnaise, aux termes de la loi du 19 juin 1851, dont celle du 10 juin 1853 n'est que la reproduction, ont mission, sous la surveillance du préfet, et sans préjudice des attributions, tant générales que spéciales qui leur sont conférées par les lois, de s'occuper de tout ce qui concerne l'établissement, l'entretien et la conservation des édifices communaux, cimetières, promenades, places, rues et voies publiques ne dépendant pas de la grande voirie; l'éclairage, le balayage, les arrosements; la solidité et la salubrité des constructions privées; les mesures relatives

aux incendies ; les secours aux noyés ; la fixation des mercuriales ; l'établissement et la réparation des fontaines, aqueducs, pompes et égouts ; les adjudications, marchés et baux.

250. La loi du 4 septembre 1851 porte en outre :

Les maires de Lyon, la Guillotière, la Croix-Rousse, Vaise, Caluire, Oullins et Sainte-Foy continuent d'être chargés des attributions suivantes :

Ils surveillent, permettent ou défendent l'établissement des boutiques, étaux, auvents ou constructions du même genre qui prennent sur la voie publique ; l'établissement des échoppes ou étalages mobiles ;

Ils prennent, conformément aux lois et règlements, les arrêtés relatifs au nombre et la durée des marchés, aux places où ils se tiennent et aux lieux d'arrivage des denrées ;

Ils surveillent les marchés dans l'intérêt de la perception des droits et de la salubrité des denrées ;

Ils surveillent les établissements sur les rivières, les bains publics, les écoles de natation et les abreuvoirs ;

Ils sont chargés, s'il y a lieu :

De pourvoir à l'éclairage de la voie publique ;

De faire surveiller le balayage auquel les habitants sont tenus devant leurs maisons, et de le faire opérer aux frais de la commune, dans les places et la circonférence des jardins et édifices publics ;

De prescrire les arrosements dans la commune, dans les lieux et la saison convenables ;

De faire sabler, s'il survient du verglas, et déblayer, au dégel, les ponts et lieux glissants des rues ;

De faire effectuer l'enlèvement des boues, matières malsaines, neiges, glaces, décombres, vases sur les bords de la rivière, après la crue des eaux ;

Ils sont également chargés, dans l'intérêt de la salubrité de la commune, de faire observer les lois et règlements sur les inhumations, de surveiller la construction, l'entretien et la vidange des fosses d'aisance, et d'empêcher qu'on ne jette sur la voie publique aucune substance malsaine ;

Ils sont chargés d'ordonner la démolition ou réparation des bâtiments menaçant ruine et de prendre les mesures propres à assurer la salubrité des habitations ;

Ils veillent à ce qu'il ne soit fait aucune entreprise sur les aqueducs, égouts, puisards, pompes et fontaines ;

Ils assurent le libre écoulement des eaux ménagères et autres ;

Ils font observer les règlements sur l'établissement des conduits pour les eaux de pluies et les gouttières ;

Ils veillent à ce que personne ne dégrade la voie publique et les monuments ou édifices communaux ;

Ils sont chargés de prendre les mesures propres à prévenir ou à arrêter les incendies ;

Ils requièrent, à cet effet, la force publique et en déterminent l'emploi ; ils donnent des ordres aux pompiers, requièrent les ouvriers charpentiers, couvreurs et autres ;

Ils ont la surveillance des corps de pompiers, le placement et la distribution des corps-de-garde et magasins de pompes, réservoirs, tonneaux, sceaux à incendie, machines et ustensiles de tout genre destinés à arrêter les incendies ;

Ils concourent aux mesures de précaution en cas de débordements ou de débacles ;

Ils sont chargés de faire administrer les secours aux noyés ;

Ils déterminent, à cet effet, le placement des boîtes fumigatoires et autres moyens de secours ;

Ils accordent et font payer les gratifications et récompenses promises à ceux qui retirent les noyés de l'eau ;

Ils font constater le cours des diverses denrées, fixent et rédigent les mercuriales, et font observer les taxes légalement faites et publiées ;

Les communes subviennent aux services dont les maires cessent d'être chargés dans la porportion des sommes qui y étaient antérieurement employées ;

Les maires, adjoints et commissaires de police des communes de Villeurbanne, Vaux, Bron et Venissieux, du département de l'Isère ; Rillieux et Miribel, du département de l'Ain, sont placés sous les ordres du préfet du Rhône pour toutes les attributions énumérées en l'arrêté des consuls du 3 brumaire an XI et non comprises parmi les attributions réservées aux maires par les dispositions qui précèdent.

251. Enfin, le titre Ier de l'arrêté ministériel du 17 septembre 1851, portant organisation du service de police de l'agglomération lyonnaise, établit une distinction entre les communes du Rhône et celles des départements limitrophes faisant également partie de cette agglomération.

Pour les communes de Lyon, de la Guillotière, de la Croix-Rousse, de Vaise, de Caluire, d'Oullins et de Ste-Foy, le préfet du Rhône :

Délivre les passeports pour l'intérieur et pour l'étranger ; vise les passeports des voyageurs et les permissions ou congés militaires ou des marins qui veulent résider ou séjourner dans lesdites communes ;

En outre :

Il délivre les cartes de sûreté et les permis de séjour ;

Il fait exécuter les lois sur la mendicité et le vagabondage ; il fait délivrer aux indigents sans travail, qui veu-

lent retourner dans leur domicile, les secours autorisés
par la loi du 13 juin 1790 ;

Il a la police des prisons et maisons d'arrêt, de force
ou de correction ; délivre les permissions pour voir les
détenus ;

Il a la police des maisons garnies et des logeurs ; celle
des maisons de tolérance, en se conformant aux lois et
et règlements y relatifs ;

Il prend des mesures pour prévenir ou dissiper les attroupements, les coalitions d'ouvriers, les réunions tumultueuses ;

Il a la police des théâtres, surveille la distribution et
la vente des poudres et salpêtres ;

Il est chargé de tout ce qui a rapport à la liberté du
commerce, à la libre circulation des subsistances, à l'exécution des lois sur la garantie et à l'inspection des orfèvres
et bijoutiers ;

Il exige la représentation des patentes des marchands
forains et peut se faire représenter celles des marchands
domiciliés ; il fait saisir les marchandises prohibées ; il a
la police des ports, chantiers et lieux publics ; celle des
voitures et établissements de messageries ou de transports ;

Enfin, il fait exécuter par lui-même ou surveille l'exécution de toutes les lois et de tous les règlements de police
et d'ordre public.

Dans les communes de Villeurbanne, de Vaux, de Bron,
de Vénissieux, de Rillieux et de Miribel, le préfet du
Rhône exerce les mêmes fonctions, mais seulement pour
ce qui concerne :

L'exécution des lois sur la mendicité et le vagabondage,
et la délivrance des passeports avec secours de route ;

La police des prisons et des maisons publiques, la re-
pression des attroupements et la police des lieux publics,

celle des réunions tumultueuses ou dangeureuses pour l'ordre ;

La vente ou distribution des poudres et salpêtres ;

La sûreté du commerce ;

La police des approvisionnements ;

La délivrance du visa des passeports à l'étranger ;

Dans les mêmes communes, et pour l'exécution des mesures qu'il prend, en vertu de la loi du 19 juin 1851, il a sous ses ordres les maires et adjoints des communes et les commissaires de police, et correspond avec eux, soit directement, soit par l'intermédiaire des officiers publics placés sous ses ordres ;

Il peut requérir immédiatement ou par ses agents la garde nationale desdites communes.

SECTION IV.

Villes chefs-lieux de département dont la population excède 40,000 habitants. — Attributions des préfets et des maires d'Amiens, Angers, Besançon, Bordeaux, Caen, Lille, Limoges, Marseille, Metz, Montpellier, Nancy, Nantes, Nimes, Orléans, Rouen, Strasbourg, Toulouse.

252.   Dans les villes chefs-lieux de département dont la population excède 40,000 habitants, le préfet remplit les fonctions de préfet de police, telles qu'elles sont réglées par l'arrêté des consuls du 12 messidor an VIII, que nous avons déjà eu plusieurs fois l'occasion de citer.

253.   Néanmoins, l'art. 50 de la loi du 5 mai 1855,

reproduisant de nouveau les dispositions des lois des 19 juin 1851 et 10 juin 1853, statue que les maires desdites communes restent chargés sous la surveillance du préfet, et sans préjudice des attributions, tant générales que spéciales, qui leur sont conférées par les lois :

1° De tout ce qui concerne l'établissement, l'entretien, la conservation des édifices communaux, cimetières, promenades, places, rues et voies publiques ne dépendant pas de la grande voirie ; l'établissement et la réparation des fontaines, aqueducs, pompes et égouts ;

2° De la police municipale, en tout ce qui a rapport à la sûreté et la liberté du passage sur la voie publique, à l'éclairage, au balayage, aux arrosements, à la solidité et à la salubrité des constructions privées ;

Aux mesures propres à prévenir ou arrêter les accidents et fléaux calamiteux, tels que les incendies, les épidémies, les épizooties, les débordements ;

Aux secours à donner aux noyés ;

A l'inspection de la salubrité des denrées, boissons, comestibles et autres marchandises mises en vente publique, et de la fidélité de leur débit ;

3° De la fixation des mercuriales ;

4° Des adjudications, marchés et baux.

254.   Un décret du 26 septembre, rendu sur la proposition de Son Excellence M. le ministre de l'intérieur, règle le service de la police administrative et municipale dans les villes chefs-lieux de département de 40,000 habitants et au-dessus.

La police étant déjà organisée à Paris et à Lyon par des lois auxquelles il n'est pas dérogé, les villes régies par l'art. 50 de la loi du 5 mai 1855 sont, ainsi que nous l'avons déjà fait connaître dans le précédent chapitre, celles d'Amiens, Angers, Besançon, Bordeaux, Caen, Lille, Limoges, Marseille, Metz, Montpellier, Nancy, Nantes, Nîmes, Orléans, Rouen, Strasbourg et Toulouse.

255. « Les considérations les plus graves, » dit M. Billaut dans son remarquable rapport à l'Empereur, « motivaient, dans ces villes populeuses, la centralisation » entre les mains du préfet des attributions de police, qui » intéressent l'administration générale et la sûreté de l'Etat. » Personne ne les contestait ; cependant le régime nouveau » ne pouvait s'établir sans éveiller jusqu'à un certain point » les honorables susceptibilités des corps municipaux. J'ai » été appelé tout d'abord à examiner une question fonda- » mentale. Deux parts étaient faites des pouvoirs de police : » les uns, appartenant au préfet ; les autres, confiés au maire » sous la surveillance du préfet. Le personnel de la police » serait-il aussi divisé en deux corps indépendants ? La » même ville renfermerait-elle les agents de la préfecture » et les agents de la mairie ? Je n'ai pas cru que cette » opinion, mise en avant dans l'intérêt de la responsabilité » des fonctionnaires municipaux pût être adoptée. En fait, » la distinction complète des deux personnels est irréalisa- » ble, puisqu'ils viennent nécessairement se confondre » dans les commissaires de police, de l'intervention des- » quels le maire ne peut en aucun cas se priver. D'autre » part, diviser le personnel subalterne en deux corps c'est » l'affaiblir ; c'est donner naissance aux rivalités et aux » conflits ; c'est enfin, augmenter les dépenses à la charge » des communes. Je n'hésite donc pas à penser qu'il convient » de n'instituer dans chaque ville qu'un seul personnel de » police, placé plus particulièrement sous l'autorité du » préfet, qui nomme et révoque les agents, lesquels sont » mis à la disposition du maire pour les attributions dont

» il reste investi. Afin d'éviter les inconvénients qui résul-
» teraient d'ordres contraires dont l'exécution simultanée
» serait impossible, il suffira de statuer que les mesures
» prescrites par le maire seront exécutées par l'intermé-
» diaire du commissaire central de police. Celui-ci embrasse
» toutes les parties du seul service ; il peut utiliser toutes
» les ressources du personnel.

» L'organisation de ce personnel comporte déjà, aux termes
» de la loi du 28 pluviôse an VIII, autant de commissaires
» de police, y compris le commissaire central, que chaque
» ville renferme de dixaines de mille habitants.

» Un bureau purement administratif préparera et exé-
» cutera les travaux de direction qui n'appartiennent qu'au
» préfet. Jusqu'ici dans les dix-sept villes atteintes par
» l'art. 50 de la loi du 5 mai 1855, il existait bien à la
» mairie un bureau de police ; mais il était placé sous les
» ordres du commissaire central, et, par suite, ce fonction-
» naire, au lieu d'être le chef du service actif et de faire
» la police, l'administrait sous le contrôle du maire. Telle
» ne doit pas être sa mission.

» Suivant l'importance des localités, les employés de la
» préfecture chargés des affaires de police auront leur chef
» spécial, ou seront rattachés à une des divisions exis-
» tantes. »

256. Enfin, sans recourir aux pouvoirs qui leur sont
extraordinairement attribués, les préfets peuvent encore
régler beaucoup d'objets formant les matières de police
municipale et rurale, par des arrêtés insérés dans les
Recueils de leurs actes administratifs. Le décret du 22
décembre 1789, section 3, et l'instruction des 12-20 août
1790, chapitre VI, complètent la nomenclature de ces
objets, concurremment avec quelques dispositions spé-

ciales ajoutant à la surveillance qui leur est confiée, notamment les lois des 14 floréal an XI ; 28 pluviôse an VIII, art. 3, et 21 mai 1836, art. 21 ; qui traitent : la première, de la police des eaux ; la seconde, de la grande voirie ; la troisième, de la police des chemins vicinaux.

SECTION V.

Communes dont la population est au-dessous de 40,000 habitants. — Maires. — Droit commun. — Principes et législation.

257. Dans les villes et communes qui ne sont comprises dans aucune des exceptions indiquées plus haut, les attributions des maires, dont les commissaires de police sont ou les auxiliaires ou les délégués, sont fixées par les lois des 14 décembre 1789 ; 16-24 août 1790, titre XI ; 19-22 juillet 1791, titre Iᵉʳ ; 20 septembre 1791 *(Code rural)* ; 18 juillet 1837.

258. Le *maire* est à la fois organe des intérêts généraux et représentant des intérêts communaux.

259. *Organe des intérêts généraux*, il est agent du gouvernement; délégué de l'administration générale, *agent administratif.*

En cette qualité, il s'occupe de tout ce qui peut intéresser dans la commune la sûreté de l'État; il participe à la publication des lois en les faisant afficher; il est chargé, sous la surveillance et l'autorité de l'administration supérieure, de l'exécution des lois et règlements, des fonctions spéciales qui lui sont attribuées par les lois, et de l'exécution des mesures de sûreté générale.

Un maire est réputé *agent du gouvernement*, lorsqu'il agit pour la fermeture d'une usine non autorisée *(Ord. 13 avril 1842)*, pour reprendre des terrains usurpés sur un chemin *(Ord. 25 nov. 1842)*, pour défendre des terrains appartenant à sa commune, même contre les agents du gouvernement *(Ord. 31 mai 1843)* ; en un mot, dans toutes les opérations de ses fonctions réglementaires administratives, concernant l'intérêt public, et de la commune seulement.

Le maire sert encore à l'administration supérieure d'agent d'information et de vérification.

Les maires, concurremment avec les commissaires de police qui les secondent tout particulièrement en cette matière, fournissent au préfet et au sous-préfet, les renseignements de toute nature qu'ils peuvent désirer ; ils donnent leur avis sur les autorisations des débits de boissons dans leur commune ; sur les permissions pour l'exploitation des établissements insalubres de dernière classe *(Loi du 15 oct. 1810, art. 2)* ; c'est par leurs soins qu'ont lieu les publications des demandes en concession de mines *(Loi du 21 avril 1810, art. 24)* ; que sont reçues les déclarations des étrangers qui désirent se faire naturaliser. *(Décret du 17 mars 1809)*.

Juge de simple police, ainsi que nous le verrons dans une autre partie de cet ouvrage, une sorte de juridiction administrative appartient également au maire ; il est notamment appelé à se prononcer sur les difficultés qui lui sont soumises ; en cas de contestation entre les employés de la régie et les débitants de boissons, en ce qui touche l'exactitude de la déclaration des prix de vente, sauf le recours au préfet en conseil de préfecture. En matière de grande voirie, il juge sans frais et sans formalités, les contestations sur le poids des voitures, sur la nature des infractions, et sur la qualité des amendes, etc.

260. *Représentant des intérêts communaux,* le maire administre et conserve les propiétés de la commune qu'il représente en justice, soit en demandant, soit en défendant, soit devant les tribunaux civils, soit devant les tribunaux administratifs ; il fait tous actes conservatoires, interruptifs de prescription, etc.

Il a la surveillance des établissements communaux, conseils de fabrique, bureaux de bienfaisance, etc.

Il fait la proposition du budget de la commune.

Il ordonnance les dépenses et délivre les mandats de paiement en se conformant aux crédits qui lui ont été alloués.

Il dirige les travaux communaux, dans les formes établies par les lois ; souscrit dans les mêmes formes les actes de vente, échange, partage, acceptation de dons . ou legs, acquisition, transaction, etc. Organe des intérêts moraux et matériels de sa commune, le maire n'a pas seulement mission de constater les contraventions prévues par les lois en vigueur, il est encore chargé, comme nous l'avons dit, de prendre des arrêtés ou de faire des règlements pour obliger les citoyens à faire ou à ne pas faire certaines choses dans l'intérêt de la morale, de l'ordre public, ou des ressources communales.

261. Les arrêtés ou règlements municipaux sont obligatoires pour tous les citoyens. Une fois rendus, et tant que l'administration supérieure ou l'autorité municipale elle-même ne les a pas rapportés ou notifiés, il n'appartient pas à cette dernière d'en suspendre ou d'en modifier l'exécution, au profit de certains individus, tandis qu'ils

resteraient rigoureusement obligatoires pour tous les autres citoyens ; ces actes particuliers de faveur , qui créeraient des priviléges, ne sauraient constituer, pour les tribunaux, une excuse légale des contraventions dont la répression serait poursuivie devant eux. (*Arr. de cass. du* 19 *décem.* 1833 *et du* 15 *décem.* 1836.)

262.　Les actes des maires, émanés légalement de leur autorité, peuvent indifféremment être intitulés *arrêtés, ordonnances* ou *règlements de police.*

263.　Les *adjoints* sont des magistrats destinés , par les lois , à remplacer les maires empêchés, ou à les seconder dans l'exercice de leurs fonctions. (*Macarel.*)

Les maires peuvent déléguer une partie de leurs fonctions à un ou plusieurs de leurs adjoints, et , en l'absence des adjoints, à ceux des conseillers municipaux qui sont appelés à en faire les fonctions, sans pouvoir toutefois les investir de la totalité de leurs attributions.

Les attributions de police déjà déléguées au commissaire central ou au commissaire de police, chef de service , ne peuvent faire l'objet d'une nouvelle et double délégation.

264.　Il importe au commissaire de police de connaître le texte même des lois en vigueur sur les attributions des maires en matière d'arrêtés ou de règlements de police ; cette législation indique et dessine une notable partie de ses devoirs ; elle contient des dispositions qu'il ne lui est pas permis d'ignorer.

265.　*Loi du* 14 *décem.* 1789 , *art.* 50 *:*

« Les fonctions propres au pouvoir municipal sous la surveillance et l'inspection des assemblées administratives (remplacées par les préfets et sous-préfets), sont de faire jouir les habitants des avantages d'une bonne police , notamment de la propreté, de la salubrité, de la sûreté et de la tranquillité dans les rues, lieux et édifices publics. »

266. *Loi des 16-24 août 1790, tit. XIe, art. 1, 3 et 4 :* « Les corps municipaux (aujourd'hui les *maires*) veillent et tiennent la main, dans l'étendue de chaque municipalité, à l'exécution des lois et règlements de police. Les objets de police confiés à la vigilance et à l'autorité des corps municipaux, sont :

1° Tout ce qui intéresse la sûreté et la commodité du passage dans les rues, quais, places et voies publiques ; ce qui comprend le nettoiement, l'illumination, l'enlèvement des encombrements, la démolition ou la réparation des bâtiments menaçant ruine ; l'interdiction de rien exposer aux fenêtres ou autres parties des bâtiments qui puisse nuire par sa chûte, et celle de rien jeter qui puisse blesser ou endommager les passants, ou causer des exhalaisons nuisibles ;

2° Le soin de réprimer et punir les délits contre la tranquillité publique, tels que les rixes et disputes accompagnées d'ameutements dans les rues, le tumulte excité dans les lieux d'assemblée publique, les bruits et attroupements nocturnes qui troublent le repos des citoyens ;

3° Le maintien du bon ordre dans les endroits où il se fait de grands rassemblements d'hommes, tels que les foires, marchés, réjouissances et cérémonies publiques, spectacles, jeux, cafés, églises et autres lieux publics ;

4° L'inspection sur la fidélité du débit des denrées, et sur la salubrité des comestibles exposés en vente publique ;

5° Le soin de prévenir par des précautions convenables, et celui de faire cesser, par la distribution des secours nécessaires, les accidents et les fléaux calamiteux, tels que les incendies, les épidémies, les épizooties, en provoquant aussi, dans ces deux derniers cas, l'autorité des administrations de département et de district (*préfets et sous-préfets*) ;

6° Le soin d'obvier ou de remédier aux évènements fâcheux qui pourraient être occasionnés par les insensés ou les furieux laissés en liberté, et par la divagation des animaux malfaisants ou féroces. Les spectacles publics ne peuvent être permis et autorisés que par les officiers municipaux. »

267.   *Loi des 19-22 juillet 1791, tit. Ier, art. 30 et 46:*

« La taxe des subsistances ne peut avoir lieu, dans aucune ville ou commune de France, que sur le *pain* et la *viande* de boucherie, sans qu'il soit permis, en aucun cas, de l'étendre sur le vin, sur le blé, les autres grains ni autre espèce de denrées ; et ce, sous peine de destitution des officiers municipaux. Le corps municipal (*le maire*) peut, sous le nom et l'intitulé de *délibération*, et sauf la réformation, s'il y a lieu, par l'administration du département, sur l'avis de celle du district, faire des arrêtés sur les objets qui suivent :

1o Lorsqu'il s'agit d'ordonner des précautions locales sur les objets confiés à sa vigilance et à son autorité par la loi des 16-24 août 1790 ;

2o De publier de nouveau les lois et règlements de police, ou de rappeler les citoyens à leur observation. »

268.   *Loi du 20 sept. 1791, Code rural, tit. Ier, sect. 5, art. 2, et tit. IIe, art. 1 et 9 :*

« Dans les pays où le ban des vendanges est en usage, il peut être fait à cet égard un règlement chaque année par le conseil général de la commune (*le maire*), mais seulement pour les vignes non closes. Les réclamations qui pourraient être faites contre le règlement doivent être portées au directoire du département (*au préfet*), qui statuera sur l'avis du directoire de district (*sous-préfet.*)

La police des campagnes est spécialement sous la juridiction des juges de paix et des officiers municipaux (*maire et commissaire de police*), et sous la surveillance des gardes-champètres et de la gendarmerie.

Les officiers municipaux (*maire et commissaire de police*) veillent généralement à la tranquillité, à la salubrité et à la sûreté des campagnes. »

269.   *Loi du 18 juillet 1837, art. 10 et 11:*

« Le maire est chargé, sous la surveillance de l'autorité administrative supérieure, de la police municipale, de la police rurale, de la voirie municipale, et de pourvoir à l'exécution des actes de l'autorité supérieure qui y sont relatifs.

Le maire prend des arrêtés à l'effet :

1° D'ordonner les mesures locales sur les objets confiés par la loi à sa vigilance et à son autorité ;

2° De publier, de nouveau, les lois et règlements de police, et de rappeler les citoyens à leur observation. Les arrêtés pris par les maires sont immédiatement adressés au sous-préfet. Le préfet peut les annuler ou en susprendre l'exécution.

Ceux de ces arrêtés qui portent règlement permanant ne sont exécutoires qu'un mois après la remise de l'ampliation constatée par les récépissés donnés par le sous-préfet. »

270. *Loi du 5 mai 1855, sect. 1ʳᵉ, art. 1, 2, 3, 4, 5 et 10 :*

« Le corps municipal de chaque commune se compose du maire, d'un ou de plusieurs adjoints, et des conseillers municipaux.

Les fonctions des maires, des adjoints et des autres membres du corps municipal sont gratuites.

Le maire et les adjoints sont nommés par l'Empereur, dans les chefs-lieux de département, d'arrondissement et de canton, et dans les communes de 3,000 habitants et au-dessus.

Dans les autres communes ils sont nommés par le préfet au nom de l'Empereur.

Ils doivent être âgés de 25 ans accomplis, et inscrits dans la commune au rôle de l'une des quatre contributions directes.

Les adjoints peuvent être pris, comme le maire, en dehors du conseil municipal.

Le maire et les adjoints sont nommés pour cinq ans.

Ils remplissent leurs fonctions même après l'expiration de ce terme, jusqu'à l'installation de leurs successeurs.

Ils peuvent être suspendus par arrêté du préfet.

Cet arrêté cessera d'avoir son effet s'il n'est confirmé, dans le délai de deux mois, par le ministre de l'intérieur.

Les maires et les adjoints ne peuvent être révoqués que par décret de l'Empereur.

Il y a un adjoint dans les communes de 2,500 habitants et au-dessous ; deux dans celles de 2,501 à 10,000 habitants. Dans les communes d'une population supérieure, il pourra être nommé un adjoint de plus par chaque excédant de 20,000 habitants.

Lorsque la mer ou quelque autre obstacle rend difficiles, dangereuses ou momentanément impossibles les communications entre le chef-lieu et une fraction de commune, un adjoint spécial, pris parmi les habitants de cette fraction, est nommé en sus du nombre ordinaire : cet adjoint spécial remplit les fonctions d'officier de l'état-civil, et peut être chargé de l'exécution des lois et règlements de police dans cette partie de la commune.

En cas d'absence ou d'empêchement, le maire est remplacé par un de ses adjoints dans l'ordre des nominations.

En cas d'empêchement du maire et des adjoints, le maire est remplacé par un conseiller municipal délégué par le préfet, ou, à défaut de cette désignation, par le conseiller municipal, le premier dans l'ordre du tableau.

Ce tableau est dressé d'après le nombre de suffrages obtenus et en suivant l'ordre des scrutins.

Ne peuvent être ni maires, ni adjoints, ni conseillers municipaux :

Les commissaires et agents de police. »

CHAPITRE V.

CONSTATATION ET REPRESSION EN MATIÈRE ADMINISTRATIVE.

SECTION I.

Procès-verbaux des commissaires de police en général. — Foi qui leur est due — Preuve contraire. — Théorie des preuves. — Règle particulière aux procès-verbaux de contravention en matière administrative.

271. *Procès* vient du mot latin *procedere*, intenter une action, aller en avant, passer outre après constatation.

Un *procès-verbal* est l'acte par lequel un magistrat ou un officier public constate un fait ou les circonstances qui se rattachent à une opération quelconque de ses fonctions, sans instruire sur pièces ni recourir à une production de mémoires.

L'académie française définit le procès-verbal :

« Un narré par écrit, dans lequel un officier de justice, » ou autre ayant-droit ou qualité, rend *témoignage* de ce » qu'il a vu et entendu. »

272. Un procès-verbal n'est donc autre chose que le

rapport d'une personne ayant *caractère public* pour le faire. Sa validité dépend des qualités légales inhérentes à la personne ou à l'emploi de l'agent qui a instrumenté.

Le procès-verbal dressé par un commissaire de police, hors de ses attributions, ne vaut que comme simple dénonciation. (*Metz*, 10 *juin* 1819.)

273. Certains procès-verbaux font foi jusqu'à *inscription de faux*. Les autres ne font foi que jusqu'à *preuve contraire*.

Les procès-verbaux faisant foi jusqu'à *inscription de faux* sont ceux dont la force ne peut être détruite qu'à l'aide de la procédure longue et solennelle tracée par les art. 458 et suivants du Code d'instruction criminelle, et dans diverses dispositions des lois spéciales ; ils ont pour eux une présomption légale de vérité, qui ne permet pas aux juges de s'en écarter, et qui les oblige en quelque sorte à prononcer la condamnation sans examen.

Les procès-verbaux faisant foi jusqu'à *preuve contraire* sont ceux qui emportent une présomption légale de vérité suffisante pour servir de base à une condamnation, et pour obliger les tribunaux à la prononcer, tant que la preuve contraire n'a pas été rapportée, car cette présomption doit céder comme toutes les autres, devant une preuve positive contraire. (*Teulet, d'Auvilliers et Sulpicy, Codes français.*)

274. Les procès-verbaux des commissaires de police, comme ceux des préfets, maires, adjoints, procureurs impériaux, juges d'instruction, juges de paix et officiers de gendarmerie, ne font foi que jusqu'à la preuve contraire.

Il avait été cependant un instant admis par la jurisprudence que les procès-verbaux des commissaires de police faisaient foi jusqu'à inscription de faux. (*Arr. de cass.* 8 *vent. an X et* 13 *flor. an XII.*)

275.   Le procès-verbal d'un officier de police judiciaire fait foi des faits constatés, comme étant à sa connaissance personnelle, mais non de ceux qu'il relate comme lui ayant été déclarés par des tiers. (*Arr. de cas.*, 2 *janvier* 1830.)

Le procès-verbal dressé par un commissaire de police, sur la déclaration d'un simple agent, ne fait pas foi en justice. (*Arr. de cass.*, 4 *mars* 1826.)

276.   Les inspecteurs de police, agents de police et sergents de ville n'ont pas qualité pour dresser des procès-verbaux, il doivent se borner à faire des *rapports* qui ne valent que comme dénonciation ou simples renseignements.

Les rapports des agents de police sont néanmoins regardés comme des éléments de poursuite et des documents utiles qui suffisent pour que les prévenus ne puissent pas être acquittés sans que les agents rapporteurs aient été entendus comme témoins, lorsque leur audition a été requise.

Le rapport d'un agent de police confirmé par sa déclaration à l'audience sous la foi du serment, et qui n'est combattu par aucune preuve, peut servir de base à une condamnation. (*Arr. de cass.* 30 *octobre* 1812, 4 *mars* 1826 *et* 2 *juin* 1837.)

277.   Les procès-verbaux étant un moyen de prouver, ont dû être rangés au nombre des preuves.

Le Code d'instruction criminelle admet deux genres de preuves, celles résultant des procès-verbaux ou rapports, et la preuve testimoniale.

On appelle *preuve* tout ce qui tend à éclaircir ou à démontrer un fait qui paraît douteux ou qui est contesté.

Pour qu'une preuve puisse servir de base à une condamnation, il faut :

1º Qu'elle soit *légale*, c'est-à-dire du nombre de celles qui sont admises par la loi ;

2º Qu'elle soit *concluante*, c'est-à-dire qu'elle ait les caractères que la loi exige ;

3º Qu'elle soit *juridique*, c'est-à-dire que les actes qui la contiennent soient revêtus de toutes les formalités voulues par la loi. (*Muyart de Vouglans, Lois crim.*)

278.   Nos lois, amies de la simplicité, confiantes dans l'intelligence et le bon sens des agents chargés de leur exécution, n'imposent aucunes formules sacramentelles pour la rédaction des procès-verbaux.

Le commissaire de police n'a qu'à suivre l'inspiration de son zèle, pour signaler les atteintes aux lois et règlements. Il consigne dans son procès-verbal ce qui s'est passé, ce qu'il a entendu dire, ce qu'il a vu faire, et les résultats du dommage causé dans toutes ses circonstances. Si l'auteur lui est connu, il le désigne ; il recueille, s'il y a lieu, des témoignages, et si l'inculpé fait des aveux, il les établit en verbalisant.

279.   Un procès-verbal doit être simple et sans prétention, d'un style clair et précis. Il n'est pas nécessaire qu'il soit tracé de la main même du commissaire de police ; celui-ci peut employer, soit son secrétaire, soit toute autre personne pour l'écrire sous sa dictée.

En matière de *crimes* et *délits* le procès-verbal du commissaire de police énonce :

1º L'an, le jour et l'heure de la rédaction qui doivent être, autant que possible, ceux de la constatation des faits ;

2º Les noms, prénoms et résidence du commissaire de police ; la qualité en laquelle il agit ;

3º La source de son information ; les noms, prénoms, âge, lieu de naissance, profession, domicile et résidence momentanée de la victime, du plaignant ou déclarant, de l'inculpé et des personnes civilement responsables; (*Cod. Nap., art.* 1382, 1383, 1384 *et suiv.; Loi des* 28 *sept.,* 6 *oct.* 1791, *titre II, art.* 7; *Code forestier, art.* 206; *Code de la pêche, art.* 74.)

4° Le narré des faits, le lieu, le jour et l'heure où ils se sont passés; s'il sagit d'un crime ou d'un délit grave, indication que le procureur impérial en a été immédiatement prévenu, conformément aux dispositions de l'art. 32 du Code d'instruction criminelle ;

5° Le compte-rendu de toutes les perquisitions, constatations ou expertises auxquelles ces mêmes faits peuvent avoir donné lieu; mention du serment prêté par les gens de l'art, s'il y a eu lieu de les consulter (*Code d'instr. crim. art.* 43 *et* 44; *Code Nap. art.* 81 *et* 82); mention de l'avis donné au juge de paix dans les cas prévus par la loi; (*Cod. de procédure, art.* 911.)

6° La description de l'état des lieux, des traces d'escalade, d'effraction, ou d'usage de fausse clefs, de l'état du cadavre ou du blessé, de ses vêtements. Détail des pièces de convictions saisies, leur mise sous le scellé et leur envoi au greffe; (*Cod. d'instr. crim. art.* 36, 37, 38 *et* 39.)

7° Les arrestations faites, celles à opérer encore; les mesures prises à cet effet ;

8° Les dépositions des témoins et l'interrogatoire des inculpés. (*Cod. d'instr. crim. art.* 35 *et* 40.)

Pour cette partie de leurs procès-verbaux nous ne saurions trop recommander aux commissaires de police l'emploi du stile direct; il importe, afin d'être clair, que ce soient toujours les plaignants, les témoins et les prévenus qui racontent eux-mêmes les faits sur lesquels ils sont interpellés. La reproduction de leurs propres expressions n'est pas moins essentielle au point de vue des conséquences que les magistrats supérieurs peuvent avoir à tirer de ces déclarations;

9° La mention de la lecture du procès-verbal aux personnes qui y figurent; et celle des signatures, de la déclaration de l'impossibilité ou du refus de signer; (*Cod. d'instr. crim., art.* 33, 42 *et* 76.)

Les procès-verbaux doivent être signés, à chaque feuillet, non seulement par le commissaire de police qui les a rédigés, mais encore par tous ceux dont il est parlé dans cet acte : fonctionnaires, témoins, inculpés, etc.;

10° Le cachet du commissariat doit être apposé sur le procès-verbal auprès de la signature du commissaire de police. (*Circ. min. du* 15 *mars* 1836.)

280. Aucune interligne ou surcharge ne peut être faite dans un procès-verbal, aucun blanc ne doit y être laissé : les ratures et les renvois sont approuvés et signés par le commissaire de police et toutes les personnes présentes.

Les renvois doivent être placés en marge du procès-verbal à la hauteur de l'endroit où une omission a été faite. (*Arr. de cass.,* 30 *juillet* 1824.)

Les interlignes, ratures et renvois non approuvés, sont réputés non avenus. (*Cod. d'instr. crim., art.* 78.)

281. Quand il s'agit de la constatation d'un fait qualifié *crime* il est essentiel, pour rendre possible l'exécution des dispositions de l'art. 341 du Code d'instruction criminelle, de recevoir les déclarations des témoins sur une feuille séparée du procès-verbal où est consigné le détail des autres opérations.

282. A moins de délits connexes (*Code d'instr. crim., art.* 227), chaque délit est constaté par un procès-verbal séparé.

Un procès-verbal faisant suite à un autre doit rappeler celui auquel il se réfère.

283. Les procès-verbaux des commissaires de police ne sont assujétis ni à la formalité du timbre (*Loi du 13 brum. an VII, art.* 16), ni à la formalité de l'affirmation (*Arr. de cass.*, 12 *juillet* 1822 *et* 12 *février* 1829), ni à celle de l'enregistrement (*Loi du 22 frim. an VII, art.* 70, 2 3, 9.)

Toutefois, une instruction de M. le garde des sceaux, du 24 septembre 1823, déclare soumis à la formalité de l'enregistrement les procès-verbaux des commissaires de police qui constatent des contraventions de simple police et ceux qui sont rédigés à la requête et dans l'intérêt de simples particuliers. Il en est de même de ceux qui constatent un délit rural, forestier ou de pêche fluviale. (*Cod. forestier*, art. 170, *et Loi du* 15 *avril* 1829, *art.* 47.)

En matière de simple police; dans l'intérêt du trésor public ou dans l'intérêt des justiciables, en présence de l'insolvabilité notoire des contrevenants ou du peu d'importance des contraventions, l'enregistrement des procès-verbaux des commissaires de police, et des rapports approuvés par eux, n'est pas, toujours dans la pratique, rigoureusement exigé.

Les procès-verbaux destinés à l'enregistrement sont envoyés, dans le délai de quatre jours, au receveur le plus voisin qui les vise pour valoir timbre, et les enregistre en *debet*.

284. Les procès-verbaux de *contravention* énoncent les noms, prénoms, qualités et résidence du commissaire de police qui les dressent; le lieu où ils sont rédigés, l'an, le jour de la semaine, le quantième du mois et l'heure du matin ou de relevée. S'il y a un plaignant, des témoins, un inculpé, une personne civilement responsable, il énonce

leurs noms, prénoms, âge, profession et domicile; enfin il explique avec ordre et simplicité toutes les circonstances qui se rattachent à l'objet du procès-verbal.

Les rapports des inspecteurs de police, agents de police et sergents de ville contiennent les mêmes énonciations.

285.   Les procès-verbaux adressés à des magistrats supérieurs doivent toujours être accompagnés d'une lettre d'envoi.

286.   Les procès-verbaux doivent être transmis :

En matière de crimes et délits, au procureur impérial ;

En matière de contraventions justiciables des tribunaux de simple police, au ministère public près ces tribunaux ;

En matière de contraventions de la compétence des conseils de préfecture, au préfet ou au sous-préfet.

287.   Si c'est un principe reconnu que les contraventions, comme les crimes et les délits, peuvent être établies, à défaut de procès-verbaux, au moyen de toutes les preuves de droit admises par les tribunaux ; dans beaucoup de cas, en matière administrative, l'existence d'un procès-verbal est la condition absolue de l'efficacité de la poursuite ; ainsi notamment dans les questions de contributions indirectes et de douanes où la *saisie*, c'est-à-dire le procès-verbal, est la base de l'action. (*Lois des* 19 *brum. an VI,* 9 *flor. an VII,* 1er *germ. an XII.*)

SECTION II.

Exécution des actes du gouvernement. — Conseils de préfecture et tribunaux ordinaires. — Distinction importante. — Domaine public. — Voies préventives et répressives. — Concurrence de juridiction.

288   En matière administrative, il importe avant tout de classer les affaires qui se rattachent à l'exécution des actes du gouvernement, et de distinguer les objets qui sont de la compétence administrative ou de la compétence judiciaire.

289.   Les questions que peut soulever l'exécution des actes administratifs portent sur de *simples intérêts* ou sur des *droits acquis*.

Dans le premier cas, lorsque l'intérêt privé seul est aux prises avec l'intérêt public, quand les décisions de l'administration s'opposent à l'accomplissement de projets particuliers, contrarient certains arrangements ou étendent à tous des agréments ou des avantages qui ne profitaient qu'à quelques-uns, si des réclamations s'élèvent : c'est au gouvernement, juge de toutes les questions où la société se trouve en cause, qu'il appartient sous sa responsabilité, de décider.

Dans le second cas au contraire, en présence de droits qui s'appuient sur des titres positifs ou sur un texte formel, c'est à un pouvoir indépendant de la puissance exécutive, c'est à la justice ordinaire à se prononcer.

290.   La loi du 29 floréal an X, qui règle, en termes énonciatifs, différents points de compétence des corps administratifs, porte, art. 1ᵉʳ :

« Les contraventions en matière de grande voirie, telles

qu'anticipations, dépôts de fumiers, ou autres objets, et toutes espèces de *détériorations* commises sur les *grandes routes*, sur les fossés, ouvrages d'art et matériaux destinés à leur entretien, *sur les canaux*, *fleuves et rivières navigables*, leurs chemins de halage, francs-bords, fossés et ouvrages d'art, seront constatées, réprimées et poursuivies par voie administrative.

» Seront renvoyés à la connaissance des tribunaux les violences, vols de matériaux, voies de fait, ou réparations de dommages réclamés par les particuliers. (*Décret du* 16 *décemb.* **1811**, *art.* **114.**) »

La loi du 9 ventose an XII, le décret du 18 août 1810, les lois des 12 mai 1825, 25 mars 1835, 21 mai 1836, 3-6 mai 1841, 25 juin 1841, et 23-30 mars 1842, complètent la législation en cette matière.

291.   La fixation des limites d'une route ou d'un fleuve est un fait administratif sur lequel il n'appartient point aux tribunaux civils de statuer.

Il ne suffit pas que la question préjudicielle de propriété soit soulevée, pour que le conseil de préfecture puisse renvoyer aux tribunaux et surseoir. (*Ord. des* 14 *décemb.* 1837, 5 *juin et* 1er *juillet* 1838.)

292.   Néanmoins, si le procès-verbal constate une usurpation, sur le *domaine public*, mais commise en dehors des limites de la voie publique et de la servitude du chemin de halage, le conseil de préfecture doit surseoir jusqu'à ce que les tribunaux civils aient prononcé sur la question de propriété. (*Ord. du* 9 *décem.* 1843.)

293.   « Le *domaine public* est, dit Proudhon, cette » branche du domaine national qui embrasse tous les fonds, » qui, sans appartenir à personne, ont été civilement » consacrés au service public de la société. »

Font partie du domaine public :

1° Les chemins, routes et rues à la charge de l'Etat, les fleuves et rivières navigables ou flottables, les rivages lais ou relais de la mer, ports, rades, havres, et généralement toutes les portions du territoire français qui ne sont pas susceptibles de propriété privée; (*Cod. Nap.*, art. 538.)

Les portes, murs, fossés, remparts des places de guerre et des forteresses ;

Les chemins de fer entrepris et exploités pour le compte de l'Etat ;

Les canaux de navigation appartenant à l'Etat.

C'est ce qui constitue le *domaine public général ;*

2° Les routes départementales, qui appartiennent au *domaine public départemental ;*

3° Les chemins vicinaux de grande communication, les autres chemins vicinaux, soit classés, soit seulement publics, les rues et places des villes, bourgs et villages, les églises consacrées au service public du culte, formant le *domaine public communal ;*

4° Les mines et minières, les canaux de navigation et les chemins de fer concédés à des compagnies, ainsi que les canaux d'irrigation, les ponts suspendus, etc., dont se compose le *domaine de concession.*

Les biens qui font partie du domaine public sont imprescriptibles. (*Cod. Nap.*, art. 2226.)

294.   La police administrative dans toutes ses parties, qui comprend la conservation des choses d'utilité publique, se développe, ou par des mesures *préventives,* ou par voie de *répression.*

La nécessité des autorisations de toute nature, des permissions de voirie, des alignements, etc., est un moyen *préventif* à l'efficacité duquel doit concourir la vigilance du commissaire de police.

La constatation par des procès-verbaux de toute infraction aux règlements concernant la police des voies, des travaux d'utilité publique, des ateliers dangereux et incommodes, etc., etc., est le moyen *répressif*.

295. Les contraventions aux décisions ou règlements administratifs, réprimées et poursuivies par voie administrative ou ordinaire, sont constatées par les commissaires de police concurremment avec les maires ou adjoints, les ingénieurs des ponts et chaussées, leurs conducteurs, les agents-voyers des chemins vicinaux, les inspecteurs des chemins de fer, les agents de la navigation, la gendarmerie, les préposés aux droits-réunis et aux octrois, les employés des douanes, les agents de la pêche fluviale, les employés de la garantie des matières d'or et d'argent et les vérificateurs des poids et mesures.

296. Le caractère distinctif des contraventions en matière administrative est que le fait soit prévu et réprimé par des lois et règlements spéciaux, en dehors du Code pénal.

Cependant les contraventions aux lois et règlements sont souvent des faits complexes; l'action dont la juridiction administrative est saisie peut être suivie d'un renvoi partiel devant la juridiction ordinaire, quant à l'infraction aux règlements spéciaux se trouve joint un fait, comme la résistance aux agents de l'autorité, les injures, les violences, justiciable des tribunaux.

297. Un même fait peut encore constituer une double contravention, et donner lieu, soit à une poursuite devant le conseil de préfecture, soit à une poursuite devant le tribunal de simple police. Dans le cas, par exemple, où il s'agirait de dépôts faits dans une rue formant le prolongement d'une route, ou longeant un canal; si ces dépôts

sont qualifiés contraventions aux lois de la police urbaine, c'est le tribunal de simple police qui doit être saisi ; s'ils sont qualifiés de contraventions aux lois et règlements sur la grande voirie, c'est devant le conseil de préfecture qu'il y a lieu de porter l'affaire. (*Arr. de cass., cham. réunies,* 8 avril 1837.)

298. Les règles qui déterminent la compétence de l'une et de l'autre de ces juridictions sont nombreuses et se compliquent de distinctions et de nuances souvent fort difficiles à saisir ; la pratique n'est pas toujours conforme à l'état d'une législation, dont l'élasticité a été reconnue par la cour de cassation ; et la jurisprudence elle-même est loin d'être parfaitement fixée sur tous les points en cette matière.

Nous croyons donc faire chose utile en suppléant un exposé théorique, dont l'application à tous les cas deviendrait encore un travail pour le commissaire de police, par des indications spéciales aux principaux objets qui composent les matières de police administrative, et dont la nomenclature trouvera place dans le chapitre suivant.

SECTION III.

Instruction qui se poursuit sur les procès-verbaux de contravention en matière administrative. — Décisions par provision. — Prescription — Excuse. — Solidarité. — Responsabilité. — Amendes. — Voies à prendre contre les jugements. — Leur exécution.

299. Les procès-verbaux de contravention en matière

administrative sont adressés au sous-préfet ou au préfet
qui saisit le conseil de préfecture.

Conformément aux dispositions de l'arrêté du 4 messidor
an XIII, un registre est tenu au secrétariat général de
chaque préfecture pour l'inscription de toutes les affaires
nouvelles.

300.   Si le préfet juge à propos de donner suite à un
procès-verbal, il notifie cette pièce au contrevenant. Celui-
ci a un délai pour fournir sa défense. Lorsque ce délai
est expiré, le procès-verbal est transmis au conseil de
préfecture, un rapporteur est désigné et l'instance commence : l'administration partie poursuivante réclame contre
la partie poursuivie l'application de la loi.

301.   Les contrevenants sont poursuivis en leur nom
personnel ou comme représentant des intérêts à eux confiés,
ou bien encore comme devant accepter la responsabilité
du fait de personnes placées sous leur autorité ou commises
à leur garde. Le maire est appelé à répondre pour sa
commune, le tuteur pour son pupille, le mari pour sa
femme, le père pour son enfant mineur, le maître pour
son serviteur ou son ouvrier, aux termes des art. 1382,
1383 et 1384 du Code Napoléon que nous avons déjà
eu l'occasion de citer.

302.   Les conseils de préfecture n'ont jamais à se prononcer sur les contraventions qu'au point de vue de l'intérêt public, d'où il résulte que nul ne peut, dans un intérêt particulier, se prévaloir de l'art. 63 et suivants
du Code d'instruction criminelle pour se porter *partie
civile* devant un conseil de préfecture et réclamer des
dommages intérêts que les tribunaux ordinaires peuvent
seuls allouer.

303. Les conseils de préfecture sont des tribunaux répressifs en matière de grande voirie ; ils ordonnent telle instruction et information que de droit avant de statuer *définitivement* sur le fond.

304. Le sous-préfet peut statuer *par provision* sur les procès-verbaux qui lui sont soumis, pour faire réparer d'urgence le dommage aux frais du contrevenant.

L'art. 113 du décret du 16 décem. 1811 porte :

« Les procès-verbaux de grande voirie sont adressés au sous-préfet qui ordonne sur le champ la réparation des délits par les délinquants ou à leur charge , s'il s'agit de dégradation , dépôts de fumiers, immondices ou autres substances ; et en rend compte au préfet en lui adressant les procès-verbaux. »

Le sous-préfet est autorisé à user de ce pouvoir qui résulte de l'urgence de réparer une communication interceptée, encombrée ou périlleuse, sans qu'il soit nécessaire de mettre le contrevenant en demeure de produire sa défense. (*Ord. du 14 juillet* 1841.)

305. En matière d'ateliers insalubres de seconde classe, le sous-préfet prend aussi des arrêtés préparatoires qui sont transmis au préfet appelé à statuer. (*Décret du 15 oct.* 1810.)

306. Les mesures provisoires, prises ainsi par le sous-préfet , peuvent être réformées par le préfet. Mais les arrêtés du sous-préfet et du préfet ne lient point le conseil de préfecture venant à statuer sur le procès-verbal. (*Ord. du 22 février* 1838.)

307. Hors le cas d'une contravention non apparente, dont par conséquent la constatation a été impossible, la poursuite des contraventions en matière administrative se

prescrit par une année de silence. (*Ord. des* 19 *avril et* 6 *juin* 1844.)

Dans tous les cas la prescription ne peut couvrir le délinquant qu'à l'égard de l'application de l'amende ; le conseil de préfecture saisi, le préfet même par un simple acte administratif a toujours le droit d'ordonner la suppression ou l'enlèvement, aux frais du contrevenant, des entreprises, ouvrages ou obstacles en contravention aux lois et règlements de la matière. (*Ord. des* 27 *et* 13 *mai fév.* 1836.)

308.   L'existence des plantations prohibées par les lois constitue une infraction permanente dont la répression doit, nonobstant l'expiration du délai d'un an, être poursuivie dans l'intérêt toujours subsistant de la conservation des routes. (*Ord. du* 19 *mars* 1845.)

309.   L'excuse de *nécessité* que l'art. 471, n° 4, du Code pénal permet d'invoquer en matière de simple police, n'est point admise par la jurisprudence administrative.

La nécessité, même établie, d'une entrave à la circulation ne saurait faire disparaître la contravention.

310.   La jurisprudence de la cour de cassation paraît appliquer aux différents auteurs d'une même contravention la solidarité prononcée par l'art. 55 du Code pénal en matière criminelle.

Plusieurs classes de personnes peuvent encore être atteintes à la fois par les peines portées dans les règlements de grande voirie. Les ouvriers maçons, charpentiers, etc., qui construisent ou réparent un édifice sujet à alignement peuvent être poursuivis en même temps que les propriétaires. (*Arr. du Cons. du* 27 *février* 1765.)

311.   Le propriétaire d'un bâtiment est responsable du

dommage causé par sa ruine, lorsqu'elle est arrivée par suite du défaut d'entretien et par vice de sa construction. (*Cod. Nap.*, *art.* 1386.)

Les matériaux se répandant sur la route et venant à entraver la circulation, il y a là contravention de grande voirie.

312.   La loi du 23 mars 1842 fixe, en matière administrative, le taux des amendes précédemment laissé par les règlements à l'arbitrage du juge. Il varie entre un minimum de 16 francs et un maximum de 300 francs.

En conséquence, le conseil de préfecture qui ne condamne le contrevenant qu'à 1 franc d'amende commet un excès de pouvoir, et son arrêté doit être annulé. (*Ord. du 6 juin* 1844.)

313.   Le législateur a pris soin d'indiquer lui-même la destination du produit des amendes :

Les amendes prononcées par les tribunaux de simple police pour *contraventions de police rurale et municipale*, appartiennent exclusivement aux communes dans lesquelles les contraventions ont été commises. (*Lois des* 22 *juillet et* 6 *oct.* 1791 ; 18 *juillet* 1837, *art.* 31.)

Les amendes de police correctionnelle sont encore l'apanage des communes ; elles forment un *fonds commun* qui se distribue annuellement entre elles. (*Instr. gén. des fin. du* 15 *décem.* 1846.)

Les amendes de grande voirie appartiennent pour un tiers à l'agent qui a constaté le délit ; pour le deuxième tiers, à la commune sur le territoire de laquelle la contravention a été constatée, le troisième tiers est versé dans le trésor public. (*Décret du* 16 *décem.* 1811, *art.* 115.)

Les amendes de police de roulage profitent pour un quart à l'agent qui a dressé le procès-verbal ; les trois autres quarts demeurent dans la caisse du receveur des domaines. (*Décret du 23 juin* 1806 *, art.* 32.)

Les amendes d'octroi sont attribuées , déduction faite des frais, pour moitié aux employés de l'octroi et pour l'autre moitié à la commune dans laquelle les contraventions ont été relevées. (*Ord. du 9 décem.* 1814.)

Il importe de ne pas confondre le commissaire de police fonctionnaire d'un ordre élevé , *agent du gouvernement,* officier de police administrative et officier de police judiciaire, auxiliaire du procureur impérial , magistrat , avec les *agents de l'administration* auxquels la loi attribue une partie des amendes.

314.   En matière de simple police , ou correctionnelle les voies à prendre contre les jugements sont l'opposition, l'appel ou la cassation.

En matière de répression administrative les seules voies ouverte contre la condamnation sont l'opposition et le recours au Conseil d'État.

315.   Les arrêtés des conseils de préfecture ne sont susceptibles *d'opposition* que lorsqu'ils ont été pris par défaut contre la partie opposante.

L'arrêté *par défaut* est celui qui n'a point été précédé de défense constituant l'instance contradictoire.

L'opposition aux arrêtés par défaut des conseils de préfecture est recevable jusqu'à l'exécution. (*Ord. du* 13 *avril* 1842.)

316.   Les tiers lésés par un arrêté de conseil de préfecture rendu à la suite d'un débat dans lequel ils n'ont été ni appelés ni entendus, peuvent se pourvoir devant le conseil de préfecture par voie de tierce opposition. (*Ord. du 25 mars* 1830 *et* 20 *fév.* 1835.)

317.   Toutes les décisions administratives en matière

contentieuse sont susceptibles de recours au Conseil d'Etat.

La procédure du Conseil d'Etat est réglée par le décret du 22 juillet 1806.

L'art. 11 de ce règlement porte que le pourvoi au Conseil d'État n'est plus recevable après trois mois du jour où la décision attaquée a été notifiée.

318. La jurisprudence n'est pas fixée sur la forme des significations. Quelques auteurs estiment qu'il faut, de la part de l'administration, une notification faite par huissier, à la requête du préfet, pour faire courir les délais. Cependant, il a été jugé qu'en matière de servitudes militaires, l'arrêté du conseil de préfecture était valablement notifié par un garde de génie assermenté (*Ord. du* 19 *janv.* 1832), et qu'en matière de cours d'eau, une décision ministérielle l'avait été non moins régulièrement par le maire de la commune. (*Ord. du* 28 *mai* 1835.)

Quant à nous, ainsi que nous l'avons dit dans le précédent chapitre, nous n'hésitons pas à penser que le commissaire de police a toujours qualité pour notifier une décision de l'administration. C'est d'ailleurs à ce fonctionnaire que, dans la pratique, cette mission incombe le plus ordinairement.

La partie poursuivie doit, pour faire courir les délais contre l'administration, notifier au préfet, par le ministère d'un huissier, la décision qui la relaxe.

319. Le décès du contrevenant rend le pourvoi sans objet. L'amende étant considérée comme une peine ne saurait être exigée des héritiers ; mais ils sont tenus à la réparation du dommage causé par leur auteur. (*Ord. du* 1ᵉʳ *août* 1844.)

320. Les conseils de préfecture prononcent sans visa

et sans mandement des tribunaux ; leurs décisions sont exécutoires par elles-mêmes et emportent hypothèque. (*Loi du 29 flor. an X, art. 4.*)

321.   Tout ce qui est prescrit en *la forme administrative* s'exécute donc sur le simple vu des arrêtés et ordonnances, et sans qu'il soit besoin de les revêtir de la formule exécutoire nécessaire aux jugements des tribunaux. *(Avis du Cons. d'État du 5 fév. 1826.)*

Le paiement d'une somme d'argent est obtenu, quand il y a lieu, au moyen d'une taxe délivrée par le préfet, comme en matière de contributions directes ; cette taxe emporte hypothèque sur les biens, ainsi que la saisie et la vente du mobilier des personnes poursuivies.

322.   La partie des devoirs du commissaire de police qui se rattache à la police administrative est peu connue et généralement négligée. Quelques fonctionnaires de cet ordre sont portés à ne rien voir au-delà de la police judiciaire et de la police municipale.

Assurément il ne conviendrait point au commissaire de police de négliger les soins dont il est plus particulièrement chargé, pour faire une concurrence de tous les instants aux agents spéciaux des différentes administrations publiques ; mais en dehors même de la tâche dévolue à ces derniers, le magistrat intelligent, consciencieux et dévoué n'a-t-il pas mission d'agir spontanément sur le terrain de la police administrative ?

A notre sens, le commissaire de police est encore autre chose qu'une machine à exécuter : agent du gouvernement, dépositaire de l'autorité publique administrative, protecteur-né de tous les intérêts moraux et matériels des populations ; il a à chercher, au-delà de la lettre, l'esprit des décisions de l'administration ; à s'inspirer des circonstances dans leur exécution, à en faire connaître l'effet à l'autorité supérieure, à agir en tout et partout dans l'intérêt public et conformément aux vues générales du gouvernement dont il est le délégué.

La police administrative est, nous l'avons dit ailleurs, essentiellement préventive.

Celui qui est chargé de réprimer a donc, au premier chef, le droit et le devoir de prévenir ; cette obligation était écrite dans la conscience avant de l'être dans la loi.

Il ne faut pas l'oublier, tout ce qui favorise l'usage des facultés les plus vitales de la société, tout ce qui intéresse le plus intimement les populations, tout ce qui assure la sécurité publique et fait la sûreté de l'État, découle des mesures du gouvernement et de l'administration sur l'opportunité desquelles le commissaire de police est consulté souvent, et dont l'observation ou la surveillance de l'exécution lui est confiée toujours.

CHAPITRE VI.

OBJETS DE POLICE ADMINISTRATIVE.

SECTION I.

Observation préliminaire. — Lettre A : Abonnement pour les contributions indirectes. — Abonnement (vendanges et vins nouveaux.) — Abordage de bateaux. — Accidents graves. — Accouchements. — Accoucheurs, accoucheuses. — Affiches. — Afficheurs. — Agents diplomatiques. — Agiotage. — Agriculture. — Aliénés. — Alignements et permissions de voirie. — Anticipations. — Appointements des commissaires de police. — Apprentissage. — Apprentis. — Approvisionnements. — Arbres. — Armes de guerre. — Armes secrètes. — Armuriers. — Art de guérir. — Artifices. — Artificiers. — Asphyxie. — Assistance judiciaire. — Assistance publique. — Associations de secours pour les ouvriers. — Associations religieuses. — Ateliers de charité. — Ateliers dangereux est incommodes. — Attelage de plus d'un cheval. — Attroupements. — Avaries.

323.   L'action de la police administrative, expression de la puissance publique chargée de satisfaire à l'intérêt commun, de faire concorder les droits de tous avec le droit de chacun, n'a point de limites. Elle embrasse une multitude d'objets dont le nombre s'accroît à mesure que se révèlent les besoins des populations qui attendent de sa sagesse la sécurité et le bien-être. Beaucoup de ces objets découlent de la nature et de la force même des

choses, naissent des circonstances et disparaissent avec
elles; leur simple énumération dépasserait le but et les
limites de ce recueil; Dieu seul pourrait, à un moment
donné, les prévoir tous.

Les principes qui régissent la matière, précédemment
exposés d'une manière sommaire au point de vue de l'exercice des fonctions de commissaire de police, suffiront
cependant, nous l'espérons du moins, à l'intelligence de
tout ce qui n'a pu trouver place dans la nomenclature suivante que nous nous sommes efforcé de rendre aussi
complète que possible.

324. ABONNEMENT POUR LES CONTRIBUTIONS INDIRECTES.
— En matière de contributions indirectes, *l'abonnement*
est une convention entre les redevables et la régie par
laquelle on fixe à une somme pour un certain temps le
montant de différents droits à la charge des contribuables,
1º pour les droits dus par les débitants de boissons;
2º pour le droit sur la fabrication des bières; 3º pour le
droit sur le prix des places dans les voitures publiques
par terre et par eau, sur le prix du transport des marchandises par terre; 4º pour le droit de navigation; et
5º pour les droits d'octroi. (*Lois des 28 avril, 25 mars
1817, 21 avril 1832, 23 mai 1834.*)

325. ABONNEMENT (vendanges et vins nouveaux.) —
L'art. 40 de la loi du 21 avril 1832, précédemment citée,
statue que dans les communes vignobles où les conseils
municipaux veulent remplacer soit l'inventaire des vins
nouveaux, soit le paiement immédiat ou par douzièmes
du droit sur les vendanges, il doit être consenti, sur leur
demande, un *abonnement général* pour l'équivalent des
sommes qui seraient dues pour l'année entière sur la consommation des vins fabriqués dans l'intérieur, moyennant

que la commune s'engage à verser dans les caisses de la régie par vingt-quatrièmes, de quinzaine en quizaine, la somme convenue pour l'*abonnement*.

326. ABORDAGE DE BATEAUX. — La fausse direction donnée à un bateau dans une rivière navigable et flottable ne doit point s'assimiler au fait du roulier qui laisse errer ses chevaux sur une route sans les conduire : cas prévu et puni par l'art. 475, n° 3 du Code pénal. Il s'agit ici d'un empêchement par lequel la navigation, sur un cours d'eau faisant partie du domaine public, cesse d'être libre et sûre, par l'imprudence de quelqu'un; ce sont les dispositions de l'art. 1er de la loi du 29 floréal an X, et celle de l'ordonnance des eaux et forêts de 1669, tit. XXVII, art. 42, qu'il y a lieu d'appliquer.

Toutes les contraventions qui peuvent être commises dans le domaine de la grande voirie, et spécialement tout ce qui tient à la libre et sûre navigation sur les fleuves et rivières navigables et flottables, étant de la compétence exclusive et absolue de la juridiction administrative, le conseil de préfecture doit être saisi. (*Arr. de cass. du 5 janvier* 1839.)

L'abordage de bateaux sur une rivière qui n'est ni navigable ni flottable constituant une infraction aux règlements pris par l'autorité locale est justiciable des tribunaux de simple police. (*Cod. pén.*, art. 471, n° 15.)

327. ACCIDENTS GRAVES. — On appelle *accident* un événement qui n'a pu être prévu ni par celui à qui il est arrivé, ni par celui qui y a donné occasion.

L'officier de police administrative a particulièrement mission de prévenir les accidents : *Magistratus reipublicæ non dolum solummodò, sed et latam negligentiam et hoc amplius diligentiam debent. (Leg. 6 , lib. 50 , tit. 8 De administ. rerum ad civit. pert.)*

Aussitôt qu'un accident grave se produit, le commissaire de police est tenu, indépendamment du procès-verbal qu'il transmet au procureur impérial, d'adresser un rapport circonstancié au préfet ou au sous-préfet et au maire.

S'il s'agit d'une incendie, ce rapport doit énoncer les causes probables du sinistre, les mesures prises pour le combattre, le montant des pertes de chaque individu qui a été atteint et les secours dont il peut avoir besoin. *(Cir. min. du 22 septem. 1812.)*

En cas de blessures, le commissaire de police fait immédiatement appeler un médecin dont il reçoit le serment et qu'il charge de rédiger un rapport ; le blessé est, par ses soins, transporté chez lui ou à l'hospice *(Loi du 24 août 1790) ;* quand il y a dommage, il le constate ou le fait apprécier par des experts ; si les parties ne peuvent s'entendre il les renvoie à se pourvoir devant le juge de paix seul appelé à prononcer. *(Cod. Nap., art.* 1382 *et suiv.)* Si enfin, il y a imprudence ou simple contravention aux règlements de police, il verbalise. *(Cod. pén., art.* 319 *et* 320.*)*

Nul ne peut refuser de porter secours en cas d'accident. *(Cod. pén., art.* 475.*)*

328. ACCOUCHEMENTS. — Les déclarations de naissance doivent être faites dans les *trois jours de l'accouchement* à l'officier de l'état civil ; l'enfant doit lui être présenté.

Cette déclaration doit être faite par le père, ou à défaut du père par les docteurs en médecine ou en chirurgie, sages-femmes, officiers de santé ou *autres personnes* qui auront assisté à l'*accouchement*; et, lorsque la mère sera accouchée hors de son domicile, par la personne chez qui elle sera accouchée.

L'acte de naissance sera rédigé de suite, en présence de deux témoins. *(Cod. Nap.*, *art.* 55 *et* 56.)

Si les personnes dont il vient d'être parlé ne font pas cette déclaration dans les délais prescrits, elles sont passibles d'un emprisonnement de six jours à six mois, et d'une amende de 16 à 300 fr. *(Cod. pén.*, *art.* 346.)

329. ACCOUCHEUR, ACCOUCHEUSE. — Les docteurs en médecine ou les officiers de santé et les *sages-femmes* munies d'un diplôme et inscrites, en cette qualité, sur les listes du département, peuvent seuls pratiquer l'art des accouchements. Les contrevenants sont passibles d'une amende envers les hospices dont le maximum varie de 100 à 1,000 fr. L'amende est double en cas de récidive, et les délinquants peuvent être en outre condamnés à un emprisonnement qui ne peut excéder six mois. *(Loi du* 19 *vent. an XI, art.* 33 *à* 36.)

La simple assistance à un accouchement de la part d'un individu ou d'une femme, non pourvus de diplôme, constitue une infraction punissable. *(Arr. de cass. du* 28 *fév.* 1835.)

Les sages-femmes ne peuvent faire usage d'instruments dans les accouchements hors la présence d'un médecin. *(Loi du* 10 *mars* 1803.)

330. AFFICHES. — Les *affiches* servent à rendre publics une ordonnance, un règlement, un arrêté, pour annoncer les ventes des biens meubles et immeubles, et de tout ce qui est dans le commerce.

Les *affiches légales* ou *judiciaires* sont celles qui sont prescrites par la loi; les extraits des jugements portant adoption, *interdiction, séparation de biens*, les annonces des ventes judiciaires.

Les tribunaux peuvent ordonner l'affiche de leurs jugements.

Les *affiches* des actes émanés de l'autorité sont seules imprimées sur papier blanc et ne doivent pas être couvertes ; celles des particuliers ne peuvent être imprimées que sur du papier de couleur. (*Lois des 28 juillet* 1791, 28 *avril* 1816, *art.* 65, *et* 25 *mars* 1817, *art.* 77.)

Les *affiches* sont soumises soit au *timbre de dimension*, soit au *timbre spécial*.

Le *timbre de dimension* est celui que la régie fait apposer sur les papiers destinés aux actes publics.

Les *placards* pour parvenir à une vente d'immeubles doivent être faits sur du *timbre de dimension*. (*Loi du* 16 *juin* 1824.)

Les *affiches* qui ne sont pas assujéties au timbre de *dimension* sont soumises au *timbre spécial*, quelque soit leur objet. (*Lois des* 9 *vend. an VI, art* 56, *et* 28 *avril* 1816, *art.* 50.)

Les *affiches* de l'autorité sont exemptes du timbre. Il en est de même de celles pour les ventes des bois des communes et des établissements publics, et de celles des sociétés de secours mutuels approuvées.

Toute publication ou distribution d'*affiches* n'indiquant ni le nom, ni la demeure de l'auteur ou de l'imprimeur est punie d'un emprisonnement de six jours à six mois. (*Cod. pén., art.* 283 *et suiv.*)

Aucun écrit politique ne peut être *affiché* ou *placardé* dans les rues, places ou autres lieux publics, excepté les actes de l'autorité publique. Aucune affiche ne peut provoquer à un crime ou délit. (*Lois des* 17 *mai* 1819 *et* 10 *décem.* 1830.)

Il est interdit de placarder des affiches sur les monuments publics, ni sur les maisons particulières sans l'autorisation des propriétaires ; ce fait, constituant une infraction à l'ordonnance du 28 novembre 1827, peut donner lieu à des poursuites correctionnelles. Le déchirement des affiches est une contravention dont connaissent les tribunaux de simple police qui prononcent une amende de 11 à 15 fr. inclusivement, aux termes de l'art. 100, n° 9, de la loi du 28 avril 1832, modificative du Code pénal.

Le décret du 25 août 1852, soumet à un droit d'affichage toute affiche inscrite dans un lieu public, sur des murs, sur une construction quelconque, ou même sur toile, au moyen de la peinture ou de tout autre procédé.

Les portraits, produits de la photographie ou du daguerréotype, renfermés dans un cadre mobile attaché au mur et portant, avec l'indication du prix, l'indication du nom et de la demeure de l'artiste, ne sauraient être assimilés aux affiches et soumis aux dispositions du décret précité. (*Arr. de Cass. du 2 sept. 1853.*)

L'art. 3 du décret du 25 août 1852 porte :

« L'autorité municipale ou le préfet de police ne délivrera le permis d'affichage qu'au vu et sur le dépôt de la déclaration portant quittance dont il est parlé dans l'article précédent et sans préjudice des droits des tiers. »

331. Afficheurs. — Celui qui veut exercer, même temporairement, la profession d'*afficheur*, doit en faire préalablement la déclaration devant l'autorité municipale ou à la préfecture de police et indiquer son domicile.

L'*afficheur* doit renouveler cette déclaration chaque fois qu'il change de demeure.

L'infraction aux dispositions qui précèdent est punie d'une amende de 25 à 500 fr., et d'un emprisonnement de

six jours à un mois, cumulativement ou séparément.
(*Loi du 10 décem.* 1830, *art.* 2 *et* 5.)

Les afficheurs et distributeurs qui ont affiché ou distribué des imprimés non timbrés sont en outre passibles d'une amende de 100 fr. sans préjudice des peines de simple police. (*Loi des finan. du* 28 *avril* 1816, *art.* 69.)

L'autorité municipale ou le préfet, qui a la police de la voie publique, peut toujours, agissant dans le cercle de ses attributions, réglementer par des arrêtés l'exercice de la profession d'afficheur public.

332. AGENTS DIPLOMATIQUES. — Sont ainsi nommés : *les ambassadeurs, les ministres plénipotentiaires, les envoyés extraordinaires, les chargés d'affaires, etc.*

Leur personne est sacrée *sancti habentur legati.* (*Leg.* 17, *tit.* 7, *lib.* 50, *Digest.*)

Leur demeure, réputée faire partie du pays qu'ils représentent, est inviolable.

Ils ne dépendent point du souverain près duquel ils sont envoyés et ne sont pas justiciables de ses tribunaux.

« On pourrait, dit Montesquieu dans son esprit des lois, leur imputer des crimes, s'ils pouvaient être poursuivis pour des crimes ; on pourrait leur supposer des dettes, s'ils pouvaient être arrêtés pour des dettes. »

Les personnes qui leur sont attachées jouissent du même privilège. (*Paris,* 29 *juin* 1811.)

Nous trouvons dans Burlamaqui, (*Principes des droits de la nature et des gens*, éd. de Dupin):

« Les agents diplomatiques ne sont pas soumis à la juridiction civile ou criminelle du souverain auprès duquel ils sont envoyés, ni à l'égard de leurs personnes, ni à l'égard des gens de leur suite. »

En conséquence, le commissaire de police doit avant

tout informer le préfet ou le sous-préfet de toutes les plaintes, observations ou constatations dont la maison d'un *agent diplomatique* peut être l'objet.

333. AGIOTAGE. — On nomme ainsi les opérations que font ceux qui se livrent à des jeux de bourse.

« L'agiotage renverse les maisons de commerce et les grandes fortunes. » (*J.-B. Say , Cours d'Economie politique.*)

Il résulte de l'immixtion illégale de spéculateurs avides dans les fonctions d'agents de change et de courtiers de commerce à la bourse.

Il constitue un délit qui peut être atteint par la loi du 19 mars 1801 et l'art. 417 du Code pénal.

334. AGRICULTURE. — La loi du 6 octobre 1791 proclame la liberté de la culture en France. Les propriétaires sont libres de varier à leur gré la culture et l'exploitation de leurs terres. Toutefois, la culture du tabac est interdite et constitue un monopole ; mais c'est là une prohibition toute fiscale qui n'existe que dans l'intérêt du Trésor.

Pour activer le développement de l'industrie agricole et établir un lien entre les producteurs et le gouvernement, les chambres d'agriculture et le conseil général d'agriculture ont été créés.

Il y a dans chaque arrondissement une *chambre consultative d'agriculture* présidée par le sous-préfet ou le préfet ; elle a mission de donner son avis sur tout ce qui intéresse l'agriculture, les foires et marchés, les contributions indirectes, les douanes, les octrois, la police et l'emploi des eaux, etc.

Le *conseil général d'agriculture*, présidé par le ministre, est consulté sur toutes les questions d'intérêt général soumises à l'examen des chambres d'agriculture, et sur toutes celles dont le ministre juge à propos de l'entretenir.

Le commissaire de police est souvent chargé par le maire, le sous-préfet ou le préfet, de certaines études dont les résultats peuvent influer d'une manière sérieuse sur des décisions importantes en cette matière.

335. ALIÉNÉS. — Chaque département est tenu d'avoir un établissement public spécialement destiné à recevoir et soigner les *aliénés*, ou de traiter, à cet effet, avec un établissement public ou privé soit de ce département, soit d'une autre département.

Les traités passés avec les établissements publics ou privés doivent être approuvés par le ministre de l'intérieur.

Les établissements publics consacrés aux aliénés sont placés sous la *direction* de l'autorité publique.

Les établissements privés consacrés aux aliénés sont placés sous la *surveillance* de l'autorité publique.

Nul ne peut ni diriger ni former un établissement privé, consacré aux aliénés, sans l'autorisation du gouvernement. (*Loi du* 30 *juin* 1838, *art.* 1, 2, 3 *et* 6.)

La surveillance des *aliénés* appartient au commissaire de police à son double titre d'officier de police judiciaire et d'officier de police administrative.

Officier de police judiciaire, il recherche et constate les *divagations* des fous ou des furieux, et relève contre les personnes préposées à leur garde la contravention prévue et punie par l'art. 475, nᵒ 7, du Code pénal.

Officier de police administrative, le commissaire de police est en outre chargé d'aviser l'autorité supérieure; et, en attendant sa décision, il prend lui-même d'office les mesures nécessaires pour mettre les aliénés dangereux dans l'impossibilité de nuire. (*Loi du* 24 *août* 1790.)

Les placements faits dans les établissements d'aliénés sont *ordonnés* par l'autorité ou *volontaires*.

Les placements *ordonnés par l'autorité publique* ont pour objet tout individu dont l'état d'aliénation mentale compromet l'ordre public ou la sûreté des personnes, qu'il soit dans une habitation ou errant sur la voie publique.

Si les actes de violence de l'*aliéné* constituent un danger imminent, le commissaire de police peut et doit, ainsi qu'il vient d'être dit, ordonner provisoirement sa transla-tion, sous bonne et sûre escorte, dans l'hospice de la commune. (*Loi du* 30 *juin* 1838, *art.* 24.) Dans le cas où la commune serait dépourvue d'hospice, l'aliéné est placé sous la garde de la famille ou des plus proches voisins secondés par l'autorité elle-même.

Un aliéné ne peut être en aucun cas déposé dans une prison. (*Cir. min. du* 23 *juil.* 1838.)

Le commissaire de police constate immédiatement l'alié-nation furieuse par un procès-verbal circonstancié faisant mention des noms et prénoms, de l'âge, du sexe, de l'état de famille et de fortune de l'aliéné. A ce procès-verbal, rédigé en double expédition, doivent être annexées deux expéditions d'un certificat de médecin établissant l'état de l'individu. Toutes ces pièces sont envoyées au préfet de police, ou au maire qui les transmet au préfet investi du droit de statuer sur l'admission de l'aliéné à l'hospice du département. L'une des deux expéditions demeure dans les archives de la mairie.

Le commissaire de police qui dispose d'urgence d'un *aliéné* est obligé : 1° d'en référer au maire et au préfet dans les vingt-quatre heures ; 2° d'en informer le procu-reur impérial dans les trois jours (*Loi du* 30 *juin* 1838, *art.* 10, 18, 19, 23); 3° d'aviser le juge de paix si l'aliéné est seul, s'il a un mobilier de quelque valeur ou des enfants mineurs (*Circ. du 25 nov.* 1816); de prendre, en attendant sa venue, toutes mesures conservatrices.

Les faits, qualifiés *crimes* ou *délits* commis par un aliéné ne sont pas punissables. (*Cod. pén., art.* 64.) La surveillance du commissaire de police en cette matière ne saurait donc être exercée avec trop de soins et de fermeté. Il n'est pas complètement inutile de donner avis au procureur impérial, au moins par simple lettre, des événements fâcheux occasionnés par un aliéné. (*Cod. d'instr. crim., art.* 29.)

Les placements *volontaires* sont soumis à certaines formalités dont l'importance est facile à comprendre.

« Le placement volontaire d'une personne dans un établissement d'aliénés, a dit M. Vivien, rapporteur de la loi du 30 juin 1838, est une atteinte formelle à sa liberté. La faculté de l'ordonnance peut devenir la source des plus déplorables abus; elle peut servir d'armes à la vengeance, d'instrument à la cupidité. Le législateur ne peut entourer la liberté individuelle de trop de protection, et des mesures qui la mettraient en question répandraient, à juste titre, l'inquiétude dans le pays. »

Les aliénés ne sont admis dans l'établissement spécial qui doit exister dans chaque département qu'après qu'il a été fourni :

1° Une demande écrite par un parent ou reçue par le maire ou le commissaire de police ;

2° Un certificat de médecin ;

3° Les papiers établissant l'individualité des aliénés.

C'est le préfet qui décide.

Un aliéné ne saurait être retenu, sous aucun prétexte, après sa guérison constatée. Les chefs, directeurs ou préposés responsables, ne peuvent, sous les peines portées par l'art. 120 du Code pénal, retenir une personne placée dans un établissement d'aliénés, dès que sa sortie a été ordonnée par le préfet. (*Cir. min. du 4 oct.* 1838.)

336. ALIGNEMENTS ET PERMISSIONS DE VOIRIE. — *L'alignement* est le tracé que fait l'autorité administrative pour fixer la largeur de la voie publique et la ligne sur laquelle les propriétaires riverains peuvent construire ou faire des plantations, c'est, en d'autres termes, la déclaration de la limite légale entre la voie publique et les propriétés qui la bordent.

Toute propriété confinant une voie publique, fleuve, rivière, canal, route, rue ou chemin, est assujétie à la demande préalable d'un *alignement*, soit qu'il s'agisse de l'enclore ou de réparer d'anciennes clôtures, d'y élever des constructions ou de réparer des bâtiments déjà existant, soit qu'il s'agisse d'y faire des plantations, toutes les fois que ces clôtures, constructions ou plantations sont faites sur la partie qui confine la voie publique. (*Sebire et Carteret, Encyclop. du droit.*)

L'autorité compétente pour délivrer les *alignements* varie suivant qu'il s'agit de grande ou de petite voirie.

En matière de *grande voirie*, comprenant le classement, l'entretien, la plantation, la police et la propriété tant des routes impériales et départementales que des canaux et rivières navigables, et généralement tout ce qui intéresse les grandes communications par terre et par eau, *l'alignement* est délivré par le préfet ou le sous-préfet. Les contraventions sont de la compétence des conseils de préfecture. (*Lois du 9 vent. an XIII et 23 mars* 1842.)

Lorsqu'il s'agit de *petite voirie*, de rues, places, quais, promenades, qui ne font pas partie des routes impériales ou départementales, dans les villes et les bourgs ; de chemins vicinaux ; de chemins de souffrance et d'exploitation, les demandes d'*alignement* doivent être faites au maire. Les contraventions doivent être portées devant les tribunaux de simple police. (*Loi du 6 sept. 1807 et Décr. du 25-30 mars 1852.*)

Toutes les rues de Paris sont soumises au régime de la grande voirie. (*Décr. du 26 mars et 6 avril 1852.*)

Le même décret, moins les art. 1 et 7, est applicable aux rues de Lyon et de quelques autres grandes villes. (*Décr. du 13 décem. 1854.*)

Les peines en matière de grande voirie sont la démolition des ouvrages et l'amende de 300 fr. qui ne peut être réduite par les conseils de préfecture sans un excès de pouvoir. (*Arr. du Cons. d'État des 9 et 23 juin 1830.*) Le Conseil d'État a seul le pouvoir de modérer cette amende.

En matière de petite voirie, les tribunaux de police doivent toujours ordonner la démolition, lorsqu'elle est demandée par l'administration, et prononcer l'amende de 1 fr. à 5 fr. inclusivement.

Ils ne peuvent se dispenser d'ordonner la démolition des travaux sur le motif qu'ils ne sont pas confortatifs. (*Arr. de cass. du 4 janv. 1840.*) Il est de principe qu'il ne peut être fait aucune réparation aux bâtiments sujets à alignement sans une permission régulièrement délivrée. (*Arr. de cass. des 14 août 1845 et 12 sept. 1846.*) Les contrevenants ne sauraient utilement alléguer qu'il n'existe pas de plan arrêté ; l'*alignement* doit être demandé dans tous les cas. (*Arr. de cass. des 10 oct. 1832, 18 sept. 1834 et 5 mars 1842.*)

Ainsi que nous avons déjà eu l'occasion de le dire ailleurs, l'entrepreneur des travaux faits en contravention et les ouvriers employés peuvent être poursuivis en même temps que le propriétaire et sont passibles des mêmes peines. (*Arr. de cass. des* 13 *juin et* 3 *juill.* 1835, 17 *décem.* 1840 *et* 26 *mars* 1841.)

Toutes les fois que des travaux sont entrepris sur les limites de la voie publique, le commissaire de police a donc le devoir de se faire représenter la permission de voirie et, si elle n'est point en règle, d'ordonner aux ouvriers d'interrompre leur œuvre.

En cas de constructions déjà élevées sans autorisation, il y a lieu de dresser procès-verbal et de faire sommation de démolir.

337. ANTICIPATIONS. — Voir ALIGNEMENTS, n° 336.

338. APPOINTEMENTS DES COMMISSAIRES DE POLICE. — Les *appointements* des commissaires de police comme ceux de tous les fonctionnaires publics : sont saisissables pour 1/5 jusqu'à mille francs ; pour 1/4 jusqu'à six mille francs, pour 1/3 au-dessus de six mille francs. (*Loi du* 12 *mars* 1801.)

339. APPRENTISSAGE. — Le contrat d'*apprentissage* est celui par lequel un fabricant ou un chef-d'atelier s'oblige à enseigner la pratique de sa profession à une autre personne qui s'engage, en retour, à travailler pour lui à certaines conditions et pendant un temps déterminé.

L'art. 9 de la loi du 22 germinal an XI, porte :

« Les contrats d'apprentissage consentis entre majeurs ou par des mineurs avec le concours de ceux sous l'autorité desquels ils sont placés, ne peuvent être résolus, sauf l'indemnité en faveur de l'une ou l'autre partie que dans les cas suivants : 1° d'inexécution des engagements de part ou d'autre ; 2° de mauvais traitements de la part du maître ; 3° d'inconduite de la part de l'apprenti ; 4° si l'apprenti est obligé à donner, pour tenir lieu de rétribution pécuniaire, un temps de travail dont la valeur serait jugée excéder le prix ordinaire des apprentissages. » Il faut ajouter à ces cas de résiliation, le service militaire qui serait imposé à l'apprenti pendant la durée de l'apprentissage ; et les infirmités graves qui surviendraient soit au maître, soit à l'apprenti et qui ne permettraient point, soit à l'un, soit à l'autre, de continuer le métier.

Les demandes à fin d'exécution ou de résolution du contrat d'apprentissage, et les autres réclamations, sont portées devant le conseil des prud'hommes, et à défaut devant le juge de paix du canton. *(Loi du 22 fév., 4 mars 1851, Cod. Nap., art.* 852, 1384, 2272. *)*

Nul ne peut recevoir des apprentis mineurs s'il n'est âgé de plus de 21 ans ; des jeunes filles mineures ne peuvent être logées comme apprenties chez un maître célibataire ou veuf.

Sont également incapables de recevoir des apprentis les individus qui ont subi une condamnation pour crime, attentat au mœurs, vol, escroquerie ou abus de confiance, à moins que, sur l'avis du maire, en raisons de circonstances particulières, le préfet n'ait levé l'incapacité.

Les parties ne peuvent, sans un arrêté du préfet, sur l'avis du maire, convenir que l'apprenti âgé de moins de quatorze ans sera soumis à un travail de plus de dix heures par jour, et l'apprenti de quatorze à seize ans, à un travail de plus de douze heures ; que l'apprenti âgé de moins de seize ans sera soumis à un travail de nuit entre 9 heures du soir et 5 heures du matin.

Les maîtres doivent traiter avec douceur leurs apprentis, surveiller leur conduite, ne rien négliger pour leur enseigner leur métier, leur donner de bons exemples ; un contrat d'apprentissage serait incontestablement résiliable si le maître menait une conduite scandaleuse, ou voulait s'opposer à ce que l'apprenti satisfît à ses devoirs religieux. La vigilance est dans l'intérêt même des maîtres, car indépendamment du devoir moral qui les y astreint, ils sont déclarés par la loi responsables du dommage causé par leurs apprentis pendant qu'ils sont sous leur surveillance, à moins qu'ils ne prouvent qu'ils n'ont pu empêcher le fait qui donne lieu à cette responsabilité. (*Cod. Nap.*, art. 1384.)

340.   APPRENTIS. — Les *apprentis* doivent servir fidèlement leurs maîtres pendant le temps convenu, suivre leurs avis, exécuter leurs ordres, garder leurs secrets. Ils ne sont tenus à aucun travail les dimanches et jours de fêtes légales. Sauf conventions contraires, ils ne peuvent être employés aux travaux et services qui ne se rattachent pas à l'exercice de la profession qu'ils apprennent.

Si *l'apprenti* commet un vol dans la maison, l'atelier ou le magasin de son maître, il est puni de la peine de la réclusion. (*Cod. pén.*, art. 386.)

341.   APPROVISIONNEMENTS. — Tout ce qui a trait aux *approvisionnements* est réglementé par l'administration qui s'inspire des temps, des lieux et des circonstances. Les questions les plus élevées, les intérêts les plus légitimes et les plus pressants se rattachent à cette matière qui doit être pour le commissaire de police l'objet de sérieuses et continuelles études.

La loi du 29 septembre 1795 statue que les approvisionnements de toute nature doivent être directement portés sur les marchés. Les infractions à cette disposition constituent des contraventions de la compétence des tribunaux de simple police.

342.   ARBRES. — Le propriétaire n'a pas le droit

d'abattre, sans autorisation, un arbre planté sur son terrain qui longe une grande route. (*Décr. du 11 déc. 1811.*)

Il n'est pas permis d'attacher après les jeunes arbres plantés au bord de la route, des cordes pour faire sécher du linge. (*Ord. du 2 août 1774.*)

Ces deux faits constituent un délit de grande voirie dont les conseils de préfecture sont appelés à connaître.

343. ARMES DE GUERRE. — Sont hors du commerce les *armes et munitions* de guerre.

Les armuriers, brocanteurs ou particuliers ne peuvent détenir sous aucun prétexte, acheter ni prendre en gage, les armes, munitions et équipements de guerre. (*Lois des 28 mars 1793 et 30 sept. 1804; Ord. du 24 juillet 1816.*)

Tout détenteur non autorisé d'une *arme de guerre* doit en faire remise à l'autorité.

Toutes les fois que le commissaire de police, est informé de l'existence d'un dépôt d'armes ou de munitions de guerre il doit en aviser le préfet, solliciter de l'autorité judiciaire un mandat de perquisition, ou, le flagrant délit existant, agir d'office s'il y a urgence. Il rend compte, sans délai, aux autorités administratives et judiciaires du résultat de ses opérations.

Les armes et munitions de guerre peuvent être saisies en toute circonstance et partout où elles se trouvent illégalement.

Le commissaire de police assiste l'inspecteur de la fabrique d'armes dans ses visites chez les fabricants et armuriers.

Toutes les questions qui se rattachent à la fabrication, distribution ou détention d'armes et munitions de guerre, sont résolues par les lois des 13 fructidor an V, art. 24 et

suivants ; 23 pluviôse an XIII, art. 3 et 4 ; 24 mai 1834,
art. 2, 3 et 4.

344. ARMES SECRÈTES. — L'énumération des armes
secrètes et prohibées se trouve dans la déclaration du 23
mars 1728, encore en vigueur, portant que toute fabrique,
commerce, vente, débit, achat, port et usage de poignards,
couteaux en forme de poignard, soit de poche, soit de fusil,
de baïonnettes, de pistolets de poche, épées en bâton,
bâtons à ferrement autres que ceux qui sont ferrés par le
bout, et autres armes offensives, cachées et secrètes,
sont et demeurent pour toujours abolis et défendus. L'art.
314 du Code pénal mentionne les stylets, *tromblons* ou
quelque espèce que ce soit d'armes prohibées par la loi ou
par des règlements d'administration publique. L'ordonnance royale du 23 fév. 1837 s'explique sur les pistolets
de poche.

Les fusils et pistolets à vent, les cannes renfermant une
arme à feu, les sabres et couteaux qui contiennent un pis-
tolet sont compris dans la prohibition.

Celui qui est porteur d'armes prohibées par la loi ou
par des règlements d'administration publique est passible
d'une emprisonnement de six jours à six mois, et d'une
amende de 16 fr. à 200 fr. (*Loi du 24 mai* 1834, *art.* 1.)
La confiscation de ces armes étant prononcée par la loi
(*Cod. pén., art.* 314), elles doivent être saisies dans
tous les cas.

Le droit de porter des armes en voyage pour sa défense
personnelle est consacré par un avis du Conseil d'État du
17 mai 1811.

345. ARMURIERS. — Les armuriers sont tenus d'voir
un registre paraphé par le maire ou le commissaire de
police sur lequel doivent être inscrites l'espèce et la quan-

tité d'armes qu'ils fabriquent ou achètent, ainsi que l'espèce et la quantité de celles qu'ils vendent, avec les noms et domicile des vendeurs et des acheteurs ; ces registres sont arrêtés tous les mois par les mêmes fonctionnaires. (*Ordonn. du* 24 *juillet* 1816.)

Ils ne peuvent donner à leurs armes le calibre de guerre, ni en acheter, ni en vendre de ce calibre.

Ils sont tenus, avant de les mettre en vente, de les assujétir à des épreuves proportionnées à leur calibre.

Ils ne peuvent ni fabriquer, ni acheter, ni vendre, ni distribuer des armes prohibées par la loi ou par des règlements d'administration publique, sous peine d'un emprisonnement d'un mois à un an, et d'une amende de 16 fr. à 500 fr. (*Loi du* 24 *mai* 1834, *art.* 1ᵉ), et de confiscation desdites armes ; le tout sans préjudice de plus forte peine, s'il y échet, en cas de complicité de crime. (*Cod. pén.*, *art.* 314.) Les tribunaux peuvent en outre prononcer le renvoi sous la surveillance de la haute police depuis deux ans jusqu'à dix ans. (*Art.* 315.)

346. Aʀᴛ ᴅᴇ ɢᴜᴇ́ʀɪʀ. — D'après les dispositions de la loi du 19 ventôse an XI qui réglemente l'exercice de *l'art de guérir*, nul ne peut embrasser la profession de médecin, de chirurgien ou d'officier de santé, sans être examiné et reçu selon la forme prescrite.

« Cette prohibition d'exercer la médecine ou la chirurgie, sans être pourvu de diplôme, de certificat ou de lettre de réception, est, dit Bousquet, générale et absolue ; elle s'applique dès-lors nécessairement à l'art de l'oculiste. (*Arr. de cass. du* 20 *juillet* 1833.) La circonstance qu'on donne des soins aux indigents et qu'on ne retire aucun lucre de l'exercice de la médecine ne saurait soustraire aux conséquences de la prohibition portée par la loi, parce que cette prohibition n'a pas pour objet d'arrêter les produits pécuniaires d'une profession exercée en contravention à la loi; mais qu'elle a pour but de protéger la santé des citoyens contre les ignorants et les empiriques, et même ceux qui, par l'effet d'un zèle peu éclairé, se livreraient à l'exercice de l'*art de guérir*, sans être pourvus de connaissances dont le diplôme ou le certificat peut seul offrir la garantie légale. (*Arr. de cass. du* 20 *juillet* 1833.)

Les *docteurs* reçus dans les écoles de médecine peuvent exercer leur profession dans toutes les communes de France.

Les *officiers de santé* ne peuvent s'établir que dans les départements où ils ont été examinés par le jury médical; ils ne peuvent même pratiquer les grandes opérations chirurgicales que sous la surveillance et l'inspection d'un docteur, dans les lieux où celui-ci sera établi.

Les *dentistes* et les *pédicures*, s'occupant exclusivement de la toilette des dents ou des pieds, n'ont pas besoin de diplôme. (*Arr. de cass. du* 23 *fév.* 1827.)

Tout médecin, chirurgien ou autre officier de santé, qui, pour favoriser quelqu'un, certifiera faussement des maladies ou infirmités propres à dispenser d'un service public, sera puni d'un emprisonnement de deux à cinq ans. S'il a été mu par dons et promesses, il sera puni du bannissement: les corrupteurs seront en ce cas punis de la même peine. (*Cod. pén.*, art. 160.)

Les médecins et officiers de santé sont soumis au droit de patente. Ils doivent, dans le délai d'un mois de leur installation dans l'arrondissement, faire enregistrer leur diplôme au greffe du tribunal de première instance et à la sous-préfecture.

Il résulte d'un avis du Conseil d'État du 30 septembre 1805 que les curés et desservants ne doivent pas être inquiétés à l'occasion des secours qu'ils portent à leurs paroissiens malades pourvu que leurs soins soient désintéressés.

347. ARTIFICES. — ARTIFICIERS. — L'ordonnance royale du 16 août 1830 et, dans la plupart des communes, des arrêtés de l'autorité locale, s'opposent à ce qu'aucune pièce d'artifice soit tirée par des particuliers, même un jour de réjouissance publique, sans une autorisation spéciale.

Les artificiers sont tenus de se munir d'une permission; ils doivent avoir un registre, visé par le commissaire de police, sur lequel ils inscrivent les noms et domiciles des acquéreurs de leurs produits.

Le commissaire de police doit faire de fréquentes visites chez les artificiers pour rechercher les fusées auxquelles des corps durs peuvent avoir été adaptés, et pour s'assurer que toutes précautions sont prises afin de prévenir les explosions. (*Ordonn. du 20 fév. 1735; Décr. des 6 juillet 1800 et 25 fév. 1810.*)

348. ASPHYXIE. — Le commissaire de police, en contact immédiat et permanent avec les populations sur lesquelles, en dehors de son action répressive, il est appelé à exercer une surveillance tutélaire et paternelle, ne doit négliger aucune occasion de leur venir en aide, et, par là, d'ajouter à ses droits à leur respect, des titres à leur attachement et à leur gratitude. En se faisant aimer par la bienfaisance et l'humanité, le commissaire de police fait aimer le gouvernement, il le sert de la manière la plus intelligente et la plus utile.

Cette partie si importante de la mission du commissaire de police a besoin d'être bien comprise du fonctionnaire, car elle n'échappe point aux citoyens qui la considèrent comme une autre providence, et qui ne manquent jamais, d'en invoquer l'accomplissement dans l'infortune ou les calamités dont ils ont à se défendre.

L'*asphyxie* est un accident fréquent dont de prompts secours peuvent prévenir les conséquences fâcheuses.

Dans les campagnes, en l'absence d'un homme de l'art, le commissaire de police qui a le devoir de se porter partout où il y a un service à rendre, demeure trop souvent impuissant en présence d'un malheur qui pourrait ne pas être irréparable : nous croyons donc faire chose bonne à tous les points de vue en donnant place dans notre *Memento* à un document précieux qui, dans l'intérêt de l'humanité, ne sera désormais défaut à aucun des commissaires de police de France.

Nouvelle instruction sur les secours à donner aux noyés et asphyxiés, approuvée par le Conseil de salubrité.

Remarques générales. — 1º Les personnes asphyxiées ne sont souvent que dans un état de mort apparente ;

2º Rien ne peut faire distinguer la mort apparente de la mort réelle que la putréfaction ;

3º On doit donner du secours à tout individu retiré de l'eau ou asphyxié par d'autres causes, chez lequel on n'aperçoit pas un commencement de putréfaction ;

4º L'expérience a prouvé que plusieurs heures de séjour dans l'eau ou dans tout autre lieu capable de déterminer une asphyxie ne suffisaient pas toujours pour donner la mort ;

5º La couleur rouge, violette ou noire du visage, le froid du corps, la raideur des membres, ne sont pas toujours des signes de mort ;

6º Les secours les plus essentiels à prodiguer aux asphyxiés peuvent leur être administrés par toute personne intelligente ; mais pour obtenir du succès, il faut les donner *sans découragement*, quelquefois pendant plusieurs heures de suite.

On a des exemples d'asphyxiés rendus à la vie après des tentatives qui avaient duré six heures et plus;

7° Quand il s'agit d'administrer des secours à un asphyxié, il faut éloigner toutes les personnes inutiles ; cinq à six individus suffisent pour les donner, un plus grand nombre ne pourrait que gêner ou nuire;

8° Le local destiné aux secours ne devra pas être trop chaud ; la meilleure température est de 14 degrés (thermomètre de Réaumur, ou 17 degrés thermomètre centigrade) : ce précepte confirme l'utilité de celui qui précède et qui prescrit d'éloigner les personnes inutiles, lesquelles, outre qu'elles encombrent le local et vicient l'air, en élèvent aussi la température ;

9° Enfin, les secours devront être administrés avec activité, mais sans précipitation et avec ordre.

ASPHYXIÉS PAR SUBMERSION (NOYÉS).

Règles à suivre par ceux qui repêchent un noyé. — 1° Dès que le noyé aura été retiré de l'eau, s'il est privé de mouvement et de sentiment, on le tournera sur le côté, et plutôt sur le côté droit; on fera légèrement pencher la tête, en la soutenant par le front ; on écartera doucement les mâchoires et l'on facilitera ainsi la sortie de l'eau qui pourrait s'être introduite par la bouche et par les narines. On peut même, immédiatement après le repêchage du noyé, pour mieux faire sortir l'eau, placer la tête un peu plus bas que le corps, *mais il ne faut pas la laisser plus de quelques secondes dans cette position*;

2° Pendant cette opération, qui ne devra pas être prolongée au-delà d'une minute, on comprimera doucement et par intervalles le bas-ventre de bas en haut, et l'on en fera en même temps autant pour chaque côté de la poitrine, afin de faire exercer à ces parties les mouvements qu'elles exécutent lorsqu'on respire;

3° Si le noyé est assez près du dépôt de secours pour qu'il puisse y être transporté en moins de cinq à six minutes, soit

20

par eau, soit par terre, on le couchera, dans la première sup-position, dans le bateau, de manière que la poitrine et la tête soient beaucoup plus élevées que les jambes. Dans le second cas, on le placera dans le panier de transport, ou sur le bran-card, de manière qu'il soit presque assis, et on le transportera le plus promptement possible; mais en évitant les secousses, jusqu'au lieu où d'autres secours devront lui être donnés;

4° Si le noyé est trop éloigné du lieu où les secours devront lui être administrés pour que le transport puisse être effectué en moins de cinq à six minutes, et si la température est au dessous de zéro (s'il gèle), il convient d'ôter les vêtements du noyé en s'aidant des ciseaux afin de procéder plus vite, d'es-suyer le corps, de l'envelopper dans une ou plusieurs couver-tures de laine, ou encore de l'entourer de foin, en laissant toujours la tête libre, et de le porter ainsi au lieu où l'on devra continuer les secours.

Des soins à donner lorsque le noyé est arrivé au dépôt des secours médicaux. — 1° Dès l'arrivée d'un noyé, ou avant si on le peut, on enverra de suite chercher un médecin ou chi-rurgien;

2° Immédiatement après l'arrivée du noyé on lui ôtera ses vêtements, s'il n'a pas déjà été déshabillé, et pour aller plus vite on les coupera avec des ciseaux. On essuiera le corps, on lui mettra une chemise ou peignoir ainsi qu'un bonnet de laine, et on le posera doucement sur une paillasse ou sur un matelas, entre deux couvertures de laine, placé sur une table. La tête et la poitrine devront être plus élevées que les jambes;

3° On couchera une ou deux fois le corps sur le côté droit, on fera légèrement pencher la tête en la soutenant par le front, pour faire rendre l'eau, cette opération ne devra durer qu'une demi-minute chaque fois. Il est inutile de la répéter s'il ne sort pas d'eau ou de mucosités (des glaires, de l'écume);

4° On placera autour de la poitrine et du bas-ventre le ban-dage compressif, disposé comme un corset dit *à la paresseuse*, et l'on cherchera à imiter la respiration en tirant les bandes en sens inverse, et en les lâchant après chaque compression,

On imitera de cette manière les mouvements que font la poitrine et le bas-ventre lorsqu'on respire ; aussi ne faut-il pas que ces mouvements soient produits trop brusquement et avec trop de précipitation. On laissera un repos d'environ un quart de minute entre chaque opération. On réitérera cette tentative de temps à autre (de dix minutes en dix minutes, plus ou moins) ;

5o Tout en faisant agir pour la première fois le bandage, on s'occupera d'aspirer l'eau, l'écume et les mucosités qui pourraient obstruer les voies de la respiration.

A cet effet, on prendra la seringue à air (seringue en alliage, munie d'un ajustage en cuivre) ; on pousse le piston jusqu'à l'ajustage, on enduit cet ajustage de suif, ou mieux encore d'un mélange de mine de plomb et de graisse ; on le place dans la douille également en cuivre du tuyau flexible, on l'y fixe par un mouvement de baïonnette, on introduit ensuite la canule du tuyau flexible dans une des narines que l'on fait tenir complètement fermée par un aide, ainsi que l'autre narine et la bouche en rapprochant les lèvres ; enfin on tire doucement vers soi le piston de la pompe ou seringue.

Si par ce moyen, on avait aspiré beaucoup de mucosités, et s'il en sortait encore par la bouche ou les narines, on pourrait répéter cette opération. Quand il s'agit d'un enfant au-dessous de trois ans, on n'aspire chaque fois que jusqu'au quart de la capacité de la seringue. S'agit-il d'un enfant plus âgé (jusqu'à douze ou quinze ans), on aspire jusqu'à la moitié, et s'il s'agit d'un adulte, jusqu'à la capacité entière de la seringue ;

6o Aussitôt que la respiration tend à se rétablir, c'est-à-dire dès qu'on s'apperçoit que le noyé happe pour ainsi dire l'air, il faut cesser toute aspiration ou tout autre moyen spécialement dirigé pour le rétablissement de cette fonction ;

7o Si les mâchoires sont serrées l'une contre l'autre, surtout si le noyé a toutes ses dents, et qu'elles laissent peu d'interstice entre elles, il convient alors d'écarter légèrement les mâchoires, en employant d'abord le *petit levier en buis*, et ensuite, si cela ne suffit pas, le levier en fer à doubles branches, qu'on présentera entre les petites molaires (premières mâchelières) en pressant ensuite graduellement sur les branches de l'instrument. On maintiendra l'écartement obtenu en plaçant entre ces dents un morceau de liége ou de bois tendre. Cette opération devra être exécutée avec ménagement et sans violence ;

8º Dès le commencement des opérations qui viennent d'être décrites, c'est-à-dire dès l'arrivée du noyé, un des aides s'occupera de tout ce qui est nécessaire pour réchauffer le corps, c'est-à-dire : il fera chauffer les fers à repasser ; s'il y a une bassinoire il y mettra des cendres chaudes ;

9º Pendant qu'on s'occupera de rétablir la respiration, dès que les fers auront acquis le degré de chaleur qu'on leur donne ordinairement pour repasser le linge, ou lorsqu'en crachant dessus la salive frisonnera, on les promènera par dessus le peignoir de laine sur la poitrine, le long de l'épine du dos et sur le bas-ventre, en s'arrêtant plus longtemps sur le creux de l'estomac et aux plis des aisselles. On frictionnera les cuisses et les extrémités inférieures avec des frottoirs en laine, la plante des pieds et l'intérieur des mains avec des brosses, sans cependant trop appuyer, surtout au commencement de l'opération ;

10º Quels que soient les moyens qu'on emploie pour réchauffer le corps d'un noyé, il faut se régler selon la température de l'air extérieur. Tant qu'il ne gèle pas, on peut être moins circonspect. Cependant, il ne faut jamais chercher particulièrement dès le début des secours, à exposer le corps du noyé à une chaleur plus forte que celle du sang. Les fers à repasser et la bassinoire ont, il est vrai, un degré de chaleur plus élevé, mais comme ils agissent à travers une couverture ou une chemise de laine, et qu'ils ne restent pas longtemps appliqués sur la même place, leur action se trouve par cette raison suffisamment affaiblie.

Si au contraire il gèle, et que le noyé, après avoir été retiré de l'eau, soit resté assez longtemps exposé à l'air froid pour que des glaçons se soient formés sur son corps, il faut alors aussitôt qu'il arrive, et même avant, ouvrir les portes ainsi que

les fenêtres, afin d'abaisser la température au degré de glace
fondante (ce qu'on constate par le thermomètre), lui appliquer sur le corps des compresses ou linges trempés dans de
l'eau au degré de glace fondante, dont on élève peu à peu la
température. Cette élévation doit toujours s'opérer plus promptement pour les noyés que pour les asphyxiés par l'action du
froid seulement, et sans qu'il y ait eu submersion. On peut
chez les submergés élever la température de 2 degrés toutes les
deux minutes, et, lorsqu'on est arrivé à 20 degrés, avoir recours aux frictions et à la chaleur sèche.

En hiver, il faudra en même temps élever la température du
lieu où l'on donne les secours en refermant les portes et les fenêtres. Il ne faut cependant pas que la chaleur du local arrive plus
haut que 15 degrés du thermomètre de Réaumur, ou que 18
degrés du thermomètre centigrade.

Le meilleur moyen d'appliquer la chaleur graduée dans la
circonstance dont il s'agit, c'est de placer le noyé dans une
baignoire, si l'on peut s'en procurer une, et d'en échauffer peu
à peu l'eau au degré convenable;

11º Tout en employant les moyens nécessaires pour réchauffer le noyé et pour rétablir la transpiration, on le frictionnera
avec des frottoirs de laine sur les cuissses, les bras, et de temps
à autre de chaque côté de l'épine du dos; on brossera doucement, mais longtemps, la plante des pieds, ainsi que le creux
des mains. On pourra aussi frotter avec les frottoirs en laine le
creux de l'estomac, les flancs, le ventre et les reins; dans les
intervalles où l'on n'y promènera pas la bassinoire ou les fers
à repasser;

12º Si le malade donne quelques signes de vie, il faut continuer les frictions ainsi que l'emploi de la chaleur, mais bien se
garder d'entreprendre quelque chose qui puisse gêner, même
légèrement, la respiration. Si le noyé fait quelques efforts pour
respirer, il faut discontinuer pendant quelque temps toute manœuvre qui pourrait comprimer la poitrine ou le bas-ventre;

13º Si pendant les efforts plus ou moins pénibles que fait

le noyé pour respirer l'air ou pour le faire sortir, on s'apperçoit qu'il a des envies de vomir, il faut introduire au fond de la bouche la barbe d'une plume et la chatouiller à peu près comme on le pratique lorsque, pour se faire vomir, on introduit un doigt le plus avant possible au fond du palais ;

14° Dans aucun cas il ne faut introduire le moindre liquide dans la bouche d'un noyé, à moins qu'il n'ait repris ses sens et qu'il puisse facilement avaler ;

15° Si alors le médecin n'est pas encore arrivé, on peut faire prendre au malade une cuillerée d'eau-de-vie camphrée ou d'eau de mélisse spiritueuse étendue de moitié d'eau, et le coucher dans un lit bassiné, ou du moins sur un brancard garni d'un matelas et d'une couverture, en ayant soin de tenir la tête élevée ;

16° Si le ventre est tendu, on donne un lavement d'eau tiède dans lequel on a fait fondre une forte cuillerée à bouche de sel; mais il ne faut jamais employer ce moyen avant que la respiration et la chaleur soient bien rétablies ;

17° Dans le cas où après une demi-heure de secours assidûment administrés, le noyé ne donnerait aucun signe de vie, et si le médecin n'était pas encore arrivé, on pourrait recourir à l'insufflation d'une fumée aromatique dans le fondement. Voici la manière de la pratiquer : l'appareil qui sert à cet usage se nomme *appareil ou machine fumigatoire*. Pour le mettre en jeu on humecte le mélange de plantes aromatiques, comme on humecterait du tabac à fumer. On en charge le fourneau formant le corps de la machine fumigatoire, et on l'allume avec un morceau d'amadou ou avec un charbon, ensuite de quoi on adapte le soufflet à la machine; quand on voit la fumée sortir abondamment du bec du chapiteau, on y adapte le tuyau fumigatoire au bout duquel on ajoute la canule, qu'on introduit dans le fondement du noyé. On fait mouvoir le soufflet afin de pousser la fumée dans les intestins du noyé. Si la canule se bouche en rencontrant des matières dans le fondement, ce qu'on reconnaît à la sortie de la fumée au travers des jointures de la machine, ou à la résistance du soufflet, on la nettoie à l'aide de *l'aiguille à dégorger*, et l'on recommence en ayant soin de ne pas introduire la canule aussi avant.

Chaque injection de fumée ne devra durer au plus que deux minutes, et dans aucun cas elle ne devra être portée au point qu'on s'apperçoive que le ventre se balonne (qu'il augmente d'une manière sensible de volume, qu'il se gonfle et se tend).

Après chaque opération, qu'on pourra répéter plusieurs fois, de quart-d'heure en quart-d'heure, on exercera à plusieurs reprises une légère pression sur le bas ventre, de haut en bas, et avant de procéder à une nouvelle fumigation, on introduira dans le fondement une canule fixée à une seringue ordinaire vide, dont on tirera le piston vers soi, de manière à faire sortir l'air que les intestins pourraient contenir de trop;

18º Si le noyé recouvre la vie, il faut, si on ne peut pas faire autrement, le porter sur le brancard à l'hôpital le plus voisin. Mais si on peut disposer d'un lit, il faut, après l'avoir bassiné, y laisser reposer le malade pendant une heure ou deux.

S'il s'y endort d'un bon sommeil, il faut le laisser dormir. Si au contraire, sa face, de pâle qu'elle était, se colore fortement pendant l'envie de dormir, et qu'en réveillant le malade, il retombe aussitôt dans un état de somnolence, il faut préparer des sinapismes (pâte de farine de moutarde et d'eau chaude), et lui en appliquer entre les épaules ainsi qu'à l'intérieur des cuisses et aux mollets.

On lui posera en même temps six ou huit sangsues derrière chaque oreille. Il est entendu qu'on n'aura recours à ces moyens qu'autant qu'il n'y aurait pas de médecin présent; car, dans le cas contraire, ce serait à lui à décider s'il faut tirer du sang, en quelle quantité, sur quel point et par quel moyen.

ASPHYXIÉS PAR LES GAZ MÉPHITIQUES.

On comprend sous la dénomination générale d'asphyxiés par les gaz méphitiques, les asphyxies produites par la *vapeur du charbon*, par les *émanations des fosses d'aisance, des puits, des citernes*, *des égouts*, *des liquides en fermentation*, ou, en un mot par les gaz impropres à la respiration. Toutes peuvent être traitées par les moyens qui suivent :

1º Il faudra sortir promptement l'asphyxié du lieu méphitisé et l'exposer au grand air ;

2º On le déshabillera avec le plus de promptitude possible ; mais si l'asphyxie a eu lieu dans une fosse d'aisance, on arrosera préalablement le corps de l'asphyxié avec de l'eau chlorurée et on le déshabillera immédiatement après, afin d'éviter le danger auquel on s'exposerait en approchant trop près de son corps ;

3º On place le corps assis dans un fauteuil ou sur une chaise ; on le maintient dans cette position ; un aide placé derrière lui soutient la tête ; on lui jette de l'eau froide par verrées sur le corps, et principalement au visage ; cette opération doit être continuée longtemps, surtout dans l'asphyxie par la vapeur du charbon, des cuves en fermentation, en un mot dans l'asphyxie par le gaz acide-carbonique ;

4º De temps à autre on s'arrête pour tâcher de provoquer la respiration en comprimant à plusieurs reprises la poitrine de tous côtés, en même temps que le bas-ventre de bas en haut, comme il a été dit pour les noyés ;

5º Si l'asphyxié commence à donner quelques signes de vie, il ne faut pas discontinuer les affusions d'eau froide ; seulement il faut avoir attention, dès qu'il fait quelques efforts pour respirer, de ne pas lui jeter de l'eau de manière qu'elle puisse entrer dans la bouche ;

6º S'il fait quelques efforts pour vomir, il faut lui chatouiller l'arrière bouche avec la barbe d'une plume ;

7º Dès qu'il pourra avaler, il faudra lui faire boire de l'eau vinaigrée ;

8º Lorsque la vie sera rétablie, il faudra, après avoir bien essuyé le corps, le coucher dans un lit bassiné et donner un lavement avec de l'eau dégourdie dans laquelle on aura fait fondre gros comme une noix de savon, ou encore à laquelle on aura ajouté, pour chaque lavement, deux cuillerées à bouche de vinaigre.

C'est au médecin à juger s'il y a lieu de donner un vomitif ; c'est à lui aussi à choisir les moyens de traitement à employer après que l'asphyxié a recouvré la vie.

ASPHYXIÉS PAR LA FOUDRE.

1° Lorsqu'une personne a été asphyxiée par la foudre, il faut tout de suite la porter au grand air, si elle n'y est déjà, la dépouiller promptement de ses vêtements, faire des affusions d'eau froide pendant un quart-d'heure, faire des frictions aux extrémités et chercher à rétablir la respiration par des compressions intermittentes de la poitrine et du bas-ventre (comme pour les noyés) ;

2° Pendant qu'on se livre à ces tentatives, on fait creuser par deux hommes une fosse en terre (autant que possible dans un terrain meuble) ; cette fosse doit être assez longue et assez large pour qu'on puisse y placer le corps du foudroyé dans toute sa longeur ; elle doit avoir six pouces de profondeur en sus de l'épaisseur du corps. On étend l'asphyxié nu, couché sur le dos, dans cette fosse de manière pourtant que la tête soit plus élevée que les extrémités inférieures, et l'on recouvre légèrement tout le corps, à l'exception de la face, de quatre pouces de terre extraite de la fosse. On le laisse ainsi pendant deux à trois heures, en lui faisant de fréquentes affusions d'eau froide au visage. Ce moyen, quelque bizarre qu'il paraisse, et quoiqu'on ne puisse pas bien en expliquer le mode d'action, a été employé depuis longtemps, avec un succès très-marqué, en Prusse, en Silésie, en Pologne et en Russie ;

3° Si la vie se rétablit, le malade devra être traité comme les autres asphyxiés rappelés à l'existence.

ASPHYXIÉS PAR LE FROID.

Lorsque la mort apparente a été produite par le froid, il est de la plus haute importance de ne rétablir la chaleur que lentement et par degrés. Un asphyxié par le froid qu'on approcherait du feu, ou que, dès le commencement des secours, on ferait séjourner dans un lieu même médiocrement échauffé, serait irrévocablement perdu. Il faut en conséquence ouvrir les portes et les fenêtres de la chambre ou l'on se propose de secourir un asphyxié par le froid, afin que la température de cette chambre ne soit pas plus élevée que celle de l'air extérieur.

On emploiera les moyens suivants :

1° On portera l'asphyxié, le plus promptement possible, de l'endroit où il a été trouvé au lieu où il devra recevoir des secours ; pendant ce transport, on enveloppera le corps d'une couverture, ou bien de paille, ou de foin, en laissant cependant la face libre. On évitera aussi de faire faire au corps et surtout aux membres de mouvements brusques ;

2° On déshabillera l'asphyxié et l'on couvrira tout son corps, y compris les membres, de linges trempés dans de l'eau froide et qu'on rendra plus froide encore en y ajoutant des glaçons concassés. Il est préférable, toutes les fois que cela est possible, de se procurer une baignoire et d'y mettre l'asphyxié dans assez d'eau froide, pour que tout son corps et surtout les membres en soient couverts. On aura soin, dans ces opérations, d'enlever les glaçons qui pourraient se former à la surface du corps ;

3° Lorsque le corps commencera à dégeler, que les membres auront perdu leur roideur, et qu'ils offriront de la souplesse, on fera exécuter à la poitrine quelques mouvements (comme pour les noyés), afin de provoquer la respiration, et l'on fera en même temps des frictions sur le corps, soit avec de la neige si on peut s'en procurer, soit avec des linges trempés dans de l'eau froide ;

4° Si, dans ces circonstances, la roideur a cessé, et que le malade soit dans un bain, on augmentera la température de 3 à 4 degrés, de dix en dix minutes, jusqu'à la porter peu à peu à 28 degrés du thermomètre de Réaumur, ou à 34 degrés du thermomètre centigrade. Si on ne peut pas disposer d'une baignoire, il faut agir de même avec les linges dont on enveloppe le corps ou avec lesquels on le frotte ;

5º Lorsque le corps commence à devenir chaud, ou qu'il se manifeste des signes de vie, on l'essuie avec soin et on le place dans un lit, mais qui ne doit pas être plus chaud que ne l'est l'asphyxié. Il ne faut pas non plus qu'il y ait du feu dans la pièce où est le lit avant que le corps n'ait recouvré entièrement sa chaleur naturelle ;

6º Lorsque le malade commence à pouvoir avaler, on lui fait prendre une tasse de thé ou d'infusion de camomille avec quelques gouttes d'eau-de-vie. Ce thé ou cette infusion doit être à peine un peu plus que tiède ; sans cette précaution, on risquerait de produire dans l'intérieur de la bouche des ampoules ou cloches, comme après une brûlure ;

7º Si le malade continuait à avoir de la propension à l'engourdissement, on lui ferait boire un peu d'eau vinaigrée, et si cet assoupissement était profond, on administrerait des lavements irritants, soit avec de l'eau et du sel, soit avec de l'eau de savon.

Il est utile de faire observer que de toutes les asphyxies, l'asphyxie par le froid offre, selon l'expérience des pays septentrionaux, le plus de chances de succès, même après douze ou quinze heures de mort apparente.

ASPHYXIÉS PAR STRANGULATION OU SUSPENSION
(PENDAISON.)

1º La première opération à pratiquer, c'est de détacher, ou plutôt, pour aller plus vite, de couper le lien qui entoure le cou, et s'il y a suspension (pendaison), de descendre le corps en le soutenant de manière qu'il n'éprouve aucune secousse : *tout cela sans délai, et sans attendre l'arrivée de l'officier public.* Défaire les jarretières, la cravatte, les cordons de jupe, le corset, la ceinture de culotte, en un mot toute pièce de vêtement qui pourrait gêner la circulation ;

2º On placera le corps, toujours sans lui faire éprouver de secousses, selon que les circonstances le permettront, sur un lit, sur un matelas, sur de la paille, etc., de manière cependant qu'il y soit commodément, et que la tête ainsi que la poitrine soient plus élevées que le reste du corps ;

3º Si le corps est dans une chambre, on doit veiller à ce qu'elle ne soit ni trop chaude, ni trop froide, et à ce qu'elle soit aérée ;

4º Il est instant d'appeler le plus tôt possible un homme de l'art, parce que la question de savoir s'il faut ou s'il ne faut pas faire une saignée, reposant en grande partie sur des connaissances anatomiques relatives à la direction de la corde ou du lien, il n'y a que le médecin qui puisse bien apprécier les circonstances que présente cette direction ;

5º Dans aucun cas, la saignée ne doit être pratiquée si la face est pâle ;

6º Dans le cas où après l'enlèvement du lien, les veines du cou sont gonflées, la face est rouge tirant sur le violet, si l'empreinte produite par le lien est noirâtre, et si l'homme de l'art tarde d'arriver, on peut mettre derrière les oreilles, ainsi qu'à chaque tempe, six ou huit sangsues ;

7º La quantité de sang à tirer devra être proportionnée au degré de bouffissure de la face, à l'âge et à la constitution de l'asphyxié. Il est rare qu'on soit obligé d'extraire plus de deux palettes de sang ;

8º Si la suspension ou la strangulation a eu lieu depuis peu de minutes, il suffit quelquefois pour rappeler à la vie, de faire des affusions d'eau froide sur la face, d'appliquer sur le front et sur la tête des linges trempés dans de l'eau froide, de faire en même temps des frictions aux extrémités inférieures ;

9º Dans tous les cas, il faut, dès le commencement, exercer sur la poitrine et le bas-ventre des compressions intermittentes, comme pour les noyés, afin de provoquer la respiration ;

10º On ne négligera pas non plus de frictionner l'asphyxié avec des flanelles, des brosses, surtout à la plante des pieds et dans les creux des mains ;

11º Les lavements ne peuvent être utiles que lorsque le malade a commencé à donner des signes non équivoques de vie ;

12° Dès qu'il peut avaler, on lui fait prendre, par petites quantités, du thé ou de l'eau tiède mêlée à un peu de vinaigre ou de vin ;

13° Si après avoir été complètement rappelé à la vie, il éprouve des étourdissements, de la stupeur, les applications d'eau froide sur la tête deviennent utiles ;

14° En général, il doit être traité après le rétablissement de la vie, avec les mêmes précautions que les autres asphyxiés.

ASPHYXIÉS PAR LA CHALEUR.

1° Si l'asphyxie a eu lieu par l'effet du séjour dans un lieu trop chaud, il faut porter l'asphyxié dans un endroit plus frais, mais pas trop froid ;

2° Le débarrasser de tout vêtement qui pourrait gêner la circulation ;

3° Le médecin seul peut décider s'il y a lieu à tirer du sang ;

4° Les bains de pieds médiocrement chauds, auxquels on peut ajouter des cendres ou du sel, sont indiqués ;

5° Lorsque le malade peut avaler, il faut lui faire boire, par petites gorgées, de l'eau froide acidulée par du vinaigre ou du jus de citron, et lui donner des lavements d'eau vinaigrée, mais un peu plus chargée en vinaigre que l'eau destinée à être bue ;

6° Les boissons échauffantes sont toujours nuisibles en pareil cas ;

7° Si la maladie persiste, et si elle fait des progrès, on peut, sans attendre l'arrivée du médecin, appliquer huit ou dix sangsues aux tempes ou derrière les oreilles ;

8° Si l'asphyxie a été déterminée par l'action du soleil, comme cela arrive souvent aux moissonneurs et aux militaires, le traitement est le même ; mais il faut, dans le cas, lorsque le malade ne sue plus, insister sur les applications froides sur la tête.

Détail des objets contenus dans les boîtes ou armoires de secours, suivant l'ordre dans lequel on les emploie ordinairement.

Une paire de ciseaux de **16** centimètres de long, à pointes mousses. — Un peignoir en laine. — Un bonnet de laine. — Une seringue ou pompe à air avec son tuyau élastique et sa canule à narine. — Une petite boîte contenant un mélange de graisse et de mine de plomb pour graisser l'ajustage et la douille de la seringue à air. — Un bandage à six chefs croisés pour faire exécuter à la poitrine et au ventre les mouvements qui ont lieu pendant la respiration. — Un levier en buis. — Un double levier en fer à ressort. — Deux frottoirs en laine. — Deux brosses. — Deux fers à repasser avec leurs poignées. — Le corps de la machine fumigatoire. — Son soufflet. — Un tuyau et une canule fumigatoire. — Une boîte contenant un mélange de quatre onces d'espèces aromatiques (fleurs de lavande et feuilles de sauge, de chaque, deux onces; poudre de résine de benjoin, une demi-once). — Une seringue à lavement avec canule. — Une aiguille à dégorger la canule. — Des plumes pour châtouiller la gorge. — Une cuiller étamée. — Un gobelet d'étain. — Un biberon. — Une bouteille contenant de l'eau-de-vie camphrée. — Un flacon contenant de l'eau de mélisse spiritueuse. — Une petite boîte renfermant plusieurs paquets d'émétique de deux grains chaque. — Des bandes à saigner, des compresses et de la charpie. — Un nouet de soufre et de camphre pour la conservation des objets en laine. — Un thermomètre.

———

On comprend l'importance des services que peut rendre, surtout dans les campagnes, une semblable boîte placée sous la main de commissaires de police bien pénétrés des instructions qui précèdent. Les commissaires cantonaux ne doivent jamais manquer d'en faire la demande.

Tout individu trouvé asphyxié doit être transporté immédiatement au dépôt de secours, ou dans un hôpital.

Il n'est pas nécessaire, ainsi qu'on paraît le croire généralement, de laisser dans l'eau, jusqu'à l'arrivée de l'autorité, les pieds de celui qui sera retiré de la rivière; il faut au contraire lui administrer de suite des secours.

Les personnes qui arrivent les premières sur le lieu où un individu s'est pendu doivent aussi s'empresser de le détacher, ou de couper le lien.

Si l'individu rappelé à la vie a besoin de secours ultérieurs, il est transporté à son domicile s'il le demande, sinon à l'hospice le plus voisin.

Aussitôt que le commissaire de police est averti qu'une personne a été asphyxiée ou noyée, il se transporte, comme lorsqu'il s'agit de tout accident grave, à l'endroit où se trouve l'individu, ou sur le lieu de l'évènement, et il en dresse procès-verbal; il doit être assisté d'un médecin.

Le procès-verbal contient : 1° la désignation du sexe, le signalement, les noms, prénoms, qualité et âge de l'individu, s'il est possible de les connaître; 2° la déclaration de l'homme de l'art sur l'état actuel de l'individu; 3° les renseignements recueillis sur cet accident; 4° les dépositions des témoins et de toutes les personnes qui auraient connaissance de l'évènement.

Expédition de ce procès-verbal doit être adressée au procureur impérial, au maire, et au sous-préfet ou préfet.

A Paris et dans le département de la Seine, il est alloué à titre d'honoraires, récompense ou salaire, aux personnes qui ont repêché, secouru, ou transporté un noyé, un asphyxié ou blessé, savoir : pour le repêchage d'un noyé rappelé à la vie, 25 fr.; pour le repêchage d'un cadavre, 15 fr., etc.; à l'homme de l'art, les honoraires déterminés par le décret du 18 juin 1811 (6 fr.); de plus, s'il y a lieu, une indemnité qui est calculée sur la durée et l'importance des secours.

Le préfet de police se réserve de faire remettre une médaille de distinction à toute personne qui se serait fait remarquer par son zèle à secourir un noyé ou un asphyxié.

Les propriétaires des bains chauds et des bains froids, établis sur la rivière, sont tenus d'avoir à leurs frais et d'entretenir en bon état une boîte de secours dans chacun de leurs établissements. (*Ordonn. de police du* 1er *janv.* 1836, *art.* 2, 3, 4, 5, 6, 7 et 10.)

349. ASSISTANCE JUDICIAIRE. — La loi du 22 janvier 1851 admet, dans certains cas, les indigents à *l'assistance judiciaire* devant les tribunaux civils, les tribunaux de commerce et les juges de paix. Le bénéfice de cette admission est adjugé par un bureau spécial établi au chef-lieu judiciaire de chaque arrondissement.

Toute personne qui demande à être admise à *l'assistance judiciaire* doit, entre autres pièces, produire une déclaration portant, qu'à raison de son indigence, elle est dans l'impossibilité d'exercer ses droits en justice. Le maire donne acte de cette déclaration dont le commissaire de police vérifie l'exactitude qu'il certifie , s'il y a lieu, en même temps qu'il donne des renseignements sur les antécédents, la moralité et la position de famille de l'impétrant. Les formules officielles de ces certificats sont fournies par l'administration.

350. ASSISTANCE PUBLIQUE. L'administration de *l'assistance publique* à Paris, placée sous l'autorité du préfet de la Seine et du ministre de l'intérieur, est confiée à un directeur responsable, sous la surveillance d'un conseil. Elle comprend , aux termes de la loi du 10-13 janvier 1849, le service de secours à domicile et le service des hôpitaux et hospices civils.

Dans les départements, *l'assistance publique* est soumise à des règles particulières qui varient suivant les localités; elle est ordinairement dirigée par des commissions ayant le maire pour président-né, et agissant sous l'autorité et la surveillance du préfet.

351.   ASSOCIATIONS DE SECOURS POUR LES OUVRIERS. — Les associations de secours pour les ouvriers, dites *Sociétés de secours mutuels*, ont pour but d'assurer des secours temporaires aux sociétaires malades, blessés ou infirmes, et de pourvoir à leurs frais funéraires. Elles peuvent promettre des pensions de retraite si elles comptent un nombre suffisant de membres honoraires. Il leur est interdit de promettre des secours en temps de chômage.

Les membres honoraires paient, comme les associés participants, les cotisations fixées ou font des dons à l'association sans participer au bénéfice des statuts.

La loi du 15 juillet 1850 déclare les *sociétés de secours mutuels* établissements d'utilité publique.

Le décret du 28 mars 1852 ordonne l'établissement des sociétés de secours mutuels partout où elles ont chance de prospérer et de grandir, il leur accorde tous les avantages capables de favoriser leur fondation, de réhausser leur importance et d'activer leur progrès;

Obligation par la commune de leur fournir des locaux qui épargnent aux associés, la nécessité de se réunir dans des cabarets, au grand détriment de leur dignité et de leur moralité;

Exemption des droits de timbre et d'enregistrement;

Faculté de posséder des biens et de recevoir des legs mobiliers avec l'autorisation administrative;

Réduction du droit municipal sur les convois;

Possibilité de se servir du diplôme de sociétaire comme passeport et comme livret;

22

Nomination des présidents de sociétés de secours mutuels par l'Empereur ;

Institution d'un conseil supérieur qui leur sert à la fois, de lumière, de surveillance et de protection.

Les statuts de ces sociétés sont soumis à l'approbation du ministre de l'intérieur pour le département de la Seine, et du préfet pour les autres départements.

En favorisant, ainsi qu'il vient d'être dit, les sociétés approuvées, le décret du 28 mars 1852 ne change rien à la situation de celles existantes fondées sous une autre régime, l'art. 12 de la loi du 15 juillet 1850 portant que les *sociétés de secours mutuels déjà reconnues comme établissements d'utilité publique continueront à s'administrer conformément à leurs statuts, et que les autres sociétés de secours mutuels actuellement constituées ou qui se formeraient à l'avenir, s'administreront librement,* leur est toujours applicable. Si ces dernières demandent l'approbation, il n'est exigé de changement dans leur règlement que pour les articles en contradiction flagrante avec l'esprit du décret. Toute société ancienne ou nouvelle doit, pour être approuvée, admettre des membres honoraires, faire nommer son président par l'Empereur et ne pas promettre de secours contre le chômage. Quant aux sociétés reconnues, comme établissements d'utilité publique, elles sont admises aux avantages des sociétés approuvées sans autres conditions que d'être fidèles à leurs statuts qui ont déjà passé par l'examen du Conseil d'État. (*Circ. minist. du 29 mai 1852.*)

Les sociétés approuvées et autres peuvent être suspendues ou dissoutes par le préfet pour mauvaise gestion, inexécution de leurs statuts, infraction aux conditions de sociétés mutuelles de bienfaisance ou violation des dispositions qui régissent la matière. (*Loi du 15 juillet 1850, art. 12 et décr. du 28 mars 1852, art. 16.*)

352.   ASSOCIATIONS RELIGIEUSES. — Les *associations religieuses* sont soumises au droit commun. *(Décr. du 18 fév. 1809; lois des 2 janv. 1817 et 10 avr. 1834; Code pén. art. 291 à 294.)*

353.   ATELIERS DE CHARITÉ. — L'art. 3 de la loi du 19 décembre 1790, toujours en vigueur, porte :

« Les préfets aviseront aux moyens d'ouvrir, dans leurs départements, des travaux appropriés aux besoins de la classe indigente et laborieuse, et présentant un objet d'utilité publique et d'intérêt général pour l'*État* ou le département. »

Les seuls *indigents valides* sont admis dans les ateliers de charité. Si l'urgence ou la nature de travail exigent d'autres bras, cette nécessité est constatée par le conseil municipal et le bureau de bienfaisance.

Les maires dresseront donc, chaque année, un état des individus valides de la commune, en désignant leur nom, leur sexe, leur âge, l'espèce de travail dont ils sont susceptibles, les époques auxquelles ils en manquent, et les moyens utiles de les employer ; ils transmettront cet état aux bureaux de bienfaisance. *(Décr. du 24 vend. an II, tit. I, art. 1er.)*

Les commissaires de police doivent seconder les maires dans ces opérations, éclairer leur religion, rechercher et signaler d'office toute misère à soulager, celle qui se cache surtout, car elle est ordinairement la plus cruelle et la plus profonde. La sollicitude pour les classes nécessiteuses et l'impartialité dans les actes de bienfaisance ne sont pas seulement une œuvre de moralisation, un des plus sûrs moyens de prévenir les crimes et les délits, elles fortifient le pouvoir auquel elles créent des sympathies, et servent les fonctionnaires eux-mêmes en leur facilitant l'exercice de l'autorité.

Les préfets font, suivant les circonstance et les localités, des règlements pour déterminer les époques où les travaux de secours seront ouverts, et pour y maintenir la subordination ; l'exécution en est confiée aux bureaux de bienfaisance, sous la surveillance des maires.

354. ATELIERS DANGEREUX, INSALUBRES OU INCOMMODES. — Les établissements et fabriques qui répandent une odeur insalubre et incommode, ou qui présentent quelque danger pour le voisinage ne peuvent être fondés *sans une permission de l'autorité administrative*, et après l'avoir obtenue, ils doivent observer les mesures de précaution et les procédés qui leur sont imposés.

Les *ateliers dangereux, insalubres ou incommodes* sont divisés en *trois classes*.

C'est le *préfet* qui donne l'autorisation d'établir des ateliers insalubres de *première classe*. La demande formée par l'industriel doit être appuyée d'un plan des lieux et adressée directement au préfet, qui la fait afficher dans un rayon de 5 kilomètres. Le maire tient registre de ces affiches, et en certifie l'apposition.

Une enquête, dite de *commodo et incommodo*, est faite ensuite par les soins de l'autorité administrative ; elle consiste à appeler à donner leur avis les habitants de la localité et des lieux voisins de l'établissement projeté. Le maire ou le commissaire de police qui préside à cette enquête, loin de *provoquer* les observations, doit se borner à les *attendre*, et à consigner fidèlement sur son procès-verbal les dires, *quels qu'ils soient*.

Ces formalités accomplies, le préfet prononce. (*Décr. des* 15 *oct.* 1810 *et* 25-30 *mars* 1852.)

Pour les établissement de *deuxième classe*, l'enquête est nécessaire, mais l'affiche n'est point exigée ; le sous-préfet prend un arrêté, qu'il transmet au préfet. Le préfet statue en motivant.

Qu'il s'agisse d'un établissement de première ou de seconde classe, les oppositions formées pendant ou après l'enquête sont portées, sauf recours au Conseil d'Etat, devant le conseil de préfecture, par tous ceux qui y ont intérêt, qu'ils aient ou non figuré dans cette enquête.

La question de savoir si une manufacture sera autorisée, n'étant pas subordonnée à des raisons de commerce, le préjudice qu'occasionnerait la concurrence ne saurait être pris comme élément de délibération.

Pour les établissements de *troisième classe*, aucune formalité extérieure, ni affiche, ni enquête.

Demande directe est adressée au sous-préfet, et, à Paris au préfet de police. Les sous-préfets prennent l'avis des maires et des commissaires de police chefs de service. Les oppositions et réclamations contre les autorisations sont portées devant le conseil de préfecture, qui peut apprécier aussi, au premier degré, le refus d'autorisation.

Les ateliers et fabriques de première classe dont l'existence présente de graves inconvénients, peuvent être supprimées par un décret rendu en Conseil d'Etat. Les conseils de préfecture peuvent retirer ou révoquer l'autorisation pour les ateliers de seconde et de troisième classes.

Le décret du 15 octobre 1810 statue que les manufactures de la *première classe* ne peuvent être élevées *qu'au loin* des habitations. Il n'est pas *rigoureusement* nécessaire que celles de la *seconde* en soient éloignées ; quand à celles de la *troisième*, il suffit de l'autorisation et de la surveillance de la police.

Les questions de *propriété et de dommages matériels* sont de la compétence des tribunaux civils ; mais la question de moins-value est du domaine de l'administration qui la tranche par l'autorisation.

A l'égard des établissements non encore classés , les préfets en réfèrent au ministre et ne peuvent permettre la formation provisoire que de ceux qui leur paraîtraient rentrer dans l'une ou l'autre des deux dernières classes.

En cette matière, les plaintes et réclamations doivent être directement adressées par les intéressés à l'autorité administrative.

Le commissaire de police, se préoccupant exclusivement de l'intérêt général, signale au préfet où sous-préfet et au maire, toutes les infractions aux règlements. Il attend leurs ordres pour agir.

Aux termes de l'art. 640 du Code d'instruction criminelle la prescription de la contravention pourrait être invoquée si l'établissement non autorisé fonctionnait depuis plus *d'une année*. C'est alors le cas pour l'autorité administrative de faire revivre l'action judiciaire éteinte par un arrêté de clôture que le commissaire de police signifie aux contrevenants avec mise en demeure de s'y conformer.

NOMENCLATURE DES ATELIERS, FABRIQUES ET ÉTABLISSEMENTS DANGEREUX, INSALUBRES OU INCOMMODES. (*Décr. du 15 oct. 1810, et ordonn. des 14 janv. 1815, 29 juillet 1818, 25 juin 1823, 9 fév. 1825, 5 nov. 1826, 20 sept. 1828, 31 mai 1833, 5 juillet 1834, 27 janv. 1837, 15 avril 1838 et 27 mai 1838.*)

ATELIERS, FABRIQUES, etc.	CLASSES.	ATELIERS, FABRIQUES, etc.	CLASSES.
Abattoirs publics et *communs*.	1	Bleu de Prusse *(fumée brûlée)*.	2
Absinthe.	2	Bleu de Prusse *(dépôts de sang)*.	1
Acétate de plomb.	3	Bois dorés *(brûleries)*.	3
Acide acétique.	3	Borax artificiel.	3
Acide muriatique *(vases clos)*.	2	Borax *(raffinage)*.	3
Acide muriatique *oxigèné*.	2	Boues et immondices *(dépôts)*.	1
Acide nitrique.	1	Bougies de blanc de baleine.	3
Acide nitrique *(système Wolf)*.	2	Boutons métalliques.	3
Acide pyroligneux *(gaz libres)*.	1	Boyaudiers.	1
Acid.pyroligneux *(gaz brûlés)*.	2	Brasseries.	3
Acide pyroligneux *(métaux)*.	2	Briqueteries.	2
Acide sulfurique.	1	Briqueter. *(mode de Flandre)*.	3
Acide tartareux.	3	Briquets phosphoriques et oxigènés.	3
Acier.	2	Buanderies avec écoulement des eaux.	3
Affinage de l'or et de l'argent *(gaz libres)*.	1	Buanderies *(écoulement incomplet)*.	2
Affinage de l'or et de l'argent *(gaz condensés)*.	2	Calcination d'os *(fumée non brûlée)*.	1
Affinage de l'or et de l'argent *(fourneau à vent)*.	2	Calcinat. d'os *(fumée brûlée)*.	2
Affinage de métaux *(fourneau coupelle ou à réverbère)*.	1	Camphre *(préparation et raffinage)*.	3
Alcali caustique.	3	Caractères d'imprimerie *(fonderie)*.	3
Allumettes chimiques.	1	Caramel *(en grand)*.	3
Amidonniers.	1	Carbonisation du bois *(air libre)*.	2
Ammoniaque.	1	Cartonniers.	2
Arcansons ou résines de pin.	1	Cendres *(lavages)*.	3
Ardoises artificielles et mastics.	3	Cendres bleues et autres précipités du cuivre.	3
Artificiers.	1	Cendres d'orfèvre *(traitement par le plomb)*.	1
Battage de la laine et de la bourre.	3	Cendres d'orfèvre *(mercure et amalgames)*.	2
Batteurs d'or et d'argent.	3	Cendres gravelées *(fumée libre)*.	1
Battoirs à écorce dans les villes.	2	Cendres gravelées *(fumée brûlée)*.	2
Bitume en planches.	2	Céruse.	2
Bitumes pidasphaltes.	2	Chairs ou débris d'animaux *(dépôts)*.	1
Blanc de baleine.	2	Chamoiseurs.	2
Blanc de plomb ou de céruse.	2		
Blanc d'Espagne.	3		
Blanchiment des toiles et fils par le chlore.	2		
Blanchiment des toiles et fils par les chlorures alcalins.	3		
Bleu de Prusse *(fumée non brûlée)*.	1		

ATELIERS, FABRIQUES, etc.	CLASSES.	ATELIERS, FABRIQUES, etc.	CLASSE.
Chandeliers.	2	Dégras.	1
Chantiers de bois à brûler. (ville).	3	Dérochage du cuivre.	2
		Doreurs sur métaux.	3
Chanvre (rouissage).	1	Désargentage par les acides.	1
Chapeaux de soie et autres.	2	Eaux de javelle. V. Chlorures.	»
Charbon animal (fumée non brûlée).	1	Eau de vie (distillerie).	2
		Eau forte. V. Acide nitrique.	»
Charb. animal (fumée brûlée).	2	Eau seconde.	3
Charbon de bois dans les villes (dépôts).	3	Eaux savonneuses des fabriques.	2
Charbon de bois à Paris (lieux de détail).	3	Ecarrissage.	1
Charbon de bois (magasin).	2	Echaudoirs de débris d'animaux.	3
Charbon de bois fait à vases clos.	2	Émaux.	1
Charbon de terre (épurage à vases ouverts).	1	Encre à écrire.	3
		Encre d'imprimerie.	1
Charbon de terre (épurage à vases clos).	2	Engrais (dépôts).	1
		Engraissage des oies (en grand).	3
Châtaignes (dessication).	2	Eponges. V. Lavage.	»
Chaux (fours permanents).	2	Extraction (corps gras des eaux savonneuses).	2
Chaux (fours d'un mois par année).	3	Essayeurs.	3
Chicorée-café.	3	Etain.	3
Chiffonniers patentés.	2	Ether (plus de 40 litres).	1
Chlore (acide muriatique oxigéné).	2	Etoupilles (emploi de la poudre).	1
Chlorures alcalins (eau de javelle pour le commerce).	1	Faïence.	2
		Fanons de baleine.	3
Chlorures (emploi sur place).	2	Fécule de pommes de terre.	3
Chlorure de chaux (en grand).	1	Fer-blanc.	3
Chlorure de chaux (300 kilog. par jour).	2	Feutre goudronné.	2
		Filature de cocons.	2
Chromate de plomb.	3	Fonderies (fourneau Wilkinson).	2
Chromate de potasse.	2		
Chrysalides (dépôts).	2	Fondeur (fourneau réverbère).	2
Cire à cacheter.	2	Fondeurs au creuset.	3
Ciriers.	3	Fonte de graisse au feu nu.	1
Colle-forte.	1	Forges de grosses œuvres.	2
Colle de parchemin et d'amidon.	3	Fourneaux (hauts).	1
		Fours (cailloux pour émaux).	2
Colle de peau de lapin.	2	Fours à plâtre et à chaux.	2
Combustion de plantes marines (ateliers permanents).	1	Fromages (dépôts).	3
		Fulminate de mercure (amorces).	1
Cordes à instruments.	1	Galipots ou résines du pin.	1
Corne en feuille.	3	Galons et tissus d'or ou d'argent (brûleries).	2
Corroyeurs.	2		
Couverturiers.	2	Gaz hydrogène (fabriques et dépôts).	2
Cretonniers.	1		
Cristaux.	1	Gaz hydrogène (appareils pour éclairage excédant 10 becs).	3
Cristaux de soude.	3		
Cuirs vernis.	1	Gaz (grillage des tissus).	3
Cuirs verts.	1	Gélatine (emploi d'acides).	3
Cuisson des huiles de lin.	1	Genièvre.	2
Cuisson des têtes d'animaux.	3	Glaces (étamage).	3
Cuivre (fonte et laminage).	2	Glaces (coulage).	1
Débris d'animaux (dépôts).	1	Goudron.	1
Dégraisseurs.	3		

ATELIERS, FABRIQUES, etc.	CLASSES.
Graisses. V. Fonte.	»
Grillage des tissus V. Gaz.	»
Garous (sauvage)	2
Dégraisseurs.	2
Huile de lin (cuisson).	1
Huile de pied et de corne de bœuf.	1
Huile de poissons.	1
Huile de térébentine et d'aspic.	1
Huiles essentielles (dépôts).	2
Huile de tanneurs, dégras.	1
Huile rousse.	1
Huile (épuration par acides).	2
Indigoteries.	2
Laques.	3
Lard (enfumage en grand).	2
Lavage et séchage d'éponges.	2
Lavoirs à laine.	3
Lin (rouissage).	1
Liqueurs.	2
Litharge.	1
Machines à feu.	2
Machines et chaudières (basse pression).	3
Maroquiniers.	2
Massicot (préparation du plomb).	1
Mastics.	3
Matières grasses pour gaz.	2
Mégissiers.	2
Ménageries.	1
Minium (plomb pour potiers).	1
Morues (sécheries).	2
Moulins à plâtre, chaux et cailloux.	2
Moulins à farine dans les villes.	2
Moulins à huile.	3
Noir animalisé.	1
Noir de fumée.	2
Noir d'ivoire et d'os (fumée non brûlée).	1
Noir d'ivoire et d'os (fumée brûlée).	2
Noir minéral.	2
Ocre jaune (calcination).	3
Or et argent (affinage).	2
Orseille.	1
Os (blanchiment)	2
Os. V. Calcination.	»
Papiers.	2
Papiers peints et marbrés.	3
Parcheminiers.	2
Peaux fraîches (dépôts).	2
Peaux (lustrage).	3
Peignage (chanvres et lins) dans les villes.	2
Phosphore.	2

ATELIERS, FABRIQUES, etc.	CLASSES.
Pipes à fumer.	2
Plâtre (fours permanents).	2
Plâtre (fours d'un mois par année).	3
Plomb (fonte et laminage).	2
Plomb de chasse	3
Plombiers et fontainiers.	3
Poëliers-fournalistes.	2
Pompes à feu. V. Machines.	»
Porcelaine.	2
Porcheries.	1
Potasse.	3
Potiers d'étain.	3
Potiers de terre.	2
Poudres ou matières détonnantes et fulminantes.	1
Poudrette.	1
Précipité du cuivre.	3
Résines (fonte et épuration).	1
Rogues (dépôt).	2
Rouge de Prusse (vases ouverts).	1
Rouge de Prusse (vases clos).	2
Rouissage (chanvre et lin).	1
Sabots (enfumage dans les villes), emploi de corne ou autres matières animales.	1
Sabots (enfumage simple).	3
Salaison et saurage des poissons.	2
Salaisons (dépôts).	2
Salpêtre (fabrique ou raffinage).	3
Sang des animaux (dessication pour bleu de Prusse).	1
Savonnerie.	3
Schistes bitumeux.	2
Sectétage des peaux de lièvres ou de lapins.	2
Sel (raffineries).	3
Sel ammoniac.	1
Sel de saturne (acétate de plomb).	3
Sel de soude sec.	3
Sel ou muriate d'étain.	2
Sirop de fécule de pommes de terre.	3
Soies de cochons (préparation).	1
Soude de Wareck.	1
Soude (décomposition du sulfate de soude).	3
Soufre (fleurs).	1
Soufre (fusion et épuration).	2
Soufre (distillation).	1
Sucre (fabriques et raffineries).	2
Suif brun.	1

ATELIERS, FABRIQUES, etc.	CLASSES.	ATELIERS, FABRIQUES, etc.	CLASSES.
Suif en branche (*fonderies à feu nu*).	1	Toiles (*blanchiment par l'acid. muriatique oxigéné*).	2
Suif (*fond. au bain-marie ou à la vapeur*).	2	Toiles et fils de chanvre (*blanchiment par les chlorures alcalisés*).	3
Suif d'os.	1		
Sulfate d'ammoniaque.	1	Toiles peintes.	3
Sulfate de cuivre par le soufre.	1	Toiles vernies.	1
Sulfate de cuivre par les acides.	3	Tôle vernie.	2
Sulfate de potasse (*raffinage*).	3	Tourbe (*carbonisation à vases ouverts*).	1
Sulfate de soude (*vases ouverts*).	1	Tourbe (*carbonisation à vases clos*).	2
Sulfate de soude (*vases clos*).	2		
Sulfate de fer et d'alumine.	3	Tréfileries.	3
Sulfates de fer et de zinc (*emploi d'acides*).	2	Tripiers.	1
Sulfures métalliques (*grillage en plein air*).	1	Tueries (*villes dont la population excède 10,000 âmes*).	1
Sulfures métalliques. (*avec appareils*).	2	Tueries (*communes dont la population est inférieure à 10,000 âmes*).	3
Tabac.	2		
Tabac (*combustion des côtes en plein air*).	1	Tuileries et briqueteries.	2
Tabatières en carton.	2	Urate (*mélange d'urine et de chaux*).	1
Taffetas cirés.	1		
Taffetas et toiles vernis.	1	Vacheries (*villes dont la population excède 5,000 habitants*).	3
Tanneries.	2		
Tartre (*raffinage*).	3	Verdet.	3
Teinturiers.	3	Vernis.	1
Teinturiers-dégraisseurs.	3	Verre, cristaux et émaux.	2
Térébenthine (*extraction du goudron*).	1	Vert-de-gris.	3
Tissus d'or et d'argent (*brûleries*).	2	Viandes (*salaison et préparation*)	3
Tissus et fils blanchis par le gaz ou l'acide sulfureux.	2	Vinaigre.	3
Toiles cirées.	1	Visière et feutres vernis.	1
		Voirie (*dépôts et détritus*).	1
		Zinc (*laminage*).	2

355. ATTELAGE DE PLUS D'UN CHEVAL. — La circulation des voitures dont les jantes ont moins de onze centimètres et qui sont *attelées de plus d'un cheval* est interdite. Il y a exception pour les transports qui se font d'un point à l'autre d'une exploitation agricole et de ses dépendances. (*Loi du 7 vent. an XII, art. 2, et arr. du Cons. d'Etat du 28 mai 1829.*)

Les voitures à deux roues servant au transport des marchandises ne doivent point être attelées de plus de cinq chevaux. L'attelage des voitures à quatre roues ne peut excéder huit chevaux.

Les voitures servant au transport des personnes ne peuvent être attelées de plus de trois chevaux quand elles n'ont que deux roues, de plus de six chevaux quand elles ont quatre roues. *(Loi du 30 mai 1851 et règlement du 10 août 1852.)*

Les infractions aux dispositions qui précèdent constituent de contraventions justiciables des conseils de préfecture.

356. ATTROUPEMENTS. — Un *attroupement* est la réunion illicite et tumultueuse, sur la voie publique, d'un certain nombre d'individus ayant pour but d'exercer des actes hostiles, soit contre le gouvernement, soit contre les personnes, soit contre les propriétés.

Toutes personnes qui forment des attroupements sur les places ou sur la voie publique sont tenues de se disperser à la première sommation des préfets, sous-préfets, maires et *commissaires de police.*

Si l'attroupement ne se disperse pas, les sommations sont renouvelées trois fois. Chacune d'elle est précédée d'un roulement de tambour ou d'un son de trompe. Si les trois sommations sont demeurées inutiles, il peut être fait emploi de la force, conformément à la loi des 26-27 juillet, 3 août 1791.

Les *commissaires de police* faisant les sommations, et mettant la force publique en demeure de les appuyer, doivent être décorés de leur écharpe. *(Loi du 10 avril 1831, art. 1er.)*

L'art. 26 de la loi des 26-27 juillet, 3 août 1791 précitée porte :

« Si par les progrès d'un attroupement ou émeute populaire, ou par toute autre cause, l'usage rigoureux de la force devient nécessaire, le *commissaire de police* se présentera sur le lieu de l'attroupement et prononcera à haute voix ces mots : *Obéissance à la loi : on va faire usage de la force ; que les bons citoyens se retirent.* »

Lorsque l'attroupement prend une attitude agressive et se livre, tout d'abord, à des actes de violence, ou fait usage d'armes ou de projectiles, les sommations ne sont plus indispensables pour agir ; il y a lieu alors de repousser la force par la force ; le commissaire de police, se trouvant dans le cas de légitime défense, invite le commandant de la force armée à faire son devoir. (*Loi du 7-9 juin 1848.*)

Les personnes saisies sur le terrain sont fouillées, interrogées et écrouées. Avis de leur arrestation est immédiatement donné au préfet ou au sous-préfet et au procureur impérial.

Les peines portées par la loi du 10 avril 1831 sont prononcées sans préjudice de celles qu'auraient encourues, aux termes de l'art. 328 du Code pénal, les auteurs et les complices des crimes et délits commis par l'attroupement. Dans le cas du concours des deux peines, la plus grave est seule appliquée.

Toutes personnes qui auraient continué à faire partie d'un attroupement, après les trois sommations, peuvent pour ce seul fait être déclarés civilement et solidairement responsables des condamnations pécuniaires prononcées pour réparations des dommages causés par l'attroupement.

Nous n'avons pas besoin de faire remarquer que la présence d'un attroupement armé est une des circonstances les plus graves dans lesquelles puisse se trouver un commissaire de police. Son devoir est d'aviser sans délai l'autorité administrative et l'autorité judiciaire ; de faire prévenir la force armée la plus voisine afin qu'elle se mette immédiatement en mesure d'obtempérer à ses réquisitions ; de se porter, revêtu de son écharpe, au-devant du rassemblement, et de l'inviter à se dissiper en s'efforçant de calmer l'effervescence par des exhortations paternelles. En un mot, de la modération sans hésitation ni faiblesse, de l'énergie sans violence ; voilà qu'elle doit être, dans le cas prévu, la ligne de conduite du commissaire de police.

357. AVARIES. — L'avarie est un dommage arrivé à des marchandises, meubles ou effets, pouvant donner lieu à une action civile ou commerciale. (Cod. Nap., art. 1382 et suiv., Cod. de comm., art. 98, 103 et suiv.).

C'est au juge de paix qu'il appartient de constater régulièrement le dommage ou l'avarie. Néanmoins, en cas d'urgence ou d'empêchement, le commissaire de police peut, sur la réquisition expresse de la partie intéressée, procéder à la constatation et verbaliser. L'acte, écrit sur timbre et dûment enregistré, peut être délivré en minute au requérant pour en faire tel usage que de droit. Ce procès-verbal doit faire mention de la réquisition de la partie.

Le commissaire de police que la nécessité met ainsi dans le cas de suppléer le juge de paix, a droit à la vacation allouée à ce magistrat par le décret du 16 février 1807, et au remboursement des frais de timbre et d'enregistrement.

SECTION II.

Lettres B. C. D : — Bacs et bateaux. — Bains chauds. — Bains de rivière. — Balanciers. — Ban de vendange et autres. — Bandes armées. — Barrage. — Bateaux à vapeur. — Bâtiments en ruine. — Bestiaux malades. — Bourse. — Brevêts d'invention. — Brocanteurs. — Bureaux de bienfaisance. — Bureaux de placement. — Cabinets littéraires. — Cafés-concerts. — Caisses d'épargne. — Caisses des retraites pour la vieillesse. — Canaux. — Carrières, mines et minières. — Cartes à jouer. — Céréales. — Certificats de moralité. — Chargement excédant le largeur permise. — Chanteurs ambulants. — Charlatans. — Chasse. — Chemins publics. — Chemins de fer. — Chevaux excédant le nombre permis. — Chevaux attelés plus de cinq de file. — Chiens. — Chirurgiens. — Cimetières. — Circulaires ministérielles. — Cloches. — Clous de bande à tête de diamant. — Colliers excédant la largeur permise. — Colportage et colporteurs. — Confiscation. — Conflit. — Congé d'acquit ou passavant. — Constructions et réparations. — Contrebande. — Contributions directes. — Contributions indirectes. — Crieurs publics. — Cultes. — Cuvettes saillantes. — Débits de boissons. — Décès accidentel ou violent. — Décentralisation administrative. — Défaut de papiers. — Dégradation et destruction de monuments. — Déguisements. — Demandes en dégrèvement. — Déménagement furtif. — Démence. — Démolitions. — Denrées alimentaires — Dentistes. — Dépôts de mendicité. — Dépôts de matériaux sur les bords des rivières. — Désertion, déserteurs, réfractaires et insoumis. — Dessèchement des marais. — Dessins, gravures, lithographies et emblêmes. — Devins. — Dimanches et fêtes. — Distributeurs d'imprimés. — Dommage causé aux routes. — Douanes. — Doublé (or et argent) — Drainage. — Droguistes et herboristes. — Droits de péage non affichés.

358. BACS ET BATEAUX. — Les adjudicataires, mariniers et autres personnes employées au service des bacs sont tenus de se conformer aux prescriptions de l'autorité administrative.

Les adjudicataires sont civilement responsables des restitutions, dommages-intérêts, amendes et condamnations pécuniaires prononcées contre leurs préposés ou mariniers. Ils peuvent même, en cas de récidive, être destitués par le préfets, sur l'avis des sous-préfets, et leurs baux demeurent résiliés sans indemnité. (*Loi du 6 frim. an VII, art.* 51, 54 *et* 55.) Les conseils de préfecture sont compétents en cette matière.

Le fait d'avoir traversé la rivière sur un bateau, ou à gué dans une charrette, pour éviter de payer le droit de péage établi pour le passage d'un pont, constitue une contravention de la compétence des tribunaux de simple police punissable d'une amende qui ne peut être moindre de la valeur d'une journée de travail, ni excéder trois jours, aux termes de l'art. 56 de la loi du 6 frimaire an VII, sur la police des bacs et bateaux. *(Arr. de Cass. des 26 août 1826, 8 juillet et 4 décem. 1852.)*

Les adjudicataires ou employés au service des bacs ne ne peuvent exiger d'autres sommes que celles portées au tarif, à peine d'être traduits devant le tribunal de simple police. Ce tarif doit être affiché.

Si l'exaction est accompagnée d'injures, menaces, violences ou voies de fait, les prévenus sont traduits devant le tribunal de police correctionnelle.

Les adjudicataires sont, dans tous les cas, civilement responsables des restitutions, dommages-intérêts, amendes et condamnations pécuniaires prononcées contre leurs préposés et mariniers. *(Loi du 6 frim. an VII, art. 52, 53 et 54.)*

359. BAINS CHAUDS. — Les établissements de ce genre ne peuvent être fondés sans une autorisation déterminant les conditions auxquelles elle est accordée. Un médecin désigné par l'administration est chargé de l'inspection des bains minéraux. *(Loi du 22 juillet 1791, et ordon. du 25 juin 1829.)*

Les *bains* sur bateaux sont *meubles (Code Nap., art. 531.)*

360. BAINS DE RIVIÈRE. — Toute personne qui, se baignant, se montre publiquement dans un état de nudité indécente commet un *outrage public à la pudeur* et est

passible des peines portées par l'art. 330 du Code pénal,
à moins que ce ne soit dans un lieu isolé.

Les bains de rivière et les écoles de natation sont dans
les attributions du pouvoir municipal qui a mission d'affec-
ter certaine partie de la rivière distinctement aux bains des
hommes et des femmes, de régler la construction des établissements de bains, en un mot, de prendre toutes les
mesures nécessaires afin de prévenir les accidents et d'assurer le maintien de l'ordre et du respect dû aux bonnes
mœurs. (*Arr. de Cass. des* 15 oct. 1824 *et* 18 sept. 1828.)
Toutefois, les autorisations à prendre pour construire ou
fixer des bateaux, sur les rivières navigables et flottables
dépendent de la grande voirie, et les maires n'ont sur ce
point qu'un avis à donner.

Les propriétaires de bains doivent être considérés comme dépositaires nécessaires des effets apportés chez eux
par les personnes qui vont s'y baigner. La Cour de cassation a décidé, le 4 juillet 1814, que le propriétaire de
bains chez lequel une montre a été oubliée, peut être déclaré responsable de cette perte, s'il résulte des circonstances que cette perte a été occasionnée par sa négligence.

361. BALANCIERS. — L'usage des *balanciers, décou-
poirs, laminoirs, moutons* et autres instruments ou machines du même genre, doit être autorisé. Ils ne peuvent,
en aucun cas, être mis en mouvement avant cinq heures
du matin et après 9 heures du soir. (*Lettres patentes du
28 juillet 1783, et arrêté du 24 mars 1801.*)

362. BAN DE VENDANGES ET AUTRES. — Les préfets,
ainsi que l'autorité municipale peuvent faire, chaque année, des réglemens pour fixer l'époque de la récolte des
raisins, des foins et des céréales.

Le mot *ban* signifie *publication*.

Le *ban de vendange* est donc la publication d'une décision de l'autorité administrative concernant la vendange.

D'après l'art. 475 no 1 du Code pénal, ceux qui contreviennent aux *bans* des vendanges et autres *bans* autorisés par les règlements, sont passibles d'une amende de 6 à 10 fr. inclusivement.

Les termes d'un arrêté municipal qui fixe le jour de l'ouverture du ban des vendanges sont absolus et ne comportent pas l'admission d'une excuse tirée d'une tolérance en usage.

Le principe étant que nul ne peut dispenser de l'exécution d'un arrêté local, pris et rendu exécutoire dans les formes de droit, tant qu'il n'a pas été rapporté ; le contrevenant ne saurait utilement exciper d'une autorisation spéciale du maire. *(Arr. de Cass. du 8 avril 1854.)*

363. BANDES ARMÉES. — Voir ATTROUPEMENT, no 356. *(Code pén., art. 91 à 101.)*

364. BARRAGE. — On appelle ainsi un ouvrage fait en travers d'une rivière ou d'un ruisseau, pour élever le niveau de l'eau et en obtenir ainsi la chûte ou la dérivation.

Ces sortes d'ouvrages ne peuvent être autorisés que par l'autorité administrative.

Le droit de *barrage* ne peut être acquis par prescription.

L'établissement d'un barrage, dans une rivière, disposé de manière à empêcher la remonte du poisson, pour le forcer à se diriger vers une ouverture d'où il doit tomber dans des filets préparés exprès, présente les caractères d'un fait tendant au dépeuplement de la rivière, et constitue, par suite, un délit de pêche. *(Arr. de Cass. du 5 juillet 1828.)*

Pour que l'établissement de barrages sur les rivières et

ruisseaux soit punissable , aux termes de l'art. 24 du Code de la pêche fluviale , il faut que ces barrages empêchent entièrement le passage du poisson. (*Pau, 24 décembre 1829.*)

Le propriétaire d'un barrage prohibé peut être condamné personnellement à l'amende , comme complice de son fermier , possesseur de ce barrage. (*Loi du 15 avril 1829. Arr. de Cass. du 14 décem. 1837.*)

365. Bateaux à vapeur. — Voir Abordage de Bateaux , n° 326.

Le permis de navigation , indispensable à tout bateau à vapeur , est délivré par le préfet du siége de l'administration, ou du point de départ ; il indique les conditions auxquelles il a été accordé. Les contraventions en cette matière sont portées devant le tribunal de simple police. (*Arr. de Cass. du 14 nov. 1835.*)

366. Batiments en ruine. — Tout bâtiment menaçant ruine, principalement s'il joint la voie publique , doit être immédiatement réparé par le propriétaire ou démoli.

Le commissaire de police prévient, sans délai, l'autorité administrative. En cas de péril, il avertit les habitants du danger qu'ils courent , fait évacuer les lieux, et interdit la circulation aux abords de l'édifice ;

Il notifie au propriétaire l'arrêté qui ordonne la démolition.

Si la nécessité de la démolition est contestée, examen contradictoire a lieu par un expert indiqué par le propriétaire et l'expert de l'administration ; en cas de partage, un troisième expert est désigné par l'autorité administrative. Le résultat de cette expertise est un nouvel arrêté, notifié comme le précédent , et portant indication d'un délai de rigueur à l'expiration duquel procès-verbal est dressé conformément aux dispositions de l'art. 471 du Code pénal, nᵒ 5 et 15.

Le tribunal de simple police peut être saisi d'heure à heure ; et même, en cas d'extrême urgence, suivant les termes de l'arrêté, il est procédé d'office à la démolition du bâtiment en ruine, sous les yeux du commissaire de police qui le constate par procès-verbal, auquel il annexe un état des frais, certifié par l'architecte appelé à la direction des travaux. *(Lois des 16-24 août 1790, 19-22 juillet 1791, et 18 juillet 1837.)*

Voir ALIGNEMENTS ET PERMISSIONS DE VOIRIE, nᵒ 336.

367. BESTIAUX MALADES. — Aussitôt que le commissaire de police apprend que des animaux sont atteints d'une maladie contagieuse, il doit se transporter dans l'écurie ou l'étable, requérir un vétérinaire de procéder à leur examen, et faire marquer et isoler les bestiaux malades.

Les maladies contagieuses qui atteignent le plus ordinairement les bestiaux, sont : la *morve* pour les chevaux ; le *charbon* pour les taureaux, bœufs et vaches ; le *claveau* pour les moutons.

Les animaux atteints de ces affections, trouvés en route ou sur un champ de foire, sont séquestrés ; leur conducteur peut être mis en état d'arrestation.

Les bestiaux déclarés atteints d'un mal contagieux incurable doivent être immédiatement abattus.

Procès-verbal est dressé dans tous les cas.

Le devoir du commissaire de police et de prendre les ordres du maire, et de rendre compte au sous-préfet ou au préfet de la marche de l'épizootie et des mesures prises pour la combattre.

368. BOURSE. — En droit commercial, la *bourse* est la réunion qui a lieu, sous l'autorité de l'Empereur, des commerçants, capitaines de navire, agents de change et courtiers. *(Code de Comm. art. 71.)* Les bourses de commerce sont ouvertes à tous les citoyens et même aux étrangers. (*Arrêté du 27 prairial an X, art. 1er.*) Mais nul commerçant failli ne peut s'y présenter, à moins qu'il n'ait obtenu sa réhabilitation (*Code de Comm. art.* 614.)

Le résultat des négociations et des transactions qui s'opèrent dans la bourse, détermine le cours du change, des marchandises, du fret ou nolis, du prix des transports par terre ou par eau, des effets publics et autres dont le cours est susceptible d'être coté. Ces divers cours sont constatés par les agents de change et courtiers, dans la forme prescrite par les règlements de police généraux ou particuliers. *(Code de Comm. art. 73.)*

Un commissaire de police est spécialement attaché à la bourse de Paris.

Voir AGIOTAGE, no 333.

369. BREVETS D'INVENTION. — Le brevet d'invention est le *titre* délivré par le gouvernement à une personne, pour constater le droit exclusif qui lui est accordé d'exploiter à son profit, pendant un certain temps, sa découverte ou son invention.

L'administration ne se constitue, en aucun cas, juge de la réalité et du mérite de la découverte.

Les brevets peuvent être cédés ; la cession doit être faite par acte notarié.

Le commissaire de police est tenu de verbaliser contre tout industriel qui aurait pris la qualité de breveté sans posséder un brevet délivré conformément aux lois, ou qui étant breveté, aurait mentionné sa qualité sans y ajouter ces mots : *Sans garantie du gouvernement.*

La *contrefaçon* est un délit qui consiste dans l'atteinte portée aux droits du breveté, soit par la fabrication des produits, soit par l'emploi des moyens faisant l'objet de son brevet. L'amende et la confiscation des objets reconnus contrefaits, au profit du breveté, sont appliquées aux contrefacteurs qui, s'ils sont récidivistes, ou s'ils ont travaillé comme ouvriers ou employés dans l'établissement ou les ateliers des brevetés, encourent encore la peine de l'emprisonnement. (*Loi du 5 juillet 1844, art.* 40 *et* 49.)

370. BUREAUX DE BIENFAISANCE. — Les bureaux de bienfaisance sont chargés de diriger les travaux prescrits par les administrations municipales, et de faire la répartition des secours à domicile. (*Loi du 7 frim. an V, art.* 4.)

Tous les malheureux ont droit à être secourus, il suffit qu'ils soient dans le besoin.

Néanmoins, chaque bureau devant réserver ses secours pour ses pauvres, il ne doit de secours qu'au pauvre qui a son domicile réel, depuis un an, dans la commune.

Les bureaux de bienfaisance distribuent toute sorte de secours, rien ne limite leur charité, et tout ce qu'ils donnent aux pauvres, tout ce qu'ils paient pour eux, leur est passé en compte.

Il est du devoir du commissaire de police de signaler à l'autorité administrative les véritables infortunes.

371. CABINETS LITTÉRAIRES. — Les cabinets littéraires où se louent des livres, sont soumis aux mêmes obligations que les libraires. Un brevet est nécessaire à ceux qui les exploitent.

Une simple permission de l'autorité administrative suffit pour tenir un cabinet pour la lecture des journaux.

Avant de sévir en cette matière, le commissaire de police

fera bien de prendre les instructions du sous-préfet ou du préfet.

372. CAFÉS-CONCERTS OU SPECTACLES. — Une autorisation spéciale leur est nécessaire; elle est donnée par le préfet ou le sous-préfet sur l'avis du maire.

Le commissaire de police se fera remettre la liste, avec l'indication des noms, âge, profession et lieux de résidences antérieures, des artistes attachés aux établissements de ce genre. Il devra lui être justifié de la bonne moralité de ces artistes.

La nature même des cafés-concerts ou spectacles exige qu'ils soient l'objet d'une surveillance spéciale et en quelque sorte permanente; la présence d'un ou de plusieurs agents de l'autorité y est nécessaire.

Les prescriptions suivantes doivent être, en outre, exactement observées :

1° Le tarif des objets de consommation et le programme du concert du jour seront ostensiblement affichés dans l'intérieur de l'établissement ;

2° Tout chant contraire à l'ordre ou la morale sera sévèrement interdit ;

3° On ne tolèrera à l'orchestre l'usage d'aucun instrument bruyant de nature à troubler le repos public ;

4° Un double du programme de chaque concert devra être remis chaque jour, et vingt-quatre heures à l'avance, au commissaire central ou au commissaire de police, chef de service : aucune modification ne pourra être apportée à ce programme, sans que ce fonctionnaire en ait été averti avant l'ouverture du concert ;

5° Le répertoire des théâtres lyriques est absolument interdit aux cafés chantants. Aucune pièce, aucune scène détachée d'un ouvrage dramatique ne peut y être représentée. Le programme ne doit être composé que de chansonnettes ou de romances à une ou deux voix, sans costumes ni mise en scène.

373. CAISSES D'ÉPARGNE. — Les caisses d'épargne, soit qu'elles aient émané d'une association bienfaisante de particuliers, soit qu'elles aient été fondées par l'autorité municipale ou administrative, ont été rangées dans la catégorie des établissements d'utilité publique et de bienfaisance par l'art. 10 de la loi du 5 juin 1835. Elles ont toutes aujourd'hui le caractère d'établissement publics, et sont soumises à la tutelle administrative.

La loi du 30 juin 1851 dispose qu'aucun versement ne peut être reçu par les caisses d'épargne sur un compte dont le versement a atteint mille francs soit par le capital, soit par l'accumulation des intérêts ; elle fixe en même temps à 4 1⁄2 pour cent l'intérêt des sommes déposées à partir du 1ᵉʳ janvier 1852.

374. CAISSES DES RETRAITES POUR LA VIEILLESSE. — Les versements de chaque déposant, dont le minimum est de cinq francs, sont opérés entre les mains des receveurs généraux et particuliers et à la caisse des dépôts et consignations.

Un livret indicateur est remis au déposant.

Deux mois après le versement effectué, le déposant ou son mandataire porteur de son livret a droit de requérir inscription sur le livret de la rente viagère correspondant; lorsque la rente viagère commence à être payée, le montant en est définitivement inscrit au grand-livre de la dette publique. (*Loi du 28 mai et décr. du 22 août 1853.*)

375. CANAUX. — La police des canaux généraux d'irrigation et de desséchement est, comme celle des canaux navigables, du domaine de la grande voirie.

376. CARRIÈRES, MINES ET MINIÈRES. — Le droit d'exploiter une *carrière* ne peut appartenir qu'au propriétaire du fonds, et il peut en user sans permission, s'il exploite à ciel ouvert ; il est seulement soumis à l'observation des lois ou règlements généraux ou locaux.

Mais, quand on veut exploiter par galeries souterraines, il faut une permission du préfet.

Il est défendu d'ouvrir une carrière à moins de trente toises de distance du pied des arbres plantés au long des grandes routes ; comme aussi de se servir de chemins autres que de ceux autorisés.

Il est également fait défense aux propriétaires ou locataires de carrières de fouiller sous le terrain d'autrui, à peine de 500 fr. d'amende et dommages-intérêts de la valeur au moins dudit terrain. (*Arr. du Cons. du 5 avril* 1772, *loi du 21 avril* 1810, *circ. minist.* 1810.)

Les *mines* ne peuvent être exploitées qu'en vertu d'un acte de concession délibéré en Conseil d'Etat.

L'exploitation des *minières* ne peut avoir lieu sans permission du préfet. Cette permission détermine les limites de l'exploitation, et les règles auxquelles doit se soumettre l'exploitant sous les rapports de sûreté et de salubrité publiques.

En cas de contravention la permission peut être révoquée par les tribunaux ordinaires ; mais si la contravention compromettait la solidité des routes impériales ou départementales, elle serait réprimée par les tribunaux administratifs.

377. CARTES A JOUER. — Le droit sur les cartes se perçoit à la fabrication.

Pour *vendre* ou pour *fabriquer* des cartes, il faut s'être préalablement fait inscrire à la régie des contributions indirectes, et en avoir reçu une commission. Celui qui en vend sans être fabricant patenté, ou bien sans avoir été agréé et commissionné par la régie, est passible d'une amende de 1,000 à 3,000 fr., de la confiscation des objets de fraude et d'un mois d'emprisonnement. En cas de récidive l'amende est toujours de 3,000 fr.

Les cafetiers et cabaretiers doivent tenir un registre, coté et paraphé, pour inscrire les achats de jeux.

L'introduction et le débit en France des cartes étrangères sont prohibés.

Les employés des contributions indirectes peuvent se faire accompagner, dans leurs visites, d'un commissaire de police. (*Arr. des 3 pluv. et 19 flor. an VI, décr. des 1er germ. an XII, 16 juin 1810, loi du 29 avr. 1816, ordonn. des 18 juin 1817, 4 juill. 1821, 7 juill. 1831, et loi du 21 avril 1832.*)

378. CÉRÉALES. — Les manœuvres qui tendent à déterminer sur les marchés aux grains une hausse ou une baisse factice, non moins que celles qui ont pour but d'empêcher les céréales d'arriver sur ces mêmes marchés, sont d'une nature fort grave, et ne sauraient être surveillées avec trop d'activité par les commissaires de police. Les instruments les plus dangereux de ces manœuvres sont des individus étrangers, pour la plupart, au commerce des céréales, qui parcourent la campagne, se rendent dans les fermes, achètent et revendent sur échantillons, en répandant des bruits inquiétants, tantôt sur l'état des récoltes, tantôt sur la situation politique du pays.

De tels faits doivent être recherchés et constatés avec soin, appuyés de toutes les preuves et témoignages qu'il est possible de recueillir.

Tout individu qui fait clandestinement le commerce des grains, sans être muni d'une patente, doit être signalé au directeur des contributions directes, pour qu'il l'inscrive au rôle des patentés.

Quant à ceux qui, dans l'intérêt de leur commerce équivoque, répandent des bruits faux, ils doivent être signalés au procureur impérial, chargé de les poursuivre. (*Décr. du 4 mai* 1812, *art.* 3 ; *Code pén.*, *art.* 419 et 420.)

Il est bon de s'abstenir de toute mesure de nature à porter atteinte à la liberté du commerce ; mais les agents de l'autorité ne sauraient hésiter à livrer à la justice tous ceux qui par leurs manœuvres coupables jetent de l'inquiétude dans les esprits.

Le commissaire central, ou le commissaire de police, chef de service, doit adresser, au préfet ou au sous-préfet, des rapports fréquents et précis sur l'état des marchés, sur la nature et la cause des variations que les prix des denrées y subissent, et sur les incidents que la question des céréales peut faire surgir.

379　CERTIFICATS DE MORALITÉ. — Lorsqu'il s'agit de rendre un témoignage intéressant à un si haut degré l'ordre public, le commissaire de police, appelé à éclairer la religion du maire, doit apporter beaucoup de fermeté et de prudence, et jamais ne se laisser influencer par le sentiment d'une complaisance dangereuse. S'il est mis en demeure de délivrer personnellement une attestation, il fera bien de se borner, dans la plupart des cas, à certifier, s'il y a lieu, qu'aucune plainte ne lui a été portée contre l'impétrant.

380.　CHARGEMENT EXCÉDANT LA LAGEUR PERMISE. — Lorsqu'il est constaté que le chargement d'une voiture de roulage excède en largeur 2 mètres 50 centimètres, il y a contravention à l'art. 2, 2 2, n° 1er et à l'art. 4 de la loi du 30 mai 1851, comme aussi à l'art. 2 du règlement du 10 août 1852. Le conseil de préfecture doit être saisi.

381. CHANTEURS AMBULANTS, CHARLATANS. — Doivent être autorisés par le préfet pour le département, et sont assujétis dans chaque localité à une permission de l'autorité municipale dont le commissaire de police est particulièrement le délégué en cette matière.

Ils ne peuvent vendre et chanter que des chansons revêtues de l'estampille.

La vente de remèdes et drogues leur est interdite. (*Loi du 21 germ. an XI, art. 36.*)

Il y a lieu de distinguer entre les remèdes secrets, et certains articles de toilette. La vente de ces derniers peut être tolérée quand elle ne constitue pas une escroquerie.

Une surveillance trop active ne saurait être exercée à l'égard de ces industriels. Pendant leur séjour dans la localité, il est prudent de garder en dépôt au bureau de police les papiers de sûreté dont ils sont porteurs, et de ne les leur rendre, au moment du départ, qu'après s'être bien assuré qu'ils ne se sont rendus coupables d'aucun méfait.

382. CHASSE. — La demande de permis de chasse doit être écrite sur timbre, adressée au maire qui consulte le commissaire de police, donne son avis, et le transmet avec la demande au préfet, par l'intermédiaire du sous-préfet pour les arrondissements autres que celui du chef-lieu. Les permis de chasse sont personnels et ne sont valables que pour un an.

Les contestations relatives à la chasse, ainsi que la répression des infractions à la loi sont du domaine de l'autorité judiciaire; l'administration fait les règlements et surveille. La loi qui régit actuellement la matière est celle du 3 mai 1844.

Nul ne peut chasser, même sur sa propriété, s'il ne lui a pas été délivré un *permis de chasse* par l'autorité compétente.

Le propriétaire peut toutefois chasser ou faire chasser en tout temps sans permis dans un enclos attenant à une maison d'habitation.

Le transport et la vente du gibier, *quelle que soit son origine*, sont interdits pendant le temps où la chasse n'est pas permise. Outre les peines de droit, le gibier sera saisi au profit de l'établissement de bienfaisance le plus voisin, en vertu d'une ordonnance du juge de paix, ou d'une autorisation du maire.

La recherche du gibier ne peut être faite à domicile que chez les aubergistes, chez les marchands de comestibles, et dans les lieux ouverts au public.

Les mots *permis de chasse* embrassent, dans leur généralité, toute espèce de chasse, soit à *courre*, soit à *tir*, soit même la chasse des oiseaux de passage au moyen d'engins. *(Inst. minist. des 9 et 20 mai 1844.)*

Le permis de chasse est refusé aux mineurs de moins de seize ans et aux repris de justice. Il n'est délivré au mineur de seize à vingt et un an que sur la demande des personnes qui ont autorité sur lui.

Le permis de chasse ne peut être délivré aux gardes champêtres, forestiers, gardes-pêche commissionnés par l'Etat, les communes et les établissements publics. Les gardes des particuliers ne sont pas compris dans cette exclusion.

Les permis accordés par erreur doivent être retirés.

Les infractions à la loi sur la chasse, qualifiées *délits*, sont de la compétence du tribunal de police correctionnelle.

383. CHEMINS PUBLICS. — Ce sont ceux établis et entretenus par l'administration dans le but d'assurer la com-

munication des diverses parties du territoire. Ils se divisent en chemins à la charge de l'Etat, ou routes, et en chemins à la charge des communes, ou chemins vicinaux.

Voir Chap. v, sect. ii, nos 290 et suiv., sect. iii, nos 303 et suiv.

384. Chemins de fer. — La police des chemins de fer emprunte aujourd'hui les formes et les mesures des anciens règlements de la grande voirie. Ainsi, sont applicables aux voies ferrées les lois et règlements qui, en cette matière, ont pour objet d'assurer la conservation des fossés, talus, levées et ouvrages d'art dépendant des routes, et d'interdire sur toute leur étendue le pacage des bestiaux et des dépôts de terre et autres objets quelconques.

Sont également applicables aux propriétés riveraines des chemins de fer les servitudes imposées par les lois et règlements sur la grande voirie, et qui concernent :

L'alignement,

L'écoulement des eaux,

L'occupation temporaire des terrains en cas de réparation,

La distance à observer pour les plantations, et l'éloignement des arbres plantés,

Le mode d'exploitation des mines, minières, tourbières, carrières et sablières, dans la zone déterminée à cet effet,

Etc., etc.

La loi du 15 juillet 1845 et l'ordonnance du 15 novembre 1846 forment le code complet de la matière.

Voir chap. ii, sect. iii, nos 103 à 109.

385. Chevaux excédant le nombre permis. — Voir attelage de plus d'un cheval, no 355.

386. Chevaux attelés plus de cinq de file. — Constitue une contravention justiciable des conseils de préfec-

ture, toute voiture servant au transport des marchandises, attelée de plus de cinq chevaux de file. (*Loi du 30
mai 1851, art. 2 § 1er, no 5; règlement du 10 août 1852,
art. 4.*)

387.   CHIENS. — C'est à l'autorité administrative locale
qu'il appartient, en vertu des lois qui déterminent le cercle
des attributions municipales, de prendre, par des arrêtés,
les mesures de police relatives aux chiens errants. Le
commissaire de police n'a qu'à en assurer l'exécution.

La loi du 2 mai 1855 statue qu'une taxe annuelle est
établie sur les chiens, taxe qui peut varier de 1 fr. à 10
fr., suivant les communes, et en leur faveur.

Cette loi ne donne pas aux communes une simple faculté de taxer les chiens; elle est impérative et veut que
tous ces animaux, *sans exception*, soient taxés. Chaque
conseil municipal est donc tenu de voter le tarif de cette
taxe.

Encore bien que les taxes puissent varier depuis un
jusqu'à 10 fr., les tarifs ne doivent cependant comprendre que deux quotités différentes de taxes, de manière que
la première classe, comprenant les chiens d'agrément ou
servant à la chasse, soit la plus taxée, et que la seconde
classe, comprenant les chiens de garde, le soit moins.

Le décret du 4 août 1855 prescrit aux possesseurs de
chiens de faire à la mairie la déclaration du nombre et de
l'usage de ces animaux. L'époque de cette déclaration est
fixée du 1er octobre au 15 janvier.

La taxe est due pour l'année entière.

Lorsque le contribuable décède dans le courant de l'année, ses héritiers sont redevables de la portion de la taxe
non encore acquittée.

En cas de déménagement du contribuable hors du ressort de la perception, la taxe est immédiatement exigible pour la totalité de l'année courante.

Sont passibles d'un accroissement de taxe, 1º celui qui, possédant un ou plusieurs chiens, n'a pas fait de déclaration; 2º celui qui a fait une déclaration incomplète ou inexacte.

Dans le premier cas, la taxe sera triplée, et dans le second, elle sera doublée pour les chiens non déclarés ou portés avec une fausse désignation.

Lorsqu'un contribuable aura été soumis à un accroissement de taxe et que, pour l'année suivante, il ne fera pas la déclaration exigée, ou fera une déclaration incomplète ou inexacte, la taxe sera quadruplée dans le premier cas et triplée dans le second.

Il importe que les chiens, régulièrement déclarés, portent un signe propre à les faire reconnaître. Les chiens du département de la Seine doivent porter un collier muni d'une plaque de cuivre, sur laquelle on lit : leur nom, celui de leur propriétaire et sa demeure, enfin le numéro de l'immatriculation.

388. CHIRURGIENS. — VOIR ART DE GUÉRIR, nº 346.

389. CIMETIÈRES. — D'après le décret du 7 mars 1808, on ne peut, sans autorisation, élever aucune habitation, ni creuser aucun puits, à moins de cent mètres des cimetières.

Les cimetières sont des terrains spécialement consacrés à l'inhumation des morts. Nul ne peut être enterré ailleurs sans autorisation. La défense prononcée à cet égard par le maire est de plein droit obligatoire, sous les peines de simple police, tant qu'elle n'a pas été réformée, s'il y a lieu, par l'administration supérieure. (*Arr. de Cass.*, 14 *avril* 1838.)

Le décret du 23 prairial an XII, porte qu'aucune inhumation n'aura lieu dans les églises, temples, etc., ni dans l'intérieur des villes et bourgs, qu'à la distance de trente-cinq à quarante mètres au moins de leur enceinte.

Celui qui se rend coupable de violation de tombeaux ou de sépultures est passible des peines portées par l'art. 360 du Code pénal.

Les cimetières, par leur destination publique, sont à l'abri de toute prescription.

390. CIRCULAIRES MINISTÉRIELLES. — Ces circulaires ne sont point obligatoires pour les tribunaux. (*Arr. de Cass.*, 11 *janv.* 1816.)

Elles demeurent d'excellents guides pour les commissaires de police qui ont tout à gagner à les consulter souvent.

391. CLOCHES. — L'autorité administrative et l'autorité religieuse ont seules la disposition des cloches. Il est défendu de les sonner pendant un orage. (*Arr. du* 24 *juil.* 1784; *loi du* 8 *avril* 1802.)

En temps de sédition ou d'émeute, le commissaire de police doit faire garder avec soin les clochers. Tous ceux qui tenteraient d'y pénétrer pour sonner le tocsin seront arrêtés et mis à la disposition de l'autorité administrative et judiciaire, ce fait constituant un appel à la révolte, une excitation à la guerre civile.

392. CLOUS DE BANDE A TÊTE DE DIAMANT. — Contravention en matière de roulage et de messageries publiques, résultant de la violation de la loi du 30 mai 1851, art. 2 § 1er et 4, et du règlement du 10 août 1852, art. 2, justiciable des conseils de préfecture.

393. COLLIERS EXCÉDANT LA LARGEUR PERMISE. — Contravention de même nature que la précédente, égale-

ment justiciable des conseils de préfecture, tombant sous l'application des art. 2 § 2 nᵒ 2, et 4 de la loi, comme aussi de l'art. 12 du règlement précités.

Les colliers de chevaux ou autres bêtes de trait, ne doivent pas avoir plus de quatre-vingts centimètres de largeur, mesurés entre les points les plus saillants des pattes des attelles.

394. COLPORTAGE ET COLPORTEURS. — L'art. 6 de la loi du 27 juillet 1849 porte :

« Tous distributeurs et colporteurs de livres, écrits, brochures, gravures et lithographies, devront être pourvus d'une autorisation qui leur sera délivrée, pour le département de la Seine, par le préfet de police, et pour les autres départements, par les préfets. »

Les dispositions qui précèdent sont générales et absolues, et comprennent *tous les écrits*, quelles que soient leur nature ou leur forme, leur étendue ou leur brièveté. La distribution ou le colportage de listes ou bulletins écrits à la main ou imprimés, portant un ou plusieurs noms, ne peut même avoir lieu sans une autorisation préalable du préfet. Les contrevenants sont traduits devant les tribunaux de police correctionnelle et peuvent être condamnés à un emprisonnement d'un mois à six mois, et à une amende de 25 fr. à 500 fr. (*Arr. de Cass.*, 20 mai 1854.)

Les imprimés colportés doivent porter le nom et l'adresse de l'imprimeur ; dépôt doit en avoir été fait, à Paris, au ministère de l'intérieur, et dans les départements à la préfecture.

395. CONFISCATION. — Les conseils de préfecture peuvent et doivent prononcer la confiscation des objets qui auraient servi à commettre le délit.

Il peut y avoir lieu à confiscation en matière de grande

voirie. Ainsi, des pieux auront été enfoncés dans une rivière pour y faire un barrage sans autorisation, l'administration est dans la nécessité de les faire arracher. Il est incontestable qu'elle peut les faire vendre pour le remboursement des frais de la suppression de cet ouvrage.

La confiscation n'est pas une peine, mais une simple réparation morale. Il ne faut pas qu'il y ait emprisonnement ni amende pour qu'elle soit prononcée.

A l'occasion des jeux et loteries établis dans les rues et places publiques, et qui doivent être confisqués lorsque la police les a saisis, le tribunal de police viole la loi s'il en ordonne la remise à leurs propriétaires. (*Arr. de Cass.*, 14 *décem.* 1832.)

396.   CONFLITS. — Le conflit est la lutte de deux autorités qui se disputent leur compétence respective sur une question donnée.

On l'appelle conflit *de juridictions* quand il s'élève entre les cours et tribunaux ; il est alors déféré à la Cour de Cassation. (*Loi du* 27 *vent. an VIII, art.* 27*; Code de proc. civ., art.* 363.)

On l'appelle conflit *d'attributions*, quand le différent sur la compétence s'élève entre l'autorité judiciaire et l'autorité administrative ; il est réglé par décrets impériaux, rendus sur la proposition du Conseil d'État. (*Décr. des* 25 *janv., 18 fév.* 1852, *art.* 1er.)

397.   CONGÉ D'ACQUIT OU PASSAVANT. — Pièce indispensable pour transporter des liquides d'un point à un autre, délivrée par les employés de la régie. (*Loi du* 28 *avr.* 1816.)

398.   CONSTRUCTIONS ET RÉPARATIONS. — Voir ALIGNEMENTS ET PERMISSIONS DE VOIRIE, n° 336, et BATIMENTS EN RUINE, n° 366.

399. CONTREBANDE. — La police doit, dans certains cas, son concours à la régie et aux douanes, pour combattre la contrebande, et en assurer la répression. (*Lois des* 28 *décem.* 1797 , 3 *mai* 1803 , 28 *avr.* 1816.)

400. CONTRIBUTIONS DIRECTES. — On appelle ainsi les impôts qui frappent *directement* sur le revenu net des immeubles, sur les revenus mobiliers présumés d'après l'apparence et la valeur locative de l'habitation, sur le jour et l'air, sur les profits et salaires présumés des industriels, commerçants et travailleurs mercenaires.

Les contributions directes sont : 1o la contribution foncière ; 2o la contribution des portes et fenêtres ; 3o la contribution mobilière ; 4o la contribution des patentes ; 5o les centimes additionnels.

On assimile aux contributions directes : les redevances fixes et proportionnelles sur les mines, les prestations pour chemins vicinaux, l'impôt universitaire, et les contributions pour l'instruction primaire.

Les contestations relatives aux contributions directes sont du ressort de l'administration.

401. CONTRIBUTIONS INDIRECTES. — Elles frappent *indirectement* le consommateur, en devenant l'élément du prix des denrées, des autres produits destinés à la consommation ou à l'usage, ou des services de transport.

Les contributions indirectes sont : 1o les droits sur les denrées ; 2o les droits de monopole en faveur de l'État ; 3o les droits sur la fabrication et la marque d'objets de luxe ; 4o les droits sur les transports ; 5o les octrois ; 6o les douanes.

Les contestations relatives aux contributions indirectes, sont de la compétence des tribunaux civils qui les jugent en dernier ressort.

402. CRIEURS PUBLICS. — Doivent être munis d'une autorisation qui leur est délivrée, à Paris, par le préfet de police, et dans les autres départements par le préfet. Les contraventions sont portées devant les tribunaux de police correctionnelle qui prononcent une amende de 25 à 500 fr., et un emprisonnement de un mois à six mois. (*Loi du* 27 *juill.* 1849 , *art.* 6.)

403. CULTES. — La loi assure à tous les cultes une égale protection, et les soumet aux mêmes mesures de police générale. Cette protection ne peut être réclamée que par les cultes reconnus et publiquement exercés.

Troubler les cérémonies d'un culte, ou en empêcher l'exercice, est un délit. (*Code pén.* , *art.* 260 *et suiv.*)

La haute surveillance des lieux consacrés aux cultes appartient au préfet.

404. CUVETTES SAILLANTES. — Ne peuvent être construites à l'extérieur des bâtiments.

405. DÉBITS DE BOISSONS. — Nul ne peut ouvrir un débit de boissons, auberge, cabaret ou café, sans une autorisation spéciale du préfet. (*Décr. du* 29 *déc.* 1851.) Cette autorisation doit être demandée sur timbre ; elle est accordée sur avis conforme du maire, basé sur les renseignements fournis par le commissaire de police.

Des instructions ministérielles récentes font connaître que, dans l'application du décret du 29 décembre 1851, sur les débits de boissons, l'intention du Gouvernement est d'éviter, avec le plus grand soin, de porter atteinte au principe de la liberté d'industrie, et que, dès-lors, les décisions de l'administration dans cette matière ne doivent être dictées que par des considérations d'ordre et de moralité publique.

Lorsqu'une demande est formée pour l'ouverture d'un cabaret, café, auberge ou débit de boissons, le commissaire de police doit se borner, en transmettant les demandes de cette nature, à formuler le résultat de ses investigations sur la moralité et les antécédents et sentiments politiques du pétionnaire.

L'opinion politique ne doit être considérée comme un obstacle à l'admission de la demande, qu'autant que l'établissement projeté paraîtrait avoir pour but de favoriser des réunions hostiles au Gouvernement et à l'ordre public.

Quant aux renseignements de moralité qui sont fournis au commissaire de police, il lui est recommandé de ne pas s'arrêter trop facilement à des attestations souvent dictées par la complaisance, et de les contrôler par tous les moyens en son pouvoir.

La police peut entrer, pour l'exécution des lois et règlements, dans les auberges, hôtels garnis, cafés et cabarets, quand ils sont ouverts. Elle ne peut entrer dans les mêmes lieux quand ils sont fermés.

Les officiers de police et leurs agents peuvent faire ouvrir à toute heure les lieux de débauche et les maisons de jeux, et y pénétrer.

406. Décès accidentel, violent ou subit. — Le commissaire de police doit se transporter, accompagné d'un médecin, au domicile de toute personne abandonnée et décédée sans avoir reçu les soins d'un homme de l'art. Il constatera la cause de la mort, et recueillera les nom, prénoms, âge, profession, domicile du défunt, son lieu de naissance, les nom, prénoms de ses père et mère et de sa femme, s'il était marié. Procès-verbal du tout sera dressé et extrait en sera déposé à la mairie. Le juge de paix devra être prévenu pour l'apposition des scellés; les

clefs du logis lui seront remises après l'enlèvement du corps. (*Code Nap.*, *art.* 77 *et suiv.* ; *Code d'instr. crim.*, *art.* 44 ; *Code pén.* , *art.* 358 *et* 359 ; *Code proc.* , *art.* 911.)

Voir ACCIDENTS GRAVES , n° 327.

407. DÉCENTRALISATION ADMINISTRATIVE. — Le décret du 25 mars 1852 sur la décentralisation des affaires départementales et communales, est une innovation importante apportée dans l'organisation administrative ; il tend surtout à faire revivre la personnalité départementale, et à déplacer l'initiative du Gouvernement dont il diminue la responsabilité. Aux termes de ce décret les règlements et arrêtés des préfets ne sont plus soumis à l'approbation du ministre.

408. DÉFAUT DE PAPIERS. — Tout individu voyageant et trouvé hors de son canton sans titre régulier de voyage et sans répondant, peut être mis en état d'arrestation, soit à la disposition du préfet ou du sous-préfet, s'il s'agit de simples renseignements à prendre ; soit à la disposition de l'autorité judiciaire quand l'état de vagabondage est établi. Dans l'un et l'autre cas, procès-verbal doit être rédigé et transmis à qui de droit dans les vingt-quatre heures.

Sur un ordre du maire, l'individu arrêté peut encore être conduit par la gendarmerie devant l'autorité d'une localité où son identité et sa position pourraient être reconnues. *(Loi du* 10 *vend. an IV, tit.* 3, *art.* 6 ; *Ordonn. du* 29 *oct.* 1820, *art.* 179, 2 *dernier*, 186 *et* 299. *)*

409. DÉGUISEMENTS. — Délit ou contravention , suivant les circonstances : contravention, lorsqu'il s'agit d'une infraction à des règlements de police ; délit, quand le déguisement était injurieux ou de nature à favoriser de mauvais desseins. *(Code pén.*, *art.* 259 , 277 *et* 381. *)*

410. DEMANDES EN DÉGRÈVEMENT. — Sont formées, en matière de contributions directes, quand il y a lieu à *décharge,* lorsque le contribuable a été imposé pour des facultés qu'il n'a pas ; à *réduction* lorsque sa cote est plus élevée qu'elle ne devrait l'être ; à *remise,* lorsque le contribuable a perdu ses facultés imposables ; à *modération,* s'il n'en a perdu qu'une partie.

Le contribuable qui réclame contre la répartition, doit adresser au préfet ou au sous-préfet, dans les trois mois de l'émission du rôle, sa demande en décharge, en réduction, en remise ou en modération (y joindre les quittances des termes échus).

411. DÉMÉNAGEMENT FURTIF. — Lorsqu'il y a saisie des objets mobiliers, leur enlèvement furtif constitue un délit. *(Loi du 26 mars 1831, art.* 20 ; *Code pén., art.* 400 *et* 406.) Le recéleur des effets saisis est considéré comme complice.

En l'absence de saisie, le déménagement furtif ne saurait donner lieu qu'à une action civile. *(Code Nap., art.* 2102 ; *Code de proc., art.* 600.)

Dans l'un et l'autre cas, le commissaire de police requis doit assistance et concours au propriétaire, soit pour s'opposer à l'enlèvement du mobilier, soit pour opérer sa réintégration.

412. DÉMENCE. — Voir ALIÉNÉS, nᵒ 335.

413. DÉMOLITIONS. — Voir ALIGNEMENTS ET PERMISSIONS DE VOIRIE, nᵒ 336.

414. DENRÉES ALIMENTAIRES. — C'est surtout au détriment des classes laborieuses que la tromperie sur la nature, la pureté, le poids ou la mesure des marchandises, principalement de celles que réclament les besoins

les plus impérieux de la vie, exerce ses ravages. La loi
du 27 mars 1851 a eu non-seulement pour but de maintenir la loyauté dans les transactions commerciales, mais
encore d'améliorer le sort du pauvre en armant l'administration et les magistrats pour la défense de ses ressources
pécuniaires et la protection de sa santé.

Cette loi porte :

Art. 1er. — Seront punis des peines portées par l'art. 423
du Code pénal, ceux qui falsifieront des substances ou denrées
alimentaires ou médicamenteuses destinées à être vendues ;
2° ceux qui vendront ou mettront en vente des substances ou
denrées alimentaires ou médicamenteuses qu'ils sauront être
falsifiées ou corrompues ; 3° ceux qui auront trompé ou tenté
de tromper, sur la quantité des choses livrées, les personnes
auxquelles ils vendent ou achetent, soit par l'usage de faux
poids ou de fausses mesures, ou d'instruments inexacts servant
au pesage ou mesurage, soit par des manœuvres ou procédés
tendant à fausser l'opération du pesage ou mesurage, ou à augmenter frauduleusement le poids ou le volume de la marchandise, même avant cette opération, soit, enfin, par des indications frauduleuses tendant à faire croire à un pesage ou mesurage antérieur et exact.

Art. 2. — Si dans les cas prévus par l'art. 423 du Code
pénal ou par l'art. 1er de la présente loi, il s'agit d'une marchandise contenant des mixtions nuisibles à la santé, l'amende
sera de 50 à 500 fr., à moins que le quart des restitutions et
dommages-intérêts n'excède cette dernière somme ; l'emprisonnement sera de trois mois à deux ans. — Le présent article sera
applicable même au cas où la falsification nuisible serait connue
de l'acheteur ou consommateur.

Art. 3. — Seront punis d'une amende de 16 à 25 fr., et
d'un emprisonnement de six à dix jours, ou de l'une de ces
deux peines seulement, suivant les circonstances, ceux qui,
sans motifs légitimes, auront dans leurs magasins, boutiques,

ateliers ou maisons de commerce, ou dans les halles, foires ou marchés, soit des poids ou mesures faux, ou autres appareils inexacts servant au pesage ou au mesurage, soit des substances alimentaires ou médicamenteuses qu'ils sauront être falsifiées ou corrompues. Si la substance falsifiée est nuisible à la santé, l'amende pourra être portée à 50 fr., et l'emprisonnement à quinze jours.

ART. 4. — Lorsque le prévenu, convaincu de contravention à la présente loi ou à l'art. 423 du Code pénal, aura, dans les cinq années qui ont précédé le délit, été condamné pour infraction à la présente loi ou à l'art. 423, la peine pourra être élevée jusqu'au double du maximum; l'amende prononcée par l'art. 423 et par les art. 1 et 2 de la présente loi pourra être portée jusqu'à mille francs si la moitié des restitutions et dommages intérêts n'excède pas cette somme; le tout sans préjudice de l'application, s'il y a lieu, des art. 57 et 58 du Code pénal.

ART. 5. — Les objets dont la vente, l'usage ou la possession constituent le délit, seront confisqués conformément à l'art. 423 et aux art. 477 et 481 du Code pénal. — S'ils sont propres à un usage alimentaire ou médical, le tribunal pourra les mettre à la disposition de l'administration pour être attribués aux établissements de bienfaisance. — S'ils sont impropres à cet usage ou nuisibles, les objets seront détruits ou répandus aux frais du condamné. — Le tribunal pourra ordonner que la destruction ou effusion aura lieu devant l'établissement ou le domicile du condamné.

ART. 6. — Le tribunal pourra ordonner l'affiche du jugement dans les lieux qu'il désignera, et l'insertion intégrale ou par extrait, dans tous les journaux qu'il désignera, le tout aux frais du condamné.

ART. 7. — L'art. 463 du Code pénal sera applicable aux délits prévus par la présente loi.

ART. 8. — Les deux tiers du produit des amendes sont attri-

bués aux communes dans lesquelles les délits auront été constatés.

Art. 9. — Sont abrogés les art. 475, n° 14, et 479, n° 5,
du Code pénal.

Il n'y a pas de falsification d'aliments qui soit inoffensive
pour la santé de l'homme ; le trouble produit peut n'être
pas immédiat, mais la fraude dérobe à l'aliment la vertu
nutritive que promettent son nom et son prix. Le commissaire de police ne saurait donc apporter trop de zèle
et d'activité dans la constatation et la répression des délits
de cette nature.

Son attention doit surtout se porter sur le débit des
viandes dont les chaleurs hâtent la décomposition, et celui
du pain fabriqué de telle sorte qu'il surcharge l'estomac
sans le nourrir. Dans ce dernier cas, il doit se faire représenter immédiatement les farines qui ont servi à la
confection des pains, saisir des échantillons des pains et
des farines en quantités suffisantes pour fournir à plusieurs
expériences chimiques, en ayant soin dans ces opérations
de se conformer aux dispositions des art. 37, 38 et 39 du
Code d'instr. crim. Il ne négligera pas d'interpeller sur le
champ et séparément tous ceux qui ont concouru à la fabrication de ces pains, afin de prévenir tout frauduleux
concert sous le prétexte d'une erreur possible.

La vente des fruits sur les marchés ne doit pas moins
fixer l'attention du commissaire de police ; il est évident
que lorsqu'ils sont verts ou gâtés ils ne peuvent qu'être
nuisibles à la santé ; leur débit rentre dans les prévisions
de la loi du 27 mars 1851 et tout au moins des art. 471,
§ 15, 475, § 14 du Code pénal, et 3, § 4, tit. xi de la
loi des 16-24 août 1790.

Si la corruption ou la non maturité des denrées alimen-

taires saisies est contestée, le commissaire de police fera
bien de les livrer à l'examen d'un tiers compétent avant
d'en ordonner le jet à l'eau ou l'enfouissement.

Dans le cas où la marchandise falsifiée serait périssa-
ble, et encore susceptible d'un certain usage, elle devrait,
en vertu d'une ordonnance du juge de paix ou de ses suppléants au chef-lieu de canton, ou d'après l'autorisation
du maire dans les autres communes, être remise à l'établissement de bienfaisance le plus voisin. Quant aux objets
loyaux et marchands, saisis pour cause de délit, qui ne
sont pas susceptibles de se conserver, ils sont vendus,
sans délai, dans la commune la plus rapprochée du lieu
de la saisie, à son de trompe et aux enchères publiques,
en vertu des mêmes ordonnances ou autorisations qui sont
délivrées sur la requête des agents ou gardes qui ont opéré
la saisie, et sur la présentation du procès-verbal régulièrement dressé par eux. La vente a lieu en présence du receveur des domaines, et, à son défaut, du maire ou adjoint de la commune ou du commissaire de police. (*Loi
du 15 avril 1829, art. 42.*)

Enfin, la loi du 5 mai 1855, déclare :

Art. 1er. — Les dispositions de la loi du 27 mars 1851 sont
applicables aux boissons.

Art. 2. — L'art. 318 et le nº 6 de l'art. 475 du Code pénal
sont et demeurent abrogés.

La falsification des liquides est la plus dangereuse des
façons dont la fraude puisse s'exercer ; elle produit les
ravages les plus graves sur la santé des populations ; elle
ne doit donc être recherchée avec non moins de soin que
les autres falsifications, et réprimée avec énergie. Quand
il s'agit de vérifier des vins, pour procéder avec ordre,
éviter les inconvénients d'une sévérité excessive comme-

ceux d'une tolérance aveugle, concilier enfin les garanties exigées par une surveillance intelligente et celles qui sont réclamées par les intérêts des commerçants, le commissaire de police agit sagement en se faisant assister dans ses opérations par un expert dégustateur, digne de la confiance de la justice, et en ne saisissant que les vins que cet expert pensera avoir été falsifiés, ayant soin toujours d'observer les formalités dont il a été question à propos de la saisie des pains et farines.

Mais le débitant de marchandises falsifiées n'est souvent pas le seul coupable, il arrive même parfois qu'il n'a pas agi sciemment : il faut donc d'abord s'attacher à remonter à l'auteur de la falsification, et pour cela en rechercher toutes les indications en se livrant à toutes les perquisitions, constatations et saisies nécessaires en suivant la filière des transmissions successives des substancee ou denrées falsifiées ou corrompues. Le commissaire de police recueillera donc et constatera avec soin toutes les circonstances de nature à faire apprécier la bonne ou mauvaise foi des débitants ou détenteurs aux époques des ventes ou transmissions successives de ces marchandises. Le plus souvent il aura encore à se faire assister dans ses opérations d'un expert auquel il fera prêter le serment prescrit par l'art. 44 du Code d'instr. crim. Il est essentiel en effet de faire constater d'une manière irrécusable l'état des objets saisis et qui peuvent éprouver, dans un laps de temps très-court, des modifications ou des altérations considérables.

415. DENTISTES. — Voir ART DE GUÉRIR, n° 346.

416. DÉPÔTS DE MENDICITÉ. — On appelle ainsi certains établissements destinés à renfermer les mendiants. Ce sont de véritables prisons. On y envoie ceux qui n'ont

aucune ressource, et les individus que les tribunaux ont condamnés à y être conduits. L'existence d'un établissement de ce genre dans un département est une aggravation au délit de mendicité. (*Code pén.* , art. 274 et 275.)

417.   DÉPÔTS DE MATÉRIAUX SUR LES BORDS DES RIVIÈRES.   — Les dépôts de matériaux sur les chemins de hallage d'un canal ou d'une rivière navigable , ou sur une route impériale ou départementale, constituent, aux termes de l'arrêt du 24 juin 1777, une contravention de grande voirie dont connait le conseil de préfecture. Les procès-verbaux doivent en conséquence être rédigés en double expédition et adressés au préfet ou sous-préfet.

418.   DÉSERTION, DÉSERTEURS.   — On appelle déserteur celui qui abandonne son drapeau sans congé , ou qui laisse expirer le temps de son congé sans rejoindre son corps. La recherche des déserteurs a lieu à la diligence de l'autorité administrative. Le commissaire de police doit la provoquer d'office ; son assistance équivaut à un mandat. (*Circ. minist. du* 20 *juin* 1837.)

Une indemnité de 25 francs est allouée aux personnes qui arrêtent les déserteurs , réfractaires et insoumis. (*Loi du* 8 *mars* 1800 ; *circ. minist. du* 6 *nov.* 1838.)

419.   DESSÈCHEMENT DES MARAIS.   — Les marais sont l'une des causes qui nuisent le plus à la santé des hommes et au développement de l'agriculture. Encore bien qu'ils fassent partie de la propriété privée, leur destruction ou leur conservation appartient à l'initiative du Gouvernement qui peut ordonner , nonobstant toute opposition , les dessèchements qu'il croit utiles ou nécessaires. (*Loi du* 18 *sep.* 1807.)

Le commissaire de police transmet au préfet , en cette matière comme en toutes les autres , les renseignements qui se rattachent aux intérêts généraux ; il doit se souvenir toujours qu'il n'est pas moins l'œil que le bras de l'administration dont le premier devoir est de veiller au bien-être des populations.

420. **Dessins, gravures, lithographies et emblêmes.** — Aucuns dessins, aucunes gravures, lithographies, médailles et estampes, aucun emblême de quelque nature et espèce qu'ils soient, ne peuvent être publiés, exposés ou mis en vente, sans l'autorisation préalable [du ministre de l'intérieur à Paris, et des préfets dans les départements. Ils ne peuvent être colportés sans autorisation, et doivent porter l'estampille.

En cas de contravention, les dessins, gravures, lithographies, médailles, estampes ou emblêmes pourront être confisqués, et les publicateur, distributeur ou vendeur, seront traduits devant les tribunaux de police correctionnelle conformément aux dispositions de l'art. 20 de la loi du 9 septembre 1835.

Voir Colportage et colporteurs, n° 394.

421. **Devins.** — Il y a eu dans tous les temps et chez tous les peuples des devins, des astrologues, des magiciens, des sorciers, c'est-à-dire, des escrocs qui ont spéculé sur la simplicité, la crédulité ou la superstition des hommes.

Les art. 479, 2 7, 480 et 481 du Code pénal, atteignent ceux qui font métier de deviner et pronostiquer, ou d'expliquer les songes. Mais si le devin, pronostiqueur, ou interprète des songes, emploie des manœuvres frauduleuses, et se fait ainsi remettre des fonds, meubles, etc., par ses dupes, c'est là une escroquerie, et par conséquent le cas d'invoquer l'art. 405 du Code pénal.

422. DIMANCHES ET FÊTES. — L'Eglise ordonne de ne pas se livrer le dimanche à des œuvres serviles, d'entendre la messe, d'assister aux offices et instructions de la paroisse, et de s'occuper d'œuvres et de pratiques de piété.

Donner l'exemple de l'obéissance à ces prescriptions est un devoir dont nous ne saurions trop recommander l'accomplissement au commissaire de police, qui verra par lu s'accroître son autorité morale et sa considération.

Des arrêtés préfectoraux défendent généralement le travail du dimanche. Il est important de ne point perdre de vue, dans leur exécution, que l'autorité administrative ne peut réglementer en cette matière, que la voie publique. Le citoyen demeure libre dans sa maison et dans son champ.

Le cours des opérations judiciaires n'est point interrompu par les dimanches et fêtes.

D'après la loi civile, les exploits, significations et actes de poursuites, ne peuvent être faits le dimanche, ou les jours de *fêtes légales*, à moins d'une permission du président du tribunal, dans les cas d'urgence. (*Code de proc. civ.*, *art* 63, 828, 1037.) Le protêt ne peut pas être fait le dimanche, il doit être fait le jour suivant. (*Code de Comm.*, *art.* 162.) Le débiteur ne peut être arrêté les jours de fête légale. (*Code de proc. civ.*, *art.* 781.)

Cependant les juges de paix peuvent juger les dimanches et fêtes (*Code de proc. civ.*, *art.* 8), et le président peut, si le cas requiert célérité, permettre d'assigner, soit à l'audience, soit à son hôtel, à l'heure indiquée, même les jours de fêtes. (*Art.* 808.)

Indépendamment des dimanches, les *fêtes légales* sont l'Ascension, l'Assomption qui est aussi la St-Napoléon et la fête de la France, la Toussaint, la Noël. Le 1er janvier est mis au rang des fêtes légales.

423.   DISTRIBUTEURS D'IMPRIMÉS. — Voir COLPORTAGE ET COLPORTEURS, n° 394.

424.   DOMMAGE CAUSÉ AUX ROUTES. — Contravention à l'art. 9 de la loi du 30 mai 1851. Outre l'amende, le contrevenant est condamné à payer le dommage.

Il y a dommage causé à une route quand un voiturier prend des pierres approvisionnées sur la route pour faire contrepoids; s'il dépave pour sortir d'une ornière. Les affaire de cette nature doivent être portées devant le conseil de préfecture.

425.   DOUANES. — On appelle *douanes* l'administration publique placée dans les attributions de la direction générale des contributions indirectes, et qui se compose d'employés chargés de percevoir des droits fixés par des tarifs établis légalement sur les marchandises qui y sont désignées, soit à leur sortie de France, ou *exportation*; soit à leur entrée en France, ou *importation*; soit dans les entrepôts, soit pour *transit*.

En cette matière on appelle *contravention* l'omission ou l'infraction des formalités; lorsque cette infraction n'a eu lieu que dans l'intention de se soustraire au paiement des droits ou aux prohibitions d'importation ou d'exportation, elle prend le nom de *fraude*; le mot *contrebande* s'applique à la fraude commise ou simplement tentée.

Les *juges de paix* connaissent de toutes les contestations concernant le simple refus de payer les droits, des contraventions, et de divers cas de fraude; leurs jugements sont susceptibles d'opposition et d'appel.

Les *tribunaux correctionnels* connaissent de tous les délits, des fraudes commises à l'*entrée* ou à l'*importation* par terre ou par mer.

Les *cours d'assises* connaissent des crimes de contrebande ou de rébellion avec attroupement et port d'armes.

Les *peines* sont la confiscation, l'amende, l'emprisonnement, et, en cas de crimes soumis aux cours d'assises,
la réclusion, les travaux forcés à temps.

Le commissaire de police requis est tenu d'assister les
douaniers pour les saisies ; ces opérations doivent être
faites de jour. Une indemnité de 24 fr. est allouée à celui
au domicile duquel il y a eu recherche inutile. La simple
opposition à l'exercice des préposés est un délit. Une partie du produit des objets prohibés est attribuée au commissaire de police qui a participé à la saisie. (*Lois des*
5 *nov.* 1790, 22 *août* 1791, 12 *mars* 1803, 28 *avr.* 1803,
30 *avr.* 1806, 17 *décem.* 1814, 28 *avr.* 1816, 27 *mars*
1817, 21 *avr.* 1818, 15 *mai* 1818, 7 *juin* 1820, 17 *mai*
1826, 26 *juin* 1835, 2-5 *juill.* 1836.)

Les douaniers doivent rechercher et saisir les pamphlets
et écrits, ayant un caractère séditieux, dont l'introduction clandestine est tentée.

426. DOUBLÉ (or et argent). — Les ouvrages de ce
genre doivent recevoir l'empreinte d'un poinçon indiquant
la quantité des matières fines, et porter le mot *doublé.*
Les fabricants sont tenus d'inscrire leurs ventes et de
délivrer un bordereau aux acheteurs. (*Décr. du 9 nov.*
1797.)

427. DRAINAGE. — Le *drainage* a pour but l'assainissement des terrains par l'écoulement des eaux sta-
gnantes. (*Loi du* 10-15 *juin* 1854.) Cet écoulement est
facilité, souterrainement ou à ciel ouvert, par des conduits
ou tuyaux dont la destruction totale ou partielle constitue
le délit prévu et puni par les art. 456 et 457 du Code
pénal. Comme tous les procès-verbaux constatant des
crimes ou des délits, ceux dressés en pareil cas doivent
être envoyés au procureur impérial.

28

Le commissaire de police, appelé à constater un délit en matière de drainage, doit se faire assister d'un expert.

428.   DROGUISTES ET HERBORISTES. — Aux termes de la loi du 21 germinal an XI, peuvent seuls vendre ou délivrer sous les conditions qu'elle indique, des médicaments ou substances médicamenteuses, les personnes qui exercent les professions suivantes :

1° *Pharmaciens*. — Reçus dans les écoles de pharmacie, ils peuvent s'établir dans toute la France (*art.* 23.); reçus par les jurys médicaux, ils ne peuvent s'établir que dans l'étendue du département où ils ont été reçus (*art.* 24);

Ne peuvent livrer et débiter des préparations médicales que d'après la prescription d'un docteur en médecine, en chirurgie, ou officier de santé et sur leurs signatures, et en se conformant au *Codex* (*art.* 32 et 38);

Ne peuvent vendre aucun remède secret (*art.* 32);

Ne peuvent exercer dans leur officine aucune autre profession (*art.* 32);

Ils sont tenus à une surveillance de tous les instants;

2° *Epiciers-droguistes*. — Ne peuvent vendre aucune composition ou préparation pharmaceutique, sous peine d'amende; ils ne peuvent faire que le commerce en gros des drogues simples, sans pouvoir les débiter au poids médicinal (*art.* 33);

3° *Herboristes*. — Ne peuvent s'établir que dans l'arrondissement où ils sont reçus.

Peuvent vendre des plantes médicinales, mais ne peuvent vendre aucun médicamment, sous des peines correctionnelles (*art.* 37);

4° *Chirurgiens* ou *officiers de santé*, établis dans les bourgs et villages ou communes où il n'y a pas de pharmaciens ayant officine ouverte, peuvent fournir des médicaments aux personnes qu'ils traitent, mais sans avoir le droit de tenir une officine ouverte (*art.* 27).

Les substances vénéneuses seront tenues dans des lieux sûrs et séparés, dont les pharmaciens et épiciers-droguistes auront *seuls* les clefs (*art.* 34). La loi du 19 juillet 1845; l'ordonn. du 29 oct. 1846 et le décret du 8 juillet 1850, règlementent la vente des substances vénéneuses. Elles ne peuvent être livrées qu'à des personnes connues et après inscription sur un registre coté et paraphé, et en tête duquel figure un procès-verbal du commissaire de police (*art.* 35).

Tout débit de drogues et préparations médicinales sur des théâtres, étalages, lieux et places publiques, foires et marchés, toute annonce et affiche imprimée qui indiqueraient des remèdes secrets, sous quelque dénomination qu'ils soient présentés, sont sévèrement prohibés, sous des peines correctionnelles (*art.* 36).

L'exercice de la pharmacie ou de l'herboristerie sans diplôme est un délit.

Le pharmacien et l'herboriste ne peuvent exercer avant d'avoir exhibé leur titre à l'autorité locale, devant laquelle ils prêtent le serment professionnel dans le mois de leur installation (*art.* 16).

Après la mort d'un pharmacien, sa veuve peut continuer de tenir son officine pendant un an, sous la direction d'un élève âgé de vingt-deux ans au moins, et examiné par le jury. (*Loi du* 13 août 1803, *art.* 41.)

Les fautes graves dans l'exercice de la profession de pharmacien ou d'herboriste peuvent constituer un délit (*Code pén. art.* 319 *et* 320), et donner lieu à une action en dommages-intérêts. (*Code Nap. art.* 1382 *et* 1383.)

Hors le cas d'un délit flagrant qu'il importe de constater sans délai, le commissaire de police doit, dans ses visites chez les pharmaciens et droguistes, se faire, autant que possible, accompagner d'un homme de l'art.

L'art. 2 du décret du 8 juillet 1850 dispose que, dans les visites spéciales prescrites par l'ordonnance du 29 octobre 1846, les maires ou commissaires de police seront assistés, s'il y a lieu, soit d'un docteur en médecine, soit de deux professeurs d'une école de pharmacie, soit d'un membre du jury médical et d'un des pharmaciens adjoints à ce jury, désignés par le préfet.

429. DROITS DE PÉAGE NON AFFICHÉS. — Lorsque le fermier ou employé d'un bac ou d'un pont n'a point affiché ostensiblement, dans un lieu voisin du bac ou pont, le tarif des droits de péage ou de passage, il y a contravention à l'art. 30 de la loi du 6 frim. an VII; procès-verbal doit être rédigé et adressé au sous-préfet ou au préfet. Ce procès-verbal ne constate aucun fait que la loi punisse; il a seulement pour objet de prévenir l'administration d'une violation de la loi.

SECTION III.

Lettres E. F. G. H. I. J : Eaux minérales. — Echenillage. — Eclairage (villes, voitures, matériaux). — Ecluses. — Ecoles non autorisées. — Ecrits. — Ecrou. — Edifices menaçant ruine. — Edifices publics. — Eglises. — Egout des toits. — Embarras de la voie publique. — Emblèmes. — Emeute. — Encombrement des rues, chemins, etc. — Enfant abandonné ou exposé. — Enfant porté à un hospice. — Enlèvement d'enfant. — Enlèvement des signes de l'autorité. — Enquête. — Enregistrement. — Entrepreneurs de travaux publics. — Epaves. — Epiciers-droguistes. — Epidémies. — Epizooties — Essieux dépassant la longueur permise. — Estampes. — Etablissements dangereux. — Etablissements publics. — Etangs. — Etat de siége. — Etrangers (naturalisation et expulsion). — Evasion de détenus. — Excavation. — Excès de chargement des bacs et bateaux. — Exhalaisons insalubres. — Exhumations. — Experts. — Expertise des voitures publiques. — Expropriation pour cause d'utilité publique. — Expulsion (filles de mauvaise vie, gens sans aveu). — Extradition. — Extra-judiciaire. — Falsification de boissons et denrées alimentaires. — Farines. — Fêtes légales. — Feux. — Filets. — Filles-mères. — Foires et marchés. — Force publique. — Fourrière. — Fours et cheminées. — Fous furieux. — Francisation. — Fripiers. — Gardes barrières de chemins de fer. — Gardes-champêtres. — Gardes du commerce. — Gardes particuliers. — Garantie des matières d'or et d'argent. — Gendarmerie. — Gens sans aveu. — Glanage et grapillage. — Grandes routes. — Grande voirie. — Grains. — Gravures. — Grosse. — Herboristes. — Hôpitaux et hospices — Hydrophobie. — Images. — Impôts. — Imprimerie, imprimeurs. — Incendies accidentels. — Indigence, indigent. — Industrie (agricole et manufacturière). — Inhumation. — Inondation. — Insoumis. — Instituteurs communaux. — Intérêt privé. — Irrigation. — Jeu et pari. — Jeux prohibés. — Jongleurs. — Jour et nuit. — Journaux. — Journal des commissaires de police. — Jours fériés. — Jury médical.

430.   EAUX MINÉRALES. — Tout propriétaire qui trouve une source d'eau minérale sur son terrain est tenu d'en faire la déclaration.

Les établissements d'eaux minérales sont placés sous la surveillance de l'administration. Ils doivent être munis d'un registre, coté et paraphé par le commissaire de police, servant à inscrire la visite des inspecteurs. (*Arrêtés des 26 décem. 1793 et 18 mai 1799; Circ. minis. du 24 mars 1837.*)

431. **Echenillage.** — L'échenillage est la destruction des nids et enveloppes qui renferment les nids de chenilles.

Tous propriétaires, fermiers, locataires ou autres, faisant valoir leurs propres héritages ou ceux d'autrui, sont tenus, chacun en ce qui les concerne, de faire écheniller chaque année les arbres existants sur leurs héritages, dans les dix jours de l'ordre qui doit leur être donné, par les maires, le 20 janvier. Et comme, pour être efficace, cette mesure doit être prise généralement et avec ensemble, les préfets des départements sont tenus de faire écheniller, dans le même délai, les arbres existants sur le domaine de l'État, non affermés. (*Loi du 26 ventose, an IV.*) Il s'agit ici d'arbres, arbustes, haies ou buissons garnissant des terrains autres que les forêts.

Les commissaires de police, les gardes-champêtres et la gendarmerie doivent, indépendamment des procès-verbaux qu'ils sont tenus de dresser pour constater les contraventions aux arrêtés prescrivant l'échenillage, signaler par écrit au maire de la commune les propriétaires qui auraient négligé de faire procéder en temps utile à l'opération prescrite. Cet avertissement a pour objet de mettre les autorités locales à même de prescrire d'urgence les dispositions que pourraient exiger les circonstances, et d'échapper à la responsabilité que fait peser sur elles l'art. 4 de la loi du 26 ventose an IV, en usant du droit que leur donne l'art. 7 de faire écheniller par des ouvriers qu'elles choisiront, aux dépens des contrevenants, lesquels seront tenus de payer sur exécutoire délivré par le juge de paix, et sans que le paiement puisse dispenser de l'amende. (*Décis. minis. du 7 juill.* 1824.)

432. **Eclairage** (villes, voitures, matériaux). — La surveillance de l'éclairage des villes est confiée aux commissaires de police qui doivent avertir l'administration municipale des négligences de l'entreprise qui en est chargée, et veiller à l'exécution des obligations à elle imposées par le cahier des charges.

Les voitures publiques circulant la nuit doivent être éclairées par une lanterne à réflecteur placée à droite et à l'avant de la voiture. (*Loi du* 30 *mai* 1851 *, art.* 2, 2 3, *nos* 2 *et* 5, *art.* 6; *et règlement du* 10 *août* 1852, *art.* 28.) L'infraction à cette disposition est justiciable des tribunaux correctionnels.

Les voitures marchant isolément ou en tête d'un convoi, pendant la nuit, doivent être pourvues d'un falot ou d'une lanterne allumée. (*Règlement du* 10 *août* 1852, *art.* 15 *et* 28.) Cette mesure, édictée pour les voitures servant au transport des marchandises, peut être étendue, par un arrêté préfectoral, aux voitures particulières servant au transport des personnes. Les voitures d'agriculture étant de droit affranchies de cette obligation, à défaut d'arrêté spécial prescrivant leur éclairage lorsqu'elles circulent sur les routes pendant la nuit, le juge de police doit relaxer de la prévention le prévenu cité pour n'avoir pas pourvu d'un falot ou lanterne allumée sa voiture chargée de fumier. (*Arr. de Cass.*, 15 *juin* 1855.)

Les contraventions pour défaut d'éclairage des voitures non publiques ou ne servant pas au transport des personnes sont justiciables des tribunaux de simple police.

Les aubergistes et autres, obligés à l'éclairage, et qui l'auront négligé; ceux qui, en contravention aux lois et règlemens, auront négligé d'éclairer les matériaux par eux entreposés, ou les excavations par eux faites dans les rues et places, sont passibles d'une amende de 1 fr. jusqu'à 5 fr. inclusivement. (*Code pén.*, *art.* 471, 2 3 et 4.) Le défaut d'éclairage des matériaux déposés sur la voie publique ne peut être excusé sous aucun prétexte ; il ne saurait l'être, en conséquence, par le motif que le mauvais temps ou un charivari ont pu amener la suppression de la lumière. (*Arr. de Cass.*, 12 *juill.* 1838, 23 *décem.* 1841, *et* 3 *mars* 1842.)

L'éclairage des excavations faites sur la voie publique ou des matériaux qui y sont déposés étant ordonné par l'art. 47, n° 4 du Code pénal, il n'est pas nécessaire qu'il soit spécialement prescrit par un arrêté municipal. (*Arr. de Cass.*, 3 *sept.* 1825, 27 *décem.* 1828 *et* 10 *avril* 1841.)

433.   ECLUSES. — Sont prohibées dans les rivières navigables. Les contraventions de cette nature doivent être portées devant la juridiction correctionnelle. (*Loi du* 10 *mai* 1802 *et ordonn. du* 7 *mars* 1831.)

434.   ECOLES NON AUTORISÉES. — Infraction à la loi du 28 juin 1833, art. 6. Délit. Le sous-préfet ou le préfet doit être informé.

435.   ECRITS. — Ne peuvent être publiés sans déclaration et dépôt préalables, sans nom et demeure d'imprimeur, doivent porter l'estampille pour être colportés. Une permission est nécessaire à tout crieur ou colporteur.

Les écrits publiés, vendus, distribués ou colportés clandestinement, ou sans que les formalités aient été remplies à leur égard, sont saisissables.

Il convient d'informer immédiatement le sous-préfet ou le préfet de toute saisie d'écrits ou imprimés.

Une liste de candidats, un simple bulletin de vote sont des *écrits* dans le sens de la loi.

Voir AFFICHES n° 330, AFFICHEURS n° 331, COLPORTAGE ET COLPORTEURS n° 394.

436. ÉCROU. — On appelle ainsi le fait de l'incarcération d'un individu; la pièce qui le constate se nomme *acte d'écrou;* il a pour effet de décharger les agents de la force publique, et de rendre le concierge ou gardien-chef de la maison d'arrêt responsable du prisonnier dont il est tenu de donner reçu. (*Art.* 107 *et* 111 *du Code d'instr. crim.*)

Le mandat, réquisitoire ou jugement en vertu duquel est fait l'acte d'écrou doit être copié littéralement sur le registre de la geôle à la suite de l'écrou.

En cas de translation, il y a lieu à rédiger un acte de *levée d'écrou* qui n'est autre chose que l'inscription en entier, sur le registre de la maison d'arrêt, du requisitoire en vertu duquel cette translation a lieu, et le reçu de l'agent de la force publique à qui remise est faite du prisonnier.

437. ÉDIFICE MENAÇANT RUINES. — Voir BATIMENTS EN RUINE, no 366.

438. ÉDIFICES PUBLICS. — Les édifices publics sont imprescriptibles et exempts de servitudes, tant qu'ils conservent leur destination publique.

439. ÉGLISES. — La propriété des églises appartient aux communes. (*Poitiers,* 20 *fév.* 1835; *Paris,* 29 *décem.* 1835; *Grenoble,* 2 *janv.* 1836; *Limoges,* 3 *mai* 1836.)

Chacun est tenu de se comporter dans les églises avec décence; il est défendu de s'y promener pendant le service divin, d'y élever la voix de manière à troubler les cérémonies du culte, d'y garder le chapeau sur la tête, d'y amener des animaux, d'y apporter des paquets et marchandises. (*Ordonn. des* 13 *mai* 1650 *et* 24 *juill.* 1728.)

Les églises sont des monuments publics sur lesquels il est interdit de placarder des affiches sous peine d'encourir des poursuites correctionnelles. (*Ordonn. du 28 nov. 1827.*)

440. Egout des toits. — D'après l'art. 681 du Code Napoléon, tout propriétaire doit établir ses toits de manière que les eaux pluviales s'écoulent sur son terrain ou sur la voie publique; il ne peut les faire verser sur les fonds de ses voisins.

441. Embarras de la voie publique. — Certains embarras de la voie publique ne sont autre chose qu'un empiètement qui ne peut avoir lieu sans une permission spéciale de voirie; c'est le cas de consulter les règlements et d'informer l'autorité administrative.

Embarrasser la voie publique sans nécessité constitue le plus ordinairement une contravention de police. (*Code pén., art. 471, n° 4.*) La nécessité même n'implique pas le droit d'interrompre la circulation des voitures ni des piétons.

Si, malgré la contravention déclarée, l'embarras continuait, le commissaire de police peut faire opérer, aux frais du propriétaire, l'enlèvement des objets déposés et les faire transporter en fourrière.

442. Emblèmes. — Voir Dessins, etc., n° 420.

443. Emeute. — Voir Attroupements, n° 356.

444. Encombrement des rues et chemins. — Voir Embarras de la voie publique, n° 441.

445. Enfant abandonné ou exposé. — S'il s'agit d'un enfant nouveau-né, trouvé exposé dans un lieu quelconque, le commissaire de police dresse procès-verbal

du fait ; copie de cet acte est envoyée au procureur impérial en même temps que l'original est remis au maire pour qu'il ait à se conformer aux dispositions de l'art. 58 du Code Napoléon. Si personne, dans la commune, ne s'offre pour se charger gratuitement d'élever l'enfant, il est envoyé à l'hospice des enfants trouvés par une femme sûre et capable de l'allaiter naturellement ou artificiellement en route, et qui est munie d'une expédition, sur papier libre, du procès-verbal d'exposition.

Le commissaire de police se livre immédiatement, concurremment avec la gendarmerie, à toutes les investigations propres à mettre sur les traces de l'auteur de ce grave délit, et transmet simultanément au procureur impérial, au sous-préfet ou au préfet et au maire une nouvelle expédition du procès-verbal d'exposition, ainsi que le résultat de ses investigations et de ses recherches.

S'il s'agit d'un enfant déjà grand et pouvant parler, égaré, abandonné volontairement, ou tombé dans un abandon absolu, pour quelque cause que ce soit, n'ayant plus d'ascendant, et n'ayant ni parent ni bienfaiteur qui pût s'en charger, le commissaire de police dresse également procès-verbal dont il transmet expédition au procureur impérial, au sous-préfet ou au préfet et au maire par les soins duquel il est pourvu aux besoins et à l'entretien de l'enfant, s'il n'a été provisoirement envoyé à l'hospice. (*Décr. du 19 janv.* 1811 ; *Code pén.*, art. 347 *et suiv.*)

446. ENFANT PORTÉ A UN HOSPICE. — Lorsqu'une fille-mère justifie de son indigence et de l'*impossibilité* de soigner son enfant, celui-ci est reçu à l'hospice dépositaire à bureau ouvert, en vertu de l'autorisation du préfet ou du sous-préfet de l'arrondissement, en cas d'urgence ; et

toute fille-mère, réellement pauvre, qui , n'ayant pas de mauvais antécédents et pouvant prendre soin de son enfant, expie sa faute en remplissant ses devoirs maternels est admise au secours temporaire.

Mais beaucoup de filles-mères qui n'ont pas acquis leur domicile de secours dans tel ou tel département par une résidence d'un an, viennent y faire leurs couches avec la pensée d'abandonner leurs enfants à l'hospice dépositaire dont ils sont pourvus ; d'autres, habitantes de ce département, cédant quelquefois à l'influence de mauvais conseils, se déterminent aussi à faire porter leurs nouveaux-nés à ce même hospice.

Le commissaire de police, par une surveillance discrète, inaperçue et incapable de jeter le trouble dans les familles, doit s'appliquer à connaître l'origine et à suivre les traces des enfants. En même temps que cette surveillance est utile aux intérêts des enfants eux-mêmes, elle évite à l'hospice et au département des dépenses qui ne doivent pas incomber à leur charge, et qui préjudicient au soulagement plus complet d'autres classes nécessiteuses.

Les registres de l'état civil, un contrôle actif, intelligent et discret sur les maisons d'accouchement, la notoriété publique, etc., sont autant de moyens qui peuvent conduire la police à la découverte de la vérité, et la mettre à même de faire connaître au sous-préfet ou au préfet les dépôts clandestins qui auraient eu lieu à l'hospice spécial, les noms et la demeure de la mère, le temps qu'elle a passé dans le département, le lieu de sa naissance et celui de sa résidence antérieure. Des secours de route peuvent être demandés pour la fille-mère mise en demeure de retourner avec son enfant au lieu de sa naissance ou de sa résidence habituelle.

Enfin, si malgré les sages avis que le commissaire de police ne doit jamais manquer de donner aux filles-mères pour leur faire comprendre qu'elles ont l'obligation légale et religieuse d'expier leurs fautes par l'accomplissement des devoirs de la nature, il est démontré que, par l'effet d'une misère telle que le secours temporaire serait tout à fait inefficace, d'une immoralité notoire, d'un empêchement physique quelconque, ou de toute autre circonstance *grave et exceptionnelle*, la mère, qui a son domicile de secours dans le département, soit dans l'impossibilité absolue d'élever son enfant *nouveau-né;* voici comment il y a lieu de procéder :

Le commissaire de police remet au maire, qui l'adresse au sous-préfet de son arrondissement ou au préfet, une demande tendant à faire admettre le *nouveau-né* à l'hospice dépositaire. Cette demande, à laquelle il joint l'acte de naissance et le certificat de baptême de l'enfant (sur papier libre), contient tous les détails et renseignements nécessaires sur les faits particuliers qui militent pour l'admission, et *surtout* sur la position de la mère, sur son domicile, sur le lieu de sa naissance et de sa résidence antérieure, etc. S'il n'est pas constant que la mère ait son domicile de secours dans le département, on joint aussi un certificat de médecin faisant connaître l'impossibilité où elle serait de garder son enfant et de retourner dans son département avec le nouveau-né, même en lui accordant le secours de route. L'autorité locale prend, en attendant la décision à intervenir, toutes les mesures et précautions que suggère la prudence pour que l'enfant ne manque de rien auprès de sa mère ou d'une bienfaitrice.

S'il y a urgence, le sous-préfet prononce immédiatement l'admission. Il transmet, courrier par courrier, son arrêté au maire, en lui faisant retour de l'acte de naissance et de baptême. Dès la réception de ces pièces, le maire envoie l'enfant à l'hospice spécial avec les précautions indiquées ci-dessus, en le faisant accompagner de l'autorisation du sous-préfet et des actes de naissance et de baptême y annexés, pour les représenter à l'administration de l'hospice qui en donne un récépissé.

Le sous-préfet transmet en même temps un double de son arrêté, et la demande explicative du maire, au préfet qui prononce définitivement.

Il y a délit de la part de ceux qui portent à un hospice l'enfant confié à leurs soins. (*Code pén., art.* 348.)

447. ENLÈVEMENT D'ENFANT. — L'*enlèvement*, le *recélé,* la *suppression* et la *supposition* d'enfant sont des crimes prévus et punis par l'art. 345 du Code pénal.

Cet article ne s'applique pas au cas d'inhumation clandestine d'un enfant né-mort, puisqu'un tel enfant ne peut avoir d'état (*Arr. de Cass.,* 1er *août* 1836, *Cham. réunies, 4 juill.* 1840), mais il s'applique au cas où l'enfant a eu vie. (*Arr. de Cass.,* 28 *sept.* 1838.)

448. ENLÈVEMENT DES SIGNES DE L'AUTORITÉ. — L'enlèvement ou la dégradation des signes publics de l'autorité opéré en haine ou mépris de cette autorité, est puni d'un emprisonnement de quinze jours à deux ans, et d'une amende de 100 fr. à 4,000 fr. (*Loi du 25 mars 1822, art.* 9.)

Voir ATTROUPEMENTS, n° 356.

449. ENQUÊTE. — Du mot latin *inquisitio*, recherche; c'est la recherche de la vérité d'un fait au moyen de la preuve testimoniale. On donne aussi ce nom à l'ensemble des actes relatifs à l'audition des témoins.

Une enquête est *administrative* ou *judiciaire* suivant que les faits dont l'exactitude est à établir sont du domaine de l'un ou de l'autre de ces branches. Le commissaire de police peut être appelé à procéder dans les deux cas. La pièce qu'il rédige s'appelle *procès-verbal d'enquête*. Les témoins sont tenus de signer leurs déclarations; mention doit être faite de leur impossibilité ou de leur refus. *Voir* n° 271 *et suiv.*

450. ENREGISTREMENT. — On appelle ainsi la formalité de la relation d'un acte ou d'une mutation sur un registre destiné à cet effet.

Cette formalité donne ouverture à des droits *fixes* ou à des droits *proportionnels*, qui forment une branche importante du revenu public.

Les principes généraux qui régissent cette matière ont été posés par la loi du 22 frimaire an VII qui reste le code du droit fiscal.

Voir n° 283, ce qui a trait à l'enregistrement des procès-verbaux des commissaires de police.

451. ENTREPRENEURS DE TRAVAUX PUBLICS. — Sont soumis sur leurs chantiers au droit commun relativement à toutes les mesures de salubrité et de sûreté; l'interprétation de leurs devis ne peut les affranchir de se conformer aux règlements de la police locale. (*Arr. de Cass.*, *Sirey*, *p.* 359.)

452. EPAVES. — C'est ainsi qu'on désigne les choses égarées dont le propriétaire est inconnu.

Les *épaves*, suivant le droit romain, appartenaient à celui qui s'en emparait le premier; suivant les coutumes, au roi ou au seigneur haut-justicier du lieu, lorsqu'elles n'étaient point réclamées dans le temps prescrit.

D'après l'art. 713 du Code Napoléon, les biens qui n'ont pas de maître, appartiennent à l'Etat. Il y a cependant plusieurs exceptions à cet article en ce qui concerne les choses mobilières. Ainsi la propriété d'un trésor, appartient à celui qui le trouve dans son propre fonds ; si le trésor est trouvé dans le fonds d'autrui, il appartient pour moitié à celui qui l'a découvert, et pour l'autre moitié au propriétaire de fonds. (*Art.* 716.)

En matière d'*épaves d'eau* et d'*épaves maritimes*, c'est aux ordonnances d'août 1669 et 1681 qu'il faut recouvrir.

L'argent, les bijoux et autres choses de prix, trouvés sur un cadavre noyé, s'ils ne sont pas réclamés dans l'an et jour, appartiennent pour un tiers à celui qui a trouvé le cadavre, et les deux autres à l'Etat, les frais de justice préalablement payés.

Les objets trouvés doivent être déposés au bureau de police le plus voisin.

Le commissaire de police auquel un objet trouvé est représenté, ou qui est informé qu'un individu en est possesseur, doit immédiatement recevoir la déclaration de celui-ci, en dresser procès-verbal, consigner le jour, l'heure et le lieu où l'objet perdu a été trouvé ; désigner et signaler cet objet qui doit être déposé au greffe du tribunal civil, en même temps que le procès-verbal est envoyé au procureur impérial. Si l'objet en question était réclamé avant le dépôt au greffe, il serait remis au propriétaire justifiant de son droit, sur reçu qui demeure annexé au procès-verbal.

S'approprier des objets perdus et reclamés, c'est se rendre coupable d'un vol. (*Code pén., art.* 401.)

453. Epiciers-droguistes. — Voir Droguistes et herboristes, n° 428.

454. Epidémies. — Dès qu'une épidémie se déclare dans une commune, le commissaire de police doit prendre

immédiatement, sous la direction de l'autorité municipale, toutes les mesures de précaution que la prudence exige, et donner avis au sous-préfet ou au préfet.

Le soin de prévenir les épidémies par des précautions convenables et celui de les faire cesser par la distribution des secours nécessaires, sont au nombre des objets de police confiés à la vigilance et à l'autorité des corps municipaux par l'art. 3 du titre XI de la loi du 16-24 août 1790.

455. EPIZOOTIES. — Voir BESTIAUX MALADES, nº 367.

L'arrêté du 25 messidor an V, qui est encore en vigueur, prescrit les mesures de police à prendre en ces circonstances, et veut que, sous peine de 500 fr. d'amende, tout propriétaire ou détenteur de bêtes à cornes qui a une ou plusieurs bêtes malades ou suspectes, soit obligé d'en avertir sur-le-champ le maire de sa commune. (*Code pén.*, art. 459, 460, 461.)

456. ESSIEUX DÉPASSANT LA LONGUEUR PERMISE. — Les essieux dont la longueur dépasse deux mètres cinquante centimètres, constituent une contravention à l'art. 2, § 1er, de la loi du 30 mai 1851, et à l'art. 1er du règlement du 10 août 1852, justiciable des conseils de préfecture.

457. ESTAMPES. — Voir DESSINS, GRAVURES, LITHOGRAPHIES ET EMBLÈMES, nº 420.

458. ETABLISSEMENTS DANGEREUX. — Voir ATELIERS DANGEREUX, INSALUBRES OU INCOMMODES, nº 354.

459. ETABLISSEMENTS PUBLICS. — Les hospices, les bureaux de bienfaisance, les lycées et collèges, les fabriques des églises, etc., sont compris sous cette désignation.

Les revenus, les dépenses, les propriétés des établissements affectés à un service public, sont régis par des commissions.   30

Ces établissements ne peuvent ester en justice, qu'en vertu d'une autorisation du conseil de préfecture.

460. ETANGS. — Voir *Code pénal*, art. 457.

461. ETAT DE SIÉGE. — Dans les lieux et places en *état de siége*, les pouvoirs dont les magistrats étaient investis pour le maintien de l'ordre et de la police passent tout entiers à l'autorité militaire, qui les exerce ou leur en délègue telle partie qu'elle juge convenable. (*Décr. du* 24 *oct.* 1811.)

Le commissaire central ou le commissaire de police, chef de service, prend les ordres du commandant de *l'état de siége* et lui adresse des rapports.

462. ETRANGERS (naturalisation et expulsion). — Un étranger devient citoyen français lorsque, après avoir atteint l'âge du 21 ans accomplis, et après avoir déclaré l'intention de se fixer en France, il y a résidé pendant dix années consécutives. Ce délai peut être abrégé par le Gouvernement. (*Lois des* 22 *frim. an VIII*, *art.* 3, *et* 3-11 *décem.* 1849.)

La demande en naturalisation et les pièces à l'appui seront transmises par le maire du domicile du pétitionnaire au préfet, qui les adressera avec son avis au ministre de la justice. (*Décr. du* 17 *mars* 1809, *art.* 2.)

La loi du 22-23 mars 1849, qui modifie l'art. 9 du Code Napoléon, statue que l'individu né en France d'un étranger sera admis, même après l'année qui suivra sa majorité, à faire la déclaration prescrite par l'article précité, s'il sert ou s'il a servi dans les armées françaises de terre ou de mer en satisfaisant à la loi du recrutement.

Est Français tout individu né en France d'un étranger, qui lui-même y est né, à moins que, dans l'année qui suivra l'époque de sa majorité, telle qu'elle est réglée

par la loi française, il ne réclame la qualité d'étranger.
(*Loi du* 7-12 *févr.* 1851.)

Le ministre de l'intérieur peut, par mesure de police,
enjoindre à tout étranger, voyageant ou résidant en
France, de sortir immédiatement du territoire français,
et le faire reconduire à la frontière ; ce droit s'étend même
à l'étranger naturalisé. Tout étranger qui se serait soustrait à l'exécution de ces mesures, ou qui, après être sorti
de France, y serait rentré sans permission, sera traduit
devant les tribunaux et condamné à un emprisonnement
d'un mois à six mois, et après sa peine conduit à la
frontière.

Le commissaire de police a le devoir de signaler au sous-
préfet ou au préfet toutes les remarques sérieuses auxquelles peut donner lieu la conduite d'un étranger, hors
le cas même de crime ou délit.

463. Evasion de détenus. — Toute évasion de détenus qui arrive à la connaissance du commissaire de police
doit être constatée par procès-verbal contenant appréciation de la conduite des personnes à la garde desquelles le
prisonnier était confié.

Si l'évasion a eu lieu d'une prison, elle doit être constatée sous le triple rapport des circonstances de la fuite,
des violences ou bris de clôtures, et sous le rapport de la
conduite du gardien de la prison. (*Code pén.*, *art.* 237 *et
suiv.*)

Toutes recherches et diligences seront immédiatement
faites pour ressaisir l'évadé. Les auteurs et complices de
l'évasion doivent être arrêtés.

Avis de toute évasion doit être donné sans retard au
sous-préfet ou au préfet, et au procureur impérial. Le
procès-verbal de constatation et d'enquête, rédigé en dou-

ble expédition, sera transmis en même temps à l'autorité administrative et à l'autorité judiciaire.

464. Excavation. — Le commissaire de police doit faire immédiatement entourer et éclairer toute excavation qui se produit sur la voie publique, et en donner avis au sous-préfet ou au préfet et au maire.

Si l'*excavation* est le résultat d'une contravention, il y a lieu de distinguer si la voie publique endommagée est communale ou dépendante de la grande voirie : dans le premier cas, c'est le tribunal de simple police qui doit être saisi ; dans le second, le procès-verbal, enregistré en débet, est adressé au sous-préfet ou au préfet qui le porte à la connaissance du conseil de préfecture.

465. Excès de chargement des bacs et bateaux. — Le cahier des charges du bail des passeurs détermine le maximum du chargement des bacs et bateaux. Toute infraction à cette clause constitue une contravention à l'art. 51 de la loi du 6 frimaire an VII, sur laquelle le conseil de préfecture a mission de statuer.

466. Exhalaisons insalubres. — Voir Ateliers dangereux, insalubres ou incommodes, n° 354.

Ceux qui jettent ou exposent au devant de leurs édifices des choses de nature à nuire par leur chûte ou par des *exhalaisons insalubres*, sont passibles d'une amende depuis un franc jusqu'à cinq francs inclusivement. (*Code pén.*, art. 471, § 6.)

467. Exhumations. — Nul tombeau ne peut être ouvert, nul corps ne peut être déplacé sans une autorisation de l'autorité administrative et hors la présence d'un commissaire de police.

Aux termes des art. 16 et 17 du décret du 23 prairial

an XII, si la réinhumation du cadavre exhumé doit être faite dans une autre partie du même cimetière ou sur tout autre point de la commune, c'est au maire à autoriser cette double opération.

Si la réinhumation doit être faite hors de la commune, mais dans le même département, c'est toujours au maire à autoriser l'exhumation ; mais il faut, en outre, l'autorisation du préfet pour le transport du cadavre, et l'autorisation du maire de la commune où il est transporté pour la réinhumation. L'autorisation du ministre de l'intérieur est nécessaire lorsque le cadavre doit être transporté dans une autre département.

Il en est de même lorsqu'il s'agit de transporter le cadavre avant son inhumation.

Dans tous ces divers cas, le commissaire de police doit être présent pour veiller à ce que les opérations soient accomplies avec toutes les formes et précautions convenables ; notamment, pour prévenir les accidents qui pourraient résulter du dégagement des gaz méphitiques au moment de l'ouverture d'une fosse ou d'un tombeau ; il exigera que les travailleurs soient munis de plusieurs bouteilles de *chlore*, et surveillera l'emploi de ce désinfectant.

Lorsque les dépouilles exhumées sont destinées à faire un long trajet, le corps est placé dans un cercueil de plomb exactement fermé ; les lames de plomb fermant sont goudronnées ; ce cercueil est mis dans un second cercueil en chêne goudronné à l'intérieur ; l'intervalle rempli avec poudre de charbon ; la clôture formée de vis en fer ou de deux cercles scellés. Si ce n'est que pour aller d'un département à l'autre, on peut se borner à placer le corps dans un cercueil de chêne dont l'intérieur est goudronné et garni, en ayant soin de bien le fermer avec deux cercles en fer scellés, et de le placer dans une caisse en bois ou voiture fermée. (*Décr. du 12 juin* 1804 ; *arrêté du 31 mars* 1834.)

Le procès-verbal du commissaire de police, rédigé en double expédition, doit être sur timbre et enregistré ; l'une de ces expéditions est remise au maire, l'autre est adressée au sous-préfet ou au préfet.

Une rétribution est due au commissaire de police qui est requis d'assister à l'exhumation ou à la réinhumation d'un corps autorisée sur la demande de la famille, ou au départ d'un cadavre transporté dans un autre lieu pour y être inhumé ; la quotité de cette rétribution n'a jamais été fixée par voie de mesure générale. A Paris, un arrêté du préfet de la Seine du 10 avril 1827, a fixé à 7 francs la vacation du commissaire de police pour son assistance à l'exhumation d'un corps et sa translation dans un nouveau terrain du cimetière. Partout ailleurs ce sont les maires qui déterminent le chiffre de la rétribution, soit en arrêtant un tarif permanent, soit en taxant la somme à payer pour chaque cas particulier. Les commissaires de police ne peuvent jamais la fixer eux-mêmes. En province, la moyenne de ces vacations est de 12 fr.

D'après l'art. 360 du Code pénal., celui qui viole les tombeaux ou les sépultures, est passible d'un emprisonnement de trois mois à un an, et d'une amende de 16 à 200 fr.

468. EXPERTS, EXPERTISE. — Pour s'éclairer dans une foule de cas qui exigent des connaissances spéciales, et l'examen d'hommes de l'art, le commissaire de police doit avoir recours à l'expertise.

En matière *criminelle, correctionnelle* ou de *police*, la prestation de serment de la part des experts est substantielle et d'ordre public. Ainsi les parties, pas plus que les magistrats, ne peuvent dispenser du serment les experts ou les témoins. A défaut de serment, tout ce qui aurait suivi doit être annulé. (*Arr. de Cass.*, 27 nov. 1828.

La formule du serment prescrit par l'art. 44 du Code
d'instruction criminelle, et qui doit être prêté par les experts en matière criminelle, n'est pas sacramentelle. (*Arr.
de Cass.*, 16 *juill.* 1829.)

Le rapport des experts doit être joint au procès-verbal
du commissaire de police, ou postérieurement envoyé par
ce dernier au magistrat supérieur pour y être annexé.

469. Expertise des voitures publiques. — Les entrepreneurs de voitures publiques, allant à destination
fixe, sont tenus de faire à Paris, pour le département de
la Seine, au préfet de police, et dans les autres départements aux préfets et sous-préfets, la déclaration du siége
principal de leur établissement, du nombre de leurs voitures, celui des places qu'elles contiennent, le lieu de destination, les jours et heures de départ et d'arrivée; ces
voitures sont visitées avant de pouvoir circuler, et cette
visite peut être renouvelée toutes les fois que l'autorité le
juge nécessaire, aux frais de l'entrepreneur. Aucune voiture publique ne peut circuler avant la délivrance de l'autorisation. (*Décr. du* 10 *août* 1852, *art.* 18.)

La visite ou expertise des voitures publiques est faite
par deux hommes compétents en présence du commissaire
de police, officier de police administrative, délégué du
sous-préfet ou du préfet. Réponse doit être faite à toutes
les questions posées dans une formule de rapport délivrée
par l'administration. Cette pièce, rédigée en double expédition, est signée des experts et du commissaire de police,
c'est ce dernier qui la transmet au sous-préfet ou au préfet.

Une vacation de 6 fr. est allouée au commissaire de police
pour la visite de chaque voiture.

470. Expropriation pour cause d'utilité publique. —
C'est l'aliénation forcée d'un immeuble destiné à des entreprises d'utilité publique.

Les princises consacrés par les lois des 7 juillet 1833, et 3 mai 1841, qui régissent la matière, sont :

1° L'expropriation pour cause d'utilité publique s'opère *par autorité de justice* ;

2° Les tribunaux ne peuvent prononcer l'expropriation qu'autant que l'utilité en a été constatée et déclarée dans les formes prescrites par la loi ;

3° Indemnité *préalable* dont la fixation est confiée à un *jury spécial*.

Le commissaire de police, en sa qualité d'officier de police administrative, est ordinairement chargé des notifications et convocations auxquelles peut donner lieu l'enquête administrative destinée à constater l'existence de l'utilité de l'expropriation.

471. EXPULSION (filles de mauvaise vie, gens sans aveu). — Les filles ou femmes de mauvaise vie, étrangères à la localité et reconnues dangereuses ; les individus dans la même condition qui, sans être précisément en état de vagabondage, n'ont cependant aucun moyen de subsistance connu, et ne vivent que d'expédients ou de mendicité plus ou moins déguisée ; peuvent être administrativement *expulsés* de la commune, où ils constituent un embarras et un danger, pour être conduits, par la gendarmerie, au lieu de leur naissance ou de leur domicile.

L'individu dont l'expulsion est décidée doit être arrêté et écroué à la disposition du maire à la signature duquel le commissaire de police soumet l'ordre de conduite suivant, qui est immédiatement expédié au commandant de la gendarmerie.

| DÉPARTEMENT | **MAIRIE DE** |
| de | |

Arrondissement
de

NOUS MAIRE de

Conformément à l'ordonnance du 29 octobre 1820 et au décret du 1er mars 1854 sur le service de la gendarmerie.

Requérons M. le Commandant de la gendarmerie de cette ville de faire extraire de la maison d'arrêt l　　nommé　　　　âgé de　　ans, nati　de　　　　domicilié à　　　　, arrêté par la

comme (*indiquer le grief ou le motif : prostitution clandestine, mesure de sûreté, etc.*) et de l　faire conduire, de brigade en brigade, par la plus prochaine correspondance, devant M. le Maire d　　　　　, lieu de son domicile (ou de sa naissance).

Fait à　　　　, le　　　　18　　.

Sceau de la Mairie.

Le Maire,

Pièces jointes.

L'*expulsion* en question, mesure purement administrative, qui par conséquent ne suppose l'existence d'aucun délit, est un moyen extrêmement rigoureux dont il ne faut user qu'avec modération, dans les cas d'absolue nécessité, et quand il est démontré que l'éloignement de l'individu ne peut être obtenu d'aucune autre manière.

Voir DÉFAUT DE PAPIERS, n° 408.

Voir ETRANGERS (naturalisation et expulsion), n° 462.

472. EXTRADITION. — L'inviolabilité des territoires n'a pas été imaginée dans l'intérêt des coupables, mais seulement dans l'intérêt de l'indépendance des peuples et de la dignité du prince. (*Napoléon* 1er.)

Le droit de livrer aux tribunaux de son pays un étranger qui y est prévenu de crime ou de délit, appartient au chef de l'État. (*Arr. de Cass.*, 30 *juin* 1827.)

L'extradition ne s'applique pas aux nationaux réfugiés sur le territoire de leur patrie.

Elle ne peut être admise qu'à l'égard du prévenu d'un fait passible d'une peine afflictive ou infamante, et jamais pour crime politique.

Le gouvernement seul a qualité pour demander l'extradition, et pour statuer sur les demandes d'extradition formées par les gouvernements étrangers. (*Circ. minis. du* 5 *avr.* 1841.)

473. EXTRA-JUDICIAIRE. — Par opposition aux *actes judiciaires* qui tendent à saisir un tribunal et à le faire statuer; les *actes extra-judiciaires* ont pour but soit de prévenir une contestation, soit de conserver un droit, soit de constituer en demeure, etc., tels sont les offres réelles, la consignation, la sommation, le commandement, etc.

474. Falsification de boissons et denrées alimentaires. — Voir Denrées alimentaires, nᵒ 414.

475. Farines. — Voir Céréales, nᵒ 378, et Denrées alimentaires, nᵒ 414.

476. Fêtes légales. — Voir Dimanches et fêtes, nᵒ 422.

477. Feux. — Les feux de paille ou autres ne peuvent être allumés, sous aucun prétexte, sur la voie publique, et dans les champs à une distance moindre de 100 mètres des maisons, meules, bois, etc. (*Code pén.*, *art.* 458.)

Voir Artifices, nᵒ 347.

478. Filets. — L'ordonnance du 15 novembre 1830 porte :

Art. 1ᵉʳ. Sont prohibés, sous les peines portées par l'art. 78 de la loi du 15 avril 1829 : 1º les filets traînants ; 2º les filets dont les mailles carrées, sans accrues et non tendues ni tirées en losanges, auraient moins de trente millimètres (quatorze lignes, de chaque côté), après que le filet aura séjourné dans l'eau ; 3º les bires, nasses ou autres engins dont les verges en osier seraient écartées entre elles de moins de trente millimètres.

Art. 2. Sont néanmoins autorisés pour la pêche des goujons, ablettes, loches, vérons, vandoises et autres poissons de petite espèce, les filets dont les mailles auront quinze millimètres (sept lignes) de largeur, et les nasses d'osier ou autres engins dont les baguettes ou verges seront écartées de quinze millimètres. Les pêcheurs auront aussi la faculté de se servir de toute espèce de nasses en jonc à jour, quelque soit l'écartement de leurs verges.

Art. 3. Quiconque se servira pour une autre pêche que celle qui est indiquée dans l'article précédent, des filets spécialement affectés à cet usage, sera puni des peines portées par l'art. 28 de la loi du 15 avril 1829.

La même ordonnance dispose ensuite que dans chaque département le préfet déterminera, sur l'avis du conseil général, les temps, saisons et heures pendant lesquels la pêche sera interdite dans les rivières et cours d'eau, et pourra prohiber les procédés et modes de pêcher qui lui sembleront de nature à nuire au repeuplement des rivières.

Le Code de la pêche fluviale est toujours la loi du 15 avril 1829 précitée.

479. FILLES-MÈRES. — Voir ENFANT ABANDONNÉ OU EXPOSÉ, n° 445, et ENFANT PORTÉ A UN HOSPICE, n° 446.

480. FOIRES ET MARCHÉS. — Le mot *foire* vient du latin *forum*, marché; et nos *marchés* ne sont autre chose que les *nundines* des romains (*nundinæ*), marchés où les citoyens de la campagne apportaient les denrées nécessaires à la consommation de Rome; ainsi appelés, à cause de leur retour périodique de neuf jours en neuf jours. Chaque espèce de denrée avait sa place particulière. Les édiles visitaient avec soin tout ce qui était exposé en vente, faisaient jeter les denrées de mauvaise qualité, qui pouvaient être nuisibles à la santé, et vérifiaient l'exactitude des poids. Ce devoir incombe chez nous aux commissaires de police.

C'est à l'autorité administrative supérieure qu'il appartient d'autoriser l'établissement ou le changement des foires et des marchés.

L'autorité municipale est investie de la police des foires et marchés; elle peut déterminer le lieu de leur emplacement, l'heure de leur ouverture, la nature des marchandises qui peuvent y être admises, et défendre même aux marchands d'exposer en vente leurs marchandises ailleurs que dans un endroit déterminé. Dès-lors les tribunaux ne peuvent se dispenser de punir ceux qui contreviennent aux arrêtés pris à ce sujet. (*Arr. de Cass.*, 10 *oct.* 1823; 6 *janv.* 1827 ; 19 *avr.* 1834.)

Lorsqu'on a acheté dans une foire ou dans un marché une chose volée ou perdue, le propriétaire originaire ne peut se la faire rendre qu'en remboursant au possesseur le prix qu'elle lui a coûté. (*Code Nap.*, *art.* 2280.)

481.   FORCE PUBLIQUE. — La force publique est essentiellement obéissante ; nul corps armé ne peut délibérer. (*Loi du 22 frim. an VIII.*)

Les commissaires de police ont le droit de requérir directement la force publique.

Voir CHAP. II , SECT. II , nᵒ 55.

482.   FOURRIÈRE. — La mise en *fourrière* est la consignation, dans un lieu déterminé, de marchandises, objets mobiliers, voitures, animaux ou bestiaux. Cette mesure est souvent nécessitée pour débarrasser la voie publique; il est bon de n'y recourir qu'avec une extrême prudence, surtout lorsqu'il s'agit de bêtes de somme ou de voitures chargées dont le retard ou l'avarie pourrait causer un préjudice réel. Le commissaire de police doit tenir bonne note des objets placés en fourrière et les mentionner exactement au procès-verbal de contravention. (*Lois des* 16-24 *août* 1790, 19-22 *juill.* 1791, 18 *juill.* 1837. *Cod. pén. art.* 471, *nᵒˢ* 4 *et* 7 ; 475, *nᵒˢ* 4, 7 *et* 10; 479, *nᵒ* 10.)

La mise en fourrière des animaux et objets périssables ne peut durer au-delà de huit jours. S'ils ne peuvent être restitués, en raison de l'insolvabilité notoire du contrevenant, ou à défaut de consignation des frais présumés de poursuite et d'amende, ils sont vendus, suivant les formes légales, et les frais prélevés, par préférence, sur le produit de la vente. (*Décr. du* 18 *juin* 1811, *art.*

39 *et* 40.) Les objets non périssables sont vendus après six mois. (*Ordon. du* 23 *mai* 1830.) Les fruits, herbages et autres comestibles frais, doivent être envoyés au bureau de bienfaisance ou à l'hospice de charité, après vingt-quatre heures de saisie.

La mise en fourrière des bestiaux laissés à l'abandon dans les propriétés privées peut être requise par les parties intéressées pour la réparation du dommage causé. (*Loi des* 28 *sept. et* 6 *oct.* 1791, *tit.* 2, *art.* 12 ; *Cod. for. art.* 161 ; *Cod. Nap. art.* 1382 *et suiv.*).

483. FOURS ET CHEMINÉES. — L'art. 9 du tit. 2 de la loi des 28 sept.-6 oct. 1791 sur *la police rurale,* porte ce qui suit :

Les officiers municipaux (aujourd'hui les commissaires de police) seront tenus particulièrement de faire au moins une fois par an, la visite des *fours et cheminées* de toutes maisons et de tous bâtiments éloignés de moins de cent toises d'autres habitations : ces visites seront préalablement annoncées huit jours d'avance.

Après la visite, ils ordonneront la réparation ou la démolition des fours et cheminées qui se trouveront dans un état de délabrement qui pourrait occasionner des accidents ; il pourra y avoir lieu à une amende au moins de *six livres*, et au plus de *vingt-quatre livres.*

Cette sage disposition parait ignorée, car elle n'est presque nulle part observée. Les commissaires de police cantonnaux qui négligent cette partie importante du service manquent essentiellement à leur devoir.

Les art. 657 et 674 du Code Napoléon s'occupent de la construction des cheminées, et ordonnent certaines mesures de précaution et de sûreté publique contre lesquelles il n'y a pas de prescription possible.

On ne peut encastrer une cheminée dans la moitié de l'épaisseur du mur mitoyen.

Si une cheminée est adossée à un mur de clôture ordinaire, le tuyaux doit s'élever six pieds au-dessus du faîte du bâtiment, et être distant au moins de six pieds des fenêtres voisines pour en écarter la fumée. (*Lepage, lois des bâtiments; Frémy-Ligneville, Code des architectes.*)

484. FOUS FURIEUX. — Voir ALIÉNÉS, nᵒ 335.

485. FRANCISATION. — L'acte de *francisation* est le titre que délivre la douane, et qui constate et établit la nationalité française d'un bâtiment. Le capitaine est tenu d'avoir cette pièce à son bord. (*Code de Comm.*, art. 226.)

Le propriétaire du bâtiment doit être français, il prête serment. Ceux qui prêtent leur nom à la francisation de bâtiments étrangers sont passibles d'une amende de 6,000 fr. et doivent en outre être déclarés incapables d'aucun emploi, de commander aucun bâtiment français. Le jugement de condamnation est publié et affiché. (*Loi du 27 vend., an II, art.* 13 *et* 15.) Le commissaire de police peut être appelé à constater la fraude en cette matière.

486. FRIPIERS. — Une ordonnance du 9 septembre 1780 règlemente l'exercice de la profession de fripier ou brocanteur.

Les *fripiers* ou *brocanteurs* ne peuvent rien acheter de ceux dont le domicile est inconnu, des femmes mariées, enfants ou domestiques, sans autorisation des maris, pères ou maîtres; n'acheter ni vendre du neuf.

Ne pas confondre cette ordonnance royale avec une ordonnance de police du 8 novembre 1790 qui ne statue que pour Paris.

Les dispositions d'une circulaire du 5 février 1838,

émanant du préfet de police de Paris, il est vrai, mais interprétative de l'ordonnance royale du 9 septembre 1780, impliquent que partout les fripiers ou brocanteurs doivent tenir un registre paraphé par le commissaire de police, et visé chaque mois, pour inscrire les objets achetés ou vendus, avec indication et demeure du vendeur et du prix. Ce livre est exempté du timbre.

Une autre ordonnance royale, celle du 24 juillet 1816, disposant pour toute la France, prohibe l'achat des armes, munitions et équipements militaires.

Enfin, un arrêt de cassation du 28 avril 1832 décide que les anciens règlements, notamment l'ordonnance royale du 9 septembre 1780, qui règlementent l'exercice de la profession de fripier ou brocanteur, demeurent en vigueur partout où ils n'ont point été remplacés par des dispositions nouvelles édictées par les autorités locales agissant dans le cercle de leurs attributions; la cour se fondant sur l'art. 484 du Code pénal.

487. GARDES-BARRIÈRES DES CHEMINS DE FER. — Agents des compagnies responsables de leur fait; assermentés, ils peuvent dresser des procès-verbaux qui font foi jusqu'à preuve contraire. (*Loi du* 15 *juill.* 1845.)

488. GARDES-CHAMPÊTRES ET FORESTIERS. — Les gardes-champêtres et les agents forestiers, considérés comme officiers de police judiciaire, sont chargés de rechercher, chacun dans le territoire pour lequel ils ont été assermentés, les délits et les contraventions de police qui auront porté atteinte aux propriétés rurales et forestières. (*Cod. d'instr. crim. art.* 16 *et suiv.*)

En principe, la police judiciaire a ses agents; la police administrative a les siens. Les deux classes d'agents ont chacune une sphère d'action qui leur est propre, et ils n'en peuvent pas sortir, à peine de nullité de leurs actes. Cependant, nous avons déjà vu que la loi du 29 floréal an X, et d'autres lois concernant la grande voirie appellent à dresser des procès-verbaux en cette matière les maires et adjoints, les commissaires de police et la gendarmerie qui sont les agents essentiels de la police judiciaire. Cette extension d'attributions qui résulte formellement de la loi s'applique aux gardes-champêtres qui sont agents administratifs en matière de grande voirie.

La loi du 6 octobre 1791, dans son art. 4, dispose : « que les gardes-champêtres auront sur le bras une plaque » de métal ou d'étoffe où seront inscrits ces mots : *La loi,* » *le nom de la municipalité et celui du garde,* » cependant cette loi n'ayant pas attaché la *nullité* au défaut de mention, dans les procès-verbaux, que les gardes qui les auraient dressés étaient revêtus de ces marques distinctives, il n'appartient pas aux juges de suppléer son silence. (*Arr. de Cass.*, 20 sept. 1833.)

Les rapports du commissaire de police avec les gardes-champêtres et forestiers sont indiqués CHAP. II, SECT. III, nos 95 à 100.

489. GARDES DU COMMERCE. — Ce sont des officiers ministériels chargés de mettre à exécution, à *Paris,* les jugements emportant contrainte par corps.

Leur nombre est fixé à dix.

Le rétablissement de ces offices qui existaient anciennement, a été effectué par le décret du 14 mars 1808.

Le garde du commerce n'a pas besoin de l'autorisation et assistance du juge de paix ou du commissaire de police pour arrêter le débiteur dans son propre domicile, si l'entrée ne lui en est pas interdite. En cas de rébellion, le garde doit en constater la nature et les circonstances ; il peut établir garnison aux portes et partout où le débiteur pourrait trouver à s'évader ; il peut requérir la force armée qui ne peut lui être refusée, et en sa présence et avec son secours procéder à l'arrestation.

490. GARDES PARTICULIERS. — Les gardes particuliers sont des *agents de la force publique*, en cette qualité ils ont droit à la protection spéciale établie par les art. 230 et 231 du Code pénal (*Arr. de Cass.*, 16 *décem.* 1841), et peuvent être requis par le commissaire de police pour l'exécution des lois et règlements.

Ils sont officiers de police judiciaire, et comme cette qualité est exclusive de celle de serviteur à gage, il en résulte que la soustraction de bois par le garde forestier d'un particulier au préjudice de celui-ci, est un délit forestier et non un vol domestique. (*Arr. de Cass.*, 3 *août* 1833.)

Par la même raison, si dans l'exercice de leurs fonctions, ils commettent un délit correctionnel, par exemple, un délit de chasse, il ne peuvent être jugés que par la Cour impériale. (*Arr. de Cass.*, 6 *nov.* 1840.)

Le ministère public a seul droit de les présenter au serment. (*Arr. de Cass.*, 15 *juill.* 1836.)

Tout propriétaire et même tout fermier a le droit d'avoir un garde pour la conservation de ses propriétés ; il doit le faire agréer par le sous-préfet ou le préfet.

491. GARANTIE DES MATIÈRES D'OR ET D'ARGENT. — Les commissaires de police, qui ne sont autre chose que les anciens officiers municipaux, ont mission d'assister les employés de la garantie des matières d'or et d'argent dans leurs visites chez les bijoutiers et orfèvres (*Loi du 28 pluv. an VIII*) ; ils ne peuvent se faire remplacer par les agents de police subalternes. (*Arr. de Cass.*, 2 *oct.* 1818). Lorsque l'un des commissaires de police d'une même com-

mune se trouve légitimement empêché, celui de l'arrondissement voisin est tenu de le suppléer, sans qu'il puisse retarder le service pour lequel il est requis sous le prétexte qu'il n'est pas le plus voisin du commissaire empêché, ou que l'empêchement n'est pas légitime ou n'est pas prouvé. (*Code d'instr. Crim.*, art. 12, 13 *et suiv.*)

Le frais de vacations des commissaires de police des différentes villes, requis d'assister les employés dans les visites chez les assujétis à la garantie, sont réglés uniformément (Paris excepté), à raison de 3 fr. pour la première vacation de trois heures ou au-dessous, et 1 fr. par heure pour le temps employé au-delà de trois heures (*Décis. minis. du 23 avr.* 1823); à Paris et tout le département de la Seine, les vacations sont de 5 fr. (*Décis. du 24 janv.* 1843). La somme qu'on peut accorder en sus de la première vacation n'est due qu'autant qu'il y a une heure de travail de plus, et l'on ne doit pas compter les fractions d'une heure. (*Circ. nᵒ* 12, 5ᵐᵉ *div.*)

Les ouvrages d'or et d'argent, illicitement fabriqués ou dépourvus du poinçon légal, ne sont saisissables que dans les boutiques ou dans les mains du fabricant ou marchand, et non dans celles des particuliers. (*Loi du 5 vent. an XII,* art. 81.)

492. GENDARMERIE. — Ce corps, anciennement désigné sous le nom de *maréchaussée* parce qu'il était commandé par des maréchaux de France, est une force instituée pour veiller à la sureté publique et pour assurer le maintien de l'ordre et l'exécution des lois. Une surveillance continue et répressive constitue l'essence de son service. (*Décr. du* 1ᵉʳ *mars* 1854, *art.* 1ᵉʳ.)

Les officiers de gendarmerie sont officiers de police judiciaire; leurs procès-verbaux, ainsi que ceux qui sont rédigés par de simples gendarmes, font foi jusqu'à preuve contraire. En matière de douanes, et par exception au principe général, ils font foi jusqu'à inscription de faux.

Un seul gendarme peut verbaliser. (*Arr. de Cass. des 24 mai et 6 juill.* 1821; 10 *mai* 1839.)

La gendarmerie est un corps armé dont l'uniforme est le costume nécessaire et légal : nous pensons que le procès-verbal dressé par un gendarme vêtu d'un habit bourgeois serait déclaré nul et ne conserverait d'autre valeur que celle d'un rapport d'agent de police.

La gendarmerie doit assistance à toute personne qui réclame son secours dans un moment de danger ; tout militaire de ce corps qui ne satisferait à cette obligation, lorsqu'il en aurait la possibilité, se constituerait en état de prévarication dans l'exercice de ses fonctions. (*Loi du 28 germ. an VI; Ordonn. du* 29 *oct.* 1820, *art.* 295; *Décr. du* 1er *mars* 1854.)

Les officiers, sous-officiers et gendarmes ne sont justiciables des tribunaux militaires que pour les crimes et délits relatifs à la discipline et au service militaire.

En ce qui touche les rapports du commissaire de police avec la gendarmerie, voir CHAP. II, SECT. II, n° 55.

493.   GENS SANS AVEU. — L'attention du commissaire de police ne saurait se porter avec trop de soin sur une classe d'individus, fort nombreuse dans certaines villes, composée de gens étrangers à la localité, qui, plus ou moins proprement vêtus, munis de papiers plus ou moins en règle, errent, du matin au soir, le nez au vent, sur les places publiques et dans les promenades ; fréquentent habituellement les cafés, les cabarets, les lieux de débauche ; mènent vie joyeuse et facile, bien qu'inoccupés et sans aucune ressource avouée. Ceux dont l'existence est aussi pro-

blématique ne peuvent que faire des dupes ou se livrer à une coupable industrie. Il y a lieu d'observer leurs démarches, d'étudier leurs fréquentations, afin d'arriver à les saisir en flagrant délit de quelque méfait, et, suivant la gravité des cas, de les livrer aux tribunaux, de les mettre à la disposition du préfet (voir n° 408) ou de les expulser (voir n° 471.)

494. GLANAGE ET GRAPILLAGE. — On ne peut glaner, rateler ou grapiller dans les champs non encore entièrement dépouillés et vides de leurs récoltes ou avant le *moment* du lever, ou après celui du coucher du soleil. (*Code pén.*, *art.* 471, § 10, 473, 474.)

L'art. 470 du Code pénal ne permettant aux tribunaux de police de prononcer la confiscation que dans les cas déterminés par la loi, il faut décider que les produits du glanage, du ratelage ou du grapillage ne peuvent être confisqués. (*Bousquet, Dic. de Droit.*)

Le glanage doit être exclusivement réservé aux vieillards, aux estropiés, aux enfants et aux personnes invalides. Ainsi, est valable l'arrêté d'un maire qui défend de glaner dans sa commune, sans être porteur d'une carte émanée de lui. (*Arr. de Cass.*, 8 oct. 1840.)

Le propriétaire d'un champ ouvert conserve, tant que l'enlèvement des gerbes n'a pas eu lieu, le droit exclusif de recueillir ou de faire ramasser à son profit, puisqu'ils n'appartiennent encore qu'à lui, les épis échappés de la main des moissonneurs. Mais il ne lui est pas permis de déroger en faveur de certains individus aux règles établies par les art. 21, tit. 2 du Code rural, et 471 du Code pénal. Dèslors, ceux qui glanent, avec sa permission, avant que le champ ne soit entièrement dépouillé, commettent la contravention punie par l'art. 471. (*Arr. de Cass.*, 5 sept. 1835.)

495. GRANDES ROUTES (Arbres abattus sans autori-

sation. Arbres détériorés). — Le propriétaire qui abat, sans autorisation, un arbre planté sur son terrain qui longe la grande route, commet une contravention au décret du 11 décembre 1811.

Le fait de détériorer des arbres plantés le long d'une grande route, en y attachant des cordages pour faire sécher des objets quelconques, ou de toute autre manière, constitue une contravention à l'ordonnance du 2 août 1774, et un délit de grande voirie.

Ces deux contraventions sont justiciables des conseils de préfecture.

496.   GRANDE VOIRIE. — Voir CHAP. V, SECT. II, n°s 290 et suiv.; SECT. III, n°s 303 et suiv.; CHAP. VI, SECT. I, ALIGNEMENT ET PERMISSIONS DE VOIRIE, n° 336.

497.   GRAINS. — Voir CÉRÉALES, n° 378.

498.   GRAVURES. — Voir DESSINS, GRAVURES, LITHO-GRAPHIES ET EMBLÈMES, n° 420.

499.   GROSSE. — On appelle ainsi la copie de la minute d'un acte notarié, ou d'un jugement, revêtue de la forme exécutoire. Les *grosses* font la même foi que l'original. La remise volontaire de la grosse du titre, fait présumer la remise de la dette ou le paiement, sans préjudice de la preuve contraire. (*Code Nap.*, art. 1283, 1285, 1335.)

500.   HERBORISTES. — Voir DROGUISTES ET HERBORISTES, n° 428.

501.   HOPITAUX ET HOSPICES. — Le mot *hôpital* s'applique spécialement aux établissements publics destinés à recevoir et à soigner les pauvres malades.

Le mot *hospice* s'applique aux établissements consaerés aux pauvres, aux orphelins, aux infirmes, aux vieillards.

Les hôpitaux et hospices sont administrés par des commissions gratuites, dont les membres, d'après le décret du 22 mars 1852, sont nommés par les préfets.

Le conseil municipal est toujours appelé à donner son avis sur les budgets et les comptes des établissements de charité et de bienfaisance.

Dans tous les cas urgents le commissaire de police a le droit de requérir l'admission provisoire et la consignation d'un individu malade dans un hôpital.

Aux termes de l'art. 1er de la loi du 7 août 1851, lorsqu'un individu privé de ressources tombe malade dans une commune, aucune condition de domicile ne peut être exigée pour son admission dans l'hôpital existant dans la commune. L'art. 3 de la même loi dispose, d'un autre côté, que les malades et incurables indigents des communes privées d'établissements hospitaliers pourront être admis aux hospices et hôpitaux du département moyennant un *prix de journée* fixé par le préfet. Les communes supportent la dépense nécessaire pour le traitement de leurs malades et incurables. Dans la pratique administrative, l'admission de ces malades n'a lieu que sur un arrêté spécial, rendu par le préfet, sur une demande formée par le maire de la commune du *domicile de secours* du malade, s'il s'agit d'un placement ordinaire, et sur le rapport du maire du lieu où le malade se trouve accidentellement retenu, s'il s'agit d'un placement d'urgence.

Les conditions du domicile de secours ont été déterminées par la loi du 24 vend. an II. Voir ENFANT PORTÉ A UN HOSPICE, no 446.

502. HYDROPHOBIE. — La plaie faite par un animal présumé enragé doit être immédiatement pressée et lavée

avec de l'eau de savon ou de l'eau salée, à défaut d'alcali volatil; un fer chauffé à blanc est ensuite appliqué sur la blessure.

503.   IMAGES. — Voir DESSINS, GRAVURES, LITHOGRAPHIES ET EMBLÊMES, n° 420.

504.   IMPOTS. — Voir CONTRIBUTIONS DIRECTES, n° 400; CONTRIBUTIONS INDIRECTES, n° 401; DEMANDES EN DÉGRÈVEMENT, n° 410.

505.   IMPRIMERIES, IMPRIMEURS. — Nul ne peut être imprimeur ni libraire s'il n'est breveté et assermenté. Le brevet d'imprimeur est personnel; il est donné pour un lieu déterminé; il ne peut être vendu, ni cédé, ni loué. Ces brevets, délivrés par le ministre de l'intérieur, peuvent être retirés si le titulaire est convaincu, par un jugement, de contravention aux lois et règlements. Les imprimeries non brevetées sont réputées clandestines et doivent être détruites; leurs possesseurs ou dépositaires sont passibles d'une amende de 10,000 fr. et d'un emprisonnement de six mois.

Tout imprimeur est tenu d'avoir un livre coté et paraphé par le maire; il y inscrit par ordre de dates et avec une série de numéros le titre littéral de tous les ouvrages qu'il se propose d'imprimer; le nombre des feuilles, des volumes, des exemplaires et le format de l'édition. Ce registre d'inscription est représenté à toute réquisition aux commissaires de police, et visé par eux.

Les imprimeurs doivent adresser, à Paris, au ministre de l'intérieur et, dans les départements, aux préfets, copie de la transcription faite sur leur livre, et la déclaration qu'ils ont l'intention d'imprimer l'ouvrage; il leur en est délivré récépissé. Les ouvrages dits de ville ou *bilboquets* sont dispensés de cette formalité. Il a été jugé que les listes de candidats et les bulletins de votes pour les élections sont autre chose que des bilboquets. Voir Écrits, no 435.

L'imprimeur doit indiquer sur chaque ouvrage qui sort de ses presses son nom et sa demeure. Il est tenu de déposer deux exemplaires de tout écrit imprimé et trois épreuves des planches, estampes et lithographies; le dépôt se fait, à Paris, au ministère de l'intérieur, et dans les départements à la préfecture. Il doit être fait avant toute mise en vente ou publication. (*Décr. du 25 fév.* 1810; *Lois des* 21 oct. 1814, 17 *mai* 1819, 27 *juill.* 1849; *Décr. du* 17 *fév.* 1852.)

Les dispositions de l'art. 11 de la loi du 21 oct. 1814 sont applicables aux imprimeurs-lithographes. (*Arr. de Cass.*, 8 *mars* 1842.)

Toutes les impressions lithographiques sont soumises à la déclaration et au dépôt avant la publication, comme tous les autres ouvrages d'imprimerie.

D'après l'ordonnance du 8-21 octobre 1817, nul ne peut être imprimeur-lithographe s'il n'est breveté et assermenté.

Les presses autographiques, dites presses à copier et autres, ne peuvent être possédées par des particuliers sans une autorisation spéciale, à Paris, du ministre, et des préfets dans les départements; leur détention clandestine constitue une contravention.

506. Incendies accidentels. — Voir Accidents graves, no 327, et chap. iii, no 196, § 2.

507. Indigence, indigents. — Voir Assistance judiciaire, no 349; Assistance publique, no 350; Ateliers de charité, no 353; Bureaux de bienfaisance, no 370; Filles-mères, no 479; Glanage et grapillage, no 494.

Les indigents sont dispensés de la consignation d'amende pour se pourvoir en cassation; mais ils doivent payer l'amende, si leur pourvoi est rejeté. (*Arr. de Cass.* 28 *décem.* 1812.) Ils peuvent même être dispensés du paiement des amendes et des frais prononcés au profit de l'Etat. (*Loi du* 17 *avr.* 1832, *art.* 33 *et suiv.*)

Les actes de l'état civil sont délivrés gratis aux indigents ainsi que les passeports ; il leur est en outre accordé des secours de route.

Sont exemptes du droit proportionnel établi par l'art. 55 de la loi du 28 avril 1816, les lettres patentes de dispense d'âge pour mariage, délivrées aux personnes reconnues indigentes. Dans ce cas, la formalité de l'enregistrement est donnée *gratis.* Sont également enregistrés *gratis* les actes de reconnaissance d'enfants naturels appartenant à des individus notoirement indigents.

Les quittances des secours payés aux indigents, et les certificats d'indigence, sont exceptés du droit et de la formalité du timbre. (*Loi du* 13 *brum. an VII, art.* 16.)

Le commissaire de police ne doit certifier *l'indigence,* même celle qui lui est bien connue, que sur le vu d'une attestation du percepteur portant que l'impétrant n'est inscrit au rôle d'aucune des quatre contributions.

508. INDUSTRIE (agricole et manufacturière). — Voir AGRICULTURE, n° 334 ; APPRENTISSAGE, n° 339 ; APPRENTIS, n° 340 ; ATELIERS DANGEREUX INSALUBRES OU INCOMODES, n° 354 ; DESSÉCHEMENT DES MARAIS, n° 419 ; DRAINAGE, n° 427.

509. INHUMATIONS. — Voir CIMETIÈRES, n° 389.

510. INONDATIONS. — Lorsque l'inondation n'est que l'effet d'une force majeure, personne n'est reponsable.

Lorsque l'inondation qui a lieu est le résultat d'ouvrages pratiqués dans une propriété voisine, celui qui a fait exécuter lesdits ouvrages est responsable du dommage occasionné par l'inondation et encourt une peine. (*Code pén.*, art. 457.)

Voir ACCIDENTS GRAVES, no 327, et CHAP. III, no 196, 2 2 ; BARRAGE, no 364 ; CANAUX, no 375 ; ECLUSES, no 433 ; ETANGS, no 460.

511. INSOUMIS. — Voir DÉSERTION, DÉSERTEURS, RÉFRACTAIRES ET INSOUMIS, no 418.

512. INSTITUTEURS COMMUNAUX. — Sont nommés par les recteurs d'académie après avoir pris l'avis des conseils municipaux.

Tout français âgé de 21 ans, muni d'un brevet de capacité, et ne se trouvant dans aucun des cas d'indignité prévus par l'art. 26 de la loi du 15 mars 1850 qui, avec le décret du 9 mars 1852, règle l'enseignement primaire, peut exercer la profession d'instituteur primaire libre.

Les maires ont une autorité importante sur les instituteurs communaux ; ils peuvent les suspendre provisoirement ; ils dressent la liste des enfants qui doivent être admis gratuitement dans les écoles publiques.

C'est aussi au maire de chaque commune que doit être adressée la déclaration préalable que tout instituteur libre qui veut ouvrir une école est obligé de faire. Cette demande est par lui transmise au recteur, avec son avis.

Voir ÉCOLES NON AUTORISÉES, no 334.

513. INTÉRÊT PRIVÉ. — On entend pas intérêt privé un intérêt *matériel* et positif que l'administration ne peut pas atteindre arbitrairement. C'est ainsi que la juridiction administrative serait compétente sur une contestation relative à la jouissance d'un cours d'eau navigable ou flottable, tandis qu'un fonctionnaire public ne saurait sérieusement

se pourvoir contre le décret qui le révoque. (*Pradier-Fodéré*, *Droit administratif.*)

514. IRRIGATION. — BARRAGE, n° 364; CANAUX, n° 375; ECLUSES, n° 433; ETANGS, n° 460.

515. JEU ET PARI. — Le jeu est un contrat aléatoire, ainsi que le pari.

La loi n'accorde aucune action pour une dette de jeu ou pour le paiement d'un pari.

Mais dans aucun cas, le perdant ne peut répéter ce qu'il a volontairement payé, à moins qu'il n'y ait eu de la part du gagnant, dol, supercherie ou escroquerie. (*Cod. Nap.*, *art.* 1965 *et* 1967.)

Les billets et obligations résultant de dettes de jeu sont frappés de nullité, la cause en étant illicite (*Code Nap.*, *art.* 1131), et la preuve testimoniale doit toujours être admise quand le perdant offre de prouver de cette manière que les billets ou obligations par lui souscrits n'ont pas d'autre cause. (*Limoges*, 2 *juin* 1819 *et* 8 *janv.* 1824; *Lyon*, 21 *décem.* 1823; *Grenoble*, 6 *décem.* 1823.)

Les sommes empruntées par un joueur à un tiers désintéressé dans la partie, et pour couvrir les chances d'un jeu *non prohibé*, ne constituent pas un prêt illicite; dès lors ces sommes sont soumises au remboursement. (*Colmar*, 29 *janv.* 1841.)

516. JEUX PROHIBÉS. — La loi pénale atteint ceux qui tiennent une maison de jeux de hasard, et y admettent le public, soit librement, soit sur la présentation des intéressés ou affiliés. (*Code pén.*, *art.* 410.)

Le commissaire de police, informé de l'existence d'une maison de jeux clandestine, doit faire ensorte d'y pénétrer adroitement afin de constater le délit. Seront saisis tous les

fonds ou effets trouvés exposés au jeu ou mis à la loterie,
les meubles, instruments, ustensiles, appareils employés
ou destinés au service des jeux ou des loteries, les meubles et les effets mobiliers dont les lieux pourraient être
garnis ou décorés. Dans les cas graves, maîtres, employés
et serviteurs seront mis en état d'arrestation. Les valeurs
trouvées dans les poches de ces individus sont saisissables comme celles exposées sur les tables. Avis de l'opération est donné au sous-préfet ou au préfet en même temps
que le procès-verbal est envoyé au procureur impérial.

La bouillote et l'écarté rentrent dans la catégorie des jeux
de hasard déterminée par l'art. 410 du Code pénal. (*Rennes*, 20 *mai et* 2 *sept.* 1839; *Paris*, 8 *nov.* 1839; *Nîmes*,
16 *fév.* 1843.) La loi en punissant celui qui tient une maison de *jeu de hasard*, entend par là toute espèce de jeux
de cartes dans lesquels le hasard joue le principal rôle. Le
jeu de piquet ne peut être assimilé à un jeu de hasard ; dès
lors un cafetier ne peut être poursuivi pour avoir tenu un
pareil jeu dans son établissement, lorsqu'aucun règlement
local n'interdit les jeux de cartes dans les cafés ou cabarets.
(*Arr. de Cass.*, 28 *mai* 1841.)

L'établissement des jeux de hasard sur la voie publique
doit entraîner l'application de l'art. 475 § 3; 477 et 478
du Code pénal, revisé par la loi du 28 avril 1832, quoiqu'il n'y ait ni dol, ni escroquerie. Cette contravention ne
saurait être excusée par le motif qu'on ne joue pas de l'argent, que la mise n'est que de cinq centimes, et que moyennant cette somme les joueurs gagnent toujours des dragées
(ou autre chose) pour la valeur de leur mise. (*Arr. de
Cass.*, 15 *nov.* 1839.) Dans la pratique, ce principe
posé par la cour suprême ne doit être invoqué qu'avec
intelligence et prudence.

517.   Jongleurs. — Voir Chanteurs ambulants, Charlatans, n° 381.

518.   Jour et nuit. — Les limites du temps *de jour et de nuit* sont fixées par la loi ainsi qu'il suit : du 1ᵉʳ octobre au 31 mars est réputé *jour* de 6 heures du matin à 6 heures du soir ; et du 1ᵉʳ avril au 30 septembre, de 4 heures du matin à 9 heures du soir. (*Code de proc., art.* 1037.)

Cette distinction est fort importante à établir dans plusieurs circonstances, notamment quand il s'agit de visites domiciliaires qui doivent être faites de jour. Il suffit pour la légalité de l'opération, qu'elle ait été commencée pendant le jour *légal ;* la perquisition peut ensuite continuer pendant la nuit et durer tout le temps nécessaire à son achèvement.

Lorsqu'il y a urgence, le commissaire de police peut procéder à cette opération même pendant la nuit quand il ne rencontre pas d'opposition. Si au contraire l'entrée de la maison lui est refusée, il y a lieu de s'abstenir et de faire investir l'habitation par la force armée, en attendant le jour, et de défendre à qui que ce soit d'en sortir.

519.   Journaux. — Aucun journal ou écrit périodique traitant des matières politiques ou d'économie sociale et paraissant, soit régulièrement et à jours fixes, soit par livraisons et irrégulièrement, ne peut être créé ou publié sans l'autorisation préalable du Gouvernement (*Décr. du* 17 *fév.* 1852, *art.* 1ᵉʳ.)

Chaque article doit être signé par son auteur. La signature du gérant doit figurer au bas de tous les exemplaires du journal qui portera en outre l'indication du nom et de la demeure de l'imprimeur.

Les imprimeurs sont solidairement responsables de la

publication d'un journal ou écrit périodique, sans autorisation. (*Décr. du* 17 *fév.* 1852, *art.* 5.)

Aux termes des art. 1382 et 1383 du Code Napoléon
les délits de presse peuvent donner lieu à une action en
dommages-intérêts.

A moins d'un délit flagrant et 'urgent, il convient, en
matière de presse, de prendre, avant d'agir, les ordres
du sous-préfet ou du préfet et du procureur impérial.
Le commissaire de police signalera à ces magistrats tous
les articles ou passages d'un livre ou d'un journal qui lui
paraîtraient de nature à constituer un délit; il rendra particulièrement compte au sous-préfet ou au préfet de l'effet produit sur les esprits par toutes les publications traitant des questions importantes à l'ordre du jour.

520. JOURNAL DES COMMISSAIRES DE POLICE. — Une
décision du ministre de l'intérieur, en date du 27 décembre 1855, porte :

« 1° Chaque commissaire de police sera pourvu de la
collection complète du *journal des commissaires de police,*
laquelle fera partie des archives et sera inscrite sur l'inventaire; en cas de changement, elle sera remise par le
titulaire à son successeur, qui sera tenu d'en prendre
charge.

« 2° Le prix d'abonnement au journal sera acquitté sur
l'allocation affectée aux frais de bureau. Il sera recouvré
dans le mois de janvier de chaque année, par les soins
du receveur général des finances, et centralisé à sa caisse
pour être versé entre les mains du directeur du journal,
suivant le mode présent, pour les abonnements fournis
aux commissaires par la circulaire du 25 août 1855. »

Le journal des commissaires de police, plaçant, directement et *in extenso,* sous les yeux des fonctionnaires

auxquels il s'adresse le texte même des circulaires et instructions ministérielles qui se rattachent à sa spécialité, est d'une utilité incontestable. La publicité donnée à certaines recommandations assure leur efficacité, prévient les malentendus, les retards, les oublis inséparables de transmissions multipliées; le commissaire de police voit tout de suite ce qu'il a à faire, et quand l'ordre d'agir lui arrive par la voie hiérarchique, déjà la question a été étudiée, le terrain a été préparé, l'exécution est prompte et facile.

Ce recueil, patronné par l'administration supérieure, ne peut manquer d'être complété par des conseils aussi paternels qu'éclairés, guides indispensables dans la pratique de devoirs résultant d'attributions si nombreuses, si diverses, si délicates que chez celui qui en est chargé, le savoir doit être allié à toutes les qualités de l'esprit et du cœur, à toutes les formes, à toutes les habiletés de l'homme du monde; c'est moins encore la science des règles spéciales et du droit que l'art de pratiquer qui fait réellement défaut à la plûpart des commissaires de police.

521. JOURS FÉRIÉS. — Voir DIMANCHES ET FÊTES, n° 422.

522. JURY MÉDICAL. — Dans les villes où existent des écoles de pharmacie, le commissaire de police est tenu d'assister les membres du jury médical dans leurs visites chez les pharmaciens, les droguistes et dans les autres lieux où on fabrique ou débite des préparations ou compositions médicinales et des eaux minérales. Les drogues mal préparées ou détériorées sont saisies à l'instant. (*Loi du 21 germ. an XI, art.* 29 et 30.)

SECTION IV.

ettres L. M. N. O. P. Q : — Lampions. — Légalisation. — Lettres. — Levée de cadavre. — Liberté individuelle. — Librairies, libraires. — Lieux publics — Lithographie. — Livrets d'ouvriers. — Location de places (voie publique)' — Logeurs. — Logement des militaires. — Lois. — Loteries. — Loups, louveterie. — Machines à vapeur. — Main-morte. — Maires. — Maison d'arrêt. — Maisons de correction. — Maisons d'habitation. — Maisons garnies ou meublées. — Maisons impériales. — Maisons de jeu. — Maisons de prêt sur gage. — Maisons de santé. — Maîtres et ouvriers. — Majorat. — Majorité. — Maladies contagieuses. — Mandat. — Mandement. — Manufactures. — Marais. — Marchands ambulants et forains. — Marchés. — Masses noires (arrangements et transactions). — Matériaux. — Matières d'or et d'argent. — Matières sommaires. — Médailles et jetons. — Médecine, médecins. — Médicaments. — Mercuriales. — Messageries. — Mesures et poids. — Métiers à marteaux. — Mines et minières. — Minute. — Mise en demeure. — Mise en liberté. — Mœurs. — Monopole. — Mont-de-piété. — Monuments publics. — Morale. — Moralité. — Morve des chevaux. — Mort violente. — Moulage de cadavre. — Moulins. — Moyeux des roues. — Municipalité. — Munitions de guerre. — Murs. — Musiciens ambulants. — Mutilation d'arbres. — Mutilation de monuments. — Naissance. — Naturalisation. — Navigabilité. — Nécessité. — Négligence. — Nom. — Notables commerçants. — Notification. — Notoriété publique — Nourrices. — Nourriture.—Novation.—Noyés.—Nuit. — Nullité. — Numérotage des maisons. —Objets perdus. —Octrois. —Oculistes. —Officiers de gendarmerie.—Officiers de santé. — Or et argent. — Ordonnances. — Ordonnance du juge. — Ordres étrangers. — Ordre public. — Organes de l'administration. — Original. — Ouvertures de portes. — Ouvrages dramatiques. — Ouvriers. —Pari. — Passage privé. — Passavants. — Passeports. — Patentes. — Pâturages. — Péage (ponts, bacs et bateaux). — Pêche. — Pénitencier. — Pensions de retraite. — Pensions, pensionnats. — Permis de chasse. — Pesage et mesurage publics (halles et marchés). — Peste. — Pharmaciens. — Pistolets de poche. — Placards. — Placement de domestiques (bureaux). — Plantation d'arbres sur un chemin public. — Plaques de voitures publiques. — Poids et mesures. — Poids public. — Police des chemins de fer. — Police des églises. — Police des théâtres. — Police du roulage. — Police rurale. — Police sanitaire. — Ponts suspendus. — Port d'armes. — Postes. — Poudres. — Préfets, sous-préfets, préfets de police. — Préposé d'un pont à bascule. — Préséance. — Presse. — Prestation en nature. — Prisons, maisons d'arrêt et de justice. — Procès-verbaux. — Prostitution. — Quarantaine. — Quêtes.

523. LAMPIONS. — Les commissaires de police doivent illuminer le devant de leurs maisons dans toutes les circonstances où les édifices publics sont illuminés. La

municipalité ou la préfecture fournit ordinairement les lampions nécessaires pour cet éclairage extraordinaire.

524. LÉGALISATION. — C'est une déclaration par laquelle un fonctionnaire public atteste la vérité des signatures apposées sur un acte, et les qualités de ceux qui l'ont fait ou reçu.

Le commissaire de police a qualité pour légaliser. Lorsque la signature n'est point apposée en sa présence par une personne dont l'individualité lui est bien connue, c'est sur la déclaration de deux témoins que la légalisation a lieu.

525. LETTRES. — Voir CHAP. II, SECT. IV, n°s 130 et suiv.; SECT. VI, n° 158.

Le détournement ou l'ouverture de lettres par un commis, un serviteur, ou tout autre individu qui n'est ni fonctionnaire, ni agent du gouvernement ou de l'administration des postes, est une indiscrétion grave; mais ne constitue ni vol, ni abus de confiance, s'il n'est constaté que ces lettres opéraient obligation, disposition, ou décharge. (*Arr. de Cass.* 21 août 1840.)

526. LEVÉE DE CADAVRE. — Il y a lieu de procéder comme il est dit : ACCIDENTS GRAVES, n° 327; ASPHIXIE, n° 348, dernière partie, p. 167; DÉCÈS ACCIDENTEL, VIOLENT OU SUBIT, n° 406.

527. LIBERTÉ INDIVIDUELLE. — Personne ne peut être poursuivi ni arrêté que dans les cas prévus par la loi et dans les formes qu'elle prescrit. Voir CHAP. II, SECT. VI, n°s 159, 160 et 161.

La liberté civile est le corollaire de la liberté individuelle. On n'est point en faute quand on ne fait que ce qu'on a le droit de faire. C'est une règle du droit romain.

Nullus videtur dolum facere, qui suo jure utitur. (*L.* 55
ff. de regul. jur.)

La *faute,* dit Cotelle, consiste, soit à faire ce qu'on n'a
pas le droit de faire, soit à ne pas faire ce qu'on est tenu
de faire. Dans le premier cas, il y a *imprudence,* si le
fait ne peut être qualifié comme punissable par la loi
pénale; dans le second cas, il y a *négligence,* faute d'o-
mission.

528.   LIBRAIRIES, LIBRAIRES. — Les libraires doivent
êtres brévetés et assermentés; il n'y a d'exception que
pour les bouquinistes étalant sur la voie publique, soumis seulement à se pourvoir d'une permission de l'autorité locale. Tout individu qui exerce le commerce de la
librairie sans avoir obtenu le brevet exigé par l'art. 11 de
la loi du 21 octobre 1814 sera puni d'amende et de prison. (*Décr. du* 17 *fév.* 1852, *art.* 24.)

La profession de libraire peut être exercée concurremment avec celle d'imprimeur. (*Décr. du* 5 *fév.* 1810,
art. 31.)

Les libraires ne doivent avoir dans leurs magasins que
des livres portant le nom et l'adresse de l'imprimeur; dès
lors tous les ouvrages sur lesquels cette double mention
fait défaut, sont saisissables.

En cette matière, les délits et contraventions sont constatés par les inspecteurs spéciaux, les commissaires de
police et par les préposés aux douanes pour les livres venant de l'étranger. Les visites chez les libraires n'ont ordinairement lieu que sur un mandat de justice ou sur
plainte écrite, en cas de délit flagrant, ou encore par ordre exprès de l'autorité administrative, le sous-préfet
ou le préfet agissant en vertu de l'art. 10 du Code d'instruction criminelle. Il convient de rendre compte immé-

diatement aux autorités administratives et judiciaires du résultat de toute opération de cette nature.

Lorsque le titulaire d'un brevet de libraire a cessé d'exercer il est du devoir du commissaire de police d'informer de cette circonstance le sous-préfet ou le préfet qui décide s'il y a lieu de mettre l'industriel en demeure de reprendre l'exercice de sa profession dans un délai fixé, sous peine de se voir retirer son brevet. C'est le commissaire de police qui procède à cette mise en demeure, en notifiant au libraire la décision de l'autorité administrative.

Voir CABINETS LITTÉRAIRES, n° 371 ; IMPRIMERIES, IMPRIMEURS, n° 505.

529. LIEUX PUBLICS. — Sont lieux publics par leur *nature*, les routes, quais, places, rues et promenades ; par leur *destination*, les monuments publics, églises, théâtres, concerts, bals, bains, boutiques, hôtels garnis, auberges, débits de boissons, brasseries, cafés, cabarets, maisons de jeux et de débauche.

Aux termes des art. 1er et 3 du décret du 29 décembre 1851, tout individu qui veut ouvrir auberge, cabaret ou café, doit en obtenir préalablement l'autorisation du préfet. Voir DÉBITS DE BOISSONS, n° 405.

Cette autorisation est exigée non seulement pour les débits permanents, mais aussi pour les débits forains et temporaires. (*Arr. de Cass.*, 4 mars 1853.)

Il y a contravention au décret du 29 décembre 1851, de la part du cabaretier qui ouvre, sans autorisation, un débit de boissons à consommer sur place, alors même que ce débit aurait lieu dans un hameau peu éloigné de celui où il y en avait un autorisé, et quand même ce dernier débit eût été temporaire et accidentel. (*Arr. de Cass.*, 17 nov. 1853.)

Une femme débitant sur la voie publique des boissons

sans autorisation, commet le délit prévu par les art. 1 ,
2 et 3 du décret du 29 décembre 1851 , alors même que
son mari, ou elle, serait autorisés à vendre à leur domicile. (*Arr. de Cass.*, 28 avr. 1853.)

Lorsqu'un individu a obtenu l'autorisation d'ouvrir un
café ou cabaret, il ne peut transporter son débit d'un local
dans un autre, fût-ce dans la même commune ou dans la
même rue, sans en avoir préalablement obtenu l'autorisation. Ce transport d'établissement d'un lieu dans un autre
change, en effet, ses conditions d'existence, et constitue,
tout à la fois, et la fermeture de cet établissement dans le
local où il se trouvait, et l'ouverture d'un nouvel établissement dans un local où il n'en existait pas encore. (*Arr.
de Cass.*, 17 nov. 1853 et 6 janv. 1854.)

Les maisons de tolérance et autres *lieux publics* donnant à boire doivent être asssimilés aux cabarets, et assujétis, conformément à l'art. 2 du décret du 29 décembre
1851, à la nécessité d'une autorisation spéciale pour continuer à débiter des boissons. (*Arr. de Cass.*, 22 décem.
1853.)

Le préfet a le droit de prescrire la fermeture d'un café
ou d'un cabaret. Mais son arrêté n'est obligatoire pour les
individus qu'il concerne, qu'autant qu'il leur en a été signifié
une copie complète et authentique. Jusque là, ils ne sont
pas en contravention, et il n'y a pas lieu de verbaliser contre
eux. (*Arr. de Cass.*, 11 août 1854.)

Les contraventions en la matière qui précède , qualifiées
délits, sont justiciables des tribunaux correctionnels.

Il n'est pas permis aux officiers de police, ainsi que
nous avons déjà eu l'occasion de le dire, de s'introduire,
durant la nuit, même dans les *lieux publics* autres que
les maisons de jeu et de débauche, après l'heure où ils
doivent être fermés. (*Lois des* 19-22 *juill.* 1791 , *tit.* 1er,

art. 9 et 10; 28 avr. 1816, art. 235; 28 germ., an VI, art. 129; Arr. de Cass., 12 nov. 1840.) Voir Jeux prohi-bés, n° 516; Jour et nuit, n° 518; Logeurs, n° 533. En cas de fraude ou de contravention, les officiers et agents de police peuvent la constater extérieurement, et sans qu'il soit besoin de forcer les portes, à moins qu'il n'y ait réclamation de l'intérieur, et sauf les autres cas prévus par la loi. Si, ayant pénétré pendant la nuit dans un café ou dans une auberge, contre le gré du maître de la maison, ils y constataient la présence de plusieurs individus étrangers, cette circonstance fournissant la preuve que le café ou l'auberge était en ce moment ouvert au public, il n'y aurait pas violation de domicile punissable. En pareille circonstance l'officier public agit à ses risques et périls. (*J. du Palais, tit. 22, p.* 1526.)

Il n'appartient pas à l'autorité municipale d'étendre le nombre des cas exceptionnels et d'autoriser les visites à toutes les heures de la nuit. (*Arr. de Cass., 13 nov. 1841.*)

L'arrêté local qui détermine l'heure de fermeture des cafés, cabarets et débits de boissons est général et absolu ; il ne comporte aucune distinction entre la vente de boissons à consommer sur place et la vente de boissons à consommer au dehors. (*Arr. de Cass., 16 juin* 1855.)

L'interruption accidentelle de l'exercice de la profession de débitant de boissons, lorsqu'il est d'ailleurs constaté qu'il n'y a pas eu cessation régulière et effective, ne peut servir d'excuse au cabaretier prévenu d'avoir contrevenu à l'arrêté qui détermine l'heure de la fermeture des cabarets. (*Arr. de Cass., 1er juin* 1855.)

Un cabaretier traduit devant le tribunal de simple police pour avoir admis à boire dans son établissement à une heure prohibée par les règlements, des personnes étrangères à sa maison, ne peut valablement être relaxé des poursuites dirigées contre lui, sur le motif que les buveurs trouvés chez lui étaient ses parents et ses amis qu'il avait invités. (*Arr. de Cass.*, 7 *mai* 1853.)

L'autorité administrative agit dans le cercle de ses attributions en enjoignant aux consommateurs, ainsi qu'à toutes autres personnes, de se retirer des cafés, cabarets, etc., aux heures fixées pour la fermeture de ces établissements, sans qu'il soit besoin de les en avertir ; comme aussi, en interdisant l'entrée des mêmes lieux aux enfants âgés de moins de 16 ans, non accompagnés de leurs parents. Les contrevenants à des arrêtés statuant en ce sens doivent être poursuivis conformément aux lois, avec mise en cause des civilement responsables, s'il y a lieu. Dans les cas prévus le seul fait de la présence au lieu interdit est constitutif de la contravention, tant à l'égard du maître l'établissement, qu'à l'égard des personnes dont il est question.

Voir Moeurs, n° 574.

530. Lithographie. — Voir Imprimeries, imprimeurs, n° 505.

531. Livrets d'ouvriers. — Les lois des 14 mai 1851, 22 juin 1854 et le décret du 30 juin 1855 régissent aujourd'hui la matière.

Les ouvriers, de l'un et de l'autre sexe, attachés aux manufactures, fabriques, usines, mines, minières, carrières, chantiers, ateliers et autres établissements industriels, ou travaillant chez eux pour un ou plusieurs patrons, sont *tenus* de se munir d'un *livret*. (*Loi du* 22 *juin* 1854, *art.* 1er.)

Il n'est admis d'exception à ce principe qu'en faveur des membres d'une société de secours mutuels pourvus d'un diplôme délivré par le bureau de cette société. D'après l'art. 12 du décret du 26 mars 1852, auquel il n'est pas dérogé par la loi du 22 juin 1854, les diplômes dont il s'agit servent de passe-ports et de livrets, sous les conditions précisées par l'arrêté du ministre de l'intérieur en date du 5 janvier 1853. Voir ASSOCIATIONS DE SECOURS POUR LES OUVRIERS, n° 351.

Ce sont les maires, en règle générale, qui délivrent les livrets. La loi, cependant, confie ce soin au préfet de police à Paris et dans le ressort de sa préfecture, au préfet du Rhône à Lyon et dans les communes de son département où il remplit les fonctions qui lui sont attribuées par la loi du 19 juin 1851. Cette exception s'étend aux chefs-lieux de départements dans lesquels des fonctions analogues sont attribuées aux préfets par l'art. 50 de la loi du 5 mai 1855. Voir CHAP. IV, SECT. IV, n° 252.

Le premier livret est délivré sur la constatation de l'identité et de la position de l'impétrant. L'autorité compétente est juge des justifications qui doivent être produites, et qui sont sujettes à varier suivant les circonstances. La loi ne rend obligatoire la production d'aucune pièce déterminée ; mais si l'autorité estime que les justifications fournies ne sont pas suffisantes, elle peut exiger que l'ouvrier souscrive une déclaration dont la sanction se trouve dans l'art. 13 de la loi du 22 juin 1854 ; il est essentiel alors qu'il soit préalablement donné lecture dudit article. Les déclarations souscrites dans ce cas seront soigneusement conservées dans les mairies. Les livrets mentionneront ces déclarations et en indiqueront la date.

Les dispositions de l'art. 1er de la loi du 22 juin 1854 n'admettant pas d'exception, le livret ne peut être légalement refusé aux ouvriers en état de surveillance ; d'un autre côté, cette loi ne saurait avoir pour effet de modifier la situation de l'ouvrier soumis à la surveillance, ni par conséquent de le dispenser des obligations que lui impose cette situation quant aux changements de résidence. Afin de prendre des garanties contre des abus qu'il est facile de prévoir, et en même temps pour éviter de mentionner sur les livrets la situation des ouvriers en surveillance, ce qui pourrait leur nuire, il est procédé de la manière suivante :

Chaque ouvrier, assujéti à la surveillance de la haute police et qui obtient l'autorisation de changer de résidence, est tenu de se pourvoir d'un passeport à l'intérieur, sur formule ordinaire, avec le signe recognitif mentionnant la surveillance. Son livret est visé pour la même destination, mais sans mention aucune de l'état de surveillance. Ce livret est transmis, par les soins de l'autorité, à la mairie du lieu où l'ouvrier en surveillance est autorisé à résider, et c'est là que cet ouvrier peut le reprendre, en échange du passeport dont il est porteur, et sur lequel l'état de surveillance est mentionné dans la forme ordinaire. (*Circ. minist. du 20 août* 1854.)

Tout ouvrier qui entre dans un établissement industriel doit présenter un livret en règle, afin que le chef de l'établissement y inscrive la date de son entrée. Tout ouvrier qui travaille habituellement pour plusieurs patrons doit leur présenter son livret lorsqu'ils lui confient de l'ouvrage, afin que chacun d'eux inscrive précisément le jour où ce fait a lieu. Puis ce livret est remis à l'ouvrier et reste entre ses mains ; mais il est tenu de le représenter à toute réquisition de l'autorité.

En se retirant d'un établissement, l'ouvrier doit représenter son livret à son patron, afin que ce dernier y inscrive la date de la sortie, ainsi que l'acquit des engagements et y ajoute, s'il y a lieu, le montant des avances dont l'ouvrier resterait débiteur envers lui, dans les limites fixées par la loi du 14 mai 1851, c'est-à-dire, jusqu'à concurrence de 30 fr. L'ouvrier qui travaille pour plusieurs patrons n'a pas besoin de l'acquit des engagements pour obtenir du travail des nouveaux patrons, car le nombre de ceux pour lesquels il peut travailler en même temps est illimité, mais il a besoin de cet acquit pour que le livret puisse lui tenir lieu de passeport.

Un chef d'établissement ne saurait refuser à l'ouvrier qui le demande ou qu'il congédie l'aquit des engagements, à moins que cet ouvrier n'ait pas terminé et livré l'ouvrage qu'il s'était engagé à faire ou qu'il n'ait pas travaillé pendant le temps convenu. Toute annotation favorable ou défavorable à l'ouvrier est interdite.

L'autorité locale pourrait aussi avoir à intervenir en ce qui concerne l'acquit des engagements. En effet, il peut arriver qu'un chef ou directeur d'établissement industriel ne puisse inscrire sur le livret la date de la sortie ou l'acquit des engagements. Dans ce cas le maire ou le commissaire de police est chargé d'inscrire sans frais le congé d'acquit, après avoir constaté la cause de l'empêchement du patron. Si contrairement à l'art. 10 du décret, le congé était refusé par le chef ou directeur d'établissement, il n'appartiendrait pas à ces fonctionnaires d'intervenir dans le différent; ce seraient les conseils de prud'hommes, et dans les lieux où il n'existe pas de tribunaux de ce genre, les juges de paix, qui seraient chargés de statuer. Ces tribunaux prononceraient, les parties présentes ou appelées par voie de simple avertissement, et la décision serait exécutoire sur minute et sans aucun délai. Le chef d'établissement qui aurait à tort refusé l'acquit pourrait être condamné à des dommages-intérêts envers l'ouvrier.

Les autorités chargées de dresser les listes électorales pour la formation des conseils de prud'hommes ont mission de s'assurer que les ouvriers électeurs sont munis-

d'un livret. L'absence du livret constitue une incapacité d'être électeur ou élu.

Ainsi qu'il a été dit plus haut, l'ouvrier peut être autorisé à se servir de son livret comme d'un passeport à l'intérieur sous les conditions déterminées par l'art. 9 de la loi du 22 juin 1854 et par les art. 11, 12 et 13 du décret du 30 avril 1855. Pour jouir de cette faveur il suffit de faire viser le livret par l'autorité compétente, le maire ou le préfet, à leur défaut, le commissaire de police, chef de service, agissant aux termes d'une délégation spéciale. Le visa est gratuit.

Les chefs ou directeurs d'établissements industriels auxquels la loi du 22 juin 1854 est applicable ne peuvent employer un ouvrier s'il n'est porteur d'un livret en règle. Ils doivent tenir un registre dressé conformément aux prescriptions des art. 4 et 5 de la loi du 22 juin 1854, des art. 8 et 9 du décret du 30 avril 1855 et d'après le modèle annexé au décret. Ces registres cotés et parafés sans frais par les fonctionnaires chargés de la délivrance des livrets, doivent être communiqués aux maires et commissaires de police, toutes les fois que ces fonctionnaires en font la demande.

La fabrication ou falsification d'un livret constitue un délit. (*Code pén.*, art. 153.)

Tout ouvrier coupable de s'être fait délivrer un livret, soit sous un faux nom, soit au moyen de fausses déclarations ou de faux certificats, ou d'avoir fait usage d'un livret qui ne lui appartient pas, est puni d'un emprisonnement de trois mois à un an. (*Loi du 22 juin 1854, art. 13.*)

532. LOCATION DE PLACES (voie publique). — C'est à l'autorité municipale qu'il appartient de prendre des arrê-

tés relatifs à la police des marchés et des autres parties de la voie publique. Depuis le décret sur la décentralisation, les tarifs de location des places susceptibles d'y être occupées sont fixés par les préfets.

Les communes font directement percevoir leurs *droits* par un agent spécial appelé *placier*, ou mettent en adjudication l'exploitation de leur privilége. Dans l'un et l'autre cas le commissaire de police a le devoir de veiller à ce que le placement sur les marchés et les autres parties de la voie publique soit fait d'une manière intelligente, au triple point de vue de l'intérêt des consommateurs, de l'intérêt des marchands et de la liberté de la circulation.

433. LOGEURS. — Les logeurs, aubergistes, hôteliers, sont soumis aux mêmes obligations. (*Art.* 73, 154, § 2, 471, § 3, 474, 475, § 2, 478 *du Code pén.*)

Le propriétaire qui loue au mois, notamment à des officiers de la garnison, une partie de sa maison disposée en chambres garnies, est assujéti aux obligations des loueurs de maisons garnies, et notamment à celle de tenir et de représenter à toute réquisition autorisée par les règlements, le registre prescrit par l'art. 475, § 2 du Code pénal, alors même qu'il ne serait pas imposé à la patente de logeur (*Arr. de Cass.*, 6 oct. 1854.)

La preuve qu'un logeur, aubergiste ou hôtelier a logé des voyageurs sans les inscrire sur le registre qu'il doit tenir à cet effet, peut être faite par témoins à défaut de procès-verbal régulier. (*Arr. de Cass.*, 11 décem. 1829.)

Les logeurs, aubergistes, hôteliers sont responsables comme dépositaires des effets apportés par le voyageur qui loge chez eux ; le dépôt de ces sortes d'effets doit être regardé comme un dépôt nécessaire. (*Code Nap.*, art. 1952.)

Ils sont responsables du vol ou dommage des effets du voyageur, soit que le vol ait été fait ou que le dommage ait été causé par les domestiques et préposés de l'hôtellerie ou par des étrangers allant et venant dans la maison. (*Art.* 1953.) Ils ne sont pas responsables des vols faits à main armée. (*Art.* 1954.)

Comme les effets portés par le voyageur constituent entre les mains de l'aubergiste un dépôt nécessaire, la preuve de l'apport de ces effets dans l'auberge et de leur quantité et valeur, peut être faite par témoins, quoique ce voyageur réclame plus de 150 fr. (*Art.* 1348, § 2, 1950.)

Si les logeurs, aubergistes ou hôteliers volent les choses tout ou partie des choses qui leur étaient confiées à ce titre, c'est-à-dire, s'ils volent des effets du voyageur qui loge chez eux, ils sont punis de la réclusion. (*Code pén.*, art. 386.)

Les aubergistes ont pour leurs fournitures un privilége sur les effets du voyageur qui ont été transportés dans l'auberge. Mais leur action, pour le logement et la nourriture par eux fournis, se prescrit par six mois. (*Code Nap.*, art. 2102, § 5, 2271.)

Les logeurs, aubergistes, hôteliers, loueurs de maisons garnies, ne peuvent, sous aucun prétexte, retenir les papiers de sûreté de leur hôte ou locataire.

Voir Lieux publics, nᵒ 529.

534. Logement des militaires. — Le refus d'obtempérer, en cette matière, à une réquisition de l'autorité administrative constitue une contravention. (*Lois des* 10 *juill.* 1791 *et* 23 *mai* 1792; *Code pén.*, art. 471.) Dans ce cas, le maire peut envoyer le militaire à loger dans une auberge où il est reçu aux frais du contrevenant.

535. Lois. — Les lois sont exécutoires dans tout le

territoire français, en vertu de la promulgation qui en est faite par l'Empereur. (*Code Nap.* , *art.* 1er.) Cette promulgation résulte de l'insertion des lois et ordonnances au *Bulletin des Lois.*

La loi ne dispose que pour l'avenir, elle n'a point d'effet rétroactif. (*Art.* 2.) Il en est de même des ordonnances, arrêtés ou règlements qui lui sont assimilés.

Les lois de police et de sûreté obligent tous ceux qui habitent le territoire. (*Art.* 3.)

On ne peut déroger, par des contraventions particulières, aux lois qui intéressent l'ordre public et les bonnes mœurs. (*Art.* 6.)

Nul n'est censé ignorer la loi. Dès-lors nul ne peut exciper de cette ignorance pour excuser ou atténuer sa faute ou son délit.

Il ne suffit pas, pour savoir les lois, d'avoir dans la mémoire les termes dans lesquels elles sont conçues ; il faut en connaître la force, le pouvoir, le véritable esprit : *Scire leges non est verba earum tenere, sed vim ac potestatem.* (Leg. 17, *Dig. de Leg.*)

Les lois postérieures qui sont contraires aux précédentes y dérogent de plein droit.

536.   Loteries. — La loi du 21 mai 1836 a prohibé toute espèce de loteries. La contravention à cette prohibition est punie des peines portées à l'art. 410 du Code pénal.

Peuvent être exceptées des dispositions des art. 1 et 2 de la loi précitée les loteries d'objets mobiliers exclusivement destinées à des actes de bienfaisance ou à l'encouragement des arts, duement autorisées. C'est au préfet que les autorisations de cette nature doivent être demandées ; lui seul peut les accorder.

Voir Jeux prohibés, n° 516.

537. **Loups, louveterie.** — Des primes sont accordées pour la destruction des *loups*. Le maire de la commune où un loup a été abattu, à son défaut le commissaire de police, doit constater la mort de l'*animal*, son âge, son sexe, et, s'il s'agit d'une louve, constater si elle est pleine ; il doit adresser ce procès-verbal au sous-préfet avec la tête de l'animal, ou le pied droit et les deux oreilles. D'après le rapport du sous-préfet, le préfet fait acquitter le montant de la prime. (*Circ. minis. des 25 sept.* 1807 *et 9 juill.* 1818.)

Les officiers de *louveterie* sont des particuliers, possesseurs d'équipages de chasse, institués par l'autorité publique pour se livrer à la chasse des animaux nuisibles dans les bois des particuliers, comme dans le reste des campagnes, à titre de battues et sans qu'il soit besoin d'un ordre spécial du préfet, à moins de restriction particulière. (*Ordonn. des 14 sept.* 1830 *et 24 juill.* 1832.)

538. **Machines à vapeur.** — Leur établissement doit être signalé au sous-préfet ou au préfet ; elles sont soumises à des expériences préalables, et deviennent l'objet d'une surveillance spéciale de la part des ingénieurs des mines. (*Décr. du* 15 *oct.* 1810 ; *Ordonn. des* 29 *oct.* 1823, 7 *et* 25 *mai* 1828, 23 *sept.* 1829, 25 *mars* 1830 ; *Circ. minis. des* 19 *août* 1824, 1ᵉʳ *et* 5 *juin* 1830.)

Voir **Ateliers dangereux, insalubres ou incommodes,** nᵒ 354 ; **Bateaux à vapeur,** nᵒ 365 ; **Chemins de fer,** nᵒ 384.

539. **Main-morte.** — Ce mot servait autrefois à désigner la condition de ceux réduits au servage et attachés à la glèbe. Il n'indique plus aujourd'hui que les corps et communautés qui, étant perpétuels, et ne produisant aucune mutation, ont dû voir leurs biens frappés d'une taxe an-

nuelle représentative des droits de transmission entre-
vifs et par décès; cette taxe est calculée à raison de 62
cent. 1⁄2 par franc du principal de la contribution foncière.
(*Loi du* 20 *fév.* 1849.)

540. MAIRES. — Voir CHAP. IV, SECT. V, nos 258 et
suivants.

541. MAISONS D'ARRÊT. — Il y a dans chaque arrondissement, près le tribunal de première instance, une
maison d'arrêt pour y retenir les prévenus. (*Code d'instr.*
Crim., art. 603 et suiv.)

Ces établissements étant placés sous la haute surveillance des préfets, les commissaires de police peuvent
recevoir mission de s'y livrer à des enquêtes administratives; ils doivent s'y transporter à toute réquisition des
gardiens pour constater les crimes ou les délits flagrants
à eux dénoncés. Le commissaire de police a en outre le
devoir d'informer soit le sous-préfet ou le préfet, soit le
procureur impérial, de tous les faits se rattachant à la police intérieure des maisons d'arrêt qu'il croit de nature à
intéresser l'autorité judiciaire ou l'administration.

Voir ÉCROU, n° 436; ÉVASION DE DÉTENUS, n° 463.

542. MAISONS DE CORRECTION. — La loi accorde au
père le droit de correction. (*Code Nap.*, art. 376 et suiv.)

L'accusé qui a moins de 16 ans, s'il est décidé qu'il a
agi sans discernement, doit être acquitté, mais les juges
peuvent néanmoins ordonner qu'il sera conduit dans une
maison de correction. (*Code pén.*, art. 66 et 67.)

Les maisons de correction sont le *refugium-natum* des
enfants, vagabonds ou maraudeurs incorrigibles, que les
parents ne peuvent ou ne veulent surveiller. Dans l'intérêt de ces enfants, comme dans l'intérêt public, il est du

devoir du commissaire de police de les déférer au parquet comme étant en état de vagabondage, toutes les fois que ceux qui ont autorité sur eux refusent de les réclamer ou se déclarent impuissants à les diriger.

543. MAISONS D'HABITATION. — La circonstance qu'une maison est habitée est aggravante de certains crimes qui s'y commettent. (*Code pén.*, art. 390.)

Les commissaires de police peuvent, spontanément ou sur réquisition des employés ou agents des administrations publiques, pénétrer dans les temps et aux heures prescrits dans une maison d'habitation : 1º pour la confection des états de recensement ; 2º pour l'exécution des lois sur les contributions directes ; 3º pour vérifier les registres des logeurs ; 4º pour vérifier les poids et mesures ; 5º pour vérifier les matières d'or et d'argent ; 6º pour s'assurer de la bonne qualité des comestibles et boissons ; 7º de la bonne qualité des médicaments ; 8º pour y constater les contraventions aux règlements de police et de voirie ; 9º pour y rechercher les personnes qui auraient été signalées à la justice ; 10º pour réprimer les désordres qui pourraient s'y commettre ; 11º pour y constater un crime ou un délit. (*Lois des* 19-25 *juill.* 1791, art. 8 et 9, 28 *germ. an VI*, art. 129 et 131, 22 *frim. an VIII*, art. 76 et 129 ; *Code d'instr. crim.*, art. 32, 36, 40, 88 et 89.)

Toute maison d'habitation privée est un asile inviolable pendant la nuit ; nul n'a le droit d'y pénétrer de force, hors les cas d'incendie, d'inondation ou de réclamation faite de l'intérieur. (*Lois des* 13 *décem.* 1799, 19-22 *juill.* 1791 ; *Code pén.*, art. 184.)

Voir JOUR ET NUIT, nº 518.

544. MAISONS GARNIES OU MEUBLÉES. — Voir LOGEURS, nº 533.

545. MAISONS IMPÉRIALES. — La constatation des crimes et des délits qui y sont commis a lieu avec emploi de formes particulières. Le commissaire de police doit tout d'abord se présenter au gouverneur, informer le procureur impérial et prendre ses instructions. (*Ordonn. du 20 août* 1817.)

546. MAISONS DE JEU. — Voir JEUX PROHIBÉS, n° 516.

547. MAISONS DE PRÊT SUR GAGE. — Ne peuvent exister qu'en vertu d'une autorisation du gouvernement. (*Loi du 16 pluv. an XII, art.* 1er ; *Code pén., art.* 411.)

Depuis l'établissement des monts-de-piété, les maisons particulières de prêt sur gage ont été supprimées. La loi qui régit actuellement les monts-de-piété est celle du 24 juillet 1851. Aux termes de cette loi, les monts-de-piété peuvent être établis, avec l'assentiment des conseils municipaux, par décrets du chef de l'État. Les conseils d'administration sont présidés par le maire de la commune ; à Paris, par le préfet de la Seine. Leurs fonctions sont gratuites.

Ne pas confondre le prêt sur gage clandestin, usuraire, qui constitue un délit ; avec le nantissement d'une chose mobilière, contrat civil dont s'occupe le Code Napoléon, art. 2072 et suiv.

548. MAISONS DE SANTÉ. — Sont placées sous la surveillance de l'autorité administrative. Leurs directeurs doivent se conformer aux conditions qui leur ont été imposées dans la permission qui leur est indispensable.

Voir ART DE GUÉRIR, n° 346.

549. MAÎTRES ET OUVRIERS. — Voir APPRENTISSAGE, n° 339 ; APPRENTIS, n° 340 ; ASSOCIATION DE SECOURS POUR LES OUVRIERS, n° 351 ; LIVRETS D'OUVRIERS, n° 531.

550. MAJORAT. — Institution interdite en France par la loi du 12 mai 1835.

551. MAJORITÉ. — La majorité est fixée à vingt-un ans accomplis; à cet âge on est capable de tous les actes de la vie civile (*Code Nap.*, art. 488), sauf la restriction portée au titre du mariage, art. 148 et suivants du même Code.

552. MALADIES CONTAGIEUSES. — Voir BESTIAUX MALADES, no 367; ÉPIDÉMIES, no 454; ÉPIZOOTIES, no 455; MOEURS, no 574.

553. MANDAT. — Le mandat ou procuration est un acte par lequel une personne donne à une autre le pouvoir de faire quelque chose pour le mandant et en son nom.

Le contrat se forme par l'acceptation du mandataire. Cette acceptation peut n'être que tacite, et résulter de l'exécution qui lui a été donnée par le mandataire. Le mandat est gratuit, s'il n'y a stipulation contraire. (*Code Nap.*, art. 1984 et suiv.)

Le maître qui a remis à son domestique l'argent nécessaire pour acheter au comptant les provisions du ménage n'est pas obligé envers les fournisseurs qui, sur la demande du domestique, et contrairement au *mandat* du maître, les lui délivrent à crédit. (*Arr. de Cass.*, 22 janv. 1813.)

MANDATS DE COMPARUTION, DE DÉPÔT, D'AMENER ET D'ARRÊT. — Voir CODE D'INSTR. CRIM., art. 91 et suiv.

554. MANDEMENT. — C'est la formule qui termine les grosses des jugements et des actes, et qui les rend exécutoires.

555. MANUFACTURES. — Voir ATELIERS DANGEREUX, INSALUBRES OU INCOMMODES, no 354.

Les enfants ne peuvent être employés : 1o dans les manufactures, usines et *ateliers* à moteur mécanique ou à feu continu, et dans leurs dépendances ; 2° dans toute fabrique occupant plus de vingt ouvriers, que sous les conditions énoncées dans la loi du 22 mars 1841. En cas de contravention à cette loi ou aux règlements d'administration publique, rendus pour son exécution, les propriétaires ou exploitants des établissements seront traduits devant le tribunal de simple police.

Les contraventions qui résulteront soit de l'admission des enfants au-dessous de l'âge, soit de l'excès de travail, donneront lieu à autant d'amendes qu'il y aura d'enfants indûment admis ou employés. S'il y a récidive, les propriétaires ou exploitants des établissements seront traduits devant le tribunal de police correctionnelle et condamnés à une amende de 16 à 100 fr. Il y aura récidive lorsqu'il aura été rendu contre le contrevenant, dans les douze mois précédents, un premier jugement pour contravention à la loi précitée ou aux règlements d'administration publique qu'elle autorise.

Toutes les questions qui se rattachent au travail des enfant sont fort importantes et ne sauraient trop appeler la sollicitude de l'administration. Le commissaire de police doit étudier avec soin les dispositions règlementaires concernant la matière, veiller à leur exécution, et ne point perdre de vue qu'il est le protecteur-né de ces pauvres petits êtres qui demandent prématurément à un pénible labeur le pain de chaque jour ; leur moralité et leur santé sont sous sa sauve-garde.

Voir APPRENTISSAGE, n° 339 ; APPRENTIS, n° 340.

556. MARAIS. — Voir DESSÉCHEMENT DES MARAIS, n° 419.

557. MARCHANDS AMBULANTS ET FORAINS. — La sur-

veillance du commissaire de police sur les marchands ambulants et forains doit plus particulièrement porter :

1º Sur la régularité de leur titre de voyage. A défaut de passeport régulier ou de répondant, le marchand ambulant ou forain peut être arrêté et mis à la disposition du sous-préfet ou du préfet, voir Défaut de papiers, nº 408 ; ou déféré au procureur impérial comme vagabond ;

2º Sur leur patente annuelle qu'ils sont tenus d'exhiber à toute réquisition de l'autorité. Les marchandises mises en vente par les individus non munis de patentes et vendant hors de leur domicile, seront saisies ou séquestrées aux frais du vendeur, à moins qu'il ne donne caution suffisante jusqu'à la représentation de la patente ou la production de la preuve que la patente a été délivrée. (*Loi du 25 avr. 1844*). La patente est individuelle et sert pour toute la France ;

3º Sur la nature de leurs marchandises. Si les marchandises exposées en vente sont des matières, or, argent ou plaquées, les employés de la garantie doivent être prévenus et invités à les vérifier. — Voir Garantie des matières d'or et d'argent, nº 491 ; Doublé, nº 426. Si ce sont des livres, images ou gravures : Voir Colportage et colporteurs ; nº 394 ; Dessins, gravures lithographiés et emblèmes, nº 420 ; Librairies, libraires, nº 528. En cas de vente d'une marchandise pour un autre, il y a délit et le coupable peut être arrêté ; (*Code pén.*, art. 423.)

4º Sur leur étalage. Le marchand qui s'installe sur la voie publique sans permission, commet une contravention (*Code pén.*, art. 471, § 4); sa marchandise peut être saisie provisoirement jusqu'à consignation des frais de poursuite et d'amende. Voir Fourrière, nº 482 ; Location de places, nº 532.

558. MARCHÉS. — Voir Foires et marchés, nº 480,

CÉRÉALES, n° 378; DENRÉES ALIMENTAIRES, n° 414; LO-
CATION DE PLACES, n° 532 ; PESAGE ET MESURAGE PUBLICS,
n° 634.

Lorsqu'un arrêté municipal interdit la vente des grains,
en dehors des marchés, sur les places et la voie publique,
il y a contravention qui doit être déférée au tribunal de simple police et punie par lui (*Code pén.*, art. 474, n° 15),
dans le fait de se livrer, sur la voie publique, aux simples
actes préliminaires, qui ont pour but d'amener la conclu-
sion de la vente, par exemple dans le fait, de la part d'un
particulier, de marchander, durant le trajet des blés ame-
nés au marché, alors même qu'il n'y aurait eu aucune vente
conclue.

Il en est ainsi, surtout si l'arrêté défend au commerçants
ou revendeurs de se transporter sur les routes et chemins
pour y attendre les marchands et de leur *acheter* leurs
grains avant leur arrivée sur les marchés, et déclare, en
outre, que les grains offerts en vente ou achetés seront
saisis. (*Art. de Cass.*, 28 *sept.* 1855.)

559.   MASSES NOIRES (arrangements et transactions).
— On appelle *masse noire* une comptabilité *occulte;* elle
est dangereuse lorsqu'elle a pour base des arrangements et
transactions qui constituent une désobéissance formelle à la
loi. Ainsi, un maire ou un commissaire de police manque
essentiellement à son devoir, quelle que soit d'ailleurs la
pureté de ses intentions, lorsqu'il s'abstient de donner
suite à un *procès-verbal* constatant un fait punissable, ou
à une plainte, sous le prétexte qu'il y a eu un arrangement
entre les parties, ou que le délit est de trop peu d'importance pour être poursuivi. Cette manière de procéder devient encore plus répréhensible lorsque le fonctionnaire
impose à la non-poursuite, à l'arrangement entre les parties ou au retrait de la plainte une condition pécuniaire

quelconque : par exemple, une amende au profit des pauvres, de la fabrique, ou des travaux de la commune.

Une circulaire du ministre de l'intérieur, du 28 juillet 1818, décide que les maires ne peuvent se permettre de ne pas donner suite aux procès-verbaux qui constatent des contraventions de simple police et de transiger avec les délinquants, sans encourir la peine portée par l'art. 131 du Code pénal. *A fortiori* cette décision s'applique-t-elle aux procès-verbaux qui constatent des crimes ou des délits, infractions dont la poursuite intéresse la société à un bien plus haut degré.

Ce qui vient d'être dit, en matière de contravention, des *procès-verbaux* des officiers de police quelconques, sans en excepter les gardes-champêtres qui eux aussi sont officiers de police judiciaire (*Code d'instr. crim.*, art. 9); ne s'entend pas rigoureusement des *rapports* des agents de police ou sergents de ville, tant que ces rapports n'ont pas reçu force de procès-verbal par l'approbation ou la sanction du commissaire de police. L'administration a le droit et le devoir de contrôler les opérations de ses agents particuliers ; il appartient au préfet de police, ou au maire qui en remplit les fonctions, d'interpréter les arrêtés qui émanent de lui, et d'indiquer, en s'inspirant des temps et des circonstances, dans quelle mesure ils doivent être exécutés. Tous les *arrêtés* ne sont pas pris en vue de poursuites à exercer ; beaucoup n'atteindraient pas le but ou le dépasseraient si l'application en était faite d'une manière inintelligente et aveugle ; quelques-uns même ne sont autre chose qu'une voie préventive, un moyen d'administrer.

Voir CHAP. IV, SECT. I, nᵒ 219 et suiv. ; SECT. V, nᵒ 261.

560. MATÉRIAUX. — Voir DÉPÔTS DE MATÉRIAUX SUR LES BORDS DES RIVIÈRES, nᵒ 417 ; ÉCLAIRAGE, nᵒ 432 ; EM-

BARRAS DE LA VOIE PUBLIQUE, n° 441 ; ENTREPRENEURS DE TRAVAUX PUBLICS, n° 451 ; GRANDES ROUTES, n°s 495; GRANDE VOIRIE, n° 496.

561. MATIÈRES D'OR ET D'ARGENT. — Voir GARANTIE DES MATIÈRES D'OR ET D'ARGENT, n° 491.

Nous avons dit déjà que les commissaires de police sont tenus de déférer exactement aux réquisitions des préposés des bureaux de garantie, de les assister dans leurs opérations et de signer les actes qui en sont la suite. Ces réquisitions ne peuvent être que verbales. (*Circ. minis. du 8 prair. an VIII.*)

Si les commissaires de police ont qualité pour assister les préposés aux bureaux de garantie des matières d'or et d'argent et les employés des contributions indirectes dans la recherche et la constatation des contraventions à la loi du 19 brumaire an VI qui régit la matière, il ne leur appartient point de rechercher et de constater eux-mêmes ces contraventions, à l'exception seulement de celles qui seraient commises par les marchands ambulants ou venant s'établir en foire. (*Bordeaux, 14 janv.* 1855.)

Voir MARCHANDS AMBULANTS ET FORAINS, n° 557.

562. MATIÈRES SOMMAIRES. — En droit civil, sont réputées matières sommaires et instruites comme telles :

Les appels des juges de paix ;

Les demandes pures personnelles quand il y a titre non contesté ;

Les demandes formées sans titre lorsqu'elles n'excèdent pas 1,500 fr. ;

Les demandes provisoires ou qui requièrent célérité;

Les demandes en paiement de loyers, fermages et arréages de rentes.

Voir CODE DE PROCÉD. CIV., art. 404 à 413.

563. **MÉDAILLES ET JETONS.** — Leur mise en circulation sans l'autorisation du ministre de l'intérieur à Paris et des préfets dans les départements constitue un délit.

Les médailles, jetons ou pièces de fantaisie, ne doivent être fabriqués que dans les ateliers du Gouvernement. (*Arr. des 15 janv. et 14 juill. 1685, 26 mai 1697; Édit de juin 1696; Ordonn. du 22 juill. 1816; Lois des 26 mars 1804, 24 mars 1832, 9 sept. 1835.*)

Voir COLPORTAGE ET COLPORTEURS, n° 394; DESSINS, GRAVURES, LITHOGRAPHIES ET EMBLÈMES, n° 420.

564. **MÉDECINE, MÉDECINS.** — Voir ART DE GUÉRIR, n° 346.

565. **MÉDICAMENTS.** — Voir DROGUISTES ET HERBORISTES, n° 428; JURY MÉDICAL, n° 522.

Les médicaments ne peuvent être préparés par les médecins, si ce n'est dans les villages où il n'y a pas de pharmaciens. (*Lois des 22 juill. 1791 et 11 avr. 1803.*)

566. **MERCURIALES.** — On appelle ainsi les relevés des ventes de grains et autres denrées, dans les marchés, pour constater le prix commun. Le commissaire de police doit contrôler avec soin les opérations de ce genre, et faire part au sous-préfet ou au préfet et au maire de toutes ses remarques.

Les moyens employés pour amener sur le prix des grains exposés en vente sur les marchés une hausse factice et fausser ainsi la mercuriale qui sert de base à la taxe du pain, sont nombreux : ils consistent souvent, soit à obtenir un prix nominalement élevé de telle ou telle mesure en promettant à l'acheteur de lui livrer une quantité de marchandise supérieure à celle payée par lui; soit à vendre, comme contenant en apparence un hectolitre ou toute autre quantité convenue, des sacs qui contiennent en

37

réalité une quantité plus considérable. Les auteurs de semblables manœuvres doivent toujours être déférés à la justice.

Voir CÉRÉALES, n° 378.

567. MESSAGERIES. — La loi du 30 mai 1851 et le décret du 10 août 1852 régissent aujourd'hui la matière.

Voir ATTELAGE DE PLUS D'UN CHEVAL, n° 355; AVARIES, n° 357; CHARGEMENT EXCÉDANT LA LARGEUR PERMISE, n° 380; CHEVAUX ATTELÉS PLUS DE CINQ DE FILE, n° 386; CLOUS DE BANDE A TÊTE DE DIAMANT, n° 392; COLLIERS EXCÉDANT LA LARGEUR PERMISE, n° 393; DOMMAGE CAUSÉ AUX ROUTES, n° 424; ECLAIRAGE, n° 432; ESSIEUX DÉPASSANT LA LONGUEUR PERMISE, n° 456; EXPERTISE DES VOITURES PUBLIQUES, n° 469; CODE DE COMMERCE, tit. VI, art. 91 à 108.

La loi du 30 mai 1851, sur la police du roulage, est exclusivement applicable aux voitures circulant sur les routes impériales, départementales et chemins vicinaux de grande communication; dès-lors elle est inapplicable à une voiture circulant dans la rue d'une ville qui n'est pas le prolongement d'une de ces voies. (*Arr. de Cass.*, 21 *décem.* 1855.)

Tout voiturier ou conducteur qui, sommé de s'arrêter par un fonctionnaire ou agent chargé de constater les contraventions, refuserait d'obtempérer et de se soumettre aux vérifications prescrites, sera poursuivi correctionnellement et puni d'une amende de 16 fr. à 100 fr. Tout propriétaire de voiture est civilement responsable des amendes, des dommages-intérêts et des frais. (*Loi du 30 mai* 1851, *art.* 9, 10 *et* 13; *Code Nap.*, *art.* 1382, 1383 *et* 1384.)

Les voyageurs, ordinairement pressés, ne manquent jamais de s'adresser à la police pour obtenir justice lorsque des contestations s'élèvent entr'eux et les entrepreneurs de messageries : sans doute le commissaire de police, qui exerce une autorité essentiellement paternelle et protectrice, ne peut refuser aide et assistance à aucun de ceux qui en ont besoin et les réclament ; mais, dans le cas qui nous occupe, son intervention doit être d'autant plus prudente qu'elle ne saurait dépouiller un caractère purement officieux ; toutes les questions qui se rattachent à cette matière étant de la compétence des juges de paix, à moins qu'il n'y ait vol ou violence. (*Loi du 25 mai 1838, art. 2.*)

568.   MESURES ET POIDS. — Les poids et mesures qui autrefois variaient suivant les localités, ont été ramenés à un système uniforme par la loi du 18 germinal an III, qui contient le tableau suivant :

MESURES LÉGALES.

Mesures de longueur. — Myriamètre, dix mille mètres. — Kilomètre, mille mètres. — Hectomètre ; cent mètres. — Décamètre, dix mètres. — Mètre, *unité fondamentale des poids et mesures* (dix millionième partie du quart du méridien terrestre). — Décimètre, dixième du mètre. — Centimètre, centième du mètre. — Millimètre, millième du mètre.

Mesures agraires. — Hectare, cent ares ou dix mille mètres carrés. — Are, cent mètres carrés, carré de dix mètres de côté. — Centiare, centième de l'are, ou mètre carré.

Mesures de capacité pour les liquides et les matières sèches. — Kilolitre, mille litres. — Hectolitre, cent litres. — Décalitre, dix litres. — Litre, décimètre cube. — Décilitre, dixième du litre.

Mesures de solidité. — Décastère, dix stères. — Stère, mètre cube. — Décistère, dixième du stère.

Poids. — Mille kilogrammes, poids du mètre cube d'eau et du tonneau de mer. — Cent kilogrammes, quintal métrique.

— Kilogramme, mille grammes, poids dans le vide d'un décimètre cube d'eau distillée à la température de quatre degrés centigrades. — Hectogramme, cent grammes. — Décagramme, dix grammes. — Gramme, poids d'un centimètre cube d'eau à quatre degrés centigrades. — Décigramme, dixième du gramme. — Centigrade, centième du gramme. — Milligramme, millième du gramme.

Monnaie. — Franc, cinq grammes d'argent au titre de neuf dixièmes de fin. — Décime, dixième du franc. — Centime, centième du franc.

Conformément à la disposition de la loi du 18 germinal an III, concernant les poids et les mesures de capacité, chacune des mesures décimales de ces deux genres a son double et sa moitié.

La loi du 4 juillet 1837, à laquelle le tableau qui précède est annexé, interdit tous poids et mesures autres que les poids et mesures établis par les lois du système métrique décimal (*Art.* 3).

Ceux qui auront des poids et mesures autres que les poids et mesures ci-dessus reconnus, dans leurs magasins, boutiques, ateliers ou maisons de commerce, ou dans les halles, foires ou marchés, seront punis comme ceux qui les emploieront (*Art.* 4). Toutes dénominations de poids et mesures autres que celles portées au tableau des mesures légales sont interdites dans les actes publics, affiches, annonces, actes sous-seing privé, registres de commerce et autres écritures privées produites en justice. Les commissaires de police sont tenus de constater cette contravention, et d'envoyer immédiatement leurs procès-verbaux au receveur de l'enregistrement chargé de diriger des poursuites contre les contrevenants (*Art.* 5 et 45). L'emploi d'anciennes dénominations monétaires sur des étiquettes des marchandises exposées en vente constitue la contravention prévue et punie par la loi. (*Arr. de Cass.*, 17 avr. 1841.)

L'ordonnance royale du 17 avril 1839, relative à la vérification des poids et mesures, qui fait règlement d'administration publique sur la matière, prescrit aux commissaires et inspecteurs de police de fréquentes visites chez les assujétis, et leur recommande de surveiller les bureaux de pesages et mesurages dépendant de l'administration municipale (*Art.* 29). Toutefois, des vérificateurs des poids et mesures étant institués pour ce service, il est évident que les officiers de police des villes où résident ces fonctionnaires doivent, autant que possible, s'entendre avec eux pour les visites *extraordinaires* qui devraient être faites, et n'agir, le plus ordinairement, que sur des plaintes, des soupçons, en cas de flagrant délit, ou de délits se rattachant au premier. Pour les opérations de cette nature, le commissaire de police ne devra pas négliger de se faire accompagner afin qu'aucune partie du domicile exploré n'échappe à son attention.

La saisie des poids et mesures faux ou non légaux est indispensable et ordonnée par la loi.

La sanction pénale des dispositions législatives, ou en ayant la force, rapportées plus haut, doit être demandée à la loi du 27 mars 1851, sur la répression des fraudes dans la vente des substances alimentaires, des faux poids et fausses mesures, qui déclare les faits prévus des *délits* tombant sous l'application de l'art. 423 du Code pénal, et abroge les art. 475, n° 14 et 479, n° 5 du même Code. En conséquence, les procès-verbaux des commissaires de police en cette matière doivent être adressés au procureur impérial, sauf ce qui a été dit des procès-verbaux pour affiches ou annonces contenant des dénominations prohibées, lesquels sont envoyés au receveur de l'enregistrement.

Voir le texte même de la loi du 27 mars 1851, Denrées alimentaires, n° 414.

569. Métiers a marteaux. — Les bruits et tapages
résultant de l'exercice des métiers à marteaux ne constituent une contravention qu'autant qu'il existe un règlement spécial qui fixe les heures où peut commencer et où
doit finir le travail. L'art. 479, § 8 du Code pén. n'est
point applicable.

Voir Balanciers, n° 361.

570. Mines et minières. — Voir Carrières, mines
et minières, n° 376.

571. Minute. — C'est ainsi qu'on appelle l'original
d'une pièce ou d'un acte qui reste, soit en la possession
du rédacteur, soit dans les archives d'un officier public,
d'une compagnie ou d'une cour de justice.

Minute des jugements des tribunaux de police, Code
d'instr. crim., art 164.

572. Mise en demeure. — Injonction de faire ou de
ne pas faire telle ou telle chose ; sommation de se conformer à telle ou telle décision dans un délai fixé.

En matière administrative, le commissaire de police
est ordinairement chargé des mises en demeure.

La mise en demeure résulte d'une notification écrite
dont copie est laissée à la partie intéressée qui signe à
l'original destiné à être envoyé au mandant. Copie textuelle de la décision ou de l'arrêté doit figurer en tête de
cette notification.

Voir Mise en demeure en matière civile, Code Nap.,
art. 1139.

573. Mise en liberté. — Doit avoir lieu aussitôt
qu'elle est ordonnée. Les objets trouvés sur le détenu lui

sont rendus s'ils n'offrent rien de dangereux, si leur possession est légitime et ne constitue ni délit ni contravention.
Voir Ecrou, n° 436.

574. Moeurs. — *Quid leges sinè moribus.* Les bonnes mœurs peuvent suppléer les bonnes lois. Elles sont
le véritable ciment de l'édifice social. Tout ce qui les offense, offense la nature et les lois. (*Portalis, Exposé des
motifs du titre préliminaire du Code Napoléon.*)

On ne peut déroger par des conventions particulières
aux lois qui intéressent l'ordre public et les bonnes mœurs.
(*Code Nap., art.* 6, 900, 1131 et 1172.)

Le luxe, les festins, les spectacles, les jeux, les loteries, la débauche et la prostitution sont un ensemble qui
compose les *mœurs* que l'Académie française définit : « *Habitudes naturelles ou acquises pour le bien ou pour le mal,
dans tout ce qui regarde la conduite de la vie.* » C'est de
la prostitution, au point de vue légal, et de la juridiction
extraordinaire qui appartient aux officiers municipaux et
aux commissaires de police sur les filles et femmes se livrant notoirement à la débauche, dont nous avons à nous
occuper ici.

Comme la débauche et la prostitution ont été tolérées
chez toutes les nations, l'on en a conclu que c'était un
mal inévitable, *même nécessaire,* et que tout ce qu'on pouvait faire à cet égard, c'était de régulariser par des mesures de police ce qui a rapport à cet infâme commerce, à
cette scandaleuse immoralité.

On distinguait à Rome :

1° Les courtisanes de profession. Les lieux où ces femmes perdues se retiraient pour exercer leur déplorable
industrie, furent nommés *lupanaria, à lupis,* louves,
pour les rendre plus odieuses par cette comparaison, qui

convenait si bien à leur vie brutale : et comme ces lieux
étaient ordinairement voûtés, leur crime fut nommé *for-
nicatio*, de *fornix* voûte. On leur imposa la nécessité
d'aller, chez les édiles, faire leur déclaration qu'elles
choisissaient ce genre de vie : elles étaient inscrites sur
les registres de ces officiers de police. (*Tac. L.* 2, *Circa
finem.*)

2° Des femmes de mauvaise vie dont le commerce était
encore plus dangereux, qui, sous le prétexte de tenir cabaret, auberge ou hôtellerie, se prostituaient à leurs
hôtes. (*Gloss.* 2, *in l.* 50.)

3° Des personnes riches et honorablement posées, qui
se prostituaient pour leur seul plaisir. (*L.* 43, *palam. ff.,
de ritu nup.*)

4° Ceux qui avaient des servantes, et qui les prostituaient soit qu'ils les eussent chez eux dans ce dessein,
ou qui les eussent prises pour d'autres services, et ne les
prostituassent que par occasion. La plupart des aubergistes
et des maîtres de bains étaient rangés dans cette catégorie.
(*L.* 23 *Athlet. ff. de his qui notant infam.*)

A cette nomenclature des différentes variétés de femmes
folles de leur corps que les lois romaines notaient d'infâ-
mie, il y a lieu d'ajouter chez nous : bon nombre de *gri-
settes* qui n'empruntent l'extérieur et les allures des ou-
vrières honnêtes et laborieuses que pour tirer meilleur
parti de leur inconduite et la dissimuler au besoin ; de
prétendues servantes toujours sans place, battant le pavé
de nos rues à l'heure des ténèbres, et ne vivant en réalité
que de prostitution ; enfin, cette partie de la classe nombreuse des femmes dites *entretenues* qui attribuent à un
protectorat, plus ou moins sérieux, des ressources qu'elles
demandent à des débordements que la duplicité et la ruse
s'appliquent, la passion ou l'inexpérience aidant, à faire

accepter de ceux-là même qui en sont les dupes et trop souvent les victimes.

Toute femme qui se livre notoirement à la prostitution est réputée *fille publique*, qu'elle soit ou non logée dans ses meubles, et alors même qu'elle exercerait en apparence une autre industrie.

Les anciennes ordonnances se bornent à déclarer que les filles publiques sont, par le seul fait de leur prostitution, hors du droit commun.

Le 17 nivôse an IV, le Directoire exécutif adressa un message au Conseil des Cinq-Cents, pour qu'une loi fut rendue sur la matière. Cette pièce porte : « que les lois répressives contre les filles publiques consistent dans quelques ordonnances tombées en désuétude, ou dans quelques règlements de police purement locaux et trop incohérents pour atteindre un but si désirable. » Ce message demeura sans résultat.

Depuis lors on s'est occupé à diverses reprises de projets de lois sur la prostitution ; mais aucun d'eux n'a été soumis au pouvoir législatif ; et c'est toujours au nom de la sûreté publique et des principes constitutifs de l'autorité municipale que l'on a régi les prostituées, soit lorsqu'il s'est agi de règlements d'inscription, de régime sanitaire ; soit lorsqu'il a fallu imposer des taxes, infliger la prison ou expulser de la ville. En l'état, c'est dans les documents législatifs suivants que se trouvent indiqués le droit et le devoir.

La loi du 16-24 août 1790, art. 3, § 3, charge le pouvoir municipal du maintien du bon ordre sur la voie publique et dans les *lieux publics*.

La loi du 19-22 juillet 1791, art. 10, porte : Les officiers de police pourront entrer en tout temps dans les *lieux livrés notoirement à la débauche*.

38

La loi du 8 juillet 1837, sur les attributions municipales, dispose, chap. 1er, art. 11 : Les maires prennent des arrêtés à l'effet d'ordonner les mesures sur *les objets confiés par les lois à leur vigilance et à leur autorité.*

Le décret du 10 vendémiaire an VI, titre 3, art. 7, donne le droit *d'arrestation des gens sans aveu*, droit confirmé par les art. 269 et suivants du Code pénal. Voir EXPULSION, n° 471.

La loi du 24 vendémiaire an II, titre 3, art. 8, permet de *séquestrer des vénériens* pour être traités dans les hôpitaux établis à cet effet. L'arrêté du gouvernement du 12 messidor an VIII, art. 23, consacre de nouveau ce droit en l'étendant à toutes les maladies *contagieuses.*

Ce qui vient d'être dit du pouvoir municipal s'applique au préfet de police à Paris, au préfet du Rhône et aux préfets dans les villes chefs-lieux de département dont la population excède 40,000 habitants. Voir CHAP. IV, SECT. II, III ET IV, n°s 242 et suiv.

Quatre points principaux dominent la matière :

1° Inscription et radiation ;

2° Condition des filles publiques ; *isolées, de maison, insoumises ;*

3° Régime sanitaire ;

4° Régime disciplinaire.

L'*inscription* des filles publiques sur un registre spécial intéresse, au plus haut point, l'ordre, la sûreté et particulièrement la santé publique; elle est pratiquée à Paris, et dans la plupart des grandes villes. « L'inscription des filles publiques, dit Trébuchet, est une des attributions de la police, à laquelle se rattachent les questions les plus délicates de pouvoir, de morale et de sûreté publique. Le silence de la loi sur tous les cas de prostitution qui ne constituent pas un attentat aux mœurs, place les administrateurs municipaux dans une position délicate : s'il est indispensable de connaître, d'enregistrer et de soumettre à des précautions sanitaires les filles qui descendent à ce dernier degré d'abjection, que de prudence ne faut-il pas pour discerner la nuance, trop souvent insensible, qui sépare les prostituées des femmes dont la conduite immorale inspire bien un égal mépris, mais ne présente pas cependant toutes les conditions qui caractérisent la prostitution, et qui les soumettraient aux règles imposées aux filles publiques! Ce n'est qu'après avoir essayé la ressource des interventions de famille, si puissantes dans les circonstances où l'honneur est compromis, ce n'est qu'après avoir demandé au maire de la commune où elle est née un extrait de naissance délivré sans frais, et avoir réclamé son concours auprès de ses parents, qu'une fille qui se présente spontanément, ou celle que ses débordements ont livrée au public, ou qui essaye de se soustraire aux mesures hygiéniques réclamées par la société, reçoit le stigmate de l'inscription au nombre des prostituées. »

L'inscription de filles *mineures*, inévitable à Paris, ne saurait être sans danger pratiquée en province; elle pourrait, jusqu'à un certain point, constituer le délit prévu par l'art. 330 du Code pénal. Les filles mineures repoussées par leurs familles, et continuant à se prostituer malgré tout ce qu'on peut faire pour les détourner de cette voie funeste, doivent être déférées au procureur impérial qui décide si elles seront retenues et poursuivies comme se trouvant en état de *vagabondage* ou mises à la disposition de l'autorité administrative. Dans ce dernier cas il y a lieu de procéder par voie d'*expulsion* (no 471), à moins que la personne ne soit née dans la localité et y ait son domicile légal. Ici l'impuissance commence, et l'on ne peut plus guère que solliciter le placement de la malheureuse dans quelque maison religieuse.

L'inscription sur le registre des filles publiques n'est pas un acte administratif dont la réformation ne puisse être demandée qu'à l'autorité administrative supérieure; c'est là plutôt une simple note de police, constituant une présomption de nature à être détruite par la preuve contraire devant les tribunaux. (*Arr. de Cass.* , *4 juin* 1836.)

La *radiation* peut être obtenue des filles publiques qui renoncent à la prostitution.

Les motifs de radiation du registre des prostituées sont : le mariage, des moyens d'existence bien prouvés, la cessation de la prostitution dûment constatée, la remise de la fille à ses parents, la vieillesse, les infirmités. Hors le cas de mariage, on peut soumettre à une épreuve de deux ou trois mois la personne qui réclame la radiation.

Les filles qui, après avoir été rayées, se présentent d'elles mêmes à la réinscription, ou celles qui sont surprises par la police, se livrant à la prostitution, sont de nouveau inscrites; mais lorsqu'une fille a été rayée à la sollicitation de ses parents, on ne la reçoit que s'il est constaté que la famille l'abandonne à ses penchants vicieux et désespère de pouvoir la ramener à de meilleurs sentiments.

Les filles publiques dites *isolées* sont celles qui sont dans leurs meubles ou dans les maisons garnies, et qui forment habituellement à Paris les deux tiers de celles inscrites.

Il leur est enjoint de représenter leur carte à toutes réquisitions des officiers ou agents de police.

Il leur est défendu de paraître sur la voie publique avant la nuit, de manière à s'y faire remarquer, et d'y rester après onze heures du soir. Leur mise doit être décente. La coiffure en cheveux leur est interdite. Défense expresse leur est faite de provoquer à la débauche, de tenir des propos indécents, de fréquenter les cabarets et de s'énivrer.

Elles ne peuvent, à quelque heure et sous quelque prétexte que ce soit, se montrer à leurs fenêtres, qui doivent être tenues constamment fermées et garnies de rideaux.

Il leur est défendu de stationner sur la voie publique, d'y former des groupes, d'y circuler en réunion, d'aller et venir dans un espace trop resserré, et de se faire suivre ou accompagner par des hommes. Les passages, jardins et promenades publiques leur sont interdits à toute heure. Les rues et lieux déserts et obscurs leur sont également interdits après la chûte du jour.

Les filles publiques s'abstiendront, lorsqu'elles seront dans leur domicile, de tout ce qui pourrait donner lieu aux plaintes des voisins et des passants. Il leur est expressément défendu de fréquenter les établissements publics ou maisons particulières où l'on favorise clandestinement la prostitution.

Les filles dites *de maison* habitent les lieux de prostitution connus sous le nom de *maisons de tolérance*. Elles doivent se soumettre aux règles imposées par l'autorité aux établissements de ce genre. Les commissaires de police veilleront à ce qu'elles y soient convenablement traitées. La bonne tenue des maisons de tolérance intéresse l'ordre et la santé publique.

L'autorisation nécessaire pour tenir maison de tolérance ne peut être accordée qu'à une femme et après prudentes investigations. Aucune de ces maisons ne doit être autorisée dans le voisinage des pensionnats, des établissements publics, des églises. La titulaire du brevet de tolérance est appelée devant le commissaire de police qui lui donne connaissance des obligations qui lui sont imposées, et des mesures de police auxquelles elle est soumise; on lui délivre aussi un livret sur lequel est spécifié le nombre des filles qu'elle pourra avoir sous sa direction. Elle doit pré-

senter, sans délai, à l'inscription toute femme qui demande
à entrer chez elle, et faire immédiatement au bureau de
police la déclaration de tous les départs.

Nous considérons comme peu digne de la part du fonctionnaire et compromettante pour l'homme, l'intervention du
commissaire de police dans les règlements de compte entre
les filles publiques et les maîtresses de maisons de tolérance ; si les premières ne sont pas toujours de très-bonne
foi, il y a invariablement chez les secondes monstrueuse
exploitation, tendance à spolier et dépouiller, à l'aide de
mémoires exagérés et de notes fabuleuses, les malheu-
reuses qui leur échappent ou leur deviennent inutiles. Sauf
cas exceptionnel, urgence extrême, ou plainte régulièrement portée ; enfin, toutes les fois qu'il n'y a pas une question d'humanité à trancher ou une infraction aux lois à constater, il est du devoir de la police de renvoyer les parties
à se pourvoir devant les magistrats compétents. En matière
purement civile, prostituées et entremetteuses demeurent
sous l'empire du droit commun.

Le passeport d'une fille publique qui quitte le pays ne
doit lui être remis que sur le vu d'une attestation du receveur des domaines portant acquit des amendes et frais résultant des condamnations encourues par elle pendant son
séjour.

Les maisons de tolérance sont assimilées aux auberges
et aux maisons garnies pour la tenue des livres de police.
Toute personne qui y couche, même une seule nuit, doit y
être inscrite. (*Loi du* 19-22 *juill.* 1791, *art.* 5.) Cette
prescription n'est point observée dans un grand nombre de
localités.

La surveillance qui, aux termes de la loi du 24 août 1790,
s'exerce sur les lieux publics, doit s'étendre à la recherche
des *cabinets-noirs* disposés d'ordinaire chez les marchands

de vins et liqueurs pour favoriser la prostitution. Il importe de constater la présence, dans ces cabinets, des personnes de mauvaise vie, de les arrêter même, si elles ne justifiaient pas de leur position. (*Circ. du direc. gén. de la police*, 11 *févr.* 1815.) Beaucoup de prudence et de circonspection sont néanmoins nécessaires : les moindres erreurs en cette matière peuvent avoir les conséquences les plus fâcheuses. Le scandale doit être, autant que possible, évité.

On appelle *insoumises* les filles non encore inscrites, qui sont arrêtées ou amenées au dispensaire comme se livrant à la prostitution depuis plus ou moins de temps. Les agents de l'autorité qui arrêtent les prostituées insoumises doivent, dans leur rapport, donner tous les détails qui peuvent rendre certain le fait de prostitution *habituelle* qui entraîne l'inscription sur le livre de la police. Il faut prendre d'autant plus de soin d'imprimer aux actes de l'autorité les caractères de la justice et de l'exactitude que l'on procède en dernier ressort, et d'après des règles arbitraires. (*Note de M. de Belleyme. Parent-Duchatelet, De la prostitution.*)

Le fait de prostitution *habituelle* ne peut être établi que par la constatation de *l'habitude* d'une excitation quelconque à la débauche *sur la voie publique ou dans les lieux publics;* la police n'a pas le droit d'aller en chercher les preuves dans l'intérieur des habitations, ou de les demander à des indiscrétions constituant une invasion dans la vie privée des citoyens qui, suivant l'expression de Royer-Collard, doit rester *murée.*

Le *régime sanitaire* se résume dans la soumission aux visites du dispensaire, établissement auquel sont attachés plusieurs médecins chargés d'examiner les filles, et de s'assurer si elles ne sont pas atteintes de la syphilis, on autre maladie contagieuse. Les visites du dispensaire sont régulièrement inscrites sur la carte ou le livret de chaque fille, dont elle doit faire la représentation à toute réquisition.

Toute fille publique doit être visitée à son arrivée et avant son départ.

Les filles *isolées* sont ordinairement visitées deux fois par mois. Les filles de *maison* sont visitées toutes les semaines, et chaque fois qu'elles changent de maison. Des visites extraordinaires ont lieu quand cette mesure est jugée nécessaire par l'autorité. Les règlements municipaux en cette matière sont obligatoires. (*Arr. de Cass.*, 3 *décem.* 1847.)

Aucune disposition spéciale ne déterminant le *régime disciplinaire* à infliger aux filles publiques et aux maîtresses de maison pour les actes répréhensibles et infractions aux ordres de l'autorité commis dans l'exercice même de la prostitution, et qui ne sont pas prévus par les art. 330 et suivants du Code pénal ; ce régime est laissé au libre arbitre de l'administration, qui, toutefois ne doit jamais s'écarter des principes éternels d'humanité et de justice. A Paris, l'emprisonnement infligé aux filles publiques par le préfet de police, sur le rapport d'un commissaire spécial attaché au *bureau des mœurs*, est souvent de plusieurs mois. Les commissaires de police agiront prudemment en ne retenant pas les filles publiques au-delà de vingt-quatre heures et en laissant s'écouler un laps de temps au moins égal, entre chaque punition infligée. En cas d'incorrigibilité, il recourrera à *l'expulsion* (nº 471) des filles étrangères à la localité.

La séquestration administrative, par mesure de correction pour violation des règlements de police, est légitimée par ce principe que les prostituées sont en dehors du droit commun. La faculté de recourir à ce moyen n'a jamais été contestée à l'administration.

En ce qui touche les maîtresses de maisons de tolérance, *lena*, assimilées de tout temps aux filles publiques, les punitions qui leur sont imposées administrativement sont ordinairement l'amende (au profit du bureau de bienfaisance), la perte de la liberté, le retrait pendant un temps plus ou moins long du brevet de tolérance, et la clôture définitive de l'établissement.

Toutes les fois que la Cour de Cassation a été appelée à se prononcer sur l'application aux filles publiques ou aux maîtresses de maisons de tolérance des arrêtés municipaux les concernant, elle a reconnu la compétence des tribunaux de simple police pour prononcer en pareille matière comme dans les cas ordinaires. Mais, dans la pratique, cette juridiction n'est saisie qu'avec une réserve extrême : le respect pour le prétoire, et la nécessité d'un justice expéditive, en quelque sorte *draconienne*, à l'endroit d'une classe hideuse, rebut de la société, font un devoir à l'administration d'infliger elle-même, dans la plupart des cas, les peines et les châtiments mérités pour infraction à ses règlements.

575. MONOPOLE. — On entend par ce mot le privilége exclusif accordé à une ou plusieurs personnes d'exploiter un commerce ou une industrie dont l'exploitation devrait être libre.

Le commerce est aujourd'hui libre en France ; le monopole n'est plus qu'une exception en faveur de l'Etat qui a le monopole des monnaies, de la poudre et du salpêtre, du tabac, des cartes à jouer ; ou en faveur des inventeurs brevetés. Voir BREVETS D'INVENTION, no 369.

576. MONTS-DE-PIÉTÉ. — Voir MAISONS DE PRÊT SUR GAGES, no 547.

577. MONUMENTS PUBLICS. — Sont confiés à la surveillance des commissaires de police.

La dégradation, mutilation ou destruction des monuments et propriétés publics et privés sont, suivant les circonstances, des crimes ou des délits que ces magistrats, assistés de gens de l'art, doivent immédiatement constater. Les poursuites criminelles ne sont point exclusives de l'action civile. (*Code pén.*, art. 257, 434 et suiv. ; *Code Nap.*, art. 1382 et suiv.) Voir EDIFICES PUBLICS, n° 438.

578. MORALE. — C'est la science des mœurs ; elle tend à diriger vers le bien les actions des hommes.

579. MORALITÉ. — La *moralité* d'un fait, et non sa simple matérialité le constitue crime ou délit. (*Arr. de Cass.*, 26 janv. 1827.)
Voir CERTIFICATS DE MORALITÉ, n° 379.

580. MORVE DES CHEVAUX. — Voir BESTIAUX MALADES, n° 367 ; EPIZOOTIES, n° 455.

581. MORT VIOLENTE. — Voir ACCIDENTS GRAVES, n° 327 ; ASPHIXIE, n° 348, dernière partie ; DÉCÈS ACCIDENTEL, VIOLENT OU SUBIT, n° 406 ; LEVÉE DE CADAVRE, n° 526.

582. MOULAGE DE CADAVRE. — Ne peut avoir lieu sans une autorisation spéciale, et moins de vingt-quatre heures après le décès.

En matière criminelle, il faut un ordre du procureur impérial pour procéder à l'autopsie des cadavres.

583. MOULINS. — L'arrêté du Directoire du 19 ventôse an VI porte : « Nul, soit propriétaire, soit engagiste, ne pourra faire moulins, batardeaux, etc., sans autorisation, dans les fleuves et rivières navigables et flottables. »

Nul, par conséquent, ne peut acquérir par prescription le droit d'y en conserver un qui aurait été construit sans cette autorisation. Tout ce qui tient à la police est imprescriptible.

Les propriétaires de moulins et usines sur la rivière sont forcés de tenir les eaux à une hauteur fixée par le préfet, sous peine d'être poursuivis correctionnellement. (*Code rural, tit. 2, art. 16.*)

584. MOYEUX DES ROUES. — Leur longueur, y comprise celle de l'essieu, ne doit point excéder de plus de douze centimètres le plan passant par le bord extérieur des bandes ou cercle de la roue. Contravention à l'art. 2, § 1er de la loi du 30 mai 1851 et aussi à l'art 1er du règlement du 10 août 1852, justiciable des conseils de préfecture.

585. MUNICIPALITÉ. — Voir CHAP. IV, SECT. V, no 258

586. MUNITIONS DE GUERRE. — Voir ARMES DE GUERRE, no 343.

587. MURS. — Voir BATIMENTS EN RUINE, no 366.

588. MUSICIENS AMBULANTS. — Voir CHANTEURS AMBULANTS, CHARLATANS, no 381.

589. MUTILATION D'ARBRES. — Dans les forêts ou propriétés constitue un délit. (*Code forest., art. 192 et suiv.*)
Voir ARBRES, no 342.

590. MUTILATION DE MONUMENTS. — Voir MONUMENTS PUBLICS, no 577.

591. NAISSANCE. — Voir ACCOUCHEMENTS, no 328.
Un enfant mort-né ne peut avoir d'état. (*Arr. de Cass.,* 1er *août* 1836; *Cham. réunies, 4 juill.* 1840.)
Voir ENFANT ABANDONNÉ OU EXPOSÉ, no 445; ENFANT PORTÉ A UN HOSPICE, no 446; ENLÈVEMENT D'ENFANT, no 447.

592. Naturalisation. — Voir Étrangers, n° 462.

593. Navigabilité. — Ce qui constitue un rivière navigable. Si le conseil de préfecture, saisi d'une prétendue contravention faite sur une rivière navigable, reconnaît qu'aucun acte de l'administration n'en a déclaré la *navigabilité*, le cité sera renvoyé de la poursuite. (*Cotelle, Traité des procès-verbaux en matière administrative.*)

594. Nécessité. — L'excuse tirée de la nécessité n'est pas admise pour la grande voirie en fait de dépôt de matériaux. Elle ne triompherait pas devant le tribunal de police lui-même, dans le cas où le dépôt sur la voie publique aurait été interdit par un arrêté municipal, ni lorsqu'il aurait été reconnu dangereux pour la sûreté des passants et incompatible avec elle. (*Arr. de Cass.*, 23 sept. 1843.)

595. Négligence. — Chacun est responsable du dommage qu'il a causé non seulement par son fait, mais encore par sa négligence ou par son imprudence. (*Code Nap.*, art. 1383.)

596. Nom. — La loi du 6 fructidor an II, défend, comme anciennement l'ordonnance de Henri II, de l'an 1555, de prendre et de porter d'autres noms que ceux exprimés dans les actes naissance, ou, à défaut d'état certain, que ceux qui ont servi à désigner la personne depuis le berceau et sous lesquels elle est connue.

La famille, ou un membre de la famille dont une personne prend ou veut prendre le nom, peut attaquer cette personne devant les tribunaux pour lui faire défendre de porter ce nom, mais le ministère public n'est autorisé par aucune loi à former une semblable demande. (*Arr. de Cass.*, 3 avr. 1826.)

Toute personne qui veut changer de nom, et qui en a

quelque juste cause, ne peut le faire sans l'autorisation préalable du gouvernement. (*Loi du 11 germ. an II.*)

Les changements et additions de noms ne peuvent s'opérer légalement que par décret impérial.

597. **Notables commerçants.** — Voir Code de comm., art. 618 et 619.

598. **Notification.** — Signification à la partie intéressée d'un arrêté ou d'une décision de l'autorité administrative.

Voir chap. iv, sect. i, nᵒ 223 ; chap. v, sect. iii, nᵒ 318 ; Lieux publics, nᵒ 529.

599. **Notoriété publique.** — La notoriété publique, qu'il ne faut pas confondre avec la *clameur publique*, n'est point, comme celle-ci, constitutive du flagrant délit. Un procès-verbal qui ne serait dressé que sur la simple *notoriété*, ou sur des déclarations faites par des tiers, serait sans autorité, ou n'aurait que l'effet d'une simple prévention, admettant la preuve contraire. (*Arr. de Cass.*, 18 févr. 1807 ; 12 janv. 1830.) «Quoiqu'en verbalisant, dit Cotelle, on constate non seulement ce qu'on a vu, entendu, ce dont on a eu connaissance par ses sens propres, mais encore ce qu'on a recueilli sur les lieux, cependant le résultat naturel d'un procès-verbal, c'est d'établir un *corps de délit.* »

600. **Nourrices.** — Les juges de paix connaissent de toutes les contestations relatives au paiement des nourrices, sauf ce qui est prescrit par les lois et règlements d'administration publique, à l'égard des bureaux de nourrices de la ville de Paris et de toutes les autres villes. (*Loi du 25 mai 1838, art. 5.*)

C'est aux préfets et aux maires qu'il appartient de prendre des arrêtés relatifs à l'établissement des bureaux de nourrices. (*Décr. du 25 mars* 1852.) En cas d'inexécution, le commissaire de police doit, non seulement constater les contraventions, mais encore prévenir l'autorité administrative afin qu'il soit pris, par elle, telle mesure que de raison.

La déclaration du 29 janvier 1715 défendit d'avoir deux nourrissons, à peine de punition corporelle contre la nourrice, de 50 fr. d'amende contre le mari, et d'être privé du salaire pour l'un et l'autre enfant. Cette même déclaration voulut que les nourrices fussent obligées, sous les mêmes peines, d'avertir les père et mère de l'enfant des causes qui les empêchent de continuer la nourriture, et, particulièrement en cas de grossesse, d'en donner avis au moins dans le deuxième mois. Il leur fut défendu de renvoyer leurs nourrissons sans ordre exprès des père et mère.

Lorsqu'un enfant a été définitivement abandonné à la nourrice qui se trouve dans l'impossibilité de le garder, il y a lieu de solliciter du préfet son placement dans un hospice. Voir Enfant abandonné, n° 445.

L'action des nourrices pour le paiement de la pension de leurs nourrissons se prescrit par un an, comme l'action des maîtres de pension. (*Code Nap.*, art. 2272.)

601. Nourriture. — Voir Denrées alimentaires, n° 414.

Les père et mère doivent des aliments à leurs enfants, et ceux-ci, à leur tour, leur en doivent ainsi qu'à leurs ascendants qui sont dans le besoin. Les gendres et belles-filles sont assujétis à la même obligation envers beau-père et belle-mère, et *réciproquement*.

Les juges de paix connaissent, à charge d'appel, des

demandes en pension alimentaires n'excédant pas 150 fr. par an, lorsqu'elle sont formées en vertu des art. 205, 206 et 207 du Code Napoléon. (*Loi du 25 mai 1838, art. 6, § 4.*)

602. NOVATION. — La novation est la subtitution d'une nouvelle dette à une dette ancienne. Cujas la définit : *veteris obligationis in novam translatio et confusio.* Elle ne se présume point et ne peut s'opérer qu'entre personnes capables de contracter (*Code Nap.*, art. 1272 et 1273.)

603. NOYÉS. — Voir ASPHIXIE, no 348.

604. NUIT. — Voir JOUR ET NUIT, no 518.

605. NULLITÉ. — Ce mot, dit Merlin, désigne tout à la fois et l'état d'un acte qui est nul et non avenu, et le vice qui empêche cet acte de produire son effet.

Les *nullités* sont ou *d'ordre public,* ou de *droit privé.* Les premières, qui sont les seules dont le commissaire de police ait à s'occuper, résultent de la contravention aux lois qui ont pour objet de déterminer les droits de la société à l'égard de chacun de ses membres. Telles sont les lois qui forment notre droit public, celles qui concernent les bonnes mœurs, etc., ou qui se rapportent à la disposition de choses qui sont placées hors du commerce.

606. NUMÉROTAGE DES MAISONS. — Le numérotage des maisons est obligatoire pour toutes les villes et communes de l'empire (*Décr. du 15 pluv. an XII; Ordonn. du 23 avr. 1823*); il peut motiver des arrêtés préfectoraux et municipaux dont le commissaire de police doit assurer l'exécution. (*Code pén.*, art. 471, nos 5 et 15.)

607. OBJETS PERDUS. — Voir EPAVES, no 452.

608. OCTROIS. — L'origine des taxes sur les consom-

mations est fort ancienne. Les villes ayant besoin de ressources considérables pour les travaux d'assainissement
et d'embellissement, établirent des droits sur l'entrée et
l'arrivage de certaines denrées ; ainsi naquit l'*octroi* (du
vieux mot français *octrise* autorisation) : c'était en effet
en vertu d'une permission *octroyée* par le roi que les communes étaient admises à s'imposer.

L'établissement des octrois remonte à 1295. Ils furent
supprimés en 1791 par l'assemblée constituante, et réta-
blis par la loi du 27 frimaire an VIII. Napoléon incorpora
l'octroi dans la régie des droits réunis ; mais l'administration en fut restituée aux communes en 1814.

Né de l'émancipation des communes, l'impôt de l'octroi
est le seul qui existe *sans être voté par la loi* ou *en exécution de la loi*. Les droits d'octroi ne peuvent être imposés
que sur les objets destinés à la consommation locale. Leur
établissement est délibéré par les conseils municipaux, qui
en ont l'iniative. Il est soumis à l'approbation et à l'autorisation du ministre de l'intérieur, par l'intermédiaire des
sous-préfets et des préfets. L'octroi étant un impôt de
consommation locale, il porte sur les boissons et liquides,
les comestibles, les combustibles, les fourrages et les matériaux ; mais il doit épargner les objets de première nécessité (grains, sels).

La surveillance de la perception est exercée concurremment par les employés de l'octroi, et par ceux des contributions indirectes.

Aux termes de l'ordonnance royale du 9 décembre 1814,
les *employés de l'octroi* sont assermentés. (*Art.* 58.)

Il doivent toujours être porteurs de leur commission et
sont tenus de la représenter à toute réquisition. (*Art.* 60.)

Le port d'arme leur est accordé. (*Art.* 60.)

Ils peuvent requérir la force armée. La police leur doit
main-forte. (*Art.* 65.)

En cas de soupçon de fraude chez les *particuliers*, ils peuvent faire des visites dans l'intérieur de leurs habitations en se faisant assister du juge de paix, du maire ou de son adjoint ou du *commissaire de police* (*art.* 134), lesquels sont tenus de déférer à la réquisition qui leur en est faite et qui doit être transcrite en tête du procès-verbal des employés.

Ces visites ne peuvent avoir lieu que d'après l'ordre du préposé en chef de l'octroi ou d'un employé supérieur des contributions indirectes, du grade de contrôleur au moins. Cet ordre doit être spécial et nominatif et il doit être exhibé au commissaire de police dont les employés requièrent l'assistance. (*Loi du* 28 *avr.* 1816, *art.* 237.) Ceci s'applique aux opérations des employés de la régie autres que celles spéciales à l'*octroi*. Voir CONTRIBUTIONS INDIRECTES, n° 401.

Les procès-verbaux des employés de l'octroi, en ce qui touche les fraudes et les contraventions, font foi jusqu'à inscription de faux (*Loi du* 27 *frim. an VIII*); à l'exception de ceux en matière de roulage (*Loi du* 30 *mai* 1851, *art.* 15); quant aux faits de rébellion, injures ou mauvais traitements, ils ne font foi que jusqu'à preuve contraire.

Toute contravention en matière d'octroi est punie, indépendamment de la confiscation des objets saisis, d'une amende de 100 à 200 fr. (*Loi des* 29 *mars* 1832, *art.* 8, *et* 21 *mars* 1834, *art.* 9.)

Nous avons déjà eu l'occasion de le dire plusieurs fois : aucune branche de l'administration n'est absolument étrangère au commissaire de police, dédoublement du préfet et du maire, fonctionnaire de l'ordre administratif par excellence; aussi doit il exercer une surveillance discrète sur le service de l'octroi comme sur tous ceux ressortissant de l'administration, et rendre un compte exact à ses mandants de toutes ses observations.

609.   OCULISTES. — La loi ne s'explique pas sur les *oculistes;* mais la jurisprudence a consacré qu'ils doivent être pourvus au moins d'un diplôme d'officier de santé.

Voir ART DE GUÉRIR, n° 346.

610.   OFFICIERS DE GENDARMERIE. — Voir GENDARMERIE, n° 492.

611.   OFFICIERS DE SANTÉ. — Voir ART DE GUÉRIR, n° 346.

612.   OR ET ARGENT. — Voir GARANTIE DES MATIÈRES D'OR ET D'ARGENT, n° 491; MATIÈRES D'OR ET D'ARGENT, n° 561.

613.   ORDONNANCES. — C'est ainsi qu'on appelait anciennement la loi faite par le souverain. Aujourd'hui les actes législatifs seuls portent le nom de *lois,* tandis qu'on appelle *ordonnances* ou *décrets* les actes par lesquels le chef de l'Etat pourvoit à l'exécution des lois, ou ordonne une chose qui est dans les attributions du pouvoir exécutif.

Les arrêtés des préfets ou des maires statuant en matière de police prennent encore le titre *d'ordonnances* ou *règlements de police.*

614.   ORDONNANCE DU JUGE. — Décision rendue par un juge, ordre donné par lui au bas d'un requête ou d'une procès-verbal.

Le gibier ou le poisson saisi et remis à l'établissement de bienfaisance le plus voisin, ou vendu, en vertu d'une ordonnance du juge de paix. Voir DENRÉES ALIMENTAIRES, n° 414.

Dans les cas urgents, les contrevenants peuvent être cités à *bref délai* et mis en demeure de comparaître d'heure à heure devant le tribunal de police, en vertu d'une cédule ou *ordonnance* émanée du juge-président. (*Code d'instr. Crim., art.* 146.)

615. ORDRES ÉTRANGERS. — Ne peuvent être portés sans une autorisation du gouvernement. (*Ordonn. des* 26 *mars* 1816 *et* 16 *avr.* 1824; *Arr. de Cass. du* 19 *janv.* 1839; *Code pén., art.* 259.)

616. ORDRE PUBLIC. — État conforme à la nature et aux lois; triomphe des idées d'honneur, de vertu et de justice. L'homme seul a le sentiment de l'ordre universel, qui est celui de la divinité même.

Voir MOEURS, nᵒ 574; CODE NAP., art. 6, 686, 900, 1131, 1133, 1172, 1833; CODE DE PROC. CIV., art. 83, nᵒ 1ᵉʳ.

617. ORGANES DE L'ADMINISTRATION. — Voir CHAP. IV, SECT. 1, nᵒ 219 et suiv.

618. ORIGINAL. — Voir MINUTE, nᵒ 571; CODE NAP., art. 1334.

619. OUVERTURE DE PORTES. — Voir JOUR ET NUIT, nᵒ 518; MAISONS D'HABITATION, nᵒ 543.

Lorsqu'un commissaire de police est obligé de pénétrer dans le domicile d'un citoyen en son absence, il agit sagement en se faisant assister des voisins ou personnes présentes. Pour ces sortes d'opérations, il doit toujours être accompagné d'agents de la force publique : sergents de ville, gardes-champêtres ou gendarmes.

L'ouverture des portes et meubles est faite par un serrurier requis conformément à la loi. (*Code pén., art.*

475, n° 12.) Le commissaire de police veillera à ce qu'ils soient refermés avec soin.

620. OUVRAGES DRAMATIQUES. — Les lois des 30 juillet 1850, 30 juillet 1851 et le décret du 30 décembre 1852 régissent encore la matière.

Loi du 30 juillet 1850.

ART. 1er. — Jusqu'à ce qu'une loi générale, qui devra être présentée dans le délai d'une année, ait définitivement statué sur la police des théâtres, aucun ouvrage dramatique ne pourra être représenté sans l'autorisation préalable du ministre de l'intérieur à Paris et du préfet dans les départements.

Cette autorisation pourra toujours être retirée pour des motifs d'ordre public.

ART. 2. — Toute contravention aux dispositions qui précèdent est punie, par les tribunaux correctionnels, d'une amende de cent francs à mille francs, sans préjudice des poursuites auxquelles pourraient donner lieu les pièces représentées.

Loi du 30 juillet 1851.

ARTICLE UNIQUE. — La loi du 30 juillet 1850, sur la police des théâtres, est prorogée jusqu'au 31 décembre 1851.

Décret du 30 décembre 1852.

ART. 1er. — Les ouvrages dramatiques continueront à être soumis, avant leur représentation, à l'autorisation de notre ministre de l'intérieur à Paris, et des préfets dans les départements.

ART. 2. — Cette autorisation pourra toujours être retirée pour des motifs d'ordre public.

Des poursuites sont dirigées non seulement contre le directeur de théâtre qui ne s'est pas conformé aux dispositions qui précèdent, mais encore contre l'acteur qui ajoute à son rôle des phrases non autorisées ou qui en débite publiquement les parties retranchées.

Le commissaire de police s'opposera à la représentation de tout ouvrage dramatique pour laquelle une autorisation régulière ne lui sera point produite. Il avisera immédiatement l'autorité supérieure.

621. OUVRIERS. — Voir MAITRES ET OUVRIERS, n° 549.

622. PARI. — Voir JEU ET PARI, n° 515.

623. PASSAGE PRIVÉ. — Les rues ou passages ouverts au public sur des terrains particuliers échappent, comme propriété privée, aux dispositions qui régissent la petite voirie; l'autorité municipale ne peut soumettre à un alignement arrêté par elle, les constructions ou clôtures dont les propriétaires entendraient les border, non plus qu'obliger ceux-ci à les niveler, paver, éclairer comme les autres rues publiques. Les embarras ne peuvent y donner lieu à aucune poursuite.

Mais, aux termes de l'article 3, titre 11 de la loi du 16-24 août 1790, l'autorité municipale peut forcer les propriétaires à supprimer les mêmes passages, s'ils lui paraissent offrir un danger pour la sécurité publique, ou bien à prendre à leurs frais les mesures qu'elle juge nécessaires, soit pour opérer la suppression immédiate, soit pour faire cesser le danger. (*Arr. de Cass.*, 13 *mai et* 27 *juill.* 1854.)

624. PASSAVANTS. — Voir CONGÉ D'ACQUIT, n° 397.

625. PASSEPORTS. — L'usage des passeports est très-ancien; Pline en parle dans une de ses épîtres à Trajan; dans Suétone, le passeport est appelé *commeatus*.

Chez nous, la nécessité d'un passeport a été établie par la loi du 1er février-28 mars 1792, réglée par diverses lois, et notamment par le décret du 18 septembre 1807.

On distingue deux sortes de passeports : le passeport

à l'intérieur et le passeport pour l'extérieur ou à l'étranger.

La délivrance d'un passeport *à l'intérieur* appartient, savoir :

Au préfet de police à Paris. (*Arr. du* 12 *mess. an VIII, art.* 3.)

Au préfet du Rhône à Lyon et dans les autres communes de l'agglomération lyonnaise. (*Loi du* 19 *juin* 1851.)

Aux préfets dans les villes chefs-lieux de département dont la population excède 40,000 âmes. (*Loi du 5 mai* 1855, *art.* 50.)

Aux maires dans toutes les autres communes de l'empire. (*Loi du* 10 *vend. an IV, art.* 1er.)

Dans certains cas exceptionnels le ministre de l'intérieur délivre lui-même des passeports.

Les passeports des sénateurs sont délivrés par le président du sénat.

Les passeports des membres du corps législatif sont délivrés par le président de cette assemblée. (*Décr. du* 31 *décem.* 1852-13 *janv.* 1853, *art.* 89.)

La délivrance des passeports *à l'étranger et pour les colonies françaises* appartient aux préfets dans les départements et au préfet de police à Paris, sauf ce qui vient d'être dit à l'égard du ministre de l'intérieur, du président du sénat et du président du corps législatif.

La délivrance d'un passeport à l'intérieur ou à l'étranger a lieu ordinairement sur un *bon* ou certificat du commissaire de police qui, à moins que l'impétrant ne lui soit personnellement bien connu, ne doit délivrer cette pièce que sur l'*attestation* et sous la *responsabilité personnelle* de deux témoins *imposés* ou *patentés* qui signent avec lui. Il y aurait délit, au moins, de la part du fonctionnaire qui délivrerait un passeport ou un bon de passeport à un individu qu'il ne connaîtrait pas, sans l'attestation de deux personnes connues. (*Code pén.*, *art.* 155.)

Si le postulant est négociant, marchand ou maître artisan, il devra produire sa patente ;

S'il est mineur, le consentement de son père, de sa mère ou de son tuteur, ou encore de son plus proche parent, ou bien les lettres qui l'appellent près d'eux, à moins qu'ils ne soit émancipé ;

S'il est étudiant, la permission de son maître ou instituteur ;

S'il est comptable ou employé, la permission de son chef ;

Une femme mariée, l'autorisation ou la procuration de son mari, à moins qu'elle ne parte avec lui ou n'aille le rejoindre ; si elle est veuve ou séparée de corps, elle doit en justifier autant que possible ;

S'il est domestique, le consentement de son maître ;

S'il est ouvrier, son livret acquitté de tous engagements par le maître qui l'a employé, et visé pour départ ;

S'il est apprenti, son brevet ou certificat d'apprentissage dûment visé ;

S'il appartient à un état sujet à médaille, le récépissé de la médaille, dont il doit faire préalablement le dépôt ;

S'il est militaire, sa feuille de route ou son congé, licenciement ou exemption de service, et une autorisation de l'état-major, s'il est porteur d'un permis de séjour militaire.

Si c'est un célibataire ayant été appelé au recrument de l'armée, sa dispense définitive, ou son acte de remplacement, ou un certificat de libération, émané du préfet ou du maire.

A défaut d'ancien passeport et d'autres papiers, le postulant doit déclarer pourquoi et comment; il n'en a pas.

S'ils les a perdus, il doit faire connaître quels ils étaient, par qui, et à qu'elle époque ils lui avaient été délivrés, où et quand il les a perdus.

Le commissaire de police ne saurait s'assurer, avec trop de soin, que le postulant n'est l'objet d'aucune poursuite criminelle, ni sous le coup d'aucune inculpation.

Les passeports français ne sont, sauf des cas exceptionnels, délivrés qu'à des Français. C'est aux agents diplomatiques de leur nation que les étrangers doivent faire la demande de leurs titres de voyage. Dès-lors, si le postulant paraît, par l'indication de son pays natal, être étranger à la France, et s'il prétend néanmoins obtenir un passeport comme Français, il doit produire ses lettres de naturalisation, ou l'acte de naissance de son père. Le commissaire de police doit certifier que le postulant est naturalisé ou qu'il est né en pays étranger de parents français. Il en est de même pour une femme née à l'étranger, qui a épousé un Français; ou pour une Française qui a épousé un étranger; car un enfant né en France de parents étrangers est étranger, et une Française mariée à un étranger est étrangère.

Une *passe provisoire* peut être délivrée à l'étranger pour se rendre devant le consul de sa nation; il ne pourra s'écarter de la route tracée dans cet acte qui n'est autre chose qu'un passeport français portant écrits, en gros caractères immédiatement au dessous des armes de l'empire, ces mots: *passe provisoire*.

Les commissaires de police doivent préciser dans leurs certificats le lieu de destination et non point y insérer une destination vague pour l'intérieur de la France, à moins que le postulant ne soit chargé d'une mission urgente qui ne lui permette pas de faire viser son passeport dans les divers lieux où il se rend. Dans ce cas, le commissaire de police se fait représenter la commission et il la relate dans son certificat.

Lorsqu'un individu demande à faire comprendre dans son passeport une femme ou une demoiselle, qu'il déclare être sa femme ou sa parente, le commissaire de police, avant de délivrer le certificat, doit s'assurer de la vérité du fait, à l'effet de prévenir les enlèvements de mineures.

Un officier qui désire voyager avec un passeport civil doit être porteur d'une permission du ministre de la guerre. Si c'est un simple officier, il doit avoir la permission de son officier supérieur, indépendamment de l'autorisation de l'état-major.

Tout individu voyageant dans l'intérieur de la France doit, à son arrivée dans la commune pour laquelle le passeport a été obtenu ou visé, se présenter au bureau de police et y échanger son passeport contre un permis de séjour ou une carte de sûreté qui lui est délivré gratuitement.

Celui qui, en cours de voyage, veut faire changer l'indication du lieu où il se rend, se présente devant l'autorité de la commune où il se trouve (*Loi du 28 vend. an VI, art. 5*), et fait la demande d'un nouveau *visa*.

Le visa apposé au passeport pour une autre destination constitue une extension du titre de voyage, et, sous ce rapport, il ne peut être régulièrement donné que par le fonctionnaire qui aurait qualité pour délivrer lui-même le passeport d'après les distinctions établies plus haut. (*Circ. minis. du 1er mars* 1856). Le commissaire de police ne peut, en conséquence, viser les passeports qu'en vertu d'une *délégation spéciale* à cet effet soit du préfet, soit du maire, suivant la distinction résultant de l'art. 50 de la loi du 5 mai 1855. Mention doit être faite de cette délégation au-dessus de sa signature.

Les *visa* sont donnés gratuitement, soit aux frontières, soit dans l'intérieur. Il y a concussion de la part du fonctionnaire ou du secrétaire de la mairie qui reçoit quelque chose pour la délivrance d'un passeport (*Arr. de Cass.*, 17 *juill.* 1828), ou pour un visa.

Si deux ou plusieurs personnes se trouvent comprises dans le même passeport, et que les uns demandent à rester et les autres à partir, le commissaire de police doit donner à chacune de celles qui restent un certificat motivé pour obtenir un permis de séjour, et laisser aux autres le passeport, s'il est en leur nom, pour obtenir un visa de départ. Si le passeport est au nom de la personne qui veut rester, il devient nécessaire de délivrer à l'autre personne qui veut partir un certificat pour obtenir un nouveau passeport. (*Instr. du* 31 *mai* 1816.)

Un passeport n'est valable que pour un an. (*Loi du* 10 *vend. an IV, art.* 3.)

Le passeport à l'intérieur coûte 2 fr., et celui à l'étranger coûte 10 fr. (*Décr. du* 11 *juill.* 1810.)

L'*indigent* hors d'état d'acquitter le coût du passeport peut en obtenir un gratuitement. (*Avis du Cons. d'Etat du* 22 *décem.* 1811.) L'indigence doit être constatée par un certificat du commissaire de police.

Voir INDIGENCE, INDIGENT, n° 507.

Indépendamment du *passeport d'indigent* proprement dit, il existe une espèce de passeport avec *secours de route* dont la délivrance est attribuée exclusivement aux préfets. (*Instr. minis. du* 22 *nov.* 1825.)

Ces passeports sont accordés :

1.° Aux indigents reconnus pour tels qui, se trouvant éloignés de leur domicile, veulent y retourner;

2° Aux forçats, condamnés libérés et vagabonds déclarés tels par jugement, dont la résidence est fixée et dont il importe d'assurer la marche vers leur destination;

3° Enfin aux étrangers réfugiés, vagabonds ou condamnés libérés, qui sont expulsés du territoire de l'Empire, et dirigés vers leur pays ou vers tel autre point de l'étranger.

Les porteurs de ces passeports ont un *itinéraire obligé*, et reçoivent le secours de 30 centimes par myriamètre, fixé par l'art. 7 de la loi du 13 juin 1790. C'est devant les maires qu'ils doivent se présenter pour le toucher.

Les demandes de *passage gratuit en Algérie* doivent être adressées par l'intermédiaire obligé des préfets au ministre de la guerre qui s'est réservé exclusivement le droit de statuer. Par suite, il ne peut être délivré de *passeport* ou de *visa* pour l'Algérie aux personnes qui veulent s'y rendre en qualité de colons ou industriels que sur la présentation du permis de passage gratuit, *à moins qu'elles ne justifient qu'elles sont en position de faire le voyage à leurs frais*. Dans ce cas il doit en être fait mention sur le titre de voyage (*Circ. minis. du 4 sept.* 1852), et par conséquent sur le bon ou certificat délivré par le commissaire de police.

Les diplômes des sociétés de secours mutuels servent de passeport et de livrets. Voir Associations de secours pour les ouvriers, n° 351.

Les livrets d'ouvriers servent de passeports. Voir Livrets d'ouvriers, n° 531.

Quiconque a perdu son passeport doit en faire la déclaration à l'autorité, et si les renseignements qu'il donne paraissent sincères, il lui est délivré un nouveau passeport sur le vu de cette déclaration, faite en présence de deux témoins qui attestent la moralité du déclarant.

Tout individu voyageant et trouvé hors de son canton sans passeport peut être mis en état d'arrestation provisoire, et, suivant les cas, être écroué à la disposition du préfet ou du sous-préfet, et être détenu par mesure administrative pendant vingt jours supposés nécessaires pour rechercher et établir son individualité (Voir DÉFAUT DE PAPIERS, n° 408; GENS SANS AVEU, n° 493), ou mis à la disposition de l'autorité judiciaire sous prévention de vagabondage. (*Loi du 10 vend. an IV, art.* 6 *et* 7.) Si l'individualité du détenu est constatée pendant le cours de la détention administrative, ou par suite de son acquittement de la prévention de vagabondage, il reçoit un passeport pour se rendre librement dans le lieu de son domicile ou de sa naissance. Dans le cas de condamnation, il est soumis, après sa libération, à la surveillance de la haute police.

Tout voyageur est tenu de représenter son passeport à la police.

Le voyageur qui n'a pas de passeport doit être conduit au bureau de police pour y fournir les renseignements nécessaires et notamment indiquer un répondant honorablement connu.

Les maîtres d'hôtels garnis et logeurs doivent signaler sans retard à l'autorité les individus non pourvus de papiers réguliers qu'ils auraient reçus. Le commissaire de police peut mander devant lui les personnes qui se trouvent dans ce cas pour connaître leurs moyens d'existence et les avertir qu'elles aient à régulariser leur position. Voir LOGEURS, n° 533; CODE PÉN., art. 154.

Il est défendu aux entrepreneurs de transport par terre et par eau de délivrer des bulletins de place aux voyageurs qui ne justifient pas de passeports en règle, et aux militaires non porteurs de feuilles de route.

Les pouvoirs conférés par la loi à l'administration, en cette matière, sont fort étendus. Le commissaire de police, s'inspirant des temps, des lieux et des circonstances, doit en user avec intelligence et prudence.

626. PATENTES. — Cette contribution est un impôt auquel est soumis tout citoyen qui veut exercer un commerce, une profession, un art, un métier ou une industrie; il a remplacé les jurandes et maîtrises abolies en 1791.

Tout patentable est tenu d'exhiber sa patente lorsqu'il en est requis par les maires, adjoints, juges de paix, et tous autres officiers ou agents de police judiciaire. (*Loi du 25 avr.* 1844, *art.* 27.)

Voir MARCHANDS AMBULANTS ET FORAINS, n° 557.

Si l'individu non muni de patente exerce au lieu de son domicile, le commissaire de police dresse un procès-verbal qu'il transmet immédiatement aux agents des contributions directes. (*art.* 28.)

627. PATURAGE. — Ne peut avoir lieu que dans les temps et dans les endroits déterminés par les lois, règlements et coutumes. Les infractions en cette matière sont poursuivies correctionnellement. (*Arrêtés des* 29 *juin* 1728 *et* 26 *sept.* 1797*; Loi du 7 janv.* 1805*; Code rural, sect.* 4, *art.* 2 *et suiv.*) Voir VAINE PATURE ET PARCOURS, n° 749.

L'exercice des droits de pâturage, paccage et glandée dans les forêts de l'Etat est réglé par les art. 64 à 78 du Code forestier. En ce qui concerne les droits de pâturage dans les bois des particuliers, ce sont les art. 119 et 120 du même Code qu'il faut consulter.

628. PÉAGE (ponts, bacs et bateaux). — Voir BACS ET BATEAUX, n° 358; DROITS DE PÉAGE NON AFFICHÉS, n° 429.

629. PÈCHE. — La pêche est fluviale ou maritime.

L'exercice du droit de pêche est aujourd'hui réglé par la loi du 15 avril 1829.

En ce qui concerne *la pêche fluviale,* le droit de pêcher

est attaché à la propriété riveraine dans les rivières non navigables, ni flottables. Les propriétaires ont, chacun de leur côté, le droit de pêche jusqu'au milieu du cours de l'eau.

Le même droit s'exerce au profit de l'Etat dans les fleuves et rivières navigables et flottables, soit par voie d'adjudication publique, soit par concession de licences à prix d'argent. Il est néanmoins permis à tout individu de pêcher à la ligne flottante tenue à la main, dans les fleuves, rivières et canaux navigables, *le temps du frai excepté*.

L'administration détermine les mesures qui doivent prévenir le désempoissonnement des rivières. Le commissaire de police doit son concours à leur exécution.

Le droit de pêche est entièrement libre dans les lacs et étangs particuliers. Leurs propriétaires en usent comme ils l'entendent.

L'exercice de *la pêche maritime* est soumis à la condition d'être autorisé par l'administration qui en a la surveillance. Toutes les mesures d'ordre et de précaution sont déterminées par des décrets. (*Décr. du 9 janv.-1er fév. 1852, art.* 1, 2 *et* 3.)

Les tribunaux correctionnels sont compétents pour juger les contraventions aux lois de la pêche. Les procès-verbaux doivent être envoyés au procureur impérial. Les filets et engins de pêche saisis comme prohibés sont déposés au greffe.

Voir Filets, n° 478.

Le poisson saisi pour cause de délit est vendu ou remis à un établissement de bienfaisance. Voir Denrées alimentaires, n° 414. Le poisson pêché frauduleusement dans les cours d'eau non navigables, ni flottables ou dans les lacs et étangs particuliers, est restitué aux propriétaires ou riverains.

630. Pénitencier. — Dans chaque diocèse, en France, il y a un pénitencier auquel l'évêque donne le pouvoir d'absoudre les *cas réservés*, c'est-à-dire les péchés dont certains supérieurs ecclésiastiques se réservent la connaissance et l'absolution à eux-mêmes ou à leurs vicaires-généraux.

Le mot *pénitencier* sert encore à désigner un lieu de détention. Voir Maisons de correction, n° 542.

631. Pensions de retraite. — Les services rendus dans les fonctions de commissaire de police ne donnent aucun droit à la pension de retraite déterminée par la loi du 9 juin 1853, alors même qu'ils seraient réunis à des services rendus dans d'autres fonctions. (*Décis. du Cons. d'Etat*, 1er *décem.* 1854.)

632. Pensions, pensionnats. — Voir Ecoles non autorisées, n° 434; Instituteurs communaux, n° 512.

633. Permis de chasse. — Voir Chasse, n° 382.

En ce qui touche la délivrance du *bon* ou certificat exigé du postulant pour obtenir un permis de chasse, le commissaire de police doit procéder comme s'il s'agissait d'un passeport. Voir Passeports, n° 624.

634. Pesage et mesurage publics (halles et marchés). — Aux termes des lois du 7 brumaire an IX, art. 1er, et 29 floréal an X, art. 1er, l'autorité municipale peut interdire à toute autre personne qu'au fermier des droits de pesage, mesurage et jaugeage, l'exercice de la profession de peseur et mesureur public sur les halles, chantiers, boulevards et autres voies publiques. Les infractions à un arrêté qui statue en ce sens constituent la contravention prévue et punie par l'art. 471, n° 15, du Code pénal. Le tribunal de simple police ne pourrait relaxer par le motif que l'interdiction portée ne saurait être applicable à celui

qui mesure ou pèse sa propre marchandise. (*Arr. de Cass.,* 2 *juin* 1854.)

Voir Foires et marchés , n° 480.

635. Peste. — Voir Epidémies , n° 454 ; Epizooties , n° 455.

636. Pharmaciens. — Voir Droguistes et herboristes , n° 428 ; Jury médical , n° 522.

637. Pistolets de poche. — Voir Armes secrètes , n° 344.

638. Placards. — Voir Affiches , n° 330 ; Afficheurs , n° 331.

639. Placement de domestiques (bureaux). — Le décret du 25 mars 1852 investit l'autorité administrative, chargée de la police, du droit de réglementer la matière , et lui en fait un devoir.

Le commissaire de police doit s'assurer si tous les bureaux de placement sont pourvus d'autorisations, et si l'arrêté de police local est ponctuellement exécuté. Les contraventions sont constatées et poursuivies conformément aux dispositions des art. 471, 479, 480 et 463 du Code pénal. Avis des constatations et des plaintes doit être donné au préfet ou au maire qui, aux termes de l'art. 5 du décret, peut retirer la permission qui a été délivrée.

Voir Nourrices , n° 600.

640. Plantation d'arbres sur un chemin public. — Voir Alignements et permissions de voirie , n° 336.

Une plantation d'arbres faite sur un chemin public, ou usurpant sur sa largeur, constitue une contravention permanente, mais non successive. En conséquence, doit être admise l'exception de prescription fondée sur ce que la plantation remonterait à plus d'une année. (*Code d'instr. crim.*, art. 640; *Arr. de Cass.*, 28 *janv.* 1854.)

641. PLAQUES DE VOITURES PUBLIQUES. — Aux termes de l'art. 7 de la loi du 30 mai 1851, sur la police du roulage, le propriétaire et le conducteur d'une voiture dépourvue de plaque doivent être condamnés chacun à une amende; mais une seule amende doit être prononcée lorsque c'est le propriétaire lui-même qui conduit sa voiture. (*Arr. de Cass.*, 6 *janv.* 1854). Le prévenu de cette contravention ne peut être excusé sous le prétexte que sa voiture ne circulant pas, au moment de la contravention, sur une route impériale ou départementale, ou sur un chemin de grande communication, mais dans l'intérieur de la ville, ce fait ne constituait aucune infraction à loi. (*Arr. de Cass.*, 21 *juin* 1855.)

La plaque que tout propriétaire de voiture de roulage est tenu d'avoir sur sa voiture doit être en métal et porter, *en caractères apparents,* son nom et le lieu de son domicile. (*Lois des 9 niv. an VI,* art. 9 *et* 23 *juin* 1806, art. 34.)

Les contraventions en cette matière sont de la compétence des tribunaux de simple police.

642. POIDS ET MESURES. — Voir MESURES ET POIDS, nᵒ 568.

643. POIDS PUBLIC. — Voir PESAGE ET MESURAGE PUBLICS, nᵒ 634.

644. POLICE DES CHEMINS DE FER. — Voir CHEMINS DE FER, nᵒ 384; CHAP. II, SECT. III, nᵒˢ 103 à 109.

Pour tout ce qui concerne la police générale et municipale, les attributions du préfet et du maire ne s'arrêtent pas aux limites de l'enceinte du chemin de fer, mais le service de ces voies ayant des nécessités qui lui sont propres, il n'ont pas à intervenir dans ce qui concerne la police spéciale de l'exploitation. Dans les a.faires qui peuvent présenter un caractère mixte, les mesures qu'ils prescrivent ne peuvent être en opposition avec celle de l'administration des chemins de fer, et, à cet égard, les arrêtés émanés du ministre des travaux publics, ou pris avec son approbation, indiqueront à l'autorité locale le point où cesse sa compétence. La circonstance exceptionnelle d'une cérémonie publique, se passant dans l'intérieur d'une gare, par exemple, est évidemment de celles où il y a lieu de faire une juste part des pouvoirs de la police municipale et des nécessités de l'exploitation. Aussi, bien que l'ordonnance de la cérémonie doive lui être réservée, le préfet ou le maire fera-t-il bien de concerter avec l'administration du chemin de fer les dispositions à prendre.

Quant à la question de savoir si c'est au commissaire de surveillance administrative ou au commissaire de police ordinaire que le préfet ou le maire doit adresser ses réquisitions, il n'est pas douteux qu'elle ne doive être résolue dans le sens de la seconde alternative.

Les commissaires de surveillance administrative sont précisément institués pour assurer l'exécution des mesures qui sont en dehors des attributions de l'autorité locale. Il est vrai que, dans un intérêt général, ces fonctionnaires ont reçu, avec le titre d'officiers de police judiciaire, la mission de constater et de poursuivre les crimes, délits et contraventions de droit commun. Mais ils n'exercent cette mission que concurremment avec les commissaires de police ordinaires, et le ministre des travaux publics, dans une circulaire du 1er juin 1855, leur a même enjoint de s'abstenir, lorsque le commissaire était présent. A plus forte raison, lorsqu'il s'agit d'un service d'ordre et de sûreté, est-ce au fonctionnaire chargé de la police municipale qu'il appartient de veiller à l'exécution des mesures arrêtées par le préfet ou par le maire dans les limites de sa compétence. (*Décis. du minis. de l'int.*, 7 *janv.* 1855.)

645.   POLICE DES ÉGLISES. — Voir CULTES, n° 403 ; ÉGLISES, n° 439 ; QUÊTES, n° 663 ; CODE PÉN., art. 260 et suiv.

La police intérieure d'une église appartient au curé. (*Décis. minis., prise en conséquence du Concordat*, 21 *pluv. an XIII.*)

Les officiers et agents de police ne peuvent entrer dans l'intérieur de l'église pour y exercer leurs fonctions ostensibles qu'avec l'autorisaation du curé ou sur sa demande.

Il est admis par les auteurs et la jurisprudence que les lieux servant, même momentanément, à l'exercice d'un culte sont compris dans l'art. 262 du Code pénal. Ainsi, les rues ou passent les processions, dans les localités où elles sont permises, deviennent par suite des lieux ou le culte s'exerce. Le délit d'outrage commis dans la rue envers des objets d'un culte, au moment du passage d'une procession, doit être par conséquent assimilé à celui qui se commettrait, dans les mêmes circonstances, dans l'intérieur d'une église au moment de la célébration du culte.

Si le principe de la liberté de conscience s'oppose à ce qu'un citoyen soit contraint de rendre hommage à un culte qui n'est pas le sien, ce même principe exige non moins impérieusement que tous les cultes autorisés jouissent de la liberté et du respect qui leur sont dus. Une attitude décente dans les cérémonies publiques d'un culte reconnu par l'État n'est point un acte d'assentiment à ce culte, un acte impliquant la profession d'une croyance quelconque, mais

seulement un devoir de sociabilité, une mesure de police
à laquelle tous les citoyens doivent être soumis, quel que
soit d'ailleurs le culte qu'ils professent ; la décence dans les
solennités publiques étant, ce que la politesse est dans la
vie privée, une obligation purement civile que l'on ne peut
enfreindre sans désobéir à la loi et sans troubler le bon
ordre. (*Portalis.*)

646.   POLICE DES THÉÂTRES. — La police des théâtres
et des spectacles appartient au préfet de police à Paris, au
préfet à Lyon et dans les villes chefs-lieux de département
dont la population excède 40,000 âmes, dans les autres
communes au maire.

Aucun théâtre, aucun spectacle de curiosité, ne peut
exister sans une autorisation. Le directeur ou entrepreneur doit traiter avec l'administration municipale pour la
fixation du droit des pauvres. (*Décr. du 9 décem. 1809.*)

Les directeurs *privilégiés* sont autorisés à prélever une
indemnité sur les spectacles de curiosités de quelque nature qu'ils soient. Cette indemnité est du *cinquième* sur
la recette brute, défalcation faite du droit des pauvres.
(*Ordonn. du 8 décem. 1824.*)

Dans le grandes villes, les théâtres sont réduits à deux ;
dans les autres villes, il n'en peut subsister qu'un. (*Décr.
du 8 juin 1856.*)

L'arrêté du gouvernement du 1er germ. an VII, prescrit des mesures pour prévenir l'incendie des salles de
spectacle.

Il doit toujours y avoir, dans un théâtre, pendant la
représentation, un commissaire de police de service. Voir
CHAP. III, n° 198. Les arrêtés de police locaux sur la matière doivent être ponctuellement exécutés.

Toute personne sommée de sortir de la salle pour don-

ner des explications est tenue d'obéir, si non elle peut
être contrainte. (*Code d'instr. crim., art.* 99.)

L'autorité a le droit d'arrêter la représentation de toute
pièce par laquelle l'ordre public aurait été troublé. (*Arrêté
du 25 plur. an IV, art.* 1er.)

En cas de désordres graves que les exhortations du
commissaire de police demeurent impuissantes à faire cesser, il y a lieu de faire évacuer la salle. Si on se trouve
dans la nécessité d'y introduire la force armée, il faut
prévenir à l'avance le public et faire les sommations prescrites par la loi sur les attroupements. Voir Attroupements, n° 356. En pareille circonstance, il convient d'a-
viser le préfet ou le sous-préfet, le maire et le procureur
impérial, sans le moindre retard.

Voir Ouvrages dramatiques, n° 620.

647.ˢ Police du roulage. — La loi du 30 mai 1851
et le décret réglementaire du 10 août 1852 forment le
code de la matière. Les dispositions qu'ils contiennent peuvent être l'objet de 37 contraventions justiciables des tribunaux correctionnels; 9 seulement appartiennent à la
juridiction du tribunal de simple police; 17 doivent être
portées devant les tribunaux administratifs.

L'étude de la loi et du règlement sus-énoncés est facile.
Nous avons dû nous borner à indiquer et à traiter, à
titre d'exemple, quelques unes de leurs prescriptions. Les
principes généraux exposés et développés dans les cha-
pitres IV, V et VI de cet ouvrage suffiront pour ne laisser aucun doute sur la marche à suivre dans tous les cas
prévus.

Voir Attelage de plus d'un cheval, n° 355; Avaries,
n° 357; Chargement excédant la largeur permise,
n° 380; Chevaux attelés plus de cinq de file; n° 386;

CLOUS DE BANDE A TÊTE DE DIAMANT, n° 392 ; COLLIERS EXCÉDANT LA LARGEUR PERMISE, n° 393 ; DOMMAGE CAUSÉ AUX ROUTES, n° 424 ; ECLAIRAGE, n° 432 ; ESSIEUX DÉPASSANT LA LONGUEUR PERMISE, n° 456 ; EXPERTISE DES VOITURES PUBLIQUES, n° 469 ; MESSAGERIES, n° 567 ; MOYEUX DES ROUES, n° 584 ; PLAQUES DE VOITURES PUBLIQUES, n° 641 ; PONTS SUSPENDUS, n° 650 ; PRÉPOSÉ D'UN PONT A BASCULE, n° 655 ; STATIONNEMENT DES VOITURES SUR LA VOIE PUBLIQUE, n° 708 ; SURCHARGE DES VOITURES, n° 713 ; TRANSPORT PAR TERRE ET PAR EAU, n° 732 ; VOITURES EN CONVOI, n° 763 ; VOITURIERS PAR TERRE ET PAR EAU, n° 764 ; CODE DE COMMERCE, titre VI, art. 91 et suiv.

648. POLICE RURALE. — C'est à la loi du 28 septembre-6 octobre 1791, connue sous le nom de *Code rural* que nous devons les règles relatives à la police des campagnes, et la consécration des deux principes fondamentaux sur lesquels est assise depuis 1791 l'industrie agricole en France : la liberté du sol, la liberté du cultivateur et de la culture, dans les limites du respect dû aux droits d'autrui et des prescriptions de la loi.

Le Code rural et les lois qui s'y rattachent, ayant conservé jusqu'à présent toute leur autorité, forment donc dans cette matière notre droit actuel et servent constamment de règle aux jugements de toutes les cours et tribunaux de l'Empire ; si quelques dispositions du Code pénal ont statué sur un petit nombre de faits dépendant de la police rurale, ces dispositions ne règlent que les cas spéciaux qu'elles ont prévus et spécifiés, l'art. 484 du même code ayant, par une disposition expresse, maintenu l'autorité des lois antérieures dans toutes les matières régies par ces lois, et qu'il n'a pas lui-même réglées. (*Arr. de Cass.*, 21 nov. 1828.)

Voir CHAP. II, SECT. III, nᵒˢ 91 à 100; AGRICULTURE, nᵒ 334; BAN DE VENDANGES ET AUTRES, nᵒ 362; CHASSE, nᵒ 382; DESSÉCHEMENT DES MARAIS, nᵒ 419; DRAINAGE, nᵒ 427; ÉCHENILLAGE, nᵒ 431; ÉTANGS, nᵒ 460; FOURS ET CHEMINÉES, nᵒ 483; GARDES-CHAMPÊTRES ET GARDES FORESTIERS, nᵒ 488; GARDES PARTICULIERS, nᵒ 490; GLANAGE ET GRAPILLAGE, nᵒ 494; IRRIGATION, nᵒ 514; PATURAGE, nᵒ 627; PÊCHE, nᵒ 629; PRESTATIONS EN NATURE, nᵒ 658; RÉGIME DES EAUX, nᵒ 669; RÉGIME FORESTIER, nᵒ 670; TARAC, nᵒ 716; TERRAINS COMMUNAUX, nᵒ 721; TOURNÉES DES COMMISSAIRES DE POLICE CANTONAUX, nᵒ 730; USAGE DANS LES BOIS ET FORÊTS, nᵒ 744; VAINE PATURE ET PARCOURS, nᵒ 749; VARECH, nᵒ 750; VENDANGES, nᵒ 751; CODE PÉNAL, art. 475, § 10, et 484.

649. POLICE SANITAIRE. — La loi du 3 mars 1822 *sur la police sanitaire*, qui régit encore aujourd'hui la matière, contient des dispositions dont les plus puissants motifs de philanthropie et d'humanité justifient les rigueurs.

En exécution de l'art. 1ᵉʳ de cette loi, le 7 août 1822, une ordonnance royale réglementaire fut rendue pour déterminer les mesures relatives au régime et à la police sanitaire.

Depuis cette époque, plusieurs ordonnances sont intervenues sur la même matière à l'occasion du choléra-morbus, soit pour la formation d'intendances et commissions sanitaires, soit pour diverses mesures à l'égard des provenances de certains pays, soit pour la suppression de plusieurs de ces intendances et commissions. Il en a été rendu d'autres qui ont modifié ou aboli des quarantaines pour des provenances de certains pays.

Les lois sur le régime et la police sanitaire sont des lois spéciales rendues dans un grand intérêt public; pour tout ce qui concerne leur exécution, elles emportent une dérogation formelle aux lois générales, et ces dernières ne peuvent en aucun cas leur être opposées. (*Arr. de Cass.*, 3 *décem.* 1831.)

L'art. 11 de la loi précitée punit de mort tout individu faisant partie d'un cordon sanitaire, ou en faction pour surveiller un quarantaine, ou pour empêcher une communication interdite, qui aurait abandonné son poste ou violé sa consigne.

Les art. 12, 13 et 14 punissent de diverses peines ceux qui auraient refusé d'agir pour un service sanitaire, ou auraient contrevenu à des règlements généraux ou locaux.

Les art. 17, 18 et 19 règlent les attributions des *autorités sanitaires* en matière de police judiciaire et de l'état civil dans l'enceinte des parloirs et des lazarets où ils exercent une juridiction exceptionnelle et exclusive. Dans les lieux non réservés, mais encore du ressort de ces autorités, ils exercent les fonctions d'officiers de police judiciaire concurremment avec les *officiers ordinaires* pour les crimes, délits et contraventions en matière sanitaire.

Voir BESTIAUX MALADES, n° 367; ÉPIDÉMIES, n° 454; ÉPIZOOTIES, n° 455.

650. PONTS SUSPENDUS. — Contreviennent à la loi du 30 mai 1851, art. 2, § 1er, n° 6, et art. 4, comme aussi au règlement du 10 août 1852, art. 8 :

1° Le conducteur de voiture qui conduit ses chevaux au trot sur un pont suspendu;

2° Le voiturier ou roulier qui ne tient pas les guides ou le cordeau en passant sur un pont suspendu;

3° Le conducteur ou postillon qui n'est pas sur le siége de sa voiture en passant sur un pont suspendu;

4° Le roulier ayant dételé un ou plusieurs de ses chevaux pour le passage d'un pont suspendu.

Quant au voiturier ayant engagé sa voiture attelée de plus de cinq chevaux sur le tablier d'un pont suspendu, quand il y avait déjà sur cette travée une voiture d'un attelage supérieur à ce nombre de chevaux, c'est l'art. 1er, § 1er, nᵒ 6, et l'art. 4 de la loi, comme aussi l'art. 8 du règlement, qui lui sont applicables.

L'intervalle d'un convoi à l'autre doit être très rigoureusement observé. Voir VOITURES EN CONVOI, nᵒ 763.

Il est généralement défendu de fumer sur les ponts suspendus.

Dans les circonstances urgentes, les préfets et les maires peuvent prendre telles mesures que leur paraît commander la sûreté publique, sauf à en rendre compte à l'autorité supérieure.

Les mesures prescrites pour la protection des ponts suspendus doivent être, dans tous les cas, placardées à l'entrée et à la sortie de ces ponts.

Voir PÉAGE, nᵒ 628.

651.   PORT D'ARMES. — Voir ARMES SECRÈTES, nᵒ 344 ; CHASSE, nᵒ 382 ; PERMIS DE CHASSE, nᵒ 633.

652.   POSTES. — D'après Xénophon, c'est à Cyrus, roi des Perses qu'appartient l'invention des postes. L'établissement des postes chez les Romains ne date guère que du règne d'Auguste. Il existait néanmoins antérieurement des courriers appelés *statores*, qui, comme on le voit par certains passages de Cicéron, étaient chargés de transporter avec célérité les lettres ou paquets qui leur étaient confiés : « *Litteras à te mihi stator reddidit Tarsi.* »

Depuis l'établissement des postes en France par le roi Louis XI, il a été rendu un grand nombre d'édits, d'ordonnances, de lois et de décrets pour régler le service et le produit de cette branche de l'administration. Nous nous bornerons à indiquer les dispositions qui régissent aujourd'hui cette matière.

La loi du 19 frimaire an VII réglemente le service de la *poste aux chevaux* dans toute l'étendue de la France.

L'arrêté des consuls, du 27 prairial an IX, qui rappelle l'exécution des lois des 26 août 1790 (*art.* 4) et 21 sept. 1792, et l'arrêté du 26 vendémiaire an VII, s'occupe du *transport des lettres et paquets cachetés* dont le monopole est depuis longtemps en possession de l'administration.

Le décret du 24 août 1848 traite de la taxe des lettres.

La loi du 16 octobre 1849 prévoit le double usage du *timbre poste* et le déclare contravention justiciable des tribunaux correctionnels.

La loi du 15 mai 1850, art. 13, 14 et 15 complète le décret du 24 août 1848 sur la taxe des lettres.

La loi du 18 juillet 1850 détermine le cautionnement des journaux et le timbre des écrits périodiques ou non.

La surveillance de l'exécution des lois et règlements sur la poste est attribuée aux commissaires de police concurremment avec les employés supérieurs de l'administration.

Nul ne peut s'immiscer dans le transport des lettres et journaux, sous peine d'amende, et, en cas de récidive, de prison. Des perquisitions et des saisies peuvent être pratiquées sur les messageries, voitures publiques et piétons chargés de porter les dépêches. La jurisprudence n'admet pas la légalité des mêmes opérations sur les personnes et dans les bagages d'un simple voyageur.

La constatation du délit de suppression ou d'ouverture de lettres (*Code pén., art.* 187) appartient exclusivement aux officiers de police judiciaire.

Voir CHAP. II, SECT. IV, CORRESPONDANCE DES COMMISSAIRES DE POLICE, nᵒˢ 130 à 136; SECT. VI, nᵒ 158; LETTRES, nᵒ 525.

653. POUDRES. — Voir ARMES DE GUERRE, nᵒ 343;
DÉCRET des 1ᵉʳ et 20 mars 1852.

Nul ne peut vendre des poudres à feu sans autorisation.
Les débitants n'en doivent délivrer que dans une certaine
mesure et sur le vu d'un bon du préfet ou sous-préfet,
du maire, ou du commissaire de police.

654. PRÉFETS, SOUS-PRÉFETS, PRÉFETS DE POLICE. —
Voir CHAP. IV, SECT. I, II, III et IV, nᵒˢ 219 à 257.

655. PRÉPOSÉ D'UN PONT A BASCULE. — Doit être considéré comme un agent du gouvernement dans le sens de
la constitution du 22 frimaire an VIII. (*Arr. de Cass.*, 8
mai 1846.)

Les préposés des ponts à bascule sont chargés d'un service public, et investis d'une portion de la puissance publique pour constater le poids des voitures et la largeur
de leurs roues dans l'intérêt du trésor chargé de l'entretien des routes; leurs procès-verbaux font foi jusqu'à
preuve contraire; ils ont le droit de requérir la force publique. Les commissaires de police leur doivent assistance.

656. PRÉSÉANCE. — Les préséances, honneurs civils
et militaires dans les cérémonies publiques sont réglés
par le décret du 24 messidor an XII.

Voir DEVOIR DU COMMISSAIRE DE POLICE, CHAP. II, SECT.
III, nᵒ 67; RANG, nᵒˢ 124, 125 et 126.

657. PRESSE. — Voir AFFICHES, nᵒ 330; AFFICHEURS,
nᵒ 331; CABINETS LITTÉRAIRES, nᵒ 371; COLPORTAGE ET
COLPORTEURS, nᵒ 394; CRIEURS PUBLICS, nᵒ 402; DESSINS,
GRAVURES, LITHOGRAPHIES ET EMBLÈMES, nᵒ 420; DISTRI-
BUTEURS D'IMPRIMÉS; nᵒ 423; ÉCRITS, nᵒ 435; IMPRIME-
RIES, IMPRIMEURS, nᵒ 505; JOURNAUX, nᵒ 519; JOURNAL
DES COMMISSAIRES DE POLICE, nᵒ 520; LIBRAIRIES, LIBRAI-
RES, nᵒ 528; LITHOGRAPHIE, nᵒ 530; OUVRAGES DRAMA-

TIQUES, n° 620; PLACARDS, n° 638; POSTES, n° 652; TIMBRE, n° 723; LOI DU 27 JUILLET 1849; DÉCRET DU 17 FÉVRIER 1852.

La Cour de cassation, chambres réunies sous la présidence de M. le premier président Troplong, statuant, après maintes phases et des appréciations diverses, sur des faits énoncés et qualifiés par nous dans un procès-verbal dont nous avons saisi le parquet d'Avignon, a consacré définitivement, dans ses audiences des 25 et 26 mars 1856, la jurisprudence de la chambre criminelle qui fait rentrer les bulletins électoraux dans la catégorie des écrits qui ne peuvent être distribués sans l'autorisation préalable des préfets.

M. le procureur général de Royer avait voulu lui-même porter la parole dans cette affaire qui se rattache à une des questions les plus élevées de notre droit public. Nous reproduisons quelques-unes des considérations que ce magistrat a fait valoir et une circulaire de M. le Ministre de l'intérieur à ce sujet. Il importe que les commissaires de police se pénètrent des principes qui y sont exposés et s'appliquent à les faire bien comprendre des populations avec lesquelles ils sont en contact journalier. C'est faire de la police administrative, c'est-à-dire préventive, au premier chef que de dissiper les doutes, que de réfuter des insinuations peu bienveillantes sur les intentions réelles du gouvernement, que de montrer enfin à chacun le droit et le devoir.

« La loi du 27 juillet 1849, a dit M. le Procureur-général, pose un principe absolu qui n'admet aucune exception, et ce principe d'ordre public soumet toute distribution d'écrits à l'autorisation de l'administration. Les exceptions en matière électorale sont venues plus tard, dans la loi du 16 juillet 1850. Il n'y en a que deux; l'une en faveur des circulaires électorales;

l'autre, en faveur des professions de foi. Tout autre écrit, quel qu'il soit, reste donc, par cela même, en dehors de l'exception et sous l'empire du principe général.

» Est-ce qu'un bulletin électoral ne pourrait pas, dans certains cas, contenir les appels les plus significatifs à la révolte et à l'anarchie? Est-ce qu'il n'y a pas des candidatures inconstitutionnelles? Est-ce que la loi n'a pas créé des indignités et des incapacités? Est-ce que, sur une liste de trente-deux candidats, comme dans l'espèce, il ne serait pas possible, à l'aide du rapprochement de certains noms, d'éveiller les passions politiques et de troubler le repos public? Évidemment il ne pouvait être que l'administration, chargée de maintenir la tranquilité, fut désarmée contre l'éventualité d'un si grave danger, et le seul moyen de lui donner une action utile consistait à la laisser libre, sous sa responsabilité et dans sa conscience, de n'autoriser que ce qui se renfermerait dans l'exercice d'un droit légitime. »

M. le Ministre de l'intérieur, dans sa circulaire du 24 avril 1856, s'exprime ainsi :

« L'Empereur veut que le suffrage universel soit parfaitement libre; il veut de plus que tout le monde le sache bien. Je crois donc devoir vous rappeler les règles simples et précises qui, conformément à la loi et à la jurisprudence, forment sur ce point notre droit public.

« Suivant l'article 10 de la loi du 16 juillet 1850 : pendant » les vingts jours qui précèdent l'élection, les circulaires et » professions de foi, signées des candidats, peuvent, après le » dépôt au parquet du procureur impérial, être affichées et » distribuées sans qu'il soit besoin d'aucune autorisation. » Le bulletin de vote, portant le nom du candidat, est une annexe naturelle de sa circulaire et doit être librement distribuée avec elle. Toute candidature, avouée par celui qui en est l'objet, a donc ainsi parfaite liberté pour se produire et pour faire distribuer aux électeurs le moyen matériel d'exprimer leur choix.

» Mais cette exception à la loi générale sur la distribution des écrits ou imprimés n'a été admise qu'en faveur des candidatures dont la réalité est garantie et la responsabilité publiquement acceptée par la circulaire signée du candidat. Elle ne profite pas aux distributeurs anonymes des bulletins de vote, elle ne leur permet pas aveuglément le colportage de noms qui, publiés souvent sans l'assentiment ou même parfois malgré l'incapacité légale de ceux qui les portent, peuvent devenir l'occasion d'un trouble ou d'un scandale publics. Pour ces distributeurs, le droit commun reprend son empire et l'autorisation doit être demandée. »

658. PRESTATIONS EN NATURE. — Les prestations en nature pour les chemins vicinaux sont recouvrées comme en matière de contributions directes.

Le décret du 12 mai 1853, rendu au contentieux du Conseil d'Etat, statue sur l'obligation imposée aux prestataires d'aller chercher des matériaux en dehors du territoire de leurs communes.

Voir CONTRIBUTIONS DIRECTES, n° 400; DEMANDES EN DÉGRÈVEMENT, n° 410.

659. PRISONS, MAISONS D'ARRÊT ET DE JUSTICE. — Les prisons étaient autrefois appelées en France *chartres,* du latin *carcer,* prison : on dit encore, en ce sens, tenir en *chartre privée,* pour exprimer la *rétention* ou détention d'un individu dans un lieu autre que l'un de ceux qui sont légalement désignés.

Voir CODE D'INSTR. CRIM., TIT. VII, CHAP. II, art. 603 et suiv.; ECROU, n° 436; EVASION DE DÉTENUS, n° 463; MAISONS D'ARRÊT, n° 541; MAISONS DE CORRECTION, n° 542; VIOLON, n° 754.

660. PROCÈS-VERBAUX. — Voir CHAP. V, SECT. I, n°s 271 à 288; RÉDACTION DES PROCÈS-VERBAUX DES GAR-

DES ILLÉTRÉS, nᵒ 668 ; VIIᵐᵉ PARTIE, FORMULAIRE DU COMMISSAIRE DE POLICE.

661. PROSTITUTION. — Voir MŒURS, nᵒ 574.

662. QUARANTAINE. — Séjour que ceux qui viennent d'un pays infecté ou soupçonné de contagion, sont obligés de faire dans un lieu séparé de la ville où ils arrivent. La *quarantaine* rigoureuse est de quarante jours ; elle peut n'être que de dix jours.

Voir POLICE SANITAIRE, nᵒ 649.

663. QUÊTES. — Sauf celles faites dans les temples consacrés aux cultes, elles ne peuvent avoir lieu sans une permission de l'autorité locale ou départementale, afin d'éviter les *fraudes.* (*Décis. minis. du 25 prair. an XI.*) Les quêtes faites dans l'intérieur des églises rentrant dans les attributions de la fabrique, des bureaux de bienfaisance ou du curé, la police n'a point à s'en occuper. Voir POLICE DES ÉGLISES, nᵒ 645.

Les quêtes faites sur la voie publique ou à domicile sont dans les limites du pouvoir préfectoral ou municipal, qui peut prendre des arrêtés pour en régler les conditions. En ce qui touche les quêtes à domicile qui sont faites par des personnes notables de la localité, le commissaire de police doit se borner à s'enquérir du motif de cette quête, et à en aviser le préfet ou le maire. Les étrangers, revêtus ou non d'un costume religieux, quêtant sur la voie publique ou à domicile doivent être interrogés.

En dehors des arrêtés sur les quêtes, et selon les circonstances ou les personnes qui les font, il peut y avoir contravention, délit de mendicité ou escroquerie. (*Code pén., art.* 274, 405 *et* 471, ₰ 15.)

SECTON V.

Lettres R. S. T. U. V : — Rassemblement de gardes. — Ratelage. — Ratures, renvois, surcharges. — Recrutement. — Rédaction des procès-verbaux des gardes illétrés. — Régime des eaux. — Régime forestier. — Registre des aubergistes et logeurs. — Règlements administratifs. — Règlement d'administration publique. — Règlements de police. — Remèdes, remèdes secrets. — Remplacement militaire. — Réquisitions, réquisitoires. — Recensement. — Responsabilité civile. — Responsabilité des communes. — Rétributions supplémentaires (commissaires de police) — Retraite. — Revendeurs. — Rivières et canaux. — Roulage. — Routes. — Rues. — Ruines. — Sages-femmes. — Saltimbamques. — Salubrité. — Sauf-conduit. — Sceau. — Scellés. — Scrutin. — Secours. — Secours à domicile. — Sels. — Sépultures. — Serment. — Service des ponts et chaussées. — Service de la police (organisation). — Sociétés de charité maternelle. — Sociétés de secours mutuels. — Sommations. — Sous-préfets. — Spectacles. — Stationnement des voitures sur la voie publique. — Stylet. — Substances vénéneuses. — Suicide. — Surcharges. — Surcharge des voitures. — Sûreté publique (mesures à prendre). — Surveillance de la haute police. — Tabac. — Tarif des droits de péage non affichés. — Taxe administrative. — Taxe (denrées). — Télégraphes. — Terrains communaux. — Théâtres. — Timbre. — Timbres ou cachets des commissaires de police, griffes. — Timbres-poste. — Tireurs de cartes. — Titres de voyage. — Tombeaux. — Tourbières. — Tournées des commissaires de police. — Traitement des commissaires de police. — Transport par terre et par eau. — Travail des enfants. — Travaux confortatifs. — Travaux publics. — Traverse des routes. — Trésor trouvé. — Tribunaux administratifs. — Trottoirs. — Tuyaux. — Uniforme des commissaires de police. — Université. — Usage. — Usage dans les bois et forêts. — Usines. — Usurpations sur la voie publique. — Utilité publique. — Vacations des commissaires de police. — Vaine pature et parcours. — Varech. — Vendanges. — Vétérinaires. — Viande, vin, vinaigre, etc. — Violou (chambre de sûreté). — Visa des mandats. — Visa des passeports. — Visites domiciliaires (mesure administrative). — Visite des commissaires de police. — Voie contentieuse, voie gracieuse. — Voie publique. — Voirie (grande et petite). — Voitures publiques, voitures de roulage. — Voitures en convoi. — Voituriers par terre et par eau. — Voyer.

664. **RASSEMBLEMENT DE GARDES.** — Voir CHAP. II, SECT. III, nos 95 et suiv.

Dans les cas urgents, ou pour des objets importants, les sous-officiers de gendarmerie peuvent mettre en réquisition les gardes-champêtres d'un canton ; et les officiers, ceux d'un arrondissement, soit pour les seconder dans l'exécution des ordres qu'ils ont reçus, soit pour le maintien de la police et de la tranquillité publique. Ils sont tenus de donner avis et de faire connaître les motifs généraux de ces réquisitions aux maires des communes, qui veillent ensuite à ce que les gardes-champêtres y défèrent exactement. (*Ordonn. du 29 oct. 1820; Décr. du 1er mars 1854.*)

665. RATELAGE. — Voir GLANAGE ET GRAPILLAGE, nº 494.

666. RATURES, RENVOIS, SURCHARGES. — Voir CHAP. V, SECT. I, nº 280.

667. RECRUTEMENT. — L'armée se recrute par des appels et des engagements volontaires. (*Loi du 21 mars 1831, art. 1er.*)

Nul n'est admis à servir dans les troupes françaises s'il n'est *Français*.

Un certificat de bonne vie et mœurs est exigé de celui qui désire contracter un engagement volontaire ou remplacer. Le commissaire de police, à qui ce certificat est ordinairement demandé, doit avant de le délivrer :

1º Entendre les père et mère ou le tuteur du postulant, si celui-ci est mineur ;

2º S'assurer qu'il n'est point marié ;

3º Se faire représenter un bulletin délivré par le greffier du tribunal civil de l'arrondissement où est le lieu de sa naissance, indiquant les renseignements qui auraient été inscrits à son nom sur les casiers judiciaires ;

4º Recevoir la déclaration de deux témoins domiciliés, imposés ou patentés, portant attestation, sous leur responsabilité personnelle, de l'honorabilité du futur engagé, à moins qu'il ne soit bien connu de lui.

Voir CERTIFICATS DE MORALITÉ , n° 379.

Dans toutes les opérations de recrutement, les commissaires de police sont appelés à renseigner et seconder l'administration. Aux époques du *tirage* et de la *révision*, ils doivent se tenir à la disposition du préfet et des maires.

Voir LOI DU 26 AVRIL 1855 ; REMPLACEMENT MILITAIRE, n° 676.

668.   RÉDACTION DES PROCÈS-VERBAUX DES GARDES ILLITÉRÉS. — Les gardes-champêtres ou particuliers illitérés ne peuvent légalement faire écrire leurs procès-verbaux que par certains fonctionnaires publics (*Arr. de Cass.*, 29 mai 1824, 24 janv. 1827, 27 décem. 1832), au nombre desquels figurent : le juge de paix et ses suppléants ; le maire et ses adjoints ; *le commissaire de police; (Loi du 28 sept.-6 oct. 1791, tit. 1er, sect. 7, art. 6; Loi du 28 flor. an X, art. 11 ; Code d'instr. crim. , art. 9 et 11)*; le greffier du juge de paix. (*Décr. du 27 décemb. 1790-5 janv. 1791.*)

Le commissaire de police peut, comme le maire, employer son secrétaire ou un de ses agents, pour écrire en sa présence, le rapport du garde, qu'il authentique ensuite par sa signature. (*Arr. de Cass.*, 19 mars 1830.)

Lecture doit être donnée au garde du procès-verbal rédigé sous sa dictée, et mention en est faite à la fin de l'acte.

669.   RÉGIME DES EAUX. — Le régime des eaux embrasse : les rivières et canaux navigables ou flottables, les rivières non navigables ni flottables, les canaux artificiels non navigables. Voir CHAP. V, SECT. II, CONTESTATIONS SUR LES COURS D'EAU, n° 288 et suiv. ; DOMAINE PU-

BLIC, n° 293 et suiv.; CHAP. VI, ABORDAGE DE BATEAUX, n° 326; BACS ET BATEAUX, n° 358; BAINS DE RIVIÈRE, n° 360; BARRAGE, n° 364; BATEAUX A VAPEUR, n° 365; CANAUX, n° 375; DESSÉCHEMENT DES MARAIS, n° 419; ÉCLUSES, n° 433; ÉPAVES, n° 452; ÉTANGS, n° 460; FILETS, n° 478; GRANDE VOIRIE, n° 496; INONDATIONS, n° 510; IRRIGATION, n° 514; MARAIS, n° 556; MOULINS, n° 583; NAVIGABILITÉ, n° 593; PÊCHE, n° 629; VARECH, n° 750; VOIRIE, n° 761.

En général, le curage des cours d'eau est à la charge de celui qui en profite. Le curage des rivières non navigables ni flottables est à la charge des riverains, et le curage des rivières navigables à la charge de l'État. L'administration est en possession d'un droit de surveillance et d'un droit d'administration sur tous les cours d'eau.

670. RÉGIME FORESTIER. — Ensemble des règles de gestion et d'administration, déterminées par la législation forestière. Voir CODE FORESTIER.

La législation forestière comprend deux sortes de dispositions :

1° Celles communes à tous les propriétaires, qui se rapportent aux défrichements, aux droits d'usages, à la servitude légale concernant les arbres des lisières, aux affectations établies pour le service de la marine ;

2° Celles spéciales pour l'administration des forêts de l'État, qui concernent l'aménagement, la délimitation et le bornage, les adjudications, les exploitations de coupes, le réarpentage.

Les forêts de l'État, comme celles des particuliers, sont aliénables et prescriptibles. (*Cod. Nap.*, art. 2227.)

Le commissaire de police a qualité pour rechercher et constater toutes les contraventions rurales et *forestières*. (*Code d'instr. crim.*, art. 11.)

Voir CHAP. II, SECT. III, RAPPORTS DU COMMISSAIRE DE POLICE AVEC LES GARDES FORESTIERS, nos 96 à 100 ; CHAP. VI, GARDES-CHAMPÊTRES ET FORESTIERS, no 488 ; LOUPS, LOUVETERIE, no 537 ; MUTILATION D'ARBRES, no 589 ; PATURAGE, no 627 ; USAGE DANS LES BOIS ET FORÊTS, no 744.

671.   REGISTRE DES AUBERGISTES ET LOGEURS. — Voir LOGEURS, no 533 ; MODÈLE, VIIme PARTIE, FORMULAIRE DU OMMISSAIRE DE POLICE.

672.   RÈGLEMENTS ADMINISTRATIFS. — Voir CHAP. IV, SECT. I, no 223.

Lorsqu'un *règlement administratif* a été inséré dans le recueil des actes administratifs de la préfecture, et qu'il porte injonctions aux maires de le publier dans les formes qu'il détermine, il doit être présumé, jusqu'à preuve contraire, avoir reçu la publication ordonnée ; et dès-lors celui qui y a contrevenu ne peut être relaxé, sur le motif que l'administration ne prouve pas qu'il en ait eu connaissance. (*Arr. de Cass.*, 5 mars 1836.)

673.   RÉGLEMENTS D'ADMINISTRATION PUBLIQUE. — Voir CHAP. IV, SECT. I, no 224.

674.   RÉGLEMENTS DE POLICE. — Voir CHAP. IV, SECT. I, no 228 et suiv.

Le recueil des *règlements de police* et celui des *actes administratifs* font partie des archives du commissariat de police où ils sont déposés. Voir CHAP. III, ARCHIVES, no 177 ; RÉGLEMENT DU SERVICE DE LA POLICE, nos 180 à 210.

675.   REMÈDES, REMÈDES SECRETS. — On appelle remèdes *magistraux* ceux qui sont préparés sur une ordonnance formulée par les docteurs en médecine ou par les officiers de santé pour chaque cas spécial ; on nomme *offi-*

cinaux, les remèdes qui sont conformes au Codex et qui peuvent seuls exister préparés d'avance dans les officines de pharmaciens. Voir ART DE GUÉRIR, n° 346; DROGUISTES, HERBORISTES, n° 428; JURY MÉDICAL, n° 522.

Tout débit au poids médicinal, toute distribution de drogues et préparations médicamenteuses sur des théâtres ou étalages, dans les places publiques, foires et marchés, toute annonce ou affiche imprimée qui indiquerait des *remèdes secrets sous quelque dénomination qu'ils soient présentés*, doivent être poursuivis en police correctionnelle et punis d'une amende de 25 à 600 fr., et en outre, en cas de récidive, d'une détention de trois jours au moins, de dix au plus. (*Lois des 21 germ. an XI, art. 36; 29 pluv. an XIII.*) Voir CHANTEURS AMBULANTS, CHARLATANS, n° 381.

L'art. 36 de la loi du 21 germ. an XI, en prohibant l'indication des *remèdes secrets* par annonce ou affiche, a prohibé à plus forte raison leur distribution et leur vente *de quelque manière qu'elle soit faite. (Arr. de Cass., Cham. réunies, 16 décemb.* 1836.)

Toutes préparations pharmaceutiques qui ne sont *ni insérées aux formulaires ou Codex* légalement rédigés et publiés, *ni achetées et rendues publiques* par le gouvernement, conformément au décret du 18 août 1810, *ni composées pour chaque cas particulier sur la prescription du médecin ou de l'officier de santé,* sont considérées comme *remèdes secrets. (Arr. de Cass.,* 19 *nov.* 1840, 11 *nov.* 1842.)

676. REMPLACEMENT MILITAIRE. — Les jeunes gens compris dans le contingent annuel obtiennent l'exonération du service au moyen de prestation versées à la caisse de la dotation de l'armée et destinées à assurer leur *remplacement* par la voie du rengagement d'anciens militaires.

Le taux de la prestation individuelle est fixé chaque année, sur la proposition de la commission supérieure, par un arrêté du ministre de la guerre. Les versements des prestations à la caisse de la dotation doivent être effectués dans les dix jours qui suivent la clôture des opérations des conseils de révision. A l'expiration de ce délai, le conseil de révision, réuni au chef-lieu de département, prononce les exonérations sur la présentation des récépissés ou versements. (*Loi du 26 avr.* 1855 *, art.* 5, 6 *et* 7.)

Voir RECRUTEMENT, n° 667.

677.   RÉQUISITIONS, RÉQUISITOIRES. — Il y a lieu à réquisition :

1° Lorsqu'il s'agit de pourvoir, dans les cas urgents et dans les circonstances extraordinaires, à la fourniture des objets en nature nécessaires au besoin de l'armée et à la défense de l'Etat. (*Décr. des* 26-29 *avr. et* 18-24 *juin* 1792.) La loi du 3 pluv. an III, prononce des peines contre ceux qui ne satisferaient pas aux réquisitions. Il est bien évident que le commissaire de police ne doit jamais agir en cette matière sans ordre de l'autorité compétente ;

2° Lorsque l'intervention de la force armée est nécessaire pour le maintien ou le rétablissement de l'ordre public. (*Décr. des* 8-10 *juill.* 1791 *, tit.* 3 *, art.* 17; 27 *juill.* 1791 *, art.* 22; *Code d'instr. crim., art.* 25, 99, 106, 108; *Code pén., art.* 234; *Loi du* 22 *mars* 1831 *, art.* 93.) Sauf les cas très-urgents, ces réquisitions doivent être écrites. Voir CHAP. II, SECT. II, n° 55; CHAP. VI, ATTROUPEMENTS, n° 356; FORCE PUBLIQUE, n° 481 ; GENDARMERIE, n° 492; OFFICIERS DE GENDARMERIE, n° 610;

3° Quand main-forte ou concours est nécessaire pour assurer l'exécution de la loi, et en cas d'accidents graves ou de fléaux calamiteux, comme les incendies, les inondations, les maladies contagieuses, les épidémies, les épizooties, etc. (*Code pén.*, art. 475, § 12.)

Le *réquisitoire* est la réquisition écrite.

On appelle encore *réquisitoire* les considérations et observations dont l'organe du ministère public près d'une cour ou d'un tribunal croit devoir faire précéder ses conclusions.

678. RECENSEMENT. — Le recensement ou dénombrement a pour but de fournir les éléments des tableaux officiels de population qui doivent être rendus exécutoires par le gouvernement. Il a lieu tous les cinq ans et doit être nominatif. (*Loi du 22 juill.* 1791.)

L'opération du dénombrement est essentiellement municipale; elle est faite par les agents de la municipalité et aux frais de la commune, en vertu de l'art. 30, no 4, de la loi du 18 juillet 1837. Le commissaire de police doit seconder l'administration locale et s'appliquer à faire comprendre aux populations, généralement portées à s'émouvoir en pareil cas, que le dénombrement ou recensement pratiqué à toutes les époques, chez tous les peuples civilisés, loin d'être une mesure vexatoire, est au contraire destiné à faire triompher, dans un intérêt général, les principes d'équité et de vérité, et à faciliter l'exécution de certaines lois.

679. RESPONSABILITÉ CIVILE. — On peut être, dans beaucoup de cas, *responsable* du fait dommageable d'autrui.

Les père et mère répondent pour leurs enfants mineurs. La loi admet cependant des tempéraments. Il en est de même pour le mari, quant au fait de la femme. La responsabilité des maîtres, pour le fait de leurs serviteurs, est plus absolue. Le maître n'est pas responsable envers les ouvriers des suites de l'accident qui résulte de leur propre faute. L'entrepreneur à forfait d'une compagnie est

directement responsable du fait de ses ouvriers vis-à-vis
du tiers. On répond des accidents occasionnés par sa
chose. C'est une voiture ; ce sont des animaux abandon-
nés ; c'est une maison qui s'écroule. Les animaux mis en
fourrière, les matériaux de démolition sont saisis et vendus pour payer le dégât. Un propriétaire n'est pas responsable du fait dommageable de son locataire. L'État ne
répond que d'un fait qui le concerne, et d'un dommage
dont la cause est constante. (*Code Nap.*, *art.* 1382 *et
suiv.; Code rural (loi du 28 sept.-6 oct.* 1791), *tit. II,
art.* 7 *et* 12*; Arr. de Cass.,* 23 *décemb.* 1818, 25 *juin
1832,* 11 *mai et* 3 *décemb.* 1846, 3 *décemb.* 1847*; Bordeaux,* 19 *fév.* 1839, 15 *juill.* 1845*; Caen,* 2 *juin* 1840*;
Toulouse,* 7 *décemb.* 1832*; Ordonn. en Cons. d'État,* 2
juin 1837*, 1er mai* 1846.)

La responsabilité civile n'entraine l'application d'aucune
peine, et ne rend pas celui qui en est tenu passible de
l'amende encourue par le délinquant.

Voir Négligence, n° 595.

680. Responsabilité des communes. — Les communes sont *responsables* des délits commis sur leur territoire par des attroupements ou rassemblements armés ou
non armés envers les personnes ou les propriétés. (*Loi
du* 10 *vend. an IV.*)

Les communes ne peuvent s'exonérer de la responsabilité que fait peser sur elles la loi de vendémiaire an IV,
qu'en justifiant que les dégâts ont été occasionnés par des
individus tous étrangers à la commune, et qu'elle a pris
toutes les mesures nécessaires pour prévenir et réprimer
les désordres. La loi ne distingue pas entre les délits politiques et les délits non politiques ; la responsabilité de
la commune est engagée, quelque soit le but que se proposent les auteurs des désordres ou de l'insurrection.

La désorganisation des pouvoirs municipaux ne peut
être invoquée par la commune comme excuse, surtout lorsque cette désorganisation est le fait des habitants. (*Trib.
civ. de Toulon, 24 juill.* 1853.)

La loi du 10 vendémiaire an IV n'est pas applicable à
la ville de Paris.

681. Rétributions supplémentaires (commissaires
de police). — Les commissaires de police ne peuvent recevoir de l'administration municipale de leur résidence, en
dehors du traitement règlementaire, ni allocation en argent, ni avantages en nature. Ces suppléments de rétribution ont des inconvénients sérieux. Ils établissent entre
des fonctions d'une même importance des inégalités que
rien ne justifie. Concédés ou retirés par suite d'appréciations
qui seraient en désaccord avec celle de l'administration supérieure, ils peuvent gêner, dans certains cas, l'indépendance et la liberté d'action du commissaire de police
qui les reçoit.

Si l'administration municipale veut bien installer le bureau du commissaire de police dans un édifice communal,
il n'y a pas lieu de s'opposer à une mesure utile aux intérêts du service. Mais la concession gratuite au commissaire
de police d'un logement pour lui et pour sa famille rentre
dans les avantages qui sont interdits d'une manière absolue. Dans le cas ou un local convenable pour cette destination serait actuellement ou pourrait être utilement affecté
au commissaire de police, il conviendrait qu'un bail de 3,
6 ou 9 ans fut passé entre l'administration municipale et
ce fonctionnaire agissant pour lui et ses successeurs. Ce
bail serait soumis à l'approbation du sous-préfet ou du préfet. Lors même que les clauses en seraient très-favorables
au titulaire du commissariat, l'avantage qui en résulterait

45

pour lui, n'étant pas aléatoire et révocable, n'aurait pas
les inconvénients signalés. (*Circ. minis. du* 23 *janv.* 1856.)

682.   RETRAITE. — Voir PENSIONS DE RETRAITE, n° 631.

683.   REVENDEURS. — Voir FRIPIERS, n° 486.

684.   RIVIÈRES ET CANAUX. — Voir RÉGIME DES EAUX,
n° 669.

685.   ROULAGE. — Voir POLICE DU ROULAGE, n° 647.

686.   ROUTES. — Voir ALIGNEMENTS ET PERMISSIONS DE
VOIRIE, n° 336; ARBRES, n° 342; CHEMINS PUBLICS, n° 383;
DÉPÔTS DE MATÉRIAUX, n° 417; DOMMAGE CAUSÉ AUX ROU-
TES, n° 424; EMBARRAS DE LA VOIE PUBLIQUE, n° 441; EX-
CAVATION, n° 464; GRANDES ROUTES, n° 495; GRANDE
VOIRIE, n° 496; POLICE DU ROULAGE, n° 647; PONTS SUS-
PENDUS, n° 650; SERVICE DES PONTS ET CHAUSSÉES, n° 701;
STATIONNEMENT DES VOITURES SUR LA VOIE PUBLIQUE, n° 708;
TRAVERSE DES ROUTES, n° 736; VOIE PUBLIQUE, n° 760;
VOIRIE, n° 761; VOYER, n° 765.

687.   RUES. — Voir les objets indiqués sous le mot
ROUTES, n° 686; et en outre BATIMENTS EN RUINE, n° 366;
CUVETTES SAILLANTES, n° 404; DÉMOLITIONS, n° 413;
ECLAIRAGE, n° 432; EGOUT DES TOITS; n° 440; ENTRE-
PRENEURS DE TRAVAUX PUBLICS, n° 451; EXHALAISONS INSA-
LUBRES, n° 466; LOCATION DE PLACES SUR LA VOIE PUBLI-
QUE, n° 532; MONUMENTS PUBLCIS, n° 577; MURS, n° 587;
NUMÉROTAGE DES MAISONS, n° 606; PASSAGE PRIVÉ, n° 623;
TRAVAUX CONFORTATIFS, n° 734; TROTTOIRS, n° 739;
TUYAUX, n° 740.

688.   RUINES. — Voir BATIMENTS EN RUINE, n° 366;
DÉMOLITIONS, n° 413; EXCAVATION, n° 464.

689. SAGES-FEMMES. — Voir ACCOUCHEUR, ACCOU-
CHEUSE, no 329; ART DE GUÉRIR, no 346.

Les sages-femmes, médecins ou officiers de santé, qui
assistent à un accouchement, sont-ils tenus, en faisant
la déclaration de la naissance de l'enfant (Voir ACCOUCHE-
MENTS, no 328; CODE NAP., art. 56), de faire connaître
la mère? Ne peuvent-ils exciper de l'art. 378 du Code pén.
qui impose à certaines personnes le devoir de garder les
secrets qu'on leur confie à raison de leur état ou profession? Quelques auteurs sont d'avis que cet article ne dispose que pour le cas où la loi n'a point imposé le devoir
d'une révélation; et que si la loi a voulu couvrir de sa
protection le dépôt d'un secret, elle n'a pas moins voulu
protéger l'existence et l'état de l'enfant à sa naissance.

Mais nous pensons avec Bousquet que cette doctrine
ne doit pas être accueillie, quoiqu'elle soit émise par un
arrêt de la cour de Dijon, à la date du 14 août 1840.
L'art. 378 du Code pénal, en défendant aux médecins,
officiers de santé, sages-femmes, de révéler les secrets
dont ils sont dépositaires par état, est absolu et ne peut
recevoir exception au cas de l'art. 56 du Code Napoléon,
car cette exception n'est pas dans la loi. D'un autre côté,
l'art. 56 du Code Napoléon, n'impose aux personnes y
dénommées qu'une obligation formelle, celle de déclarer
le fait de la naissance de l'enfant à laquelle ils ont assisté;
il ne les oblige pas, sous les peines portées par l'art. 346
du Code pénal, de déclarer les noms des père et mère de
l'enfant. (*Arr. de Cass.*, 16 sept. 1843.)

Nous avons dit ailleurs que l'enfant mort-né n'a point
d'état. Voir NAISSANCE, no 591. Il a été jugé néanmoins
que celui qui, ayant assisté à la venue au monde d'un enfant mort-né, n'a pas fait la déclaration de la naissance à

la municipalité, est passible des peines portées par l'art. 346. (*Arr. de Cass.*, 2 *sept.* 1843.)

Le défaut de déclaration de la naissance d'un enfant qui n'était pas parvenu au terme de viabilité, ne constitue ni crime, ni délit. (*Nancy*, 17 *décemb.* 1839.)

690. SALTIMBANQUES. — Voir CHANTEURS AMBULANTS, CHARLATANS, n° 381.

691. SALUBRITÉ. — La loi du 30 avril 1790, tit. XI, art. 3, charge l'autorité municipale du soin de prendre toutes les mesures nécessaires pour assurer la propreté de la voie publique. Les lois des 16-24 août 1790 ; 19-22 juillet 1791 ; 18 juillet 1837, lui permettent de résoudre toutes les questions se rattachant à la *salubrité*. La propriété, livrée à la circulation publique, ou à la commune habitation, étant considérée comme voie publique pour tout ce qui touche à la propreté, à la salubrité, à la libre circulation, peut elle même être atteinte par les règlements de police à ce sujet.

L'exécution des règlements doit être exigée d'une manière intelligente et équitable. Le commissaire de police et ses agents s'attacheront à distinguer les récalcitrants de ceux qui, par oubli, souvent involontaire, n'auraient pas satisfait assez exactement aux prescriptions d'un arrêté. Une sévérité malentendue tent à aigrir les populations et à émousser le glaive de la loi. La police doit, autant que possible, prévenir avant de sévir. Une surveillance soutenue est, dans le service du nettoiement de la voie publique, un des meilleurs moyens préventifs ; c'est par la multiplicité des visites que la négligence est le plus efficacement combattue. Les agents de l'autorité déclareront et expliqueront la contravention au contrevenant toutes les fois qu'ils le pourront.

692. **Sauf-conduit.** — Voir Code de proc. civ., art. 782; Passeports (passeport provisoire), no 625.

. 693. **Sceau.** — Voir chap. iii, no 178.

Le nom du commissaire de police ne doit en aucun cas figurer dans le timbre-cachet du commissariat destiné à être apposé sur tous les actes en ressortissant. L'usage d'une griffe substituée à la signature ne peut être toléré sous aucun prétexte.

. Les timbres-cachets réguliers et conservés en service ne peuvent jamais être distraits des archives des commissariats de police. Le cachet qui est la propriété du commissaire de police est transmis à son successeur moyennant indemnité. (*Circ. minis. des* 18 *mars* 1853 *et* 12 *mars* 1856.)

694. **Scellés.** — L'apposition des scellés est un moyen légal de prévenir les dilapidations des objets, meubles, titres et papiers d'une succession, d'une faillite. Voir Code de proc. civ., art. 907 et suiv.

L'apposition des scellés par les juges de paix après décès ou disparition, peut être requise par les commissaires de police. Voir Accidents graves, no 327; Décès accidentel, violent ou subit, no 406.

· Le commissaire de police peut apposer lui-même des scellés par ordre de l'autorité administrative ou judiciaire, et spontanément, dans certains cas, lorsqu'il agit, *flagrante delicto,* en qualité d'auxiliaire du procureur impérial.

Voir Bris de scellés, Code pén., art. 249 et suiv.

695. **Scrutin.** — Cette manière de recueillir les suffrages date de fort loin, et nous vient des anciennes républiques dans lesquelles les magistratures étaient éligibles. Le commissaire de police doit se mettre à la disposition

du bureau de l'assemblée électorale, veiller à la sûreté du *scrutin*, et assurer l'exécution des lois et arrêtés spéciaux.

696.   SECOURS. — Voir RÉQUISITIONS, n° 677.

Le refus de prêter le secours dont on est requis ne constitue la contravention prévue et punie par l'art. 475, n° 12 du Code pénal, que dans les cas de calamité publique déterminés par cet article, et non pas lorsqu'il s'agit de malheurs privés. (*Arr. de Cass.*, 17 *juin* 1853.)

La gendarmerie doit assistance à toute personne qui réclame son *secours* dans un moment de danger. (*Loi du 28 germ. an VI; Ordonn. du 29 oct. 1820, art. 295; Décr. du* 1er *mars* 1854.) Voir GENDARMERIE, n° 292. Le même devoir incombe au commissaire de police et à ses agents.

697.   SECOURS A DOMICILE. — Les bureaux de bienfaisance sont chargés de les distribuer. (*Décr. des* 28 *juin* 1793, *tit.* 1er, *art.* 1er, § 1er; 24 *vend. an II, tit.* 5, *art.* 1er.)

Voir BUREAUX DE BIENFAISANCE, n° 370.

698.   SELS. — L'impôt sur le sel n'est pas d'invention nouvelle. Pline fait remonter l'établissement de ce tribut au règne d'Ancus Martius, quatrième roi de Rome. Tite-Live nous apprend que Marcus Livius ne fut surnommé *salinator* que parce qu'il avait imposé un tribut sur le sel. Le même droit était anciennement appelé en France *gabelle*.

La simple détention, sans déclaration préalable, d'ustensiles ou de chaudières propres à la fabrication du sel suffit pour constituer une contravention à l'art. 51 de la loi du 28 avril 1806, alors même qu'il n'aurait pas été vaqué à cette fabrication. Un pharmacien ne peut, sans déclaration préalable, se livrer à l'évaporation de l'eau salée dans le but de fabriquer du sulfate de soude. (*Arr. de Cass.*, 17 *juill.* 1839.)

Celui qui veut établir un magasin de sel ou amas de matières corrosives, contre un mur mitoyen, est obligé à laisser la distance prescrite par les règlements ou usages particuliers sur ces objets, ou à faire les ouvrages prescrits par ces mêmes règlements et usages pour éviter de nuire au voisin. (*Code Nap.*, art. 674.)

699.   SÉPULTURES. — Aucune inhumation, même celle d'un enfant mort-né, ne peut se faire sans une autorisation écrite de l'officier de l'état civil. (*Code Nap.*, art. 77 et suiv.; Code pén., art. 358.)

Voir MOULAGE DE CADAVRE, no 582 ; CIMETIÈRES, no 389 ; EXHUMATIONS, no 467 ; DÉCRET DU 23 PRAIRIAL EN XII.

700.   SERMENT. — Voir SERMENT DES COMMISSAIRES DE POLICE, CHAP. II, SECT. III, nos 120, 121 et 122 ; SERMENT DES TÉMOINS, CODE D'INSTR. CRIM., art. 23, 75, 77, 155, 317, 322 et suiv. ; CODE PÉN., art. 28, 42 et suiv.

701.   SERVICE DES PONTS ET CHAUSSÉES. — Le corps des ponts et chaussées, créé par Louis XIII, et réorganisé par décret du 31 octobre 1790, est aujourd'hui réglé par le décret du 7 fructidor an XII et l'Ordonnance du 8 juin-1er juillet 1832.

Les agents des ponts et chaussées font partie du personnel de la police des routes, de la navigation, des chemins de fer, mines, minières, carrières, et des usines de toute nature. En matière de grande voirie ils ont le pouvoir de verbaliser comme les maires, adjoints et commissaires de police.

Les ingénieurs en chef de département sont sous les ordres immédiats des préfets.

702.   SERVICE DE LA POLICE (organisation). — Voir CHAP. III, nos 180 à 219.

703.   SOCIÉTÉS DE CHARITÉ MATERNELLE. — Ces associations, fondées dans un certain nombre de communes par des dames charitables, ont pour but de secourir les pauvres femmes en couches. Leurs règlements et leurs budgets doivent être approuvés par les préfets. Elles sont placées sous le patronage de l'Impératrice. (*Décr. des* 5 *mars* 1810 *et* 2 *fév.* 1853.)

704.   SOCIÉTÉS DE SECOURS MUTUELS. — Voir ASSOCIATIONS DE SECOURS POUR LES OUVRIERS, no 351.

705.   SOMMATIONS. — Voir ATTROUPEMENTS, no 356.

706.   SOUS-PRÉFETS. — Les fonctions de sous-préfet ont été instituées par la loi du 28 pluviose an VIII.

Le sous-préfet est l'agent direct du pouvoir exécutif, placé à la tête de la division territoriale appelée *arrondissement*, pour assurer l'exécution des lois, règlements, ordonnances, décisions et instructions, de ceux des agents de l'autorité administrative que l'organisation place au dessus de lui. (*Macarel.*) « A la différence des préfets qui jouissent d'une autorité propre, dit Pradier-Fodéré, les sous-préfets doivent plutôt être considérés comme des agents de transmission, d'information et de surveillance. Intermédiaires entre le préfet et les maires, ils n'exercent que dans un petit nombre de cas une autorité qui leur soit propre.

Sauf cas exceptionnel ou instructions contraires, c'est au sous-préfet de leur arrondissement, si cet arrondissement n'est pas celui de la ville chef-lieu du département, que les commissaires de police adressent leurs rapports.

Voir CHAP. II, SECT. III, n°s 88 et 90; CHAP. VI, SECT. V, PRÉFETS, SOUS-PRÉFETS, PRÉFET DE POLICE, n° 654. TOURNÉES DES COMMISSAIRES DE POLICE, n° 730.

707. SPECTACLES. — Voir CAFÉS CONCERTS OU SPECTACLES, n° 372; POLICE DES THÉATRES, n° 646.

708. STATIONNEMENT DES VOITURES SUR LA VOIE PUBLIQUE. — Il est interdit de laisser stationner *sans nécessité,* sur la voie publique, aucune voiture *attelée* ou non attelée. (*Décr. du* 10 *août* 1852, *tit.* 1er, *art.* 10.)

Les mots *sans nécessité* constituent les officiers et agents de police juges en premier ressort de la nécessité du stationnement. L'interdiction n'est pas absolue, et le règlement doit être exécuté avec intelligence et modération.

Cette contravention est du ressort du tribunal de simple police. La peine est une amende de 6 à 10 fr. et un emprisonnement de un à trois jours.

709. STYLET. — Voir ARMES SECRÈTES, n° 344.

710. SUBSTANCES VÉNÉNEUSES. — Voir DROGUISTES ET HERBORISTES, n° 428.

711. SUICIDE. — Voir LEVÉE DE CADAVRE, n° 526.

712. SURCHARGES. — Voir RATURES ET RENVOIS, n° 666.

713. SURCHARGE DES VOITURES. — Le maximum du poids des charrettes et voitures varie suivant la largeur de leurs jantes. La vérification du poids de ces voitures se fait au moyen des ponts à bascule. Voir PRÉPOSÉ D'UN PONT A BASCULE, n° 655.

Les voitures publiques, diligences et omnibus, qui,

à l'occasion, prennent un nombre de voyageurs trois à quatre fois supérieur à celui qu'elles ont le droit de transporter et peuvent ainsi occasionner les plus graves accidents, doivent surtout appeler l'attention du commissaire de police.

714. SURETÉ PUBLIQUE (mesures à prendre). — Voir CHAP. III, nº 181.

715. SURVEILLANCE DE LA HAUTE POLICE. — Voir CODE PÉN., art. 44 et 45.

Officiers de police administrative, les commissaires de police doivent observer les démarches du surveillé et tenir le sous-préfet ou le préfet au courant de sa conduite et de tous les faits de désobéissance dont il se rend coupable.

Officiers de police judiciaire, ils constatent le délit de *rupture de ban* constitué par le départ du surveillé et l'omission par lui commise des formalités que prescrit l'art. 44 du Code pénal; ils saisissent le parquet.

Le commissaire de police doit en général le secret aux surveillés qui habitent sa circonscription. Faire connaître leur position, ce serait les empêcher de trouver du travail, mettre un obstacle à leur rentrée dans la bonne voie. Les surveillés ne sont plus assujétis à se présenter périodiquement à l'autorité municipale. (*Instr. minis. du* 18 *juill.* 1833.)

L'arrivée d'un surveillé dans une localité est toujours annoncée au commissaire de police par l'autorité administrative.

716. TABAC. — Voir AGRICULTURE, nº 334 ; MONOPOLE, nº 575 ; LOI DU 28 AVRIL 1816.

Ceux qui vendent en fraude du tabac à leur domicile, ou qui le colportent, sont passibles d'une amende de 300 fr. à 1,000 fr. indépendamment de la confiscation des tabacs, ustensiles et moyens de transport tels que chevaux, voitures, bateaux. Le colporteur ou fraudeur doit être arrêté et mis à la disposition du procureur impérial. Nul ne peut avoir du tabac en feuilles s'il n'est cultivateur dûment autorisé. Nul ne peut avoir en provision des tabacs fabriqués autres que ceux des manufactures impériales. La possession d'un demi-kilogramme de tabac de fabrication étrangère suffit pour constituer la contravention. (*Arr. de Cass.*, 1er oct., 14 *nov.* 1835; 25 *nov.* 1836.)

La contrebande de tabac avec attroupement et main armée est poursuivie et punie comme en matière de douanes. Voir Douanes, n° 425.

La culture du tabac est exceptionnellement autorisée à titre d'essai, dans quelques départements. Il y a lieu pour les commissaires de police qui y exercent de bien se pénétrer des conditions auxquelles cette faculté a été accordée et d'assurer l'exécution des décrets, décisions et arrêtés qui en réglementent l'exercice.

717. TARIF DES DROITS DE PÉAGE NON AFFICHÉS — Voir DROITS DE PÉAGE NON AFFICHÉS, n° 429.

718. TAXE ADMINISTRATIVE. — Voir CHAP. V, SECT. III, n° 321.

719. TAXE (denrées). — Le pain et la viande de boucherie peuvent seuls être taxés. (*Lois des* 24 *août* 1790, *tit.* XI, *art.* 3, § 4; 22 *juill.* 1791, *tit.* 1er, *art.* 39.)

L'art. 419 du Code pénal qui prononce une peine contre ceux qui, par des moyens frauduleux, ont opéré la hausse ou la baisse du prix des denrées ou marchandises, est applicable aux boulangers qui se sont entendus et concertés pour paralyser l'arrêté municipal fixant une nouvelle taxe du pain. (*Douai*, 15 *janv.* 1856.)

Est légal et obligatoire l'arrêté municipal qui fixe la taxe de la viande ; et les prescriptions de cet arrêté étant d'ordre public, il ne peut y être dérogé par des conventions particulières ; ainsi le juge de police ne peut se fonder, pour relaxer le boucher prévenu d'avoir contrevenu à l'arrêté municipal en vendant sa viande au-dessus de la taxe, sur ce que l'acheteur a consenti à payer ce prix pour avoir un morceau de son choix. (*Arr. de Cass.*, 18 *mai* 1855.)

720.   TÉLÉGRAPHES. — Les commissaires spéciaux de police près les chemins de fer doivent être informés par les agents de l'Etat chargés du service télégraphique dans les gares de tous les faits relatifs aux irrégularités, retards ou temps d'arrêt signalés dans la marche des trains. (*Décis. minis. et instr. du Direct. gén. du* 17 *janv.* 1856.)

721.   TERRAINS COMMUNAUX. — Le commissaire de police a qualité pour constater, soit d'office, soit sur l'ordre du maire, les anticipations ou usurpations dont les biens communaux seraient l'objet. Mais le fait étant constaté et son procès-verbal transmis au maire, la mission du commissaire de police est accomplie. La répression de l'usurpation, soit par des poursuites exercées devant le conseil de préfecture, soit par toute autre voie, appartient exclusivement à l'autorité municipale. En cas de refus ou de négligence du maire, ce serait au préfet à y pourvoir, en vertu de l'art. 15 de la loi du 18 juillet 1837. Mais l'intervention du commissaire de police ne doit, dans aucun cas, avoir pour résultat de substituer, de sa propre autorité, son action à celle du maire. (*Journ. des Commiss. de pol.*, 1855, *p.* 383.)

722.   THÉATRES. — Voir CAFÉS-CONCERTS, n° 372 ; POLICE DES THÉATRES, n° 646.

723. TIMBRE. — Justinien ordonna aux tabellions de Constantinople de ne recevoir leurs actes que sur papier ou parchemin portant en titre le nom de l'intendant, la date de sa fabrication, etc. (*Novell.* 44 , *cap.* 2.)

Le *droit de timbre*, établi en France par un édit de Louis XIV, est un simple impôt, consistant dans l'obligation d'écrire sur du papier de *dimension déterminée* les conventions, les actes de toute nature susceptibles d'être produits en justice, ainsi que tous les jugements et procès-baux des magistrats et des officiers ministériels.

Pour assurer au trésor le produit de l'impôt du timbre, l'administration remet à ses agents des feuilles blanches à tête imprimée pour procès-verbaux, *visées pour timbre;* ou bien après avoir dressé procès-verbal sur papier ordinaire, ils le font viser pour timbre par un receveur des droits du timbre et de l'enregistrement afin que le coût en soit compris dans les dépens mis à la charge de l'inculpé, s'il encourt une condamnation. A défaut de cette précaution fiscale, l'agent qui a verbalisé encourrait lui-même une amende de 25 fr. (*Loi du* 13 *brum. an VIII, art.* 26.)

Voir PROCÈS-VERBAUX DES COMMISSAIRES DE POLICE, CHAP. V, SECT. I, nᵒ 283; AFFICHES, CHAP. VI, nᵒ 330.

724. TIMBRES OU CACHETS DES COMMISSAIRES DE POLICE. — Voir SCEAU, nᵒ 693.

725. TIMBRES-POSTES. — On ne peut se servir deux fois d'un timbre-poste, sous peine d'amende. (*Loi du* 16 oct. 1849.)

En cas de double usage du timbre-poste, c'est l'administration des postes qui saisit le parquet. Le commissaire de police est ordinairement chargé par le procureur impérial d'entendre le contrevenant dont les explications doivent être consignées dans un procès-verbal.

726. TIREURS DE CARTES. — Voir CODE PÉNAL, art. 479, ? 7, 481, ? 2, 482; CHANTEURS AMBULANTS, CHARLATANS, n° 381; DEVINS, n° 421.

727. TITRES DE VOYAGE. — Voir LIVRETS D'OUVRIERS, n° 531; PASSEPORTS, n° 625.

728. TOMBEAUX. — Voir SÉPULTURES, n° 699.

729. TOURBIÈRES. — Voir LOI DU 21 AVR. 1810, art. 83 à 86; CARRIÈRES, MINES ET MINIÈRES, n° 376.

730. TOURNÉES DES COMMISSAIRES DE POLICE. — L'instruction du ministre de la police générale du 30 avril 1853, rapportée CHAP. II, SECT. III, n° 91, faisait un devoir aux commissaires de police de visiter, au moins une fois par trimestre, toutes les communes de leur circonscription. Cette décision a été modifiée par une circulaire du ministre de l'intérieur du 28 février 1856, portant :

« Toutes les communes placées sous la juridiction d'un commissaire de police seront visitées par lui *au moins une fois par mois*. Dans ces tournées les commissaires de police devront se mettre en rapport avec le maire, lui prêter leur concours pour l'exécution des mesures rentrant dans les attributions de l'autorité municipale et signaler à son attention celles qui lui paraîtrait utile de prendre ou de provoquer. Ces visites périodiques sont, du reste, indépendantes de celles qu'ils auront à faire dans des circonstances exceptionnelles, soit de leur propre mouvement, soit sur l'appel des maires, soit d'après les ordres de l'autorité administrative et judiciaire. Les unes et les autres seront consignées sur une feuille sur laquelle sera indiqué sommairement le résultat de la tournée, et qui sera visée chaque fois par le maire ou son adjoint. Mais, dans aucun cas, ces indications générales ne dispenseront les commissaires de police de fournir immédiatement les rapports spéciaux qu'ils sont tenus d'adresser sur chaque fait particulier digne d'intérêt. (*n°* 90.)

» Il est essentiel que ces feuilles de tournées soient tenues avec la plus complète sincérité, et les commissaires de police doivent être prévenus qu'en sollicitant ou en acceptant d'un maire ou adjoint un visa destiné à constater une tournée qui n'aurait point été faite, ils engageraient gravement leur responsabilité et celle du fonctionnaire qui se serait prêté à un pareil acte de complaisance.

» Les commissaires de police adresseront directement au préfet pour l'arrondissement chef-lieu et feront parvenir au sous-préfet pour les autres arrondissements, le 1er de chaque mois, les feuilles de tournées du mois précédent. »

Pour faire mieux comprendre la pensée de la circulaire qui précède, nous croyons devoir reproduire d'excellentes instructions de M. A. Durand-St-Amand, préfet de Vaucluse, en date du 5 mai 1856. Les commissaires de police de tous les départements y trouveront [de précieuses indications.

« J'ai transmis à S. Exc. le Ministre de l'intérieur les feuilles de tournées des commissaires de police de mon département, pendant le mois de mars dernier.

» S. Exc. me mande qu'elle a lu toutes ces feuilles avec le plus grand soin ; mais qu'elle a eu le regret de constater qu'en général elles ne répondent pas du tout aux instructions contenues dans sa circulaire du 28 février dernier. En effet, les unes sont d'une nullité et d'une insignifiance inexplicable ; les autres mentionnent des puérilités qui annoncent que leurs auteurs sont loin de comprendre la gravité des fonctions qu'ils exercent et leurs véritables devoirs. L'ordre matériel n'y est pas même observé et toutes les questions y sont confondues. En un mot, il y règne un vague qui ne laisse aucune impression précise de l'état de la commune qui a été visitée. S. Exc. a également remarqué que les faits étaient mal observés ou mal décrits ; que la physionomie politique des localités n'était pas reproduite ou bien qu'elle est exprimée avec les mêmes traits : *Le pays est tranquille, — l'état politique est satisfaisant.*

» En conséquence, je crois devoir vous adresser des instructions pour que dorénavant vos feuilles de tournées présentent plus d'utilité et fassent mieux connaître la situation des communes placées sous votre juridiction.

» D'abord, je vous recommande expressément de ne prendre vis-à-vis des maires ni une attitude de suprématie, ni des allures d'infériorité exagérée. Dans l'un et l'autre cas, ce serait un abus qui aurait pour effet de discréditer dans l'opinion publique l'institution des commissaires de police. Vous devez vous abstenir de conseil ou d'injonction : ce droit n'appartient qu'à l'autorité supérieure. Bornez-vous, à votre arrivée dans une commune, à conférer avec le maire, à prendre ses instructions pour tout ce qui touche à la police municipale, à signaler à son attention les mesures qu'il vous paraîtrait utile de prendre ou de provoquer, et à lui rendre compte de l'exécution de celles qu'il aurait précédemment prescrites.

» Quant à vos tournées mensuelles, sans doute vous devez constater dans votre feuille les faits intéressant l'ordre public et la sûreté générale, les crimes et délits graves, les délits politiques et de la presse, les accidents, les sinistres qui viendraient à votre connaissance ; mais il convient surtout, que vos observations portent sur l'esprit politique des localités que vous visitez, sur les réunions et les manœuvres des ennemis du gouvernement, quels qu'ils soient, et que vous mentionniez sommairement, mais pourtant d'une manière satisfaisante dans vos feuilles de tournées, vos appréciations et vos indices à cet égard. Ne perdez pas de vue que c'est principalement un rôle *d'observateur* que vous avez à remplir.

» Je ne vous dissimulerai pas que S. Exc. le Ministre attache un grand prix à ce que les feuilles de tournées soient établies convenablement et que les conséquences les plus fâcheuses pourraient résulter pour ceux des commissaires de police qui ne feraient pas suffisamment preuve d'intelligence et qui ne satisferaient pas complètement aux exigences de leur emploi. »

731. **Traitement des commissaires de police.** — Voir CHAP. II, SECT. III, n° 56 ; **Rétributions supplémentaires**, n° 681 ; **Vacations des commissaires de police**, n° 748.

732. **Transports par terre et par eau.** — Voir **Police du roulage**, n° 647 ; **Voituriers par terre et par eau**, n° 764.

733. **Travail des enfants.** — Voir **Manufactures**, n° 555.

734. **Travaux confortatifs.** — Les travaux sont *confortatifs* ou *non confortatifs*, suivant qu'ils sont ou non de nature à prolonger la durée de l'édifice. De simples réparations peuvent donc constituer des contraventions si elles doivent avoir pour résultat la consolidation des édifices situés sur la voie publique et retranchables.

Il est d'usage de tolérer les ouvrages de peinture et de badigeon, même dans la partie du rez-de-chaussée des murs de face sujets à reculement. L'emploi du plâtre et du mortier dans un badigeonnage peut être déclaré non confortatif. (*Cons. d'Etat, 30 juin* 1843.)

Le récrépissage fait au mur de face d'une maison située sur le bord d'une route impériale et sujette à reculement peut même être autorisé s'il n'a pas un effet *confortatif*. (*Cons. d'Etat, 26 oct.* 1828 *et 14 oct.* 1836.)

Les ouvertures de portes, fenêtres et boutiques ne sont pas considérées comme travaux confortatifs, lors même que pour pratiquer ces ouvertures on serait obligé de refaire une partie du mur avec des matériaux neufs. (*Cons. d'Etat, 25 janv.* 1838.)

L'individu poursuivi pour avoir entrepris avant que l'autorisation lui en ait été accordée, des réparations à une maison sujette à reculement, ne doit pas être condamnée à la démolition des travaux si, depuis la poursuite, l'autorité a reconnu qu'ils n'ont pas un caractère confortatif et s'il a obtenu la permission de les terminer. Mais la contravention n'étant pas couverte par cette autorisation accordée tardivement, il reste passible de l'amende. (*Arr. de Cass.*, *28 juill.* 1854.)

Les règles de l'alignement n'obligent pas seulement les propriétaires; elles sont également applicables aux constructeurs. Quelle que soit la personne qui a commandé les travaux, les entrepreneurs sont personnellement tenus de l'exécution des règlements municipaux. (*Arr. de Cass.*, 13 *juin et* 13 *nov.* 1835; 25 *juin* 1836; 12 *nov.* 1840.)

Voir Alignements et permissions de voirie, n° 336.

735. Travaux publics. — Voir Entrepreneurs de travaux publics, n° 451.

736. Traverse des routes. — Sur les traverses des routes dans les villes, les contraventions sont constatées concurremment par les agents de la grande voirie et par ceux de la police municipale. La jurisprudence de la Cour de Cassation admet aussi concurrence pour la répression entre les tribunaux de simple police et les conseils de préfecture : les premiers doivent être saisis des simples embarras sur la voie publique; les seconds sont appelés à statuer sur les dégradations et détériorations. (*Arr. de Cass.*, *chamb. réunies*, 8 *avr.* 1837.)

737. Trésor trouvé. — Voir Epaves, n° 452.

738. Tribunaux administratifs. — Conseil d'Etat, voir chap. IV, sect. I, n° 233. Conseil de préfecture, voir nos 334 et suiv. Maires, sous-préfets, préfets, ministres, voir nos 221 et suiv.; sect. v, nos 257, 258, 259; chap. v, sect. II, nos 288 et suiv.; sect. III, nos 299 et suiv.; chap. VI, sect. IV, nos 540 et 654.

739.   TROTTOIRS. — Le pouvoir municipal qui règle le mode de pavage dans l'intérêt de la viabilité, peut ordonner l'enlèvement des *bornes* établies devant les maisons et leur remplacement par des trottoirs. (*Arr. de Cass.*, 3 *juin* 1830; 17 *mars* 1838; 18 *décemb.* 1840.)

Voir IVe PARTIE, POLICE MUNICIPALE.

740.   TUYAUX. — Voir DRAINAGE, n°. 427.

741.   UNIFORME DES COMMISSAIRES DE POLICE. — Voir CHAP. II, SECT. III, n°s 126, 127, 128 et 129. Le costume officiel est obligatoire pour certaines visites, n° 67.

742.   UNIVERSITÉ. — Royer-Collard la définit : « Le gouvernement appliqué à la direction universelle de l'instruction publique. »

L'enseignement donné par l'Etat se divise 1° en enseignement primaire (écoles communales); 2° enseignement secondaire, (lycées et collèges communaux), et 3° enseignement supérieur (hautes écoles, facultés.)

Le corps universitaire, présidé par le ministre de l'instruction publique, se compose : d'inspecteurs généraux, de recteurs, d'inspecteurs d'académie et primaires, de professeurs chargés de l'enseignement, etc. Deux conseils placés, l'un à la tête de l'instruction publique (le conseil supérieur), l'autre auprès de chaque académie (conseil académique) sont chargés de discuter les intérêts de l'enseignement.

En cette matière, le commissaire de police est quelquefois chargé de notifier les décisions de l'autorité compétente et d'en assurer l'exécution.

Voir INSTITUTEURS COMMUNAUX, n° 512.

743.   USAGE. — On appelle ainsi, dit Bousquet, ce qui se pratique d'ordinaire, habituellement dans un pays.

Les usages seront étudiés avec soin par le commissaire de police qui, loin de les critiquer ou de les combattre devra les respecter et en faciliter la pratique toutes les fois qu'elle n'aura rien de contraire aux lois, règlements et instructions. Fronder les usages, c'est aigrir les populations, rendre plus difficile l'exercice de l'autorité.

Comme l'usage, ainsi que le fait remarquer Merlin, n'est fondé que sur le concours de la volonté tacite du peuple qui l'observe, avec la volonté tacite du législateur qui le laisse observer, et que ce concours de volonté ne peut s'annoncer que par des faits, il faut pour que ces faits puissent former un usage : 1° qu'ils soient uniformes ; 2° publics ; 3° multipliés ; 4° observés par la généralité des habitants ; 5° réitérés pendant un long espace de temps ; 6° constamment tolérés par le législateur.

744.　Usages dans les bois et forêts. — Ces usages ont deux objets principaux : les *bois* et les *pâturages*. Voir Code forest., art. 61 à 85, en ce qui concerne les droits d'usage dans les bois de l'*État*. Ces dispositions sont applicables pour la plupart aux bois des *communes, des établissements publics* et des *particuliers,* sauf les exceptions énumérées dans les art. 112 et 120 du même code.

Voir Paturage, n° 627 ; Régime forestier, n° 670 ; Vaine pature, n° 749.

745.　Usines. — Voir Ateliers dangereux, insalubres ou incommodes, n° 354 ; Inondations, n° 510 ; Moulins, n° 583.

746.　Usurpation sur la voie publique. — Le fait d'avoir *usurpé sur la voie publique* en y faisant une construction, fait puni d'une amende de 3 fr. à 24 fr. par l'art. 40 du tit II du Code rural, ne doit pas être confondu avec le fait d'avoir embarrassé la voie publique, cas prévu par l'art. 471, § 4 du Code pén. auquel s'applique l'amende de 1 fr. à 5 fr.

Voir ALIGNEMENTS ET PERMISSIONS DE VOIRIE, nᵒ 336, CHEMINS PUBLICS, nᵒ 383; EMBARRAS DE LA VOIE PUBLIQUE, nᵒ 441; GRANDE VOIRIE, nᵒ 496; VOIRIE (grande et petite), nᵒ 761.

747. UTILITÉ PUBLIQUE. — Voir EXPROPRIATION POUR CAUSE D'UTILITÉ PUBLIQUE, nᵒ 470.

748. VACATIONS DES COMMISSAIRES DE POLICE. — Les commissaires de police ne peuvent prétendre à des frais de *vacation* que dans les circonstances où leur droit est consacré par la loi ou par un règlement de l'autorité supérieure et suivant les tarifs dûment arrêtés.

Voir AVARIES, nᵒ 357; DÉSERTION, DÉSERTEURS, nᵒ 418; DOUANES, nᵒ 425; EXHUMATIONS, nᵒ 467; GARANTIE DES MATIÈRES D'OR ET D'ARGENT, nᵒ 491.

Par décision récente du ministre de l'intérieur, l'indemnité que depuis longtemps les commissaires de police étaient dans l'usage de percevoir pour assistance à l'expertise des voitures publiques, et dont il est question nᵒ 469, a été supprimée par ce motif que l'art. 18 du décret du 10 août 1852 sur la police du roulage et des messageries publiques, ne met à la charge de l'entrepreneur de messageries que les frais de l'*expertise*, c'est-à-dire les honoraires de l'expert nommé par l'administration. Le commissaire de police ne prenant pas part à l'expertise, et assistant à l'opération dans un intérêt public comme délégué de l'administration, pour en constater officiellement la régularité et pour en rendre compte au préfet ou au sous-préfet, n'a aucun droit à une vacation.

Tout *individu* qui aura arrêté et ramené un forçat

évadé d'un bagne recevra une gratification de 100 francs si ce forçat est repris hors de la ville. La même gratification est allouée à *tout citoyen* qui ne peut ramener le forçat au bagne, mais le remet aux autorités compétentes pour être provisoirement détenu. (*Arrêté du 6 brum. an XII.*)

749. **Vaine pature et parcours.** — La *vaine pâture* est le droit qu'ont les habitants d'une commune de mener paître leurs bestiaux sur les terres incultes de leur territoire, ainsi que sur les autres fonds non clos, dépouillés de leurs récoltes, après les premières et secondes herbes. On entend par *parcours* l'exercice réciproque de ce droit, d'un territoire à un autre. Dans aucun cas, et dans aucun temps, le droit de parcours, ni celui de vaine pâture, ne peuvent s'exercer sur les prairies artificielles. (*Code rural.*)

En cette matière, l'administration locale suivra, et en cas de contestation, les tribunaux appliqueront les règlements et usages locaux; il y sera pourvu par le conseil municipal. La quantité et les espèces de troupeaux que chaque propriétaire enverra paître ailleurs que sur sa propre terre sera déterminée selon son apport dans l'association du pâturage, c'est-à-dire en proportion du nombre d'arpents livrés par lui à la vaine pâture. Néanmoins, une pensée généreuse a admis tout chef de famille domicilié, qui ne sera ni propriétaire, ni fermier d'aucun des terrains sujets au parcours ou à la vaine pâture, ainsi que tout propriétaire ou fermier dont l'exploitation serait très-modique, à mettre sur lesdits terrains, soit par troupeau séparé, soit un troupeau en commun, un certain nombre limité de bestiaux.

750. **Varech.** — Les varechs ou herbes marines que la mer a détachés et jetés sur les grèves, appartiennent,

aux termes de l'ordonnance d'août 1681 encore en vigueur, au premier occupant; quant à ceux qui sont attachés aux rochers ou au rivage, la coupe en appartient aux communes; les individus qui en coupent sur le territoire d'une commune autre que celle qu'ils habitent, sont passibles de 50 fr. d'amende et de la confiscation des chevaux et harnais; ils ne peuvent être renvoyés de l'action engagée contre eux sous le prétexte qu'ils l'ont ceuilli pour le compte d'un habitant de la commune. Il n'est pas permis aux habitants de la commune de s'adjoindre des étrangers pour augmenter leur part individuelle de cette récolte. (*Arr. de Cass.*, 22 *nov.* 1838; 17 *juill.* 1839.)

D'après un arrêté consulaire à la date du 18 thermidor an X, qui a remis en vigueur le tit. 10, liv. 4 de l'ordonn. de 1681, les préfets sont autorisés à déterminer par des règlements conformes aux lois, tout ce qui est relatif à la pêche en gouémon et varech.

751.   VENDANGES. — Voir BAN DE VENDANGE, no 362.

752.   VÉTÉRINAIRES. — Peuvent exercer sans diplôme. (*Colmar*, 11 *juill.* 1832.) Ceux reçus dans les écoles concourent pour occuper les emplois vacants dans certains établissements et dans l'armée.

753.   VIANDE, VIN, VINAIGRE, ETC. — Voir DENRÉES ALIMENTAIRES, no 414.

754.   VIOLON (chambre de sûreté ou de dépôt). — Voir CHAP. III, no 197; CHAP. VI, MOEURS, no 574.

755.   VISA DES MANDATS. — Voir CHAP. II, SECT. I, no 22.

756.   VISA DES PASSEPORTS. — Les commissaires de police n'ont pas qualité pour viser les passeports. Ils doi-

vent donc s'abstenir avec soin d'un acte étranger à leur attributions. Toutefois, cette interdiction ne s'applique, ni aux commissaires spéciaux de police établis à la frontière, ni aux commissaires de police auxquels les préfets, dans les villes placées sous le régime de l'art. 50 de la loi du 5 mai 1855, et le maire dans les autres villes, auraient spécialement délégué le droit de viser les passeports.

Dans le premier cas, le visa du commissaire spécial de police n'a d'autre objet que de constater la régularité du passeport;

Dans le second cas, les pouvoirs du préfet ou du maire sont transportés momentanément au commissaire de police qui n'agit plus, dès-lors, de son autorité propre. Cette délégation doit être nominative, et les arrêtés pris à cet effet par les maires sont préalablement soumis à l'approbation du préfet.

Des instructions défendent de viser pour Paris et Lyon les passeports des ouvriers qui ne peuvent justifier ni d'un travail assuré ni de ressources personnelles.

Voir LIVRETS D'OUVRIERS, n° 531; PASSEPORTS, n° 625.

757. VISITES DOMICILIAIRES (mesure administrative). — Peuvent être ordonnées par le préfet. Le commissaire de police qui en sera chargé se conformera aux instructions qui lui seront données. Beaucoup de prudence, de modération et de politesse devront être apportées dans ces sortes d'opérations. Procès-verbal de la visite est immédiatement rédigé et envoyé au mandant, ainsi que les papiers et objets saisis.

Voir JOUR ET NUIT, n° 518; MAISONS D'HABITATION, n° 543.

758. VISITES DES COMMISSAIRES DE POLICE. — Voir CHAP. II, SECT. III, n° 67; CHAP. VI, SECT. V, TOURNÉES DES COMMISSAIRES DE POLICE, n° 730.

759. VOIE CONTENTIEUSE, VOIE GRACIEUSE. — La première est suivie lorsqu'on a à demander la réparation d'un intérêt lésé par suite de la violation ou de ce que l'on croit être la violation d'un droit. Voir CHAP. IV, SECT. I, nᵒˢ 219 à 242; CHAP. V, SECT. II et III, nᵒˢ 288 à 323. La voie *gracieuse*, au contraire, est employée lorsqu'un intérêt n'a été que froissé par une mesure administrative : aussi aucun règlement d'administration publique ne peut être attaqué au contentieux; il faudra en demander par voie gracieuse, c'est-à-dire par une espèce de requête civile, la réformation, à l'autorité qui a cru devoir le prendre.

Dans un autre ordre d'idées, un fonctionnaire *amovible* destitué par le gouvernement n'aurait d'autre recours que la voie gracieuse; tandis qu'un fonctionnaire *inamovible* révoqué se pourvoirait au contentieux, pour faire réparer en sa personne la violation d'un droit privé et des garanties qui lui sont assurées par la loi. (*Vauvilliers, Manuel de Droit administratif.*)

760. VOIE PUBLIQUE. — Voir ALIGNEMENTS ET PERMISSIONS DE VOIRIE, nᵒ 336; CHEMINS PUBLICS, nᵒ 383; GRANDES ROUTES, nᵒ 495; GRANDE VOIRIE, nᵒ 496; LOCATION DE PLACES, nᵒ 532; ROUTES, nᵒ 686; RUES, nᵒ 687; VOIRIE, nᵒ 761.

761. VOIRIE (grande et petite). — Le mot *voirie* embrasse toutes les voies par terre et par eau. Voir GRANDE VOIRIE, nᵒ 496.

La *petite voirie* se subdivise en voirie *rurale* et voirie *urbaine;* elle comprend la confection, l'entretien et la police des chemins vicinaux et des rues des communes, pour tout ce qui regarde leur ouverture, leur situation, leur largeur, l'alignement des maisons, la salubrité, la sûreté et la liberté des rues, les places, quais, promenades des villes et des villages qui ne font point partie des grandes routes; les rues, places, etc., qui font la prolongation des grandes routes appartiennent à l'Etat; et celles qui sont la prolongation des chemins vicinaux appartiennent aux communes comme ces chemins.

Voir Voie publique, n° 760; ivme Partie, Police municipale.

762. Voitures publiques, voitures de roulage. — Voir Police du roulage, n° 647.

763. Voitures en convoi. — Lorsque plusieurs voitures marchent à la suite les unes des autres, elles doivent être distribuées en convois de quatre voitures au plus si elles sont à quatre roues et atelées d'un seul cheval; de trois voitures au plus si elles sont à deux roues et atelées d'un seul cheval; et de deux voitures au plus si l'une d'elles est atelée de plus d'un cheval.

L'intervalle d'un convoi à l'autre ne peut être moindre de cinquante mètres. (*Décr. du* 10 *août* 1852, *tit.* 11, *art.* 13.)

Les contraventions aux dispositions qui précèdent sont justiciables des tribunaux de simple police.

764. Voituriers par terre et par eau. — On entend par *voituriers* tous ceux qui se chargent du transport des personnes et des marchandises, tant par terre que par eau, les entrepreneurs et directeurs de voitures et roulages publics, les maîtres de barques et navires.

Les voituriers par terre et par eau sont assujétis, pour la garde et la conservation des choses qui leur sont confiées, aux mêmes obligations que les aubergistes. Il résulte de cette disposition que les effets et marchandises confiés aux voituriers constituent entre leurs mains un *dépôt nécessaire,* tout comme les effets apportés par un voyageur chez un aubergiste, et qu'ainsi la preuve peut en être faite par témoins, même au-delà de 150 fr. (*Code Nap.*, art. 1782 et 1952.)

Les voituriers ne peuvent exciper des cas fortuits, qu'autant qu'ils justifient qu'il n'y a eu ni négligence, ni imprudence, ni incurie de leur part, et qu'ils ont été dans l'impuissance de prévenir, éviter et atténuer les effets de l'évènement qui a amené fortuitement la perte ou les avaries. (*Metz, 18 janv.* 1815.) Voir Avaries, nᵒ 357.

Les registres des entrepreneurs, suivant de Malville, ne peuvent faire preuve contre le voyageur ou l'expéditeur.

Les propriétaires ou entrepreneurs doivent être poursuivis, à raison des accidents arrivés par leur négligence, sans préjudice de leur responsabilité civile, lorsque les accidents auront lieu par la faute ou par la négligence de leurs préposés. (*Ordonn. du* 16 *juill.* 1828, art. 6, 7 et 8.) Voir Accidents graves, nᵒ 327; Police du roulage, nᵒ 647.

En ce qui touche les expéditeurs commerçants, voir Code de commerce, tit. vi, sect. i, ii et iii, art. 91 à 109.

765. Voyer. — Agent préposé à la surveillance des constructions neuves, pour qu'elles ne soient faites qu'en vertu des alignements et permissions de voirie, conformément au plan adopté, s'il en existe un; il est appelé, à raison de ses connaissances techniques, à donner son avis sur les demandes d'alignement. Il y a dans toutes les villes des agents-voyers municipaux; d'autres *voyers* sont nommés par le préfet, aux termes de l'art. 11 de la loi du 21 mai 1836, sur la proposition de l'ingénieur des ponts et chaussées, *inspecteur de la voirie vicinale.*

Le voyer d'une ville n'est ni le représentant, ni le délégué du maire; et, agit-il par ses ordres, il ne lui appartient point de donner lui-même les autorisations de construire, et encore moins de les donner verbalement. (*Arr. de Cass.*, 17 *nov.* 1831.)

766. Voyageur. — Tout voyageur qui déclora un champ pour se faire un passage dans sa route paiera le dommage fait au propriétaire, et de plus une amende de la valeur de trois journées de travail, à moins que le juge de paix du canton ne décide que le chemin public était impraticable; et alors les dommages et les frais de clôture seront à la charge de la communauté. (*Code rural*, *tit. 2*, *art.* 41.)

Le voyageur qui, par la rapidité de sa voiture ou de sa monture tuera ou blessera des bestiaux sur les chemins, sera condamné à une amende égale à la somme du dédommagement dû au propriétaire des bestiaux. (*Art.* 42.)

Voir Logeurs, n° 433; Messageries; n° 567.

TROISIÈME PARTIE.

POLICE JUDICIAIRE. — VOIES A SUIVRE,
LÉGISLATION. — LE COMMISSAIRE DE POLICE
OFFICIER DE POLICE JUDICIAIRE,
AUXILIAIRE DU PROCUREUR IMPÉRIAL.

CHAPITRE VII.

DE LA POLICE JUDICIAIRE EN GÉNÉRAL
ET DE CEUX QUI L'EXERCENT.

SECTION UNIQUE.

But, définition. — Distinction à établir entre les officiers de police judiciaire. — Officiers auxiliaires du procureur impérial. — Pouvoir du commissaire de police. — Qualité des appariteurs, sergents de ville, inspecteurs de police et gendarmes en cette matière. — Surveillance des officiers de police judiciaire. — Devoir. — Discipline. — Suppléance. — Compétence. — Concurrence. — Parenté, alliance avec les délinquants. — Temps légal. — Information, mesure utile, trouble. — Insignes. — Avis au procureur impérial. — Instruction préliminaire. — Constatation d'office.

767. La police judiciaire recherche les délits que la police administrative n'a pu empêcher de commettre, et tend à leur répression. (*Voir* n°s 12, 219, 220.)

768.   L'art. 9 du Code d'instr. crim. énumère les officieux de police judiciaire ; tous ne sont pas *auxiliaires* du
procureur impérial ; cette qualité n'appartient qu'aux juges
de paix, aux officiers de gendarmerie, aux maires et adjoints et aux *commissaires de police.* (*Art.* 48 *et suiv.*)

769.   Les officiers de police judiciaire *auxiliaires* du
procureur impérial peuvent suppléer complètement ce magistrat, dans l'information. (*Art.* 22 *à* 48.) Ainsi, en cas
de flagrant délit ou de délégation des procureurs impériaux
dont ils ont alors les mêmes droits et les mêmes attributions, les commissaires de police ont caractère à l'effet de
procéder aux actes ayant pour objet la recherche et la poursuite de tous les crimes et délits. Ils peuvent interroger les
inculpés, entendre les témoins, constater par eux-mêmes,
ou faire constater par des gens de l'art, les diverses circonstances du fait incriminé, et décerner des mandats de comparution ou d'amener contre les prévenus. (*Art.* 91 *et suiv.*)

770.   Les appariteurs, sergents de ville, inspecteurs
de police, etc., n'ont d'autre qualité que celles de dépositaires de la force publique ou d'agents de l'autorité publique, selon qu'ils agissent pour l'exécution des mandats de
justice, ou pour la surveillance municipale. (*Arr. de Cass.*,
28 *août* 1829 *et* 27 *mai* 1837.)
Les gendarmes ainsi que les sous-officiers de gendarmerie ne sont que de simples agents de la force publique,
et n'ont pas la qualité d'officiers de police judiciaire.

771.   Tous les officiers de police judiciaire d'un même
arrondissement sont, le juge d'instruction excepté, placés
sous la surveillance du procureur impérial. Tous ceux du
ressort d'une cour impériale sont placés sous la surveillance
du procureur général, près cette cour. Les procureurs gé-

néraux et tous les officiers du ministère public de l'empire sont placés sous l'autorité du garde des sceaux , ministre de la justice. (*Code d'instr. crim. , art.* 17, 279, 280; *loi du* 20 avr. 1810, *art.* 45.)

772. Le commissaire de police, *auxiliaire* du procureur impérial, c'est-à-dire chargé de le *seconder* dans la recherche des crimes et délits, doit, en matière de police judiciaire, déférer aux réquisitions et se conformer aux instructions de ce magistrat, avec lequel ils correspond directement pour tout ce qui concerne cette partie du service. (*Voir* nᵒˢ 35 à 55 ; nᵒˢ 86, 90, 94, 101, 130 à 137.)

773. Le procureur général peut, en cas de négligence, *avertir* le commissaire de police d'être plus exact à l'avenir. S'il y a récidive , dans la même année , il est cité devant la cour impériale en la chambre du conseil; il lui est *enjoint* d'être plus exact à l'avenir, et il est condamné aux frais , tant de la citation que de l'expédition et de la signification de l'arrêt. (*Code d'instr. crim. , art.* 279 à 282.)

774. Dans les communes où il y a un commissaire de police, ce fonctionnaire est donc plus spécialement chargé de la police judiciaire , en ce qui concerne la constatation des crimes, délits et contraventions. Les maires et adjoints ne sont obligés de remplacer les commissaires de police que dans les communes où il n'y en a qu'un seul ; dans celles où il y en a deux et un plus grand nombre, les commissaires se remplacent les uns les autres. (*Voir* nᵒ 114 ; *Code d'instr. crim. , art.* 11 à 16.)

775. La *compétence* des commissaires de police , en matière de police judiciaire, est déterminée, *quant au territoire,* par le décret qui les nomme ; mais s'ils ne sont compétents que dans certains cas, pour constater, par

procès-verbaux, un délit quelconque ; ils le sont toujours
pour aviser soit officiellement, soit confidentiellement le
procureur impérial de tous les faits punissables venus à
leur connaissance ; et rien ne s'oppose à ce qu'ils recueillent
et transmettent à leurs collègues compétents des renseignements sur les contraventions et même les délits commis sur le territoire de ces derniers.

776.　Il y a *concurrence* lorsque plusieurs officiers de
police judiciaire sont, à la fois, saisis de la connaissance
du même délit. Quand des actes d'instruction ont eu lieu
déjà, point de difficulté ; l'officier *auxiliaire* qui a agi le
premier continue l'information et ne cède la direction qu'au
procureur impérial, au juge d'instruction, ou au préfet, si
ces magistrats surviennent. Mais si l'affaire est encore entière il pourrait y avoir là une question de droit s'il n'y avait
pas avant tout une question de convenance ; le commissaire
de police, en concurrence avec un maire ou un juge de paix,
placés sur la même ligne que lui en matière de police judiciaire, fera bien, malgré l'égalité des droits que la loi
lui accorde, de ne point disputer le pas au fonctionnaire
plus élevé en dignité qui manifeste le désir d'instrumenter.

Les officiers *auxiliaires* ont la prévention sur les gardes, même les gardes généraux, qui ne sont que de simples officiers de police judiciaire. (*Voir* n° 99 ; *Code
d'instr. crim.*, art. 11.)

En cas de concurrence entre un commissaire de police
et un officier de gendarmerie, nous n'hésitons pas à penser que la prévention doit demeurer au commissaire qui
a le droit de requérir le commandant de la force publique.
(*Voir* n° 55.)

Il n'appartient pas à un officier de police judiciaire d'ordonner la mise en liberté d'un prévenu arrêté de l'ordre

d'un autre officier de police judiciaire; ce prévenu doit être conduit devant le procureur impérial.

777. Les officiers de police judiciaire peuvent valablement constater les délits et contraventions commis par leurs parents et alliés. (*Arr. de Cass.*, 17 *nov.* 1817 *et* 18 *oct.* 1822.)

778. Les dispositions de l'art. 1037 du Code de procédure civile, qui défendent de faire aucune signification ni exécution les jours de fête légale, ne peuvent s'appliquer aux actes qui se rattachent à l'exercice de la justice répressive. (*Voir* nᵒ 422; *loi du* 17 *therm. an VI, art.* 2; *Arr. de Cass.*, 29 *nov.* 1838.)

779. Les commissaires de police doivent, en général, procéder secrètement, en matière de police judiciaire, et n'admettre, autant que possible, à leurs opérations, que les personnes appelées à y prendre part. Tout trouble, toute résistance à une injonction du magistrat qui se livre à une information est un fait punissable; son auteur peut être immédiatement arrêté et mis à la disposition du procureur impérial. Procès-verbal de l'incident est dressé sans délai. (*Code de procéd. civ.*, *art.* 91; *Code d'instr. crim.*, *art.* 504 *et* 509.)

780. Il n'est pas indispensable, pour la validité des procès-verbaux et opérations des commissaires de police, que ces magistrats soient ceints de leur écharpe lorsqu'ils procèdent aux actes de leur ministère. Cette marque distinctive doit néanmoins être revêtue lorsqu'ils redoutent ou éprouvent quelque résistance. (*Voir* nᵒˢ 128 *et* 356; *Arr. de Cass.*, 11 *nov.* 1826, 20 *sept.* 1833, 14 *fév.* 1840.)

781. Le commissaire de police qui acquiert la connaissance d'un crime ou d'un délit grave doit en donner avis

sur-le-champ au procureur impérial. (*Code d'instr. crim.,* *art.* 29 *et* 30.) En cas d'extrême urgence, s'il s'agit de faits très-graves entraînant une peine capitale ou perpétuelle, il y a lieu d'avertir le procureur impérial *par exprès* (*voir n*° 55); ce magistrat se rend sur le théâtre du crime ou autorise le commissaire de police à continuer l'information.

En attendant l'arrivée du procureur impérial ou sa délégation, le commissaire de police recueille le plus activement possible des renseignements, veille au maintien en l'état et à la conservation de toutes choses, procède à toute constatation utile. S'il s'élève des indices contre des individus présents dans la commune, il fait surveiller leurs démarches; si ces indices prennent de la consistance, il les fait arrêter ou garder à vue provisoirement.

782.   Pour les simples délits et les crimes qui n'ont pas une gravité exceptionnelle, le procureur impérial est suffisamment averti par l'envoi des procès-verbaux et des prévenus lorsqu'ils ont été arrêtés. Cet envoi doit avoir lieu, autant que possible, dans les vingt-quatre heures de la constatation du fait punissable.

783.   Le commissaire de police, *auxiliaire* du procureur impérial, chargé de la *recherche* de tous les délits dont la connaissance appartient aux tribunaux de police correctionnelle ou aux cours d'assises, a le pouvoir de les constater *d'office*. La nécessité d'une plainte préalable n'est guère indispensable que pour les délits *d'adultère* (*Code pén.*, *art.* 336 à 339), et de *diffamations* ou *injures* contre les particuliers. (*Loi du* 17 *mai* 1819, *art.* 13 *à* 19; *Code pén.*, *art.* 471, § 11.)

CHAPITRE VIII.

FLAGRANT DÉLIT, PLAINTES ET DÉNONCIATIONS.

SECTION I.

Effets du flagrant délit ; sa définition ; sa durée. — Comment il s'établit. — Cas qui lui sont assimilés. — Conséquences. — Crimes et délits non flagrants.

784. En principe, les officiers de police judiciaire ne peuvent arrêter ou se livrer à des perquisitions qu'au cas de *flagrant délit :* hors cette circonstance, ils doivent être munis d'un mandat du juge d'instruction. Toutefois, le commissaire de police, étant à la fois officier de police judiciaire et officier de police administrative, peut encore procéder à ces opérations, hors le cas de délit flagrant, sur un ordre du préfet. (*Voir* nᵒ 757.)

785. Le *flagrant délit*, est le délit qui se commet actuellement ou qui vient de se commettre. (*Code d'instr. crim.*, art. 40.)

La durée du flagrant délit varie suivant les circonstances. On pense généralement qu'elle ne doit pas excéder vingt-quatre heures.

Il est des cas où le flagrant délit s'établit par la découverte du corps de délit. C'est ce qui a lieu, par exemple, toutes les fois que le corps d'un homme est trouvé sans vie, et que son état ou les circonstances font présumer que la mort est le résultat d'un crime. L'actualité de la découverte du cadavre exige toute la célérité des investigations de la justice, encore bien que la mort soit plus ancienne; un retard quelconque pourrait faire disparaître les traces du délit ou les pièces de conviction. Il y a donc un véritable *flagrant délit.* Lorsque celui qui a volé un cheval a été surpris au moment où il cherchait à le vendre à vil prix, il y a également *flagrant délit,* quoique plusieurs jours se soient déjà écoulés depuis le vol. On peut considérer la vente ou la mise en vente comme se rattachant directement au vol dont elle est la consommation. (*Teulet, d'Auvilliers et Sulpicy, Codes français.*)

786. La loi assimile au *flagrant délit :*

1º Le cas où le prévenu est poursuivi par la *clameur publique,* qu'il ne faut pas confondre avec la *notoriété publique;*

2º Celui où il est trouvé saisi d'effets, armes, instruments ou papiers faisant présumer qu'il est auteur ou complice, pourvu que ce soit dans un temps voisin du délit; (*Code d'instr. crim., art.* 41.)

3º Celui où le propriétaire, le principal locataire ou le chef d'une maison ou d'un appartement requiert l'officier de police de constater un crime ou délit, *flagrant ou non,* qui aura été commis dans l'intérieur de cette maison. (*Art.* 46, 49, 50.)

Encore bien que les cris partis de l'intérieur d'une maison, pour appeler du secours, aient été proférés par un autre que le chef de la famille, de l'appartement ou de la maison, le commissaire de police a le droit de s'y introduire. Il y a flagrant délit, (art. 32). Mais la réquisition d'un locataire ne l'autorise pas à s'introduire dans le domicile d'un autre. (*Bourguignon, Jurisp. des Codes crim.*)

787.   Le flagrant délit s'applique à tous les méfaits qui entraînent la peine corporelle, hors celle de simple police.

788.   L'inculpé arrêté en flagrant délit, ou dans une position qui y est assimilée, doit être immédiatement mis à la disposition du procureur impérial. (*Code d'instr. crim.*, art. 106.) Le commissaire de police procède, sans retard, ainsi qu'il est dit plus haut et conformément aux règles sommairement exposées dans le chapitre suivant.

789.   Si le crime ou le délit a cessé d'être *flagrant* lorsque le commissaire de police en acquiert la connaissance, il ne doit pas moins s'en occuper avec soin et diligence. Toutefois ses pouvoirs ne sont plus aussi étendus. Ainsi, hors le cas de flagrant délit, il est privé du droit d'*arrestation* et de *perquisition;* mais il peut et doit recevoir les dénonciations et plaintes, et recueillir les déclarations des témoins, les actes, pièces, renseignements, etc., relatifs au délit découvert et en dresser procès-verbal en la forme ordinaire. (*Voir* nᵒ 271; *Code d'instr. crim.*, art. 29.)

SCTION II.

Des plaintes. — Du droit de rendre plainte. — Capacité. — Parties civiles. — Réception et rédaction. — Formalités. — Des dénonciations. — Dénonciation
calomnieuse. — Dénonciations réciproques. — Dispositions communes aux
plaintes et aux dénonciations. — Examen. — Suites à donner. — Procuration.
— Copie.

790. *La plainte* est la déclaration de l'individu qui a
souffert d'un crime, d'un délit ou d'une contravention dans
sa personne ou sa propriété.

791. L'art. 63 du Code d'instr. crim. dispose sur les
plaintes relatives aux crimes ou délits ; celles qui ont pour
objet des contraventions de simple police sont régies par
l'art. 11.

792. L'étranger, l'interdit, le mineur, la femme mariée ont le droit de rendre plainte. L'étranger et le mineur
émancipé peuvent même se porter *parties civiles* comme
toute personne *capable*. La capacité de s'engager est nécessaire pour prendre la qualité de partie civile qui entraîne notamment l'obligation de payer les frais en cas
d'acquittement de l'inculpé.

793. Lorsque les plaignants déclarent formellement
vouloir se porter *parties civiles*, il en est fait mention dans
la plainte. (*Décr. du 18 juin 1811, art. 66.*)

794. Les commissaires de police, officiers de police
judiciaire, auxiliaires du procureur impérial, *sont tenus*
de recevoir les plaintes, lors même qu'elles concerne-
raient des crimes ou délits autres que ceux qu'ils sont

directement chargés de constater ; que les faits auraient cessé depuis longtemps d'être *flagrants*, et encore bien qu'on ne leur présenterait ni preuves, ni témoins du fait dénoncé ; que ses auteurs seraient totalement inconnus, ou que le délit ne leur paraîtrait que d'une gravité suffisante pour être poursuivi.

795.   Les plaintes sont rédigées par les plaignants ou par le commissaire de police, s'il en est requis. Un registre spécial est', dans la pratique, affecté à leur réception.

Les dispositions relatives aux formalités des *plaintes*, communes aux *dénonciations* (*Code d'instr. crim.*, art. 31 et et 65), ne sont pas prescrites à peine de nullité. (*Arr. de Cass.*, 10 oct. 1816, 2 sept. 1825 et 5 fév. 1830.) Comme nous avons déjà eu l'occasion de le faire remarquer les plaintes et les dénonciations, certains cas spéciaux exceptés, sont surtout pour le commissaire de police, le point de départ de recherches et le premier acte d'une information.

796.   *La dénonciation* est la déclaration faite par un individu d'un délit dont il n'a point eu à souffrir personnellement, mais dont il a été témoin. (*Code d'instr. crim.*, art. 30 et suiv.)

La dénonciation *calomnieuse* qui se compose de deux éléments distincts, savoir : la fausseté des faits imputés et la mauvaise foi de celui qui les a dénoncés (*Arr. de Cass.*, 22 décem, 1827) est prévue est punie, suivant les cas, par l'art. 373 du Code pén. ou les lois des 17 et 26 mai 1819.

797.   Lorsqu'il y a des plaintes ou des dénonciations *réciproques*, le commissaire de police doit recevoir les unes et les autres pour éclaircir tous les faits, et pour que les

magistrats supérieurs puissent rendre en parfaite connaissance de cause, bonne et égale justice.

798. Lorsque la plainte comprend plusieurs faits dont
quelques uns seulement intéressent le plaignant, elle doit
être considérée comme dénonciation à l'égard de ceux qui
lui sont étrangers, et le commissaire de police doit s'en
saisir, s'ils importent suffisamment à l'ordre public.

799. Le commissaire de police qui a reçu une plainte
ou une dénonciation a, avant tout, mission d'en vérifier le
mérite et l'exactitude. Si les faits signalés sont sérieux, si
le délit est flagrant, s'il est lui-même, compétent pour agir,
il doit aviser le procureur impérial et commencer l'information; dans le cas contraire, il procède comme nous l'avons
dit n° 789.

Les règles de la hiérargie veulent que l'officier de police
auxiliaire qui a reçu une plainte, la transmette au procureur impérial de son arrondissement, quoique les art. 23
et 63 du Code d'instr. crim. aient attribué concurremment
juridiction au juge du lieu du délit, et à ceux de la résidence ou de l'arrestation du prévenu. (*Carnot.*)

800. Lorsque les plaintes et dénonciations sont rédigées par des fondés de procuration spéciale, aux termes
des art. 31 et 65. du Code d'instr. crim., la procuration
demeure toujours annexée à la dénonciation ou à la plainte.
Le dénonciateur et le plaignant peuvent s'en faire délivrer
une copie à leurs frais. (*Décr. du 18 juin 1811, art. 56.*)

CHAPITRE IX.

CONSTATATION, INSTRUCTION, PROCÈS-VERBAUX

SECTION. I.

Nécessité de la célérité dans l'information. — Tentative d'un crime ou d'un délit grave. — Médecins et experts. — Refus. — Serment. — Formalités. — Rapports. — Etat de lieux et plans. — Corps du délit. — Actes d'information dans les résidences impériales. — Délits de peu d'importance.

801. En matière de police judiciaire, *la constatation immédiate, la célérité dans l'information* sont, nous ne saurions trop le répéter, des points capitaux. Le commissaire de police doit se rendre en toute hâte sur le théâtre du crime qui vient de lui être dénoncé et ne jamais remettre à un autre moment ce qu'il peut faire dans le moment présent. « Il y a une vérité qu'enseigne l'expérience, dit Berriat-Saint-Prix, c'est que, lorsque un officier de police judiciaire, informé à temps d'un délit qui vient de se commettre, se transporte diligemment sur les lieux et recherche avec zèle et persévérance les auteurs de ce délit, il est bien rare qu'ils échappent à la justice. En effet, dans un moment rapproché de l'évènement, les témoins, touchés de ce qui vient de se passer,

sont mieux disposés à faire des révélations ; les traces que le meurtrier ou le voleur a pu laisser de son passage, sont encore fraîches ; les objets ou les instruments dont il s'est emparé ou servi, et qui sont à eux seuls une charge accablante, n'ont pas encore eu le temps de disparaître : c'est un vêtement taché de sang ; ce sont des chaussures souillées de boue que l'on n'a pu laver ; ce sont enfin des instruments du meurtre ou les produits du vol que l'on n'a pas eu le loisir de cacher, etc. Quelques heures, quelques instants plus tard, et faute de diligence de la part de l'officier de police judiciaire, la justice peut être désarmée et le forfait demeurer impuni. »

802. La simple tentative d'un crime ou d'un délit grave nécessite le transport sur les lieux du commissaire de police. Toutes traces révélant la culpabilité : violences, commencement d'incendie, effraction, escalade, etc., doivent être constatées et décrites dans un procès-verbal immédiatement adressé au procureur impérial.

803. Les officiers de police judiciaire ont comme le procureur impérial, lorsqu'ils procèdent en cas de flagrant délit, la faculté de se faire accompagner d'une ou de plusieurs personnes présumées par leur profession, capables d'apprécier la nature et les circonstances du délit. (*Arr. de Cass.*, 6 août 1836 ; *Code d'instr. crim.*, art. 43 et 44.)

804. Les personnes ainsi appelées prêteront entre les mains du commissaire de police le serment de faire leur rapport et de donner leur avis en leur âme et conscience. (*Art.* 75, 79, 155, 168, 312, 317, 332 et 355.) Mention en sera faite au procès-verbal.

805. Entre plusieurs médecins ou experts également capables, on doit choisir ceux qui se trouvent sur les

lieux ou l'opération doit se faire ou qui en sont le moins éloignés. (*Instr. minis. du 30 sept.* 1826.)

806. Le refus de la part des hommes de l'art d'obtempérer aux réquisitions du commissaire de police constitue la contravention prévue et punie par l'art. 475, § 12, du Code pén., et il y a lieu d'en dresser procès-verbal. (*Arr. de Cass.*, 6 *août* 1836.)

Voir ACCIDENTS GRAVES, n° 327; RÉQUISITIONS, RÉQUISITOIRES, n° 677; FORMULAIRE, VIIᵉ partie.

807. Il est convenable que les experts rédigent eux-mêmes leur rapport, cependant le rapport peut être consigné dans le procès-verbal du commissaire de police. «La loi, dit Carnot, n'a pas exigé un rapport séparé parce qu'il est possible que des artisans, quoique très-versés dans leur profession, n'aient pas des connaissances nécessaires pour rédiger un procès-verbal, et surtout pour lui donner toute la clarté dont il est susceptible.»

808. Le rapport rédigé par les médecins ou experts est annexé au procès-verbal du commissaire de police.

809. Dans le cas où il est nécessaire de joindre à *l'état des lieux* (*Code d'instr. crim.*, art. 32) un *plan* figuratif de la localité où le crime a été commis, cette pièce est certifiée et signée par le commissaire de police qui l'envoie au procureur impérial en même temps que son procès-verbal.

810. L'ensemble des opérations qui composent l'instruction préliminaire, doit tendre, en un mot, à la découverte du *corps du délit*.

811. Par cette expression : *corps du délit,* il faut entendre les preuves matérielles qui servent à l'établir.

C'est fpour cette raison que lorsqu'une personne a été assassinée ou empoisonnée, le commissaire de police doit tout d'abord constater l'état du cadavre, les blessures, l'état et la situation des armes qui les ont faites, la présence de l'arsenic, l'état et la situation des vases qui ont servi à l'administrer, etc. En cas de vol, le corps du délit consiste dans la saisie des objets volés, des fausses clefs ou des instruments employés par le coupable, la description des traces de l'effraction, de l'escalade, etc. On ne saurait mettre trop de soin dans cette partie de l'instruction écrite, qui peut décider du sort de la poursuite, car telle circonstance qui a paru insignifiante, et qu'on a omis de constater, acquiert souvent, par des révélations ou par de nouvelles découvertes, une importance qu'il était difficile de prévoir. (*Codes Français.*)

812. En ce qui touche les actes d'information dans les palais, châteaux, maisons impériales et leurs dépendances, voir MAISONS IMPÉRIALES, n° 545.

813. Lorsqu'il s'agit de délits de peu d'importance, il suffit que le commissaire de police verbalise, en recevant les déclarations des plaignants et des principaux témoins, et, suivant les cas, qu'il fasse inviter l'inculpé à venir s'expliquer devant lui sur le délit dénoncé ou qu'il ordonne son arrestation. (*Voir n*os 788 *et* 789.)

SECTION II.

Audition des témoins. — Interrogatoire de l'inculpé. — Visites domiciliaires. — Découverte d'un délit autre que celui dont la preuve est recherchée. — Incident. — Co-auteurs et complices. — Interprètes, traducteurs, ouvriers, etc. — Arrestation. — Conduite du prévenu.

814. Le commissaire de police *entend les témoins* séparément et hors la présence du prévenu. Il appelle indistinctement devant lui les parents, voisins, domestiques et autres personnes présumées en état de donner des éclaircissements. En cas de maladie de l'un d'eux, il se transporte dans son domicile pour recevoir sa déclaration. Si le témoin refuse de comparaître ou de déposer, il en est fait mention dans le procès-verbal.

815. Les déclarations ainsi reçues ne sont point, selon Bourguignon et Carnot, de véritables dépositions parce que la loi n'exige aucune prestation de serment; elles ne peuvent, en conséquence, servir que de simples renseignements.

816. Le commissaire de police ne doit pas négliger de faire signer les déclarations qu'il reçoit. Ce n'est point que le défaut de signature opère une nullité ou diminue la foi due à son procès-verbal; mais en cas de rétractation ou de variation de la part des déclarants, leur signature peut servir à les confondre. Il résulte des termes de l'art. 33 du Code d'instr. crim. que les prévenus doivent également signer leurs déclarations. Mention des refus ou des impossibilités est faite au procès-verbal.

817. Les témoins entendus, il y a lieu de procéder à *l'interrogatoire* de l'inculpé qu'on ne saurait trop exhorter à la sincérité.

Des aveux importants ont été souvent obtenus de quelques heures de *réflexion* dans la chambre de sûreté. (Voir VIOLON, n° 754.)

818. Que, dans l'intérêt de la justice et de la vérité, le commissaire de police interrogateur persuade ou intimide, sa parole doit toujours être empreinte d'une fermeté digne, d'une sévérité calme qui n'exclut ni la douceur, ni une certaine bienveillance; l'emportement et l'injure seront évités avec non moins de soin que la familiarité des formes et la trivialité du langage.

819. Les faits justificatifs ou atténuants allégués par le prévenu seront recueillis et consignés au procès-verbal avec le même scrupule que les faits à sa charge. Vérification de leur exactitude sera, autant que possible, faite sur-le-champ; surtout si l'inculpé invoque un *alibi*, c'est-à-dire prétend qu'il se trouvait, à une même heure, ailleurs que dans le lieu où le crime a été commis.

820. Lorsqu'une *visite domiciliaire* est indispensable à la manifestation de la vérité, le commissaire de police peut y procéder, nous l'avons déjà dit, comme le procureur impérial lui-même. Voir n° 767 et suiv.; DI- MANCHES ET FÊTES, n° 422; JOUR ET NUIT, n° 518; MAI- SONS D'HABITATION, n° 543; CODE D'INSTR. CRIM., art. 36 et suiv.; 49 et 50. Il se saisira des armes, papiers, objets d'origine suspecte, et de tout ce qui paraîtra avoir servi ou avoir été destiné à commettre le crime ou le délit, ainsi que tout ce qui paraîtra en avoir été le produit, enfin, de tout ce qui pourra servir à la manifestation

de la vérité : il interpellera le prévenu de s'expliquer sur les choses saisies qui lui seront représentées ; il dressera du tout procès-verbal qui sera signé par le prévenu, ou mention sera faite de son refus. (*Art.* 35.) Enfin, le commissaire de police placera les objets saisis sous *scellés* avec étiquettes détaillées indiquant la nature et le nombre de ces objets qui sont ensuite désignés dans un inventaire, placé à la suite du procès-verbal et sur copie duquel un reçu est donné au greffe du tribunal civil, où lesdits objets sont immédiatement déposés. L'usage d'un carnet spécialement destiné à recevoir les récépissés du greffe n'est pas moins bon.

Sur les papiers et écrits saisis le commissaire de police tracera ces mots : *ne varietur* sous lesquels il apposera son paraphe.

Voir SCELLÉS, n° 694.

Le transport des objets saisis est requis toutes les fois que cela est nécessaire.

821. Lorsqu'une visite domiciliaire produit la découverte d'un fait coupable d'une nature différente à celle du crime dont la preuve est recherchée, le commissaire de police, fortuitement saisi, doit verbaliser, et son procès-verbal peut servir de base à une poursuite.

822. Il pourra défendre que qui que ce soit sorte de la maison, ou s'éloigne du lieu où il procède, jusque après la clôture de son procès-verbal. Tout contrevenant à cette défense sera, s'il peut être saisi, mis en état d'arrestation et déposé à la maison d'arrêt à la disposition du procureur impérial. Il est fait mention de cet incident dans le procès-verbal. (*Art.* 34.)

823. Le commissaire de police s'appliquera à recher-

cher les *co-auteurs* et *complices* des crimes et délits, non moins que l'auteur principal.

Il y a trois sortes de complices : les complices par *provocation*, les complices par *assistance* et les complices par *recélé.* (*Code pén.*, art. 60, 61 et 62.)

824.   Là où il n'y a pas de *corps de délit principal*, il ne peut pas y avoir un délit de *complicité.* (*Arr. de Cass.*, 6 décemb. 1816, 14 *janv.-29 sept.* 1820, 25 *mars* 1824 et 22 *janv.* 1830.)

825.   Tout ce qui a été dit plus haut, n° 803 et suiv., des médecins et experts est applicable aux interprètes et traducteurs dont le commissaire de police peut avoir besoin dans le cours d'une information. Les ouvriers et autres personnes peuvent être également requis de lui prêter secours conformément aux dispositions de l'art. 475, § 12, du Code pénal.

826.   Dès que le commissaire de police déclare un prévenu en état d'arrestation, il doit le faire immédiatement fouiller. Voir n° 197. Si la personne arrêtée est une femme, il la fait fouiller par une personne de son sexe. En aucun cas il n'y a lieu à arrestation si le *délit* ne doit pas entraîner la peine de l'emprisonnement ou s'il s'agit d'un fait ne constituant qu'une *contravention* de simple police.

827.   La *conduite* du prévenu est requise ordinairement de la brigade de gendarmerie la plus voisine. Voir n° 55. On procède de même pour l'exécution des mandats d'amener décernés en cas de flagrant délit. (*Code d'instr. crim.*, art. 40, 49 et 50.) Lorsque le prévenu arrêté se trouve, par une cause ou par une autre, dans l'impossibilité de faire la route à pied, il y a lieu de requérir un voiturier.

Voir VIIme PARTIE, modèles de réquisitoire et de taxe.

SECTION III.

Procès-verbaux des commissaires de police en matière de police judiciaire. — Délai dans lequel ils doivent être envoyés. — Distinctions. — Connexité. — Observations. — Arrangements et transactions. — Cas particulier.

828.   La nature des délits constatés dans les procès-verbaux détermine les autorités auxquelles ces actes doivent être adressés. Voir nos 271 à 287, ce que nous avons dit des procès-verbaux des commissaires de police en général : définition, foi qui leur est due, rédaction, formalités, envoi, etc. ; VIIme PARTIE, modèles d'actes d'instruction et de procès-verbaux.

829.   Les procès-verbaux constatant des faits qualifiés *crimes* ou *délits,* quels qu'ils soient, sont adressés *sans délai,* c'est-à-dire dans les vingt-quatre heures de leur rédaction, au procureur impérial de l'arrondissement.

830.   C'est la *minute* même du procès-verbal (voir MINUTE, no 571), et non une copie, qui doit être envoyée. Voir ce qui a trait à l'enregistrement et à l'analyse des procès-verbaux par le commissaire de police, no 176.

831.   Les commissaires de police adressent *directement* et sans intermédiaire leurs procès-verbaux aux magistrats compétents. (*Code d'instr. crim.,* art. 20, 29, 53; *Décis. minis. des 6 juill.* 1820 *et* 15 *juin* 1825.) Toutefois, à Paris et dans le département de la Seine, c'est au préfet de police que ces actes sont exceptionnellement envoyés.

832.   D'après l'art. 227 du Code d'instr. crim., il y a *connexité de délits*, lorsqu'ils ont été commis en même temps par plusieurs personnes réunies, soit lorsqu'ils ont été commis par différentes personnes, même en différents temps et en divers lieux, mais par suite d'un concert formé à l'avance entre elles, soit lorsque les coupables ont commis les uns pour se procurer les moyens de commettre les autres, pour en faciliter, pour en consommer l'exécution, ou pour en assurer l'impunité.

Si le même procès-verbal constate, à la fois, un crime ou délit et une contravention de police *connexes*, c'est au procureur impérial, chargé de poursuivre le fait le plus grave, que cet acte doit être adressé.

833.   Dans tous les cas, lorsque les commissaires de police conçoivent quelque incertitude sur l'autorité à laquelle ils ont à adresser leurs procès-verbaux, c'est toujours au procureur impérial qu'ils doivent les envoyer; ce magistrat les transmet ensuite à qui de droit.

834.   Aux termes de l'art. 1er du Code d'instr. crim., l'action pour l'application des peines n'appartient qu'aux fonctionnaires auxquels elle est confiée par la loi. C'est donc au magistrats supérieurs qu'appartient le droit d'examiner et de décider sous leur responsabilité personnelle, si tel crime, tel délit, telle contravention, doit être ou n'être pas poursuivi; et les commissaires de police ne peuvent se dispenser, sous aucun prétexte, de constater les faits coupables qui leur ont été dénoncés, ni s'abstenir d'informer le procureur impérial des délits, même sur lesquels les parties intéressées ont cru devoir transiger. Voir Masses noires (arrangements et transactions), nº 559.

835.   Expédition de tout procès-verbal constatant un délit forestier ou de pêche fluviale portant *saisie*, sera

déposée, dans les vingt-quatre heures, au greffe de la justice de paix, pour qu'il en puisse être donnée connaissance à ceux qui réclameraient les objets saisis. (*Code forest.*, art. 167; *loi du 15 avr. 1829, art. 46.*) Voir Chasse, nᵒ 382; Fourrière, nᵒ 482; Pêche, nᵒ 629; Régime forestier, nᵒ 670.

CHAPITRE X.

AUTORISATIONS ET DÉLÉGATIONS. — COMMISSIONS ROGATOIRES.
— EXÉCUTION DES MANDATS ET ORDONNANCES DE JUSTICE.

SECTION UNIQUE.

Cas où il y a lieu à autorisation ou à délégation. — Renseignements. — Marche à suivre. — Règle particulière aux commissions rogatoires. — Qualité du commissaire de police chargé de l'exécution des mandats et ordonnances de justice. — Formalités.

836. Si le procureur impérial ne veut pas continuer lui-même l'information commencée par le commissaire de police, il peut *autoriser* ce fonctionnaire à la suivre. (*Code d'instr. crim., art.* 51.)

837. Le procureur impérial, exerçant son ministère dans les cas des art. 32 et 46, peut encore, s'il le juge utile, *déléguer* au commissaire de police partie des actes de sa compétence et lui faire faire des interrogatoires, des confrontations, des auditions de témoins, des examens de lieux, etc. (*Art.* 50.)

838. Lorsque tous ces actes sont faits hors le flagrant délit, il faut avoir soin d'énoncer qu'on y procède *à titre de renseignements*, ne point faire prêter serment, et ne point accomplir les autres formalités prescrites pour les actes du juge d'instruction.

839. En cas *d'autorisation*, le commissaire de police opère comme si le procureur impérial ne fut pas intervenu, à moins que ce magistrat, en l'autorisant à continuer l'information, ne lui ait donné des instructions particulières, auxquelles il devra se conformer.

En cas de *délégation*, il procède avec les pouvoirs conférés au procureur impérial pour les actes spécifiés dans la délégation.

840. Le procureur impérial ne peut déléguer une partie de ses fonctions qu'à un officier de police *auxiliaire*. Les gardes-champêtres et forestiers sont étrangers à cette branche de la police judiciaire.

841. La *délégation* doit être faite *par écrit*, pour déterminer la nature et l'étendue de la mission. L'exécution doit pareillement être constatée par écrit et faire l'objet d'un procès-verbal, en tête duquel le commissaire de police délégué mentionne la date et l'objet de la délégation et la qualité du magistrat qui l'a décernée. Voir FORMULAIRE, VIIme PARTIE.

842. Aucune loi n'accorde aux officiers de police auxiliaires le droit de faire des délégations à l'instar du procureur impérial. Le juge de paix ne pourrait donc, ainsi que nous l'avons dit nos 51 et suiv., déléguer le commissaire de police à l'effet de faire des perquisitions domiciliaires. Il a cependant une faculté analogue dans un cas prévu par la loi du 4 avril 1855. Voir no 21. Voir encore

n° 80, § dernier, ce qui a trait aux missions que le commissaire central peut donner aux commissaires de police de la ville où il réside.

843. *Les commissions rogatoires* que reçoivent fréquemment les commissaires de police ne sont autre chose qu'une *délégation* du juge d'instruction à l'effet de procéder à des opérations que ce magistrat ne juge pas à propos de faire lui-même, telles qu'une visite domiciliaire, un état de lieux, etc. (*Code d'instr. crim.*, art. 52, 59, 83, 84, 90, 511 et 514.)

844. Dans ce cas, comme dans celui de délégation du procureur impérial, le commissaire de police n'a qu'à se conformer exactement aux termes de la commission, en suivant les règles tracées pour chaque opération par le Code d'instr. crim. Il procède avec les pouvoirs de son mandant.

845. Lorsque le commissaire de police entend des témoins en vertu d'une commission rogatoire du juge d'instruction, il doit exiger d'eux le serment prescrit par l'art. 75 du Code d'instr. crim.

846. La commission rogatoire est retournée au juge d'instruction avec le procès-verbal qui constate le résultat des opérations du commissaire de police. Comme toujours, un lettre d'envoi doit accompagner ces pièces.

847. Les commissaires de police sont aussi fort souvent chargés de l'exécution de *mandats de justice* et *d'ordonnances* du président du tribunal civil, rendues aux termes des art. 376 et 377 du Code Napoléon. Dans ces deux cas ils agissent surtout comme agents de la force publique.

848. Tout mandat doit être signé et revêtu du sceau du magistrat qui le délivre; il est exécutoire dans l'Empire. Son exécution doit être constatée par procès-verbal qui est envoyé au mandant ou à celui qui le représente.

849. Les fonctionnaires sont tenus de donner copie des mandats d'amener, d'arrêt ou de dépôt, aux personnes arrêtées en vertu de l'un de ces mandats.

Voir n° 22; CODE D'INSTR. CRIM., art. 40, 49 et suiv.; 91 et suiv.; 105.

850. Dans le cas de l'exécution d'une ordonnance rendue en vue de l'exercice du droit de correction paternelle, il convient de prévenir le père qu'il est tenu de souscrire une soumission de payer tous les frais, et de fournir les aliments convenables.

Cette exécution a lieu sans aucune écriture ni formalité judiciaire. (*Code Nap.*, *art.* 378.) Le commissaire de police en doit compte, néanmoins, au procureur impérial par l'intermédiaire duquel l'ordonnance du président du tribunal lui est pervenue.

CHAPITRE XI.

OBJETS DE POLICE JUDICIAIRE.

SECTION I.

Des crimes, délits et contraventions en général. — Définitions. — Tentative. — Démence. — Rétroactivité. — Prescription. — Délits militaires. — Crimes et délits commis conjointement par des militaires et des individus n'appartenant pas à l'armée. — Lois pénales.

851. Les objets auxquels s'étend l'action de la *police judiciaire* sont les faits qualifiés *crimes*, *délits* et *contraventions*.

852. Le *crime* est l'infraction que les lois punissent d'une peine afflictive ou infamante (*Code pén.*, art. 1er.) Toute tentative de *crime* manifestée par un commencement d'exécution, si elle n'a été suspendue ou si elle n'a manqué son effet que par des circonstances indépendantes de la volonté de son auteur, est considérée comme le crime même. (*Art.* 2.) Il n'y a ni crime ni délit lorsque le prévenu était en état de démence au moment de l'action, ou lorsqu'il a été contraint par une force à laquelle il n'a pu résister. (*Art.* 64.) Voir ALIÉNÉS, n° 335. Il faut donc pour qu'il y ait *crime* que *l'intention* se réunisse *au fait*.

853. L'action publique et l'action civile résultant d'un *crime* se prescrivent après dix années révolues, à compter du jour où le crime aura été commis, si, dans cet intervalle, il n'a été fait aucun acte d'instruction ni de poursuite ; mais s'il en a été fait, la prescription de dix ans ne compte qu'à partir du dernier acte. (*Code d'instr. crim.*, art. 637.)

854. Le *délit* est l'infraction que les lois punissent de peines *correctionnelles*. Les tentatives de *délits* ne sont considérées comme *délits* que dans les cas déterminés par une disposition spéciale de la loi. (*Code pén.*, art. 3.) Nul délit ne peut être puni de peines qui n'étaient pas prononcées par la loi avant qu'il fut commis. (*Art.* 4.) Les dispositions du Code pénal ne s'appliquent pas aux délits militaires. (*Art.* 5.)

855. En matière *correctionnelle*, l'action publique et l'action civile sont soumises à la prescription de trois ans, à partir du délit ou du dernier acte de poursuite. (*Art.* 638.)

856. L'art. 137 du Code d'instr. crim. considère comme *contraventions de police simple* les faits qui, d'après les dispositions du 4e livre du Code pén., peuvent donner lieu, soit à 15 fr. d'amende ou au-dessous, soit à cinq jours d'emprisonnement ou au-dessous, qu'il y ait confiscation des choses saisies et quelle qu'en soit la valeur. En matière de *contraventions*, la bonne foi n'est pas une excuse, et ne peut dispenser de la peine portée par la loi.

857. Les peines portées par les jugements rendus pour *contraventions de police* se prescrivent après une ou deux années révolues, suivant les cas. (*Code d'instr. crim.*, art. 639 *et* 640.)

858. Les Cours d'assises connaissent des *crimes*. Les

délits sont justiciables des tribunaux de police correctionnelle. Les *contraventions* sont portées devant le juge de
paix ou le maire, suivant les règles et les distinctions établies par la loi. (*Code pén., art.* 139 *à* 178.) Il est cependant certaines contraventions dont la connaissance est
attribuée aux tribunaux correctionnels.

Si parmi les prévenus d'un même fait les uns sont militaires et les autres ne le sont pas, la connaissance appartient aux juges ordinaires. (*Décr. des* 25 *août* 1787 ; 23
mars 1793 ; 10 *juill. et* 3 *nov.* 1796 ; 21 *fév.* 1808 ; *Lois
des* 9 *oct.* 1796 ; 13 *décem.* 1799 ; 20 *juill.* 1829.)

Chacun des cas de *crime, délit* et *contravention* est indiqué et traité en son lieu dans cet ouvrage. Le plus grand
nombre est prévu par le Code pénal ; beaucoup d'autres
sont définis par des lois ou règlements spéciaux que nous
n'avons point négligé de faire connaître.

Nous nous occupons surtout dans cette partie des *crimes*
et des *délits*; en ce qui touche les *contraventions :* Voir
IIᵉ PARTIE, OBJETS DE POLICE ADMINISTRATIVE ; IVᵉ PARTIE,
OBJETS DE POLICE MUNICIPALE ET Vᵉ PARTIE, COMPÉTENCE DES
TRIBUNAUX DE SIMPLE POLICE.

SECTION II.

Crimes et délits contre la chose publique. — Sûreté extérieure et intérieure de l'État. — Constitution. — Crimes et délits contre la paix publique. — Fausse monnaie. — Contrefaçon des sceaux de l'État, billets de banque, etc. — Faux en écriture authentique, de commerce ou privée. — Faux dans les passeports, feuilles de route, etc. — Crimes et délits des fonctionnaires publics dans l'exercice de leurs fonctions. — Résistance et désobéissance envers l'autorité. — Dégradations de monuments. — Usurpations de titres, fonctions, etc. — Trouble au libre exercice des cultes. — Association de malfaiteurs. — Vagabondage et mendicité. — Rupture du ban de surveillance.

859. CRIMES ET DÉLITS CONTRE LA SURETÉ EXTÉRIEURE ET INTÉRIEURE DE L'ÉTAT. — On désignait autrefois sous le titre de crimes de *lèse-majesté humaine*, non seulement les attentats contre le souverain et ses enfants, mais encore les conspirations, machinations ou entreprises contre l'État ou contre la patrie, et en un mot toutes les trahisons contre la chose publique.

En général, les peines portées contre les crimes et délits attentatoires à la sûreté de l'État atteignent également tous les coupables, sans distinguer entre les chefs, les provocateurs et les complices ou simples adhérens, et alors même que leur intention ne se serait pas encore manifestée par une tentative extérieure ; *cogitationis pœnam nemo patitur*, dit la loi 18, ff., *de pœnis*. La sévérité que le législateur a montrée dans cette matière a été inspirée par le besoin de protéger les grands intérêts que le tit. 1ᵉʳ du liv. 3 du Code pén. a pour objet. (*Code pén.*, *art*. 75 à 108; 265 *et suiv.;* 291, 292, 293, 294; 327, 328, 329; *Lois des 10 avr.* 1831, 7 *et* 9 *juin* 1848, *sur les attroupements;*

10 *avr.* 1854, *sur les associations ; Décrets des* 8-12 *décem.*
1851 *sur les sociétés secrètes ;* 15-30 *mars* 1852, *sur les
individus qui ont pris part aux troubles ;* 9 *juill.* 1852
*qui interdit le séjour dans le département de la Seine et
dans l'agglomération lyonnaise aux repris de justice et
aux gens sans moyens d'existence.*)

Le décret du 25 mars 1852 a abrogé le décret du 28
juillet 1848 sur les clubs, moins l'art. 13, qui interdit les
sociétés secrètes.

Dans le cas de réunion illicite, les autorités administrative et judiciaire doivent être immédiatement prévenues.
S'il y a urgence, le commissaire de police doit agir sans attendre les ordres. Dans la constatation du délit, il aura
soin de saisir les papiers, registres, signes et emblèmes
d'associations et de reconnaissance. Les inculpés doivent
tous être arrêtés, fouillés et interrogés sans retard. Des
perquisitions doivent être faites, le plus tôt possible dans
le domicile des prévenus. Celui qui a prêté le local pour
la réunion est considéré comme complice et soumis aux
même investigations.

Voir Affiches, afficheurs, n°s 330, 331 ; Armes de
guerre, n° 343 ; Armuriers, n° 345 ; Attroupements,
n° 356 ; Bandes armées, n° 363 ; Cloches, n° 391 ; Colportage et colporteurs, n° 394 ; Dessins, gravures lithographies et emblèmes, n° 420 ; Ecrits, n° 435 ; Imprimerie, imprimeurs, n° 505 ; Journaux, n° 519 ;
Lettres, n° 525 ; Médailles et jetons, n° 563 ; Munitions de guerre, n° 586 ; Ordre public, n° 616 ; Presse,
n° 657 ; Responsabilité des communes, n° 680 ; Scrutin,
n° 695 ; Sommations, n° 705.

860. Crimes et délits contre la constitution. —
Obstacles apportés à l'exercice des droits civiques. Atten-

tats à la liberté. Coalition des fonctionnaires. Empiétements des autorités administratives et judiciaires. (*Code pén.*, art. 109 à 131.)

Voir CHAP. II, SECT. VI, nᵒˢ 159 à 163; JOUR ET NUIT, nᵒ 518; LIBERTÉ INDIVIDUELLE, nᵒ 527; MAISONS D'HABITATION, nᵒ 543.

861.   CRIMES ET DÉLITS CONTRE LA PAIX PUBLIQUE. — Quoique *le faux* ne porte le plus ordinairement atteinte qu'à la propriété et aux droits des particuliers, les rédacteurs du Code pén. l'ont rangé parmi les crimes et délits contre la paix publique, parce qu'il produit quelquefois cet effet; en sorte que c'est l'exception qui a fait la règle. Cette anomalie, disent Teulet, d'Auvilliers et Sulpicy, n'est pas la seule que l'on remarque dans la classification des matières du Code.

1. — FAUSSE MONNAIE, fabrication, contrefaçon, altération. (*Code pén.*, art. 132 à 138.) L'émission d'une ou de plusieurs pièces fausses est constitutive du crime.

2. — CONTREFAÇON DES SCEAUX DE L'ÉTAT, BILLETS DE BANQUE, ETC. — Contrefaction et usage. (*Code pén.*, art. 139 à 144.) La simple exposition d'un billet de banque contrefait ou falsifié ne constituerait point le crime prévu par l'art. 139, qui n'en a réprimé que l'usage. (*Chauveau et Hélie, théorie du Code pén.*)

3. — FAUX EN ÉCRITURE authentique, de commerce ou privée, et usage des pièces fausses. (*Code pén.*, art. 45 à 151.) Trois conditions sont constitutives du crime de faux : 1ᵒ contrefaçon; 2ᵒ intention criminelle; 3ᵒ préjudice réel ou possible.

4. — FAUX DANS LES PASSEPORTS ET FEUILLES DE ROUTE, certificats d'indigence, etc. (*Code pén.*, art. 153 à 161.) Dans tous les cas qui précèdent, la saisie de la *pièce*

fausse ou contrefaite constituant le corps du délit, est la première et la plus indispensable des précautions à prendre.

5. — FORFAITURE, crimes et délits des fonctionnaires publics dans l'exercice de leurs fonctions. (*Code pén.*, art. 166 à 208.)

Voir CHAP. II, SECT. VI, nᵒˢ 153 à 171.

6. — RÉSISTANCE, DÉSOBÉISSANCE et autres manquements envers l'autorité publique. Rébellions, outrages, voies de fait, bris de scellés. (*Code pén.*, art. 209 à 256.)

Voir SCELLÉS, nᵒ 694.

Les commissaires de police sont compris parmi les magistrats protégés par les art. 222 et 223. Voir CHAP. II, SECT. I, nᵒˢ 28 et 31.

Il n'y a aucune différence à faire entre les outrages commis, par paroles, gestes ou menaces, *re aut verbis*, envers un fonctionnaire, *à l'occasion* ou *à raison* de ses fonctions.

On doit considérer comme gestes ou menaces, selon les circonstances, le jet de boue, d'ordures, les sifflets, les huées, les charivaris.

Il n'est pas nécessaire que l'outrage soit public pour constituer le délit prévu par la loi. (*Arr. de Cass.* 13 *mars* 1812.)

7. — DÉGRADATION DE MONUMENTS. — Voir MONUMENTS PUBLICS, nᵒ 577.

8. — USURPATION DE TITRES ET FONCTIONS ; port illégal d'un costume, d'un uniforme ou d'une décoration. (*Code pén.*, art. 258 et 259.)

9. — TROUBLES AU LIBRE EXERCICE DES CULTES, outrages envers les objets d'un culte ou envers ses ministres. (*Code pén.*, art. 260 à 264.) Voir POLICE DES ÉGLISES, nᵒ 645.

10. — ASSOCIATIONS DE MALFAITEURS, VAGABONDAGE ET MENDICITÉ. (*Code pén.*, *art.* 265 à 282.) Le *vagabond* ou l'individu sans aveu, est celui dans la personne duquel se trouvent *réunies* les trois conditions suivantes : point de *domicile certain*; point de *moyens de subsistance*; absence d'*exercice habituel* d'un métier ou d'une profession.

La possession d'un titre régulier de voyage n'est pas nécessairement exclusive de l'état de *vagabondage*. Voir GENS SANS AVEU, n° 493.

La *mendicité*, isolée de toute circonstance aggravante, n'est point un délit en elle-même. Le délit commence là où, ne pouvant invoquer pour excuse une nécessité flagrante, elle est le résultat de l'oisiveté, de la fainéantise ou des mauvaises passions. (*Teulet, d'Auvilliers et Sulpicy.*) De là les dispositions établies par le Code pénal.

Voir DÉPOTS DE MENDICITÉ, n° 416.

11. — RUPTURE DU BAN DE SURVEILLANCE. (*Code pén.*, *art.* 44 et suiv.; *Décr. du 8 décem.* 1851; *Loi du 9 juill.* 1852.) Le commissaire de police doit rechercher et faire arrêter les individus auxquels le séjour, dans une des communes de sa juridiction, est interdit, ou qui ne seraient pas sur la route tracée dans leur passeport; les interroger; dresser procès-verbal de la *rupture de ban* et les écrouer à la disposition du procureur impérial. Il doit être rendu compte immédiatement de ces sortes d'arrestations au préfet ou au sous-préfet.

Voir SURVEILLANCE DE LA HAUTE POLICE, n° 715.

SECTION III.

Crimes et délits contre les personnes. — Meurtre, assassinat, etc. — Menaces
— Coups et blessures volontaires. — Fabrication et port d'armes prohibées. —
Homicides, blessures et coups involontaires. — Avortement. — Viol. — Attentats à la pudeur avec ou sans violence. — Outrage public à la pudeur. — Excitation à la débauche de mineurs. — Adultère. — Arrestations illégales, séquestrations de personnes. — Crimes et délits envers l'enfant. — Enlèvement de
mineurs. — Infractions aux lois sur les inhumations. — Faux témoignage. —
Calomnies, injures, révélation de secrets.

862.   Le fait matériel et l'intention criminelle sont constitutifs des *crimes* contre les personnes.

1. — MEURTRE, ASSASSINAT, PARRICIDE, INFANTICIDE, EM-
POISONNEMENT. (*Code pén.*, *art.* 295 à 304 ; *Code d'instr.*,
art. 29 *et suiv.*) Voir DÉCÈS ACCIDENTEL, VIOLENT OU SU-
BIT, n° 406.

2. — MENACES. Menaces écrites d'assassinat, d'empoi-
sonnement, d'incendie, etc. Menaces verbales des mêmes
crimes, avec ordre ou sous condition. (*Code pén.*, *art.*
305 *à* 308 *et* 436 ; *Lois des* 17 *mai* 1819, *art.* 3 ; 25 *mars*
1822 ; 11-12 *août* 1848.)

3. — COUPS ET BLESSURES VOLONTAIRES. La *volonté* de
porter des coups ou de faire les blessures, est un élément
constitutif de ce crime. (*Code pén.*, *art.* 309 *et suiv.*) Les
blessures faites du consentement du blessé n'échappent
point à l'action de la loi pénale. (*Arr. de Cass.* 2 *juill.* 1835.)
Ainsi, les *coups* et *blessures* qui ont eu lieu en duel doivent être réprimés comme si cette circonstance n'existait
pas. Les *témoins* du duel et les personnes qui ont prêté
sciemment les armes dont on a fait usage, doivent être

poursuivis comme complices. (*Arr. de Cass.*, 15 *et* 22 décem. 1837; 2 *févr.* 1839.) Celui qui mutile un conscrit pour le rendre impropre au service, est coupable de blessures volontaires, encore bien que la mutilation soit faite du consentement de ce conscrit. (*Arr. de Cass.*, 13 août 1813.)

Les sévices et mauvais traitements exercés par un père ou une mère sur ses enfants, sont punissables comme ceux exercés par toute autre personne. La puissance paternelle ne confère aux parents qu'un simple droit de correction. (*Arr. de Cass.*, 17 *décem.* 1819.)

La circonstance de *provocation* est atténuante de la criminalité du fait. L'état de *légitime défense* fait disparaître le délit. (*Code pén.*, art. 321, 326, 328 *et* 329.) La *préméditation* ou le *guet-apens* sont des circonstances aggravantes dont la constatation est fort importante. (*Art.* 311.)

Violences et blessures envers des ascendants. (*Art.* 312.) Envers des fonctionnaires publics dans l'exercice de leurs fonctions. (*Art.* 228.)

Voir ACCIDENTS GRAVES, nº 327; ASPHIXIE, nº 348.

4. — FABRICATION ET PORT D'ARMES PROHIBÉES. (*Code pén.*, art. 314.) Voir ARMES DE GUERRE, nº 343; ARMES SECRÈTES, nº 344; ARMURIERS, nº 345.

5. — HOMICIDES, BLESSURES ET COUPS INVOLONTAIRES. Pour que l'homicide, les blessures et coups *involontaires* constituent un délit, il faut qu'il aient été commis par maladresse, imprudence, inattention, négligence ou inobservation des règlements. (*Code pén.*, art. 319 *et* 320.)

Tous les faits de coups et blessures involontaires doivent être néanmoins soumis à l'appréciation de la justice qui statue sur l'action en dommages intérêts. (*Code Nap.*, art. 1382 *et suiv.*)

Voir Accidents graves, n° 327 ; Asphixie, n° 348 ; Avaries, n° 357.

6. — Avortement. (*Code pén.*, *art.* 317.) Voir Accouchements, n° 328 ; Accoucheur, accoucheuse, n° 329.

7. — Viol. Deux caractères constituent ce crime : la copulation et la violence. A défaut de la première circonstance, il peut y avoir une tentative ou même un attentat ; mais il n'y a point viol. (*Code pén.*, *art.* 332.) L'âge et la condition des personnes n'importent point : la circonstance que la fille violée se livrerait à la débauche n'ôterait point au viol son caractère de crime. (*Arr. de Cass.*, 17 *nov* 1826.)

8. — Attentats a la pudeur avec ou sans violence. La violence morale ne peut servir d'élément au crime d'attentat à la pudeur qu'autant que la victime est âgée de moins de onze ans. La violence sur la personne est seule constitutive de ce crime. Le mari qui, en employant la violence, contraint sa femme a subir des actes contraires à la fin légitime du mariage, commet le crime d'attentat à la pudeur. (*Code pén.*, *art.* 332 et 333 ; *Arr. de Cass.*, 21 *nov.* 1839.)

Les attentats à la pudeur *sans violence* ne sont donc punissables que lorsqu'ils sont commis sur un enfant de moins de onze ans. (*Code pén.*, *art.* 331 ; *Arr. de Cass.*, 2 *oct.* 1819 ; 18 *avr.* 1822 et 28 *janv.* 1830.) La circonstance de l'âge de la victime est constitutive du crime et non pas seulement aggravante. (*Arr. de Cass.*, 4 *mars* 1842.) Il a été jugé que le fait d'avoir employé les mains de plusieurs filles âgées de moins de onze ans, à satisfaire, sur soi-même, des penchants honteux, constitue le délit prévu par l'art. 331. (*Arr. de Cass.*, 2 *avr.* 1835.) On ne peut assimiler à un attentat commis sur un enfant âgé de moins de onze ans celui qui l'a été sur une per-

sonne en état d'imbécillité ou de démence. (*Paris*, 1er
août 1835.) L'analogie ne saurait être admise en matière
pénale.

9. — OUTRAGE PUBLIC A LA PUDEUR. Action contraire
aux mœurs publiquement exercée. (*Code pén.*, art. 330.)
L'outrage à la pudeur commis dans la rue, est réputé
public, quoiqu'il ait eu lieu la nuit. (*Arr. de Cass.*, 26
mars 1813.) Sont également réputés publics les outrages
à la pudeur commis dans une chambre d'auberge commu-
niquant à la cuisine et à la salle à boire par des portes
restées ouvertes, et dans un champ non dépouillé de sa
récolte, mais à la vue de plusieurs personnes. (*Arr. de
de Cass.*, 1er août 1835 et 22 fév. 1828.)

10. — EXCITATION A LA DÉBAUCHE (mineurs de l'un ou
de l'autre sexe.) L'habitude est une circonstance constitutive et indispensable de ce délit. (*Code pén.*, art. 334
et 335.)

11. — ADULTÈRE. (*Code pén.*, art. 336 à 339.) L'a-
dultère du mari n'est considéré comme un délit que lorsque le mari a *entretenu* une concubine dans le *domicile
conjugal;* il ne peut donc être constaté que dans ce cas.
Il n'y a pas lieu à arrestation. L'adultère de la femme, au
contraire, constitue toujours un délit et peut être constaté
partout. En cas de *flagrant délit* la femme adultère et
son complice doivent être arrêtés. Les lettres et écrits
émanés de ce dernier seront recherchés et saisis ; ils font
preuve contre lui à défaut du flagrant délit.

L'adultère ne peut être constaté et poursuivi que sur la
plainte formelle et par écrit de l'un des époux. L'acte de
mariage doit être produit.

Le mari peut se désister de sa plainte avant le jugement
en consentant à reprendre sa femme.

12. — Arrestations illégales, séquestrations de personnes. (*Code pén.*, *art.* 341 à 344.)

13. — Crimes et délits envers l'enfant. Enlèvement, recelé, suppression, substitution et non représentation. (*Code pén.*, *art.* 345.) Défaut de déclaration d'un accouchement par les assistants ou absence de dépôt de la part de ceux qui ont trouvé un enfant nouveau-né. (*Art.* 346, 347.) Expositions et délaissements d'enfants. (*Art.* 348 à 353.) Voir Accouchements, n° 328 ; Accoucheur, accoucheuse, n° 329 ; Enfant abandonné ou exposé, n° 445 ; Enfant porté a un hospice, n° 446 ; Enlèvement d'enfant, n° 447 ; Naissance, n° 591 ; Sages-femmes, n° 689.

14. — Enlèvement de mineurs. Ce qui constitue la criminalité de ce fait, c'est l'intention de soustraire le mineur à l'autorité de ses parents. (*Code pén.*, *art.* 354 à 357.)

15. — Infractions aux lois sur les inhumations. Contraventions matérielles. (*Code pén.*, *art.* 358 à 360.) Voir Cimetières, n° 389 ; Exhumations, n° 467 ; Inhumations, n° 509.

16. — Faux témoignage. La loi ne punit que le faux témoignage donné *oralement à l'audience* sous la foi du serment. (*Code pén.*, *art.* 361 à 366.)

17. — Calomnies, injures, révélation de secrets. En substituant le délit de diffamation à celui de calomnie, la loi du 17 mai 1819 a abrogé plusieurs dispositions du Code pén. ; mais non l'art. 373 qui n'a point cessé d'être en vigueur. (*Arr. de Cass.*, *7 mars*–18 avr. 1823 et 25 févr. 1826 ; *Rouen*, 22 avr. 1825.) Les conditions nécessaires pour constituer le délit de révélation de secrets sont : 1° qu'un secret ait été confié ; 2° que le dépositaire soit obligé par état à le garder fidèlement ; 3° qu'il ait violé la confidence ; 4° et qu'il ait agi dans une intention criminelle. (*Code pén.*, *art.* 378.)

SECTION IV.

Crimes et délits contre les propriétés. — Vols. — Circonstances aggravantes. — Recel. — Soustractions entre proches parents. — Extorsion de titres. — Détournement d'objets saisis. — Banqueroutes. — Escroquerie. — Abus de confiance. — Vente à faux-poids ou à fausse mesure. — Incendies. — Destruction d'actes de l'autorité. — Pillage en réunion. — Dévastations de récoltes. — Destruction d'arbres. — Coupe de grains ou fourrages d'autrui. — Destruction d'instruments d'agriculture. — Destruction d'animaux. — Destruction de fossés, de clôtures. — Inondations. — Défaut de précautions en cas d'épizootie. — Contraventions de police.

863. 1. — VOLS. — Trois conditions sont nécessaires pour constituer le vol; il faut 1° qu'une chose ait été soustraite, *appréhendée;* que cette soustraction soit frauduleuse; 3° que la chose soustraite appartienne à autrui. *Fur est qui dolo malo rem alienam contractat.* (*Code pén.,* art. 379.)

Les vols sont *simples* ou *qualifiés.*

Les vols *simples* sont ceux qui n'ont été accompagnés d'aucune circonstance aggravante. Les larcins et filouteries leur sont assimilés. (*Art.* 401.)

Les vols *qualifiés* sont ceux commis avec circonstances aggravantes. La loi les qualifie crimes.

Les principales *circonstances aggravantes* sont :

La nuit, en réunion de deux personnes. (*Art.* 381.)

La nuit, par une seule personne, mais dans une maison habitée ou ses dépendances. (*Art.* 386, 390 à 392.)

Le port d'armes apparentes ou cachées. (*Art.* 381, 386.)

L'effraction extérieure ou intérieure. (*Art.* 381, § 4; 384, 393 à 396.)

L'escalade. (*Art.* 384 et 397.)

L'entrée par une ouverture souterraine, autre que celle qui a été établie pour servir d'entrée. (*Art.* 397.)

Les fausses clefs. (*Art.* 398.)

La violence, les blessures ou contusions. (*Art.* 382, 385.)

Les chemins publics. (*Art.* 383.)

La qualité de domestique, d'homme de service à gages, d'ouvrier ou apprenti de la personne volée. (*Art.* 386.)

La qualité d'aubergiste, de voiturier ou d'hôtelier, si ces individus ont soustrait des choses qui leur avaient été confiées à ce titre. (*Art.* 386, ₴ 4.)

Le déplacement de bornes. (*Art.* 389.)

Le bris de scellés. (*Art.* 253, 384.) Voir Scellés, n° 694.

Les dépôts publics où se trouvaient les choses volées. (*Art.* 254, 255.)

Vols d'instruments ou bestiaux d'agriculture, de récoltes, de bois dans les ventes, de pierres dans les carrières, de poissons en étang, vivier ou réservoir. (*Art.* 386 *et* 388.)

La recherche des auteurs d'un vol quelconque ne doit pas faire négliger celle des individus qui ont *recélé sciemment* tout ou partie des objets volés. (*Art.* 62.)

L'intérêt et l'honneur des familles ont fait introduire dans le Code pénal une exception à la disposition générale de l'art. 379.

Les soustractions commises par des maris au préjudice de leurs femmes, par des femmes au préjudice de leurs maris, par un veuf ou une veuve quant aux choses qui avaient appartenu à l'époux décédé, par des enfants ou autres descendants au préjudice de leurs pères ou mères ou autres ascendants, par des pères ou mères et autres ascendants au préjudice de leurs enfants ou autres descendants, ou par des alliés au même degré, ne peuvent donner lieu qu'à des réparations civiles. Mais les étrangers ou les parents moins proches qui ont *recélé* ou *appli-*

qué *à leur profit* tout ou partie des objets volés sont punissables comme coupables. (*Art.* 380.) La disposition de
l'art. 380 s'applique à toute espèce de vols, et même à
ceux qui ont été commis avec quelque circonstance aggravante. (*Arr. de Cass.*, 26 *juill.* 1811.) Bien que la loi
ne parle dans l'espèce que de *soustractions,* les auteurs
pensent généralement qu'il y a lieu de leur assimiler *toutes sortes de fraudes portant atteinte à la propriété,* et
par conséquent l'abus de confiance et l'escroquerie.

2. — EXTORSION D'UN ACTE OU D'UN TITRE. (*Art.* 400.)

3. — DÉTOURNEMENT D'OBJETS SAISIS. (*Art.* 400.)

4. — BANQUEROUTE FRAUDULEUSE. (*Code pén.*, *art.* 402;
Code de Comm., *art.* 591.)

5. — BANQUEROUTE SIMPLE. (*Code pén.*, *art.* 402; *Code
de Comm.*, *art.* 585 *et* 586.)

6. — ESCROQUERIE. Ce délit est *complexe.* Trois conditions sont nécessaires pour le constituer : 1° emploi, soit
d'un faux nom, soit d'une fausse qualité, soit de manœuvres frauduleuses. (*Code pén.*, *art.* 405.) La loi n'exige
pas le concours de ces divers moyens ; un seul est suffisant ;
mais, en l'absence de tous, l'escroquerie ne peut se constituer.
(*Arr. de Cass.*, 20 *avr.* 1837; *Bordeaux,* 22 *févr.* 1838.)
2° Remise des fonds, obligations, objets, etc. ; 3° intention frauduleuse. Ainsi, des actes d'indélicatesse, d'im-
probité, de friponnerie même, tels que le fait de quitter
une auberge sans solder sa dépense ; d'abandonner une
ville en emportant des marchandises achetées à crédit,
sans les payer, etc., ne sont point des *escroqueries* dans
le sens de la loi et ne peuvent donner lieu qu'à une *action
civile,* si la remise ou livraison des objets ou marchandises n'a pas été précédée de quelqu'une des circonstances
caractérisées par l'art. 405.

Les mensonges, les fausses promesses, ne constituent

pas par eux-mêmes l'escroquerie, s'il ne s'y mêle quelque artifice, quelque combinaison fallacieuse. Ainsi ne sont point coupables d'escroquerie : l'ouvrier qui se fait livrer par un cordonnier une paire de souliers, en lui disant mensongèrement que son maître la lui paiera et qu'il n'y a pas de compte arrêté entre eux. (*Arr. de Cass., 6 juill.* 1826.) Celui qui, à l'aide de mensonges, mais sans employer d'autres manœuvres, est parvenu à se faire remettre de l'argent à titre de prêt. (*Arr. de Cass.,* 28 *mai* 1808; 22 *mai* 1835.) En un mot, c'est le mensonge artificieux, accompagné d'un acte quelconque destiné à le corroborer, qui constitue la manœuvre frauduleuse. La nuance est parfois difficile à saisir, le commissaire de police doit s'appliquer à la discerner.

La *remise* ou *délivrance* des fonds, obligations, meubles, denrées, marchandises, etc., étant constitutive de l'escroquerie, la *tentative* de ce délit, que la morale réprouve et flétrit, ne saurait tomber sous l'application de la loi pénale.

7. — ABUS DE CONFIANCE. (*Code pén., art.* 408.)

8. — VENTE A FAUX POIDS OU FAUSSES MESURES. (*Code pén., art.* 423; *Loi du* 27 *mars* 1851.) Voir DENRÉES ALIMENTAIRES, n° 414; MESURES ET POIDS, n° 568.

9. — INCENDIES VOLONTAIRES OU PAR IMPRUDENCE. (*Code pén., art.* 319, 320, 434 *et suiv.;* 458, 471, 474, 475, § 12; *Lois des* 16-24 *août* 1790, 19-22 *juill.* 1791, 18 *juill.* 1837, 5 *mai* 1855; *Code Nap., art.* 1382, 1733 *et* 1734.) Voir CHAP. III, n° 196, § 2; ACCIDENTS GRAVES, n° 327.

Le commissaire de police, informé d'un incendie, doit avant tout s'occuper de l'organisation des secours; faire prévenir les pompiers, les autorités civiles, judiciaires et militaires; se transporter sans retard sur les lieux, avec des agents ; revêtir son écharpe ; requérir l'ouverture des portes où l'incendie s'est manifesté, en ne laissant pénétrer que les personner dont la présence est nécessaire ; faire former la chaîne en invitant les habitants et les requérant, au besoin, de s'y placer ; faire prendre de l'eau partout où il pourra en trouver et dans les lieux les plus rapprochés ; veiller à la sûreté des personnes et des propriétés ; prendre, en un mot, toutes les précautions nécessaires, en s'abstenant toute fois de donner des ordres aux pompiers en ce qui touche leur conduite et la direction de leurs travaux.

Si l'incendie est purement accidentel, voir INCENDIES ACCIDENTELS, no 506, le commissaire de police se borne à consigner dans un procès-verbal, dont expédition est envoyée au préfet ou sous-préfet, au maire et au procureur impérial : la cause de l'incendie ; l'heure où il a commencé et celle où il a fini ; les victimes personnelles ; la nature et la valeur des pertes immobilières et mobilières, avec indication des noms, professions et domiciles des personnes qui les ont éprouvées ; le chiffre des sommes pour lesquelles les constructions et objets mobiliers étaient assurés, la dénomination des compagnies d'assurances ; les noms des personnes qui se sont particulièrement signalées ou distinguées.

Si l'incendie est le résultat de la malveillance ou d'un crime, il y a lieu de recueillir les matières qui auraient pu servir à mettre le feu, de les représenter à ceux qui pourraient les reconnaître ; d'entendre les témoins, et de constater si des menaces écrites ou verbales n'auraient point été faites ; de se livrer aux recherches et perquisitions nécessaires ; d'arrêter les inculpés et ceux signalés par la clameur publique, de les interroger sur l'emploi de leur temps, leurs moyens d'existence, leurs antécédents, les relations qui auraient existé avec les victimes de l'incendie, de les confronter avec les personnes qui les auraient remarquées rodant sur les lieux du sinistre, ou les auraient entendues proférer des menaces.

Si l'incendie est attribué à l'intention de se faire payer le montant d'une assurance mobilière ou immobilière, le commissaire de police doit s'assurer si un déménagement clandestin, enlèvement de marchandises ou objets précieux n'aurait pas été opéré avant l'incendie; rechercher et saisir les objets enlevés et compris dans l'assurance; et, à cet effet, s'entendre avec les assureurs; interroger ceux qui auraient participé au déménagement ou à l'enlèvement furtif.

10. — DESTRUCTION D'ACTES DE L'AUTORITÉ PUBLIQUE, D'ACTES OU TITRES PRIVÉS. (*Code pén.*, *art.* 439.)

11. — PILLAGES EN RÉUNION ET A FORCE OUVERTE. (*Art.* 440.)

12. — DÉVASTATIONS DE RÉCOLTES. (*Art.* 444.)

13. — ABATAGE OU DESTRUCTION D'ARBRES. (*Art.* 445 à 448.) Voir ARBRES, n° 342; RÉGIME FORESTIER, n° 670.

14. — COUPE DE GRAINS OU FOURRAGES D'AUTRUI. (*Code pén.*, *art.* 449, 450.)

15. — DESTRUCTION D'INSTRUMENTS D'AGRICULTURE. (*Art.* 451.)

16. — DESTRUCTION D'ANIMAUX (chevaux, bêtes de monture ou de charge, bestiaux; poissons dans les étangs; animaux domestiques.) (*Art.* 452 à 455.)

17. — DESTRUCTION DE FOSSÉS, DE CLOTURES. (*Art.* 456.)

18. — INONDATIONS. (*Art.* 457.) Voir BARRAGE, n° 364; CANAUX, n° 375; ÉCLUSES, n° 433; ETANGS, n° 460; INONDATIONS, n° 510; MOULINS, n° 583; RÉGIME DES EAUX, n° 669.

19. — Epizootie (défaut de précaution. (*Code pén.*, art. 459 à 461 ; *Arrêté de messidor an V.*) Voir Bestiaux malades, nº 367 ; Epizooties, nº 455.

Pour les principales contraventions de police, prévues par le Code pénal, voir ivme partie, Police municipale.

SECTION V.

Infractions aux lois, ordonnances et décrets spéciaux : — Délits forestiers. — Délits de pêche fluviale et maritime. — Délits et contraventions ruraux. — Délits de chasse, gibier. — Fraude et contrebande. — Transports de lettres, journaux, etc. — Exercice illégal de la médecine, de la chirurgie, de la pharmacie, de l'art des accouchements ; remèdes secrets, substances vénéneuses, etc. — Diffamations, injures, etc. — Exposition ou mise en vente de gravures images ou livres obscènes. — Loteries. — Usure habituelle. — Infractions à la loi sur le recrutement. — Ouverture non autorisée d'une école primaire. — Contraventions en matière de grande voirie. — Afficheurs, chanteurs, colporteurs, crieurs, distributeurs, etc. — Attroupements, émeutes. — Fabrication et port-d'armes prohibées. — Contraventions aux lois et décrets sur le roulage

864. 1. — Délits forestiers. (*Code forestiers, art.* 56, 72, 78, 144, 146 à 148 ; 151 à 155 ; 192 à 201, *etc.*) Voir Gardes champêtres et forestiers, nº 488 ; Paturage, nº 627 ; Régime forestier, nº 670.

2. — Délits de pêche fluviale et maritime. (*Lois des* 15 avr. 1829, art. 5, 24, 25, 27 à 34, 41, 69 et 70 ; 6 juin 1840 ; Ordonn. des 15 nov. 1830 et 10 juill. 1835 ; Décr. du 9 janv.-1er fév. 1852, art. 1, 2 et 3.) Voir Filets, nº 478 ; Pêche, nº 629.

3. — Délits et contraventions ruraux. (*Lois des* 28 sept.-6 oct. 1791, Code rural, tit. II, art. 10, 12, 13, 15, 18, 22, 25, 25, 26, 28, 30, 33, 36 et 41 ; 23 therm. an IV, art. 2.) Voir Police rurale, nº 468.

4. — Délits de chasse, gibier. (*Loi du* 3 *mai* 1844.) Voir Chasse, nᵒ 382 ; Permis de chasse, nᵒ 633.

5. — Fraude et contrebande. Cartes à jouer. (*Loi du* 28 *avr.* 1816 *, art.* 169 *et* 223.) Voir Cartes a jouer, nᵒ 377. Tabacs. (*Loi du* 28 *avr.* 1816 *, art.* 223 *et* 224.) Voir Contrebande, nᵒ 399 ; Contributions indirectes, nᵒ 401 ; Douanes, nᵒ 425 ; Tabac, nᵒ 716. Garantie des matières d'or et d'argent. (*Loi du* 19 *brum., an VI, art.* 92 *à* 94.) Voir Garantie des matières d'or et d'argent, nᵒ 491 ; Marchands ambulants et forains, nᵒ 557 ; Matières d'or et d'argent, nᵒ 561.

6. — Transports de lettres, journaux, etc. (*Arrêté du* 27 *prairial an IX.*) Voir Postes, nᵒ 652.

7. — Exercice illégal de la médecine, de la chirurgie, de la pharmacie, de l'art des accouchements ; Remèdes secrets, substances vénéneuses, etc. (*Déclaration du* 25 *avr.* 1777 *; Lois des* 19 *vent. an XI, art.* 35 *et* 36 *;* 22 *germ. an XI, art.* 36 *;* 29 *pluv. an XIII.*) Voir Accouchements, nᵒ 328 ; Accoucheur, accoucheuse, nᵒ 329 ; Art de guérir, nᵒ 346 ; Droguistes et herboristes, nᵒ 428 ; Jury médical, nᵒ 522 ; Médicaments, nᵒ 565 ; Remèdes, remèdes secrets, nᵒ 675 ; Substances vénéneuses, nᵒ 710.

8. — Diffamations, injures, etc. (*Lois des* 17 *mai* 1819 *, art.* 1ᵉʳ *,* 13 *,* 16 *,* 18 *et* 19 *;* 25 *mars* 1822 *, art.* 6.)

9. — Exposition ou mise en vente de gravures, images ou livres obscènes. (*Loi du* 17 *mai* 1819 *, art.* 8.) Voir Dessins, gravures, lithographies et emblèmes, nᵒ 420 ; Écrits, nᵒ 435 ; Imprimeries, imprimeurs, nᵒ 505 ; Librairies, libraires, nᵒ 528 ; Médailles et jetons, nᵒ 563.

10. — Loteries. (*Loi du* 21 *mai* 1836.) Voir Jeux prohibés, nᵒ 516 ; Loteries, nᵒ 536.

11. — USURE HABITUELLE. (*Loi du 3 sept. 1807.*)

12. — INFRACTIONS A LA LOI SUR LE RECRUTEMENT. (*Loi du 21 mars 1832, art. 40, 41, 43.*) Voir RECRUTEMENT, n° 667.

13. — OUVERTURE NON AUTORISÉE D'UNE ÉCOLE PRIMAIRE. (*Loi du 28 juin 1833, art. 6.*) Voir ÉCOLES NON AUTORISÉE, n° 434 ; INSTITUTEURS COMMUNAUX, 512.

14. — CONTRAVENTIONS EN MATIÈRE DE GRANDE VOIRIE. (*Loi du 29 flor. an X.*) Voir VOIRIE (grande et petite), n° 761.

15. — AFFICHEURS, CHANTEURS, COLPORTEURS, CRIEURS, DISTRIBUTEURS, etc. Voir n°s 331, 381, 394, 402, 423.

16. — ATTROUPEMENTS, ÉMEUTES. — Voir n°s 356 et 859.

17. — FABRICATION ET PORT D'ARMES PROHIBÉES. (*Code pén., art. 314 ; Loi du 24 mai 1834, art. 1er ; Ordonn. du 13 août 1669 ; Déclaration du 23 mars 1728 ; Décr. des 12 mars 1806 et 23 décem. 1805 ; Ordonn. du 23 févr. 1837.*) Voir ARMES DE GUERRE, n° 343 ; ARMES SECRÈTES, n° 344 ; ARMURIERS, n° 345.

18. — CONTRAVENTIONS AUX LOIS ET DÉCRETS SUR LE ROULAGE. Voir POLICE DU ROULAGE, n° 647.

Pour un grand nombre d'autre contraventions résultant de l'inobservation des lois, ordonnances et décrets spéciaux, voir IVme PARTIE, POLICE MUNICIPALE.

CHAPITRE XII.

TAXE ET PAIEMENT DES FRAIS URGENTS.

SECTION UNIQUE.

Mode de paiement des frais de justice criminelle. — Frais urgents. — Texte. — Pratique. — Le commissaire de police taxateur. — Distinctions. — Observations.

865. Le mode de paiement des frais de justice criminelle diffère suivant leur nature et leur urgence. Nous n'avons à nous occuper que du paiement des *frais urgents*.

866. L'art. 133 du décret du 18 juin 1811 porte : les *frais urgents* seront acquittés sur simple taxe et mandat du juge mis au bas des réquisitions, copies de convocations ou de citations, états ou mémoires des parties.

867. En général les commissaires de police envoient au procureur impérial, avec leurs procès-verbaux, les réquisitoires adressés, par eux, pour les travaux ou fournitures opérés. Ils y joignent une note sur la somme qu'ils estiment devoir être allouée ; ce magistrat fait taxer ou taxe lui-même, s'il y a lieu, les frais d'après cette base, et leur renvoie le mandat pour être remis aux parties pre-

nantes qui en touchent le montant au bureau de l'enregistrement.

Cependant quelques-uns des *frais urgents* peuvent être acquittés sur la taxe et le mandat d'un commissaire de police, lorsqu'il agit en cas de flagrant délit, comme officier de police judiciaire auxiliaire du procureur impérial, et lorsque les personnes dont il a requis les services ne sont pas habituellement employées par les magistrats, ou si elles ne sont pas dans l'usage de présenter des mémoires, ou encore si le besoin qu'elles ont de leur salaire est tellement pressant qu'elles ne puissent attendre que la taxe en ait été faite, soit par le juge d'instruction saisi de l'affaire, soit par le procureur impérial, lorsqu'une information régulière n'a pas été requise. (*Décis. minis.,* *août* 1813.)

868.   Les commissaires de police peuvent donc, en tenant compte des usages des temps et des lieux, *taxer* comme compris dans les *frais urgents :* les fournitures nécessaires à leurs opérations; les ouvriers qui auront fait, sur leur ordre, un travail quelconque; un voiturier pour le transport d'un prévenu ou de pièces de conviction; un serrurier, employé pour ouvrir une maison et des meubles fermés. Un double de la taxe est joint au procès-verbal.

869.   La taxe du commissaire de police doit être, comme celle du juge, libellée au bas du réquisitoire adressé pour les travaux ou fournitures opérés. Voir Modèle de taxe, VIIme partie, Formulaire du commissaire de police.

QUATRIÈME PARTIE.

POLICE MUNICIPALE. — RÈGLES PARTICULIÈRES. — LE COMMISSAIRE DE POLICE AGENT DE L'ADMINISTRATION MUNICIPALE.

CHAPITRE XIII.

APPENDICE DE LA POLICE ADMINISTRATIVE.

SECTION UNIQUE.

But de la police municipale. — Son caractère particulier. — Police de sûreté. — Service de la police municipale. — Le commissaire de police et l'administration municipale, rapports. — Recherche et constatation des contraventions. — Concurrence. — Règlements. — Contraventions graves.

870. La *police municipale*, dont la définition a été donnée, CHAP. 1er, nos 13 et 14 de ce livre, dédoublement de la *police administrative* et de la *police judiciaire* avec lesquelles elle se confond souvent, a pour but le maintien

de la tranquillité et du bon ordre dans une commune; elle prévient les délits, fait exécuter les lois et ordonnances pour la sûreté du passage dans les rues; surveille les nettoiements, l'éclairage et les réparations; fait les recherches dans l'intérêt général et dans celui des familles; empêche les tumultes, attroupements et rixes; surveille la salubrité des comestibles, les voitures, les fripiers ou brocanteurs, la prostitution, les incendies, les épidémies, etc.; recherche les contraventions de police. Voir CHAP. IV, SECT. II, n°s 245 et suiv., SECT. III, n°s 249 et suiv.; SECT. IV, n°s 252 et suiv.; SECT. V, n° 257 et suiv.); sous la dénomination de *police de sûreté,* recherche les malfaiteurs, inculpés de crimes ou délits, les vagabonds ou gens sans aveu, et surveille les libérés. Voir CHAP. III, n°s 181 et suiv.; SURVEILLANCE DE LA HAUTE POLICE, n° 715.

871. Pour tout ce qui a trait à cette branche de la police municipale qui comprend les actes administratifs tels que les arrêtés et règlements de police que peuvent faire les préfets et les maires dans les cas déterminés par la loi et sur les objets confiés à leur vigilance et à leur autorité, voir CHAP. IV, n°s 219 à 270.

872. En ce qui touche le service de la police municipale proprement dit (voir CHAP. III, n°s 172 à 218), excepté à Paris, à Lyon et dans les villes dont la population excède 40,000 âmes soumises à un régime particulier, les commissaires de police qui en sont chargés agissent sous l'autorité directe des maires dont ils ne sont que les auxiliaires ou les délégués. A ce titre, ils sont les agents des administrations municipales auxquelles ils doivent un compte habituel et quotidien de leurs opérations (*Voir* n° 75 à 90); ils sont tenus de se conformer aux instruc-

tions et aux ordres qu'ils en reçoivent. Voir les circulaires reproduites sous les mots TOURNÉES DES COMMISSAIRES DE POLICE, n° 730.

873. Si les commissaires de police sont agents de l'administration municipale en ce sens qu'ils demeurent à la disposition des maires pour toutes les investigations et pour toutes les études se rattachant à l'ordre public ou aux intérêts particuliers de la commune ; ils ne le sont pas moins au point de vue de la recherche et de la constatation des contraventions.

874. Les commissaires de police, en ce qui concerne la police municipale, n'étant que les délégués du pouvoir municipal. De là cette conséquence que, même dans les villes où il existe des commissaires de police, les maires et adjoints ont qualité pour rechercher et constater, concurremment avec eux, les contraventions aux règlements de police. (Arr. de Cass., 15 décem. 1838.)

875. Lorsqu'un règlement ou arrêté de police est pris et qu'il est publié, les commissaires de police doivent le faire exécuter ponctuellement et nul ne peut en paralyser l'effet.

Voir CHAP. IV, SECT. V, n° 261 ; MASSES NOIRES (arrangements et transactions), n° 559.

876. Les commissaires de police feront bien de se rendre personnellement sur le terrain et de constater eux-mêmes les contraventions graves, celles, par exemple, relatives à la violation des règlements de voirie, aux travaux ou empiétements sur la voie publique. Pour certaitaines contraventions les perquisitions ou visites domiciliaires sont même nécessaires. Ainsi, lorsqu'un commerçant possède des poids et mesures illégaux , lorsqu'un

hôtellier ou un marchand de comestibles a chez lui du gibier en temps prohibé, lorsqu'un boulangèr fabrique des pains d'un poids inférieur à la taxe, lorsqu'un boucher cède des viandes corrompues ou mal saines, le commissaire de police a le droit et le devoir de pénétrer dans les boutiques, magasins et leurs dépendances, s'il est besoin même, jusque dans l'habitation particulière du contrevenant, pour y découvrir et constater la contravention, pour y saisir les objets dont la possession la constitue. (*Code d'instr. crim.*, *art.* 11; *Loi du 22 juill.* 1791, *tit.* 1ᵉʳ, *art.* 9.)

877.   Toutes les contraventions de police que les commissaires de police ont mission de constater sont prévues par la loi, ou résultent de l'inobservation des arrêtés et règlements de police des préfets et des maires; elles font l'objet du chapitre suivant.

CHAPITRE XIV.

OBJETS DE POLICE MUNICIPALE.

SECTION I.

Contraventions de police prévues par la loi. — Observations préliminaires. — Défaut d'entretien des fours, cheminées, usines, etc. — Embarras de la voie publique. — Petite voirie, refus de balayage ou nettoyage. — Édifices menaçant ruine. — Jet ou exposition d'objets nuisibles. — Échenillage. — Fruits cueillis et mangés sur place. — Glanage, ratelage et grapillage. — Registre des aubergistes et logeurs. — Charretiers, rouliers, conducteurs, etc. — Course rapide dans un lieu habité. — Loteries, jeux de hasard. — Comestibles, boissons. — Fous furieux. — Chiens (taxe, divagation). — Refus de secours. — Maraudages simples de récoltes. — Dommages aux propriétés mobilières d'autrui. — Faux poids et fausses mesures. — Devins, tireurs de cartes. — Bruits ou tapages injurieux ou nocturnes. — Lacération d'affiches. — Introduction de bestiaux sur le terrain d'autrui. — Chemins publics (anticipations, dégradations). — Bestiaux morts (défaut d'enfouissement). — Voies de fait et violences légères. — Voitures publiques. — Refus de loger les militaires. — Travail des enfants dans les manufactures.

878.   La plupart des contraventions de police prévues par la loi se trouvent dans le Code pénal, art. 471, 475 et 479, (sauf toutefois les modifications apportées aux §§ 6 et 14 de l'art. 475, et au § 5 de l'art. 479 par les lois des 27 mars 1851 et 5 mai 1855. Voir DENRÉES ALIMENTAIRES, n° 414); dans le Code rural, tit. II, art. 10, 12, 13,

15, 18, 22, 25, 26, 28, 30, 33, 36, 41, loi du 23
therm. an IV, art. 2; et dans le Code forestier, art. 144,
146, 192, 194, 199, etc.

879. Les objets de police municipale dont s'occupe la
oi ne sont pas moins dépendants de la police administrative que ceux sur lesquels les préfets et les maires ont la
faculté d'exercer leur pouvoir réglementaire : seulement,
à l'égard des premiers, l'autorité administrative décide en
vue de l'exécution d'une disposition législative ; en ce qui
touche les seconds, elle statue au fond, *proprio motu*,
dans un but d'utilité publique. C'est donc à IIᵐᵉ PARTIE,
POLICE ADMINISTRATIVE, nᵒˢ 219 à 766, qu'en cette matière, il y a lieu de recourir dans un grand nombre de cas.
Le commissaire de police devra l'étudier avec soin, ainsi
que les différents textes indiqués plus haut. Nous rap-
pelerons seulement ici les principales contraventions qu'ils
prévoient ; les infractions dont la répression importe le
plus à la *sûreté*, à la *salubrité* et à *l'ordre public* des
communes.

880. DÉFAUT D'ENTRETIEN DES FOURS, CHEMINÉES, USI-
NES, ETC., voir FOURS ET CHEMINÉES, nᵒ 483 ; USINES,
nᵒ 745.

Le locataire d'un four ne pourrait s'excuser de sa négligence, en soutenant que le nettoyage est à la charge
du propriétaire. (*Arr. de Cass.*, 6 sept. 1838.)

881. EMBARRAS DE LA VOIE PUBLIQUE. — Voir nᵒ 441 ;
RUES, nᵒ 687 ; VOIRIE, nᵒ 761 ; ECLAIRAGE, nᵒ 432 ; LO-
CATION DE PLACES, nᵒ 532.

882. PETITE VOIRIE (négligence ou refus d'exécuter
les règlements ou arrêtés la concernant.) (*Code pén.*
art. 471, § 5.) BALAYAGE ET NETTOYAGE. Voir VOIE PUBLI-

QUE, n° 910 ; SALUBRITÉ, n°ˢ 691 et 915. Le balayage doit avoir lieu aux jours, aux heures et de la manière voulue par les règlements ; il est à la charge du propriétaire qui habite la maison, et non à celle du locataire du rez-de-chaussée. (*Arr. de Cass.*, 13 *nov.* 1834.) Le principal locataire est tenu du balayage lorsque la maison ou les dépendances bordent la rue. (*Arr. de Cass.*, 10 *août* 1833.)

L'obligation du balayage pèse sur le propriétaire d'une maison, quoiqu'elle soit inhabitée ; ou sur le propriétaire d'un établissement lors même qu'ils seraient domiciliés dans une autre commune. (*Arr. de Cass.*, 6 *avr.* 1833 et 9 *juin* 1832.)

La contravention constatée n'est pas excusable, sur le motif que le balayage était commencé lors du procès-verbal. (*Arr. de Cass.*, 4 *mars* 1826); ou qu'elle est le fait des domestiques. (*Arr. de Cass.*, 6 *sept.* 1826.)

883   ÉDIFICES MENAÇANT RUINE. — Voir BATIMENTS EN RUINE, n° 366 ; DÉMOLITIONS, n° 413 ; EXCAVATION, n° 464.

884.   JET OU EXPOSITION D'OBJETS NUISIBLES. — (*Code pén.*, art. 471, § 6.) La contravention résulte de la seule négligence, du seul danger, de la seule incommodité que le fait matériel peut occasionner en général, et sans application particulière à telle ou telle espèce, ce qui exclut toute exception. Ainsi, le corroyeur, qui expose extérieurement à une fenêtre, des peaux tanées pour les faire sécher, ne peut s'excuser sur ce qu'elles sont solidement attachées. (*Arr. de Cass.*, 2 *juin* 1842.)

La disposition de ce N° se distingue de celle du § 12 de l'art. 471 et du § 8 de l'art. 475, qui punissent : le premier le jet involontaire, et le second le jet volontaire d'immondices ou de corps durs sur quelqu'un.

885.   ÉCHENILLAGE. — Voir n° 431.

886. FRUITS CUEILLIS ET MANGÉS SUR PLACE. — (*Code pén.*, *art.* 471, § 9.) Cette contravention diffère du *maraudage* prévu par le § 15 de l'art. 475, en ce sens qu'elle s'applique à des fruits proprement dits qui auraient été mangés de suite. L'amende doit être prononcée, lors même que le propriétaire de la vigne ou des raisins ou pêches qui ont été mangés ne voudrait pas donner suite au procès-verbal. (*Arr. de Cass.*, 29 *décem.* 1837.)

887. GLANAGE, RATELAGE ET GRAPILLAGE, voir nᵒ 494.

888. REGISTRE DES AUBERGISTES ET LOGEURS, voir nᵒ 671.

889. CHARRETIERS, ROULIERS, CONDUCTEURS, ETC., voir POLICE DU ROULAGE, nᵒ 647; CODE PÉN., art. 475, § 3 et 476; ORDONN. du 16 juill. 1828, art. 34.

Le voiturier qui abandonne les guides de ses chevaux, ne pourrait pas être excusé sous le prétexte qu'il serait allé resserrer la mécanique. (*Arr. de Cass.*, 20 *janv.* 1837.)

890. COURSE RAPIDE DANS UN LIEU HABITÉ. — (*Code pén.*, *art.*, 475, § 4.) La simple imprudence non suivie d'accidents est punissable. Sont considérés comme lieux habités les villes, bourgs et hameaux.

891. LOTERIES, JEUX DE HASARD. — Voir JEUX PROHIBÉS, nᵒ 516; LOTERIES, nᵒ 536.

892. COMESTIBLES, BOISSONS. — Voir DENRÉES ALIMENTAIRES, nᵒ 414; BOULANGERIE, nᵒ 917; BOUCHERIE, nᵒ 918; BOISSONS, nᵒ 919; MARCHANDISES QUI SE VENDENT A LA PIÈCE OU AU PAQUET, nᵒ 920.

893. FOUS FURIEUX. — Voir nᵒ 484.

894. CHIENS (taxe , divagation). — Voir CHIENS , nᵒˢ 387 et 910; CODE PÉN., art. 475, § 7.

895. REFUS DE SECOURS. — Voir RÉQUISITION, RÉQUISITOIRES , nᵒ 677; CODE PÉN. , art. 475 , § 12.

896. MARAUDAGES SIMPLES DE RÉCOLTES. — (Code pén., art. 475, § 15.) Lorsque l'enlèvement des récoltes *non détachées* a eu lieu soit la nuit, soit par *plusieurs* personnes, soit avec emploi *de paniers* ou de *sacs*, soit à l'aide de voitures ou d'animaux de charge, il y a délit, il y a vol (*art.* 388). Lorsque les récoltes sont *détachées* du sol, leur enlèvement est toujours qualifié *vol*. Voir CRIMES ET DÉLITS CONTRE LES PROPRIÉTÉS, CHAP. XI, SECT. IV.

897. DOMMAGES AUX PROPRIÉTÉS MOBILIÈRES D'AUTRUI. — (*Code pén.*, art. 479, § 2, 3 et 4 , et 480.)

898. FAUX POIDS ET FAUSSES MESURES. — Voir MESURES ET POIDS, nᵒ 568.

899. DEVINS, TIREURS DE CARTES, voir DEVINS, nᵒ 421; CHANTEURS AMBULANTS, CHARLATANS, nᵒ 381 ; CODE PÉN., art. 479, § 7 et 480. Les instruments, ustensiles et costumes qui servent ou sont destinés aux opérations des devins, tireurs de cartes, etc., doivent être saisis. (*Art.* 481.)

900. BRUITS OU TAPAGES INJURIEUX OU NOCTURNES. — (*Code pén.*, art. 479, § 8 et 480.)
Cette disposition de la loi est fort précieuse; elle permet d'atteindre et de réprimer toute espèce de désordre ou de tumulte échappant à une qualification précise et ne constituant ni crime ni délit : les scènes violentes; les discussions scandaleuses; les excentricités bruyantes ou tapages nocturnes de nature à troubler la tranquillité des habitants d'une commune.

Ainsi le § 8 de l'art. 479 prévoit deux faits bien distincts : 1° les bruits injurieux arrivés le jour ou la nuit ;
2° les tapages nocturnes.

La Cour suprême décide que tout tapage *injurieux* ou
nocturne trouble par cela même la tranquillité des habitants. (*Arr. de Cass.*, 2 avr. 1830 ; 8 décem. 1832 ; 25
avr. 1834 et 5 sept. 1835.)

La contravention existe par le fait du chant nocturne
d'une seule personne. (*Arr. de Cass.*, 2 août 1828.)

La loi n'exige pas que le tapage ait eu lieu dans la rue.
Tombent donc sous son application : les violences commises même dans une cour par un mari sur sa femme ou
son fils, *à fortiori* par des étrangers l'un sur l'autre.
(*Arr. de Cass.*, 27 juill. 1827.) Le fait d'occasionner du
désordre dans un théâtre. (*Arr. de Cass.*, 21 sept. 1833.)

Jugé que le bruit est *nocturne*, s'il a lieu après le coucher du soleil, par exemple à huit heures, au mois de
février (*Arr. de Cass.*, 1ᵉʳ août 1829); à sept heures au
mois d'octobre, lors même qu'il cesserait avant l'heure
ordinaire du sommeil. (*Arr. de Cass.* 23 avr. 1842.)
Cette distinction est importante à établir en raison de ce
que tout bruit ou tapage *nocturne* troublant la tranquillité
des habitants est punissable, tandis que les bruits ou tapages occasionnés pendant le jour ne constituent la contravention prévue et punie par le § 8 de l'art. 479 qu'autant qu'ils sont *injurieux*.

Les charivaris sont toujours des bruits *injurieux*, lors
même qu'il n'aurait pas été proféré d'injures. (*Arr. de
Cass.*, 5 sept. 1835 et 13 oct. 1836.) La bonne foi, l'u-
sage n'excusent pas les charivaris. (*Arr. de Cass.*, 28
mars 1829, 2 avr. 1830.)

Les *auteurs* et les *complices* des *bruits* ou *tapages* doivent être également poursuivis. La loi déclare *complices*

ceux qui ont simplement fait partie du rassemblement; à plus forte raison doivent être considérés comme tels, ceux qui ont fourni les *instruments* ou *ustensiles* employés au tapage, et ceux qui l'ont provoqué.

Voir Métiers a marteaux, n° 569.

901. Lacération d'affiches. — Voir Affiches, n° 330; Code pén., art. 479, § 9.

902. Introduction de bestiaux sur le terrain d'autrui. — (*Code pén.*, art. 479, § 10.) Cette contravention se distingue du simple *passage*, puni par l'art. 475, § 10, du fait de *dépaissance* et de *dégât* causé sur les propriétés d'autrui par des animaux échappés ou laissés à l'abandon, puni par l'art. 605, C. brum. an IV, par l'art. 12, tit. 2, C. rur., et la loi du 23 therm. an IV (*Arr. de Cass.*, 8 sept. 1837); sauf, toutefois, l'application du Code forest. aux délits de ce genre commis dans les bois. Voir Régime forestier, n° 670.

903. Chemins publics (anticipations, dégradations, détériorations.) — (*Cod. pén.*, art. 479, § 11.) Voir Chemins publics, n° 383; Routes, n° 686.

Le commissaire de police que d'autres soins empêchent de s'occuper immédiatement d'une contravention de cette nature, ne doit jamais manquer de la signaler à l'agent-voyer du canton.

904. Bestiaux morts (défaut d'enfouissement par le propriétaire dans son terrain, ou dans celui désigné par le maire). — (*Code rural, tit.* 2 *; art.* 13.)

En cas d'urgence, ou de négligence du propriétaire, le commissaire de police peut faire procéder à l'enfouissement des bestiaux morts, et les frais de ces opérations sont mentionnées dans le procès-verbal de contravention, pour être compris, s'il y a lieu, dans la liquidation des frais en simple police. Si l'animal est mort à la suite d'une maladie contagieuse, l'enfouissement doit être fait dans une fosse de deux mètres soixante-quatre centimètres de profondeur, à cent mètres au moins des habitations. La bête doit être enfouie avec toute sa peau, tailladée en plusieurs parties. (*Arrêté du* 27 *messidor an* V; *Ordonn. du* 25 *janv.* 1815.) Voir BESTIAUX MALADES, no 367 ; EPIZOOTIES, no 455.

905. VOIES DE FAIT ET VIOLENCES LÉGÈRES. — (*Code du* 3 *brum. an IV, art.* 605, § 8.) Il s'agit ici de voies de fait et violences légères, qui n'ont frappé ni blessé personne (*Arr. de Cass.*, 14 *avr.* 1821 *et* 30 *mars* 1832); du fait, par exemple, de saisir violemment par derrière une personne, et de lui jeter du son dans la bouche (*Arr. de Cass.*, 14 *avr.* 1821); de cracher à la figure (*Rennes, 9 févr.* 1835.) Il est bien entendu que, si au nombre des voies de fait, il y avait eu des *coups* portés, le fait constituerait le délit prévu par l'art. 311 du Code pénal.

906. VOITURES PUBLIQUES. — Voir POLICE DU ROULAGE, no 647 ; CODE PÉN., art. 475, § 4 et 476.

907. REFUS DE LOGER DES MILITAIRES. — Voir LOGEMENT DES MILITAIRES, no 534.

908. TRAVAIL DES ENFANTS DANS LES MANUFACTURES. — Encore bien que des inspecteurs spéciaux soient établis pour constater les contraventions à la loi du 22 mars 1841 qui régit la matière, le commissaire de police, en tout et partout, l'auxiliaire de l'administration, le défenseur des intérêts moraux et matériels de la cité confiée à sa surveillance, l'œil du gouvernement, a le droit et le devoir de s'enquérir des faits se rattachant à son exécution et de si-

gnaler aux magistrats sous l'autorité desquels il est placé tous ceux qui lui paraîtraient de nature à provoquer des mesures préventives ou répressives. Voir MANUFACTURES, n° 555.

SECTION II.

Contraventions de police qui résultent de l'inobservation des arrêtés et réglements de police des préfets et des maires. — Voie publique : bornes, trottoirs, pavage, gouttières, etc. — Embarras, éclairage, balayage. — Voitures publiques : stationnement, parcours, etc. — Affiches. — Chiens. — Jeux, danses, promenades, cortéges, etc. — Sûreté publique. — Lieux publics. — Alignements, constructions. — Incendies (précautions à prendre pour les prévenir). — Salubrité. — Foires et marchés; fêtes votives. — Boulangerie, boulangers. — Boucherie, bouchers. — Boissons. — Marchandises qui se vendent à la pièce ou au paquet. — Déguisements, carnaval. — Bals publics et guinguettes. — Bals particuliers. — Bals par souscription ou cotisation. — Hôtels, auberges, etc. — Maisons de tolérance, filles publiques. — Portefaix, commissionnaires et crocheteurs. — Chiffonniers. — Métiers bruyants. — Eclairage public. — Afficheurs, colporteurs, crieurs, chanteurs et saltimbanques, spectacles publics et théâtres, bains chauds et de rivière, fripiers ou brocanteurs, etc. etc.

---

909.   Les objets de police municipale qui peuvent être prévus ou réglementés par les arrêtés des préfets et des maires sont aussi nombreux que les besoins des populations et les nécessités de l'ordre public. C'est surtout en cette matière qu'il y a lieu pour le commissaire de police de bien se pénétrer des principes rappelés dans la IIme PARTIE de de cet ouvrage, CHAP. IV, V et VI, n°s 219 à 767. En l'invitant à étudier avec soin le fort et le faible des localités confiées à sa surveillance, à signaler à l'attention de l'administration les points sur lesquels il y aurait lieu de pourvoir afin d'éviter un désordre, de mettre fin à un abus;

nous nous bornerons à indiquer les principaux objets qui doivent être réglés dans toute commune, abstraction faite des besoins particuliers à chacune d'elles.

910. Voie publique. — Bornes, trottoirs, pavage, gouttières, démolitions, clôtures, enlèvement de terres éboulées, etc. (Arr. de Cass., 3 juin 1830 ; 18 décem. 1840 ; 17 mars 1838 ; 30 mai 1840 ; 28 sept. 1819 ; 28 avr. 1827 ; 16 oct. 1825 ; 2 fév. 1837 ; 7 mars 1839 ; 7 juill. 1836.) Voir Routes , nᵒ 686 ; Rues, nᵒ 687 ; Voirie (grande et petite), nᵒ 761.

Les cours communes sont assimilées à la voie publique. (Arr. de Cass., 5 mai 1825 ; 26 juill. 1827 ; 22 avr. 1842 ; 13 avr. 1839 ; 27 avr. 1849.) Voir Passage privé, nᵒ 623.

Embarras , éclairage, balayage. Voir nᵒˢ 881 et 882. Outre l'obligation de balayer le devant de leurs habitations, celle d'enlever les immondices peut être imposée aux habitants dans les communes dont les ressources ne permettent pas de faire face à cette dépense.

Voitures publiques : stationnemènt, parcours, fixation du prix des courses, etc. (Arr. de Cass., 23 mars 1832 ; 21 mai 1836 ; 21 décem. 1838 ; 16 sept. 1841.) Voir Police du roulage, nᵒ 648.

Affiches : le dépôt d'un exemplaire et le visa de toutes les affiches peut être ordonné. (Arr. de Cass., 9 août 1828 ; 26 fév. 1842.) Voir Affiches, nᵒ 330 ; Afficheurs, nᵒ 331.

Chiens errants ou suspects : toutes mesures de précautions peuvent être prises à leur égard par l'autorité. (Arr. de Cass., 22 oct. 1829.) Voir Code pén., art. 475, ? 7 ; Chiens, nᵒˢ 387 et 894.

Jeux, danses, promenades, cortéges, etc. : exercice ou interdiction. (Arr. de Cass., 7 juill. 1838.) Voir

CHANTEURS AMBULANTS, CHARLATANS, nº 381 ; JEUX PRO-
HIBÉS, nº 516 ; MOEURS, nº 574 ; ETC. (police administrative).

911.   SURETÉ PUBLIQUE. — Mesures à prendre, voir
CHAP. III, nᵒˢ 181 et suiv. ; EXPULSION, nº 471 ; GENS
SANS AVEU, nº 493 ; LIVRETS D'OUVRIERS, nº 531 ; PASSE-
PORTS, nº 625 ; SURVEILLANCE DE LA HAUTE POLICE, nº 715.

Dans l'intérêt de la *sûreté publique,* l'autorité locale
peut fixer l'heure à la quelle doivent être fermées les portes extérieures des maisons de la ville (*Arr. de Cass.,*
9 *mars* 1838 ; 18 *décem.* 1840) ; réduire les approvisionnements des combustibles faits dans certains lieux par
les particuliers (*Arr. de Cass., 19 nov.* 1829) ; fixer le
lieu d'arrivage, de relache des bâteaux à vapeur qui veulent toucher à terre, même sans motiver cette décision
(*Arr. de Cass.,* 30 *juin* 1842) ; déterminer le nombre de
chevaux que chaque particulier peut conduire à la fois à
l'abreuvoir (*Arr. de Cass.,* 24 *avr.* 1834) ; interdire aux
voituriers de faire claquer leurs fouets (*Arr. de Cass.,*
18 *nov.* 1824) ; etc.

912.   LIEUX PUBLICS. — Voir nº 529 ; CAFÉS-CONCERTS
OU SPECTACLES, nº 372 ; DÉBITS DE BOISSONS, nº 405 ;
LOGEURS, nº 533 ; MOEURS, nº 574 ; BUREAUX DE PLACE-
MENT, nº 639 ; POLICE DES ÉGLISES, nº 645 ; POLICE DES
THÉATRES, nº 646 ; BALS PUBLICS ET GUINGUETTES, nº 923.
Voir, en outre, ce que nous avons dit CHAP. III, nº 199,
sur la nécessité de la présence d'un ou de plusieurs agents
de l'autorité dans certains *lieux publics,* et ce qui a trait
à la rémunération de ce service exceptionnel.

Les rondes de police chargées de s'assurer de la fermeture des *lieux publics* doivent être faites après l'heure
fixée par le règlement, afin de pouvoir déclarer procès-
verbal aux contrevenants.

913. ALIGNEMENTS, CONSTRUCTIONS. — Voir nᵒ 336 ; BATIMENTS EN RUINE, nᵒ 366 ; VOIRIE (grande et petite), nᵒ 761 ; TRAVAUX CONFORTATIFS, nᵒ 734.

914. INCENDIES. — Les précautions à prendre pour les prévenir sont du domaine de la police municipale. Le préfet ou le maire, suivant les distinctions établies par la loi du 5 mai 1855 (*Voir nᵒ 252*), peut : défendre de couvrir les maisons en paille ou en chaume (*Arr. de Cass.*, 11 *sept. et* 3 *décem.* 180); de construire en bois (*Arr. de Cass.*, 11 *mars* 1830); de placer des meules de four- rages, de paille ou de blé à cent mètres des habitations (*Arr. de Cass.*, 20 *sept.* 1822); de sonner les cloches pen- dant les orages; enjoindre à tout propriétaire et locataire de faire ramoner, au moins deux fois l'an, les cheminées où l'on fait habituellement du feu, et à tous boulangers, aubergistes, etc., de les faire ramoner au moins une fois tous les trois mois. Voir FOURS ET CHEMINÉES, nᵒ 483.

915. SALUBRITÉ. — Voir nᵒ 691. L'action de la police pour la salubrité s'exerce non seulement dans les rues, lieux et édifices publics, mais encore dans les lieux qui sont des propriétés particulières. (*Arr. de Cass.*, 6 *févr.* 1823.)

916. FOIRES ET MARCHÉS, FÊTES VOTIVES. — Voir nᵒ 480 ; CÉRÉALES, nᵒ 378 ; DENRÉES ALIMENTAIRES, nᵒ 414 ; LOCATION DE PLACES, nᵒ 532 ; CHANTEURS AMBULANTS, CHAR- LATANS, nᵒ 381 ; MARCHANDS AMBULANTS ET FORAINS, nᵒ 557 ; MERCURIALES, nᵒ 566 ; MESURES ET POIDS, nᵒ 568, PESAGE ET MESURAGE PUBLICS, nᵒ 634.

917. BOULANGERIE, BOULANGERS. — Les boulangers ont été longtemps inconnus à Rome où chaque famille faisait son pain, ainsi que cela a encore lieu dans les

campagnes. La France a eu des boulangers dès le commencement de la monarchie; il en est fait mention dans les ordonnances de Dagobert, de l'an 630, et dans les capitulaires de Charlemagne. La profession de boulanger est aujourd'hui soumise à des règlements de police et à la surveillance de l'autorité municipale. (*Loi du* 16-24 *août* 1790.)

Les boulangers ne peuvent exercer la profession de mesureurs de grains ou de meuniers. Ils doivent être munis d'une permission et avoir un approvisionnement basé sur la classe dans laquelle leur établissement est rangé. (*Ordonn.* 1762; *Arrêté,* 11 *oct.* 1801; *Ordonn.* 21 *oct.* 1818; 19 *juill.* 1836; *Circ. minis.* 6 *juin* 1837.) C'est au commissaire de police qu'incombe le soin de s'assurer, chaque mois, de l'existence des approvisionnements, et celui de veiller quotidiennement à la stricte exécution des lois et règlements concernant la matière.

Le *poids,* le *prix* et la *qualité* du pain sont des objets qui appellent au plus haut dégré la sollicitude de l'administration.

En ce qui touche la *qualité* du pain, voir ce qui a trait aux tromperies sur la nature, la pureté, le poids ou la mesure des marchandises, et la loi du 27 mars 1851, sous les mots DENRÉES ALIMENTAIRES, n° 414.

Le *prix* du pain se règle d'après la qualité des farines employées et le taux de la *mercuriale* du marché le plus voisin (voir CÉRÉALES, n° 378 ; MERCURIALES, n° 566; TAXE, n° 719), en calculant le nombre de kilogrammes de pain que doit rendre un hectolitre de blé réduit en farine, et en allouant aux boulangers une certaine somme par hectolitre pour bénéfice, frais de manutention, etc. On peut, assez généralement, calculer le *rendement* moyen d'un hectolitre de blé sur le pied de 12 pains de

6 kilogrammes chacun. Dans un grand nombre de localités, le bénéfice accordé au boulanger est de 4 centimes par kilogramme de blé ; ce qui fait 3 fr. pour un hectolitre dont le poids serait de 75 kilogrammes.

Le *poids* du pain se fixe d'après l'usage des lieux. Dans beaucoup d'endroits, le pain, à moins qu'il ne se vende au poids, se débite par pains de 1, 2, 3 et 4 kilogrammes. Au-dessous de 1 kilogramme, le pain est qualifié pain de *luxe* ou de *fantaisie*, et peut cesser d'être pesé et par conséquent d'être assujéti à la taxe.

Tout pain taxé doit être marqué ; celui exposé en vente, ou déposé provisoirement dans une partie quelconque de l'établissement d'un boulanger, doit avoir le poids requis (*Arr. de Cass.*, 1er *fév.* 1833) ; les balances restent sur le comptoir ; tout acheteur peut faire peser et faire compléter ce qui manquerait du poids.

Les boulangers ne peuvent vendre du pain au-dessus de la taxe sous quelque prétexte que ce soit ; en livrer qui ne réunirait pas les qualités prescrites, ni en vendre, sous forme de *regrat*, ailleurs que dans les boutiques et marchés.

Les pains saisis pour infraction doivent être coupés.

Il y a contravention punissable de la part du boulanger qui refuse de vendre du pain au prix de la taxe, comme de la part de celui qui en vend à un prix supérieur. (*Arr. de Cass.*, 13 *août* 1847.)

Lorsqu'un règlement de police enjoint aux boulangers de peser les pains qu'ils vendent, les contrevenants à cet arrêté ne peuvent être relaxés, sous prétexte que l'acheteur les en a dispensés au moment de la vente. (*Arr. de Cass.*, 19 *juin* 1841.) Le boulanger qui a vendu des pains n'ayant pas le poids prescrit par l'autorité municipale, ne peut être excusé à raison du plus ou moins de temps écoulé depuis la cuisson. (*Arr. de Cass.*, 6 *juin* 1835.)

Il a été jugé récemment par la Cour suprême que le règlement municipal qui prescrit aux boulangers « de tenir » leurs boutiques convenablement garnies, de pains taxés » et d'en débiter par morceaux quelque faible quantité qui » leur soit demandée » est légal et obligatoire. Et que, sauf le cas de force majeure, l'absence de pains des qualités taxées dans la boutique, et la déclaration à un acheteur qu'il ne reste plus à vendre de pains de ces qualités, constituent une contravention au règlement. Par suite, c'est à tort que le juge admettrait comme excuse, soit la difficulté qu'il y aurait eu pour le boulanger, le jour indiqué au procès-verbal se trouvant être un jour de marché, de prévoir les demandes nombreuses de pains qui lui seraient faites ; soit l'heure avancée, huit heures et demie du soir, à laquelle l'acheteur se serait présenté, si d'ailleurs la boutique était encore ouverte ; soit encore la circonstance que la déclaration incriminée émanerait non du boulanger, mais d'un domestique de celui-ci ; soit enfin la possibilité où aurait été l'acheteur d'obtenir du pain en attendant quelques minutes que la cuisson fut achevée.

Enfin, l'arrêté municipal qui prescrit aux boulangers de donner à leurs pains le poids intégral indiqué par leur conformation, est applicable aux pains fabriqués hors de la commune lorsqu'ils y sont exposés et mis en vente, comme aux pains fabriqués dans la commune même. (*Arr. de Cass.*, 7 *mars* 1845.)

Dans le cas de mécompte, sans importance réelle, sur la *quantité*, lorsque l'intention frauduleuse n'apparaît pas d'une manière certaine, et qu'il y a lieu cependant de donner au boulanger un sévère avertissement : on peut ne pas considérer le fait comme tombant sous l'application de l'art. 1er, § 3, de la loi du 27 mars 1851, et se borner à poursuivre le contrevenant devant le tribunal de simple police, aux termes de l'art. 479, § 6, du Code pén., comme ayant vendu du pain au-dessus de la *taxe*.

918. BOUCHERIE, BOUCHERS. — Chez les Romains, les bouchers formaient un collége; la communauté des marchands bouchers est une des plus anciennes et des plus considérables de celles qui ont été établies à Paris en corps de jurande. Comme la profession de boulanger, celle de boucher est soumise, aux termes de la loi des 16-24 août 1790, à des règlements de police de surveillance de l'autorité municipale. Des obligations spéciales sont imposées pour exercer la profession de boucher. L'autorité locale peut désigner les animaux que les bouchers doivent offrir à la consommation publique; fixer le *prix* de chaque qualité de viande (voir TAXE, n° 719) et les soumettre à une *inspection* préalable, même celle des *charcutiers* (Arr. de Cass., 17 *mars* 1810; 21 *décem.* 1832; 7 *avr.* 1837; 17 *mars* 1841); défendre de tuer ailleurs qu'à l'abattoir public (*Arr. de Cass.*, 1er *juin* 1832); interdire aux bouchers de donner pour sur-poids ni foie, ni tête, ni jambe, ni pied, ni fressure. (*Arr. de Cass.*, 18 *juin* 1836.)

Lorsqu'un arrêté municipal enjoint aux bouchers de la ville de ne donner pour surpoids dans leurs ventes, qu'une quantité déterminée d'une certaine espèce de viande, le tribunal de simple police, saisi d'une contravention à cet arrêté ne peut sans excès de pouvoir, se dispenser d'appliquer la peine au prévenu contre lequel a été dressé un procès-verbal non débattu par la preuve contraire. (*Arr. de Cass.*, 30 *nov.* 1844.)

L'arrêté municipal portant que tous les bouchers seront tenus d'abattre leurs bestiaux à l'abattoir public du lieu, est obligatoire pour tous les bouchers, même pour ceux qui habitent hors des limites de l'octroi. (*Arr. de Cass.*, 1er *juin* 1832.) Lorsqu'un règlement de police défend aux bouchers d'abattre des bestiaux chez eux, la contraven-

tion à un pareil arrêté ne peut être excusée sous le prétexte que l'abattage aurait eu lieu hors du rayon de l'octroi. (*Arr. de Cass.*, 18 oct. 1827; 2 *mai* 1846.)

Un arrêté qui porte qu'il ne pourra être vendu de viande
dans tout l'arrondissement de l'octroi, ailleurs qu'à la
halle et à la boucherie est obligatoire. (*Arr. de Cass.*, 7
décem. 1826.)

Les bouchers peuvent être tenus d'avoir des étaux d'une
dimension déterminée et situés d'une certaine manière.
(*Arr. de Cass.*, 24 *juin* 1831.) L'étalage des quartiers
de bœuf, des pallerons, colliers ou trains de côtes, des
veaux et moutons entiers ou fendus par moitié, ne doit
pas être toléré ainsi que tout autre étalage descendant à
plus de 2 mètres du sol. Les crochets en saillie placés extérieurement seront interdits. (*Code pén.*, *art.* 479.) Les
bouchers doivent couvrir leurs voitures pour cacher la
viande et tenir celle-ci séparée des peaux.

Les bestiaux ne peuvent être achetés qu'aux marchés
et halles désignés. (*Ordonn.*, 18 oct. 1829.)

Les bouchers qui vendent la viande au-delà du prix fixé
par la taxe légalement faite et publiée, sont passibles
d'une amende de 11 à 15 fr. inclusivement (*Art.* 479,
§ 6 *du Code pén.*); en cas de récidive, la peine d'emprisonnement, pendant cinq jours au plus, aura toujours
lieu. (*Art.* 482.)

Mise en vente de comestibles, gâtés, corrompus ou
nuisibles ; tromperies sur la nature le poids ou la mesure :
voir Denrées alimentaires, n° 414.

919. Boissons. — Voir Denrées alimentaires, n° 414,
dernier §, loi du 5 mai 1855; Débits de boissons, n° 405;
Lieux publics, n°s 529 et 912.

920. Marchandises qui se vendent a la pièce ou au
paquet. — Les observations qui précèdent leur sont ap-

plicables. Le commissaire de police doit s'assurer qu'elles
sont *loyales* et *marchandes;* les faire peser fréquemment
pour connaître si chaque *paquet* ou chaque *pièce* est du
poids que lui assigne l'étiquette qu'il porte ou l'usage général, et dresser procès-verbal contre le marchand, lorsqu'il y a une diminution notable, et encore bien que celui-
ci établirait qu'il n'est point personnellement l'auteur de
la fraude. (*Ordonn. du 18 décem.* 1825, *art.* 27; *Loi
du 27 mars* 1851.) Voir Denrées alimentaires, nᵒ 414.

921.   Déguisements, carnaval. — Le déguisement est
une *contravention* quand il a lieu contrairement à un règlement de police; il constitue un *délit* lorsqu'il est injurieux, immoral, ou pris en vue de favoriser une mauvaise action, comme la mendicité, le vagabondage, la
provocation au désordre. Toute personne publiquement
déguisée ou masquée, se trouvant dans un des cas qui
viennent d'être prévus doit être conduite devant le commissaire de police pour y donner des explica'ions. Si le
déguisement était de nature à constituer un délit ou à favoriser de mauvais desseins, l'inculpé, après avoir été
interrogé, pourrait être arrêté et mis à la disposition du
procureur impérial. (*Code pén., art* 259, 277 *et* 381.)

Le commissaire de police doit prendre les instructions
du préfet ou du maire pour toutes les mesures d'ordre et
de sûreté à prendre pendant le *carnaval,* si elles ne sont
réglées par un arrêté spécial.

922.   Bals publics et guinguettes, bals particuliers.
— Doivent être autorisés. Sont tenus d'acquitter la taxe
du droit des pauvres qui est fixé par la permission, et
d'avoir une garde suffisante (militaires ou sergents de
ville) pour assurer le maintien de l'ordre. Une rétribution
est due aux agents chargés de ce service extraordinaire.

(*Circ. des* 15 oct. 1836 *et* 11 *nov.* 1837.) Voir nos observations, CHAP. III, n° 199; CAFÉS CONCERTS OU SPECTACLES,
n° 372; LIEUX PUBLICS, n°ˢ 529 et 912.

La fermeture d'un *bal public* peut être immédiatement
exigée si celui qui le tient ne se conforme pas aux lois et
règlements ou ne remplit pas les conditions qui lui ont
été imposées. (*Arr. de Cass.*, 7 *nov.* 1833.)

Les danses indécentes doivent être interdites; elles constituent un délit. (*Code pén.*, *art.* 330.) L'individu qui
persiste à s'y livrer nonobstant avertissement peut être
mis en état d'arrestation.

Les règles qui précèdent sont applicables aux *bals* par
souscription ou *cotisation* donnés même dans une maison
particulière, et aux *bals particuliers* qui ont lieu dans
une dépendance d'un établissement public.

923.   HÔTELS, AUBERGES, ETC. — Voir DÉBITS DE BOIS-
SONS, n° 405; LIEUX PUBLICS, n° 529 et 912; LOGEURS,
n° 533; REGISTRE DES AUBERGISTES ET LOGEURS, n° 671.

924.   MAISONS DE TOLÉRANCE, FILLES PUBLIQUES. —
Voir MOEURS, n° 574; LIEUX PUBLICS, n° 529 et 912.

925.   PORTEFAIX, COMMISSIONNAIRES ET CROCHETEURS.
— Rentrent dans les attributions de la police municipale
et sont ordinairement l'objet de règlements particuliers de
police locale (*Loi des* 16-24 *août* 1790, 19-22 *juill.* 1791),
dont les commissaires de police doivent assurer l'exécution.

En principe, toute personne a le droit de faire charger, décharger ou transporter par ses employés ou serviteurs, les effets et la marchandise lui appartenant ou qui
lui sont destinés. L'espèce de privilège dont jouissent certaines corporation de *portefaix* n'est fondé que sur le
maintien de l'ordre et de la tranquillité publique.

Les discussions entre *portefaix, commissionnaires* ou *crocheteurs* sont réglées par l'autorité locale ordinairement représentée par le commissaire de police, qui peut prendre à leur égard telles mesures qu'elle juge convenable, notamment prononcer l'exclusion temporaire ou définitive de la compagnie.

Les contestations sur les salaires sont renvoyées devant le juge de paix.

Les contraventions aux règlements spéciaux et généraux doivent être constatées par des procès-verbaux et poursuivies en la forme ordinaire.

926. CHIFFONNIERS. — Voir ATELIERS DANGEREUX, INSALUBRES OU INCOMMODES, no 354. — L'exercice de la profession de chiffonnier ambulant est réglé par l'autorité locale. Le chiffonnier non autorisé, non connu et sans domicile fixe doit être arrêté comme vagabond. Voir EXPULSION, no 471; GENS SANS AVEU, no 493.

927. MÉTIERS BRUYANTS. — Voir BALANCIERS, no 361; MÉTIERS A MARTEAUX, no 569; BRUITS OU TAPAGES, no 900.

928. ÉCLAIRAGE PUBLIC, voir no 432.

929. AFFICHEURS, COLPORTEURS, CRIEURS, CHANTEURS ET SALTIMBANQUES, SPECTACLES PUBLICS ET THÉATRES, BAINS CHAUDS ET DE RIVIÈRE, FRIPIERS OU BROCANTEURS, ETC., ETC, ETC. — Tous les objets qui, bien que se rattachant à la *police municipale,* ne figurent point dans le présent chapitre, ont été traités dans la IIme PARTIE, CHAP. VI, nos 323 à 766 de cet ouvrage, comme rentrant plus particulièrement dans le domaine de la *police administrative* proprement dite; c'est là que nous invitons nos lecteurs à les rechercher en consultant la TABLE ALPHABÉTIQUE, ANALYTIQUE ET GÉNÉRALE, qui fait l'objet de la VIIIme PARTIE.

CINQUIÈME PARTIE.

TRIBUNAUX DE SIMPLE POLICE. —
MANUEL SPÉCIAL. — FORMES. — JURISPRUDENCE.
— LE COMMISSAIRE DE POLICE
OFFICIER DU MINISTÈRE PUBLIC.

CHAPITRE XV.

DES JUGES DE POLICE ET DE LA MANIÈRE DE PROCÉDER DEVANT EUX.

SECTION I.

Origine des tribunaux de simple police. — État de la législation. — Division de la matière. — Différentes espèces de tribunaux de simple police. — Tribunal de police du maire. — Tribunal de police du juge de paix.

930. La connaissance des matières de *simple police* était autrefois disséminée entre les officiers du roi, des juges de seigneurs et des magistrats de la commune. En

vue d'établir l'unité dans l'administration de la justice, la loi du 19-22 juill. 1791, art. 42, institua dans chaque commune un tribunal de police municipale près duquel les fonctions du ministère public étaient remplies par le procureur de la commune ou par son substitut (*Art.* 43). Le Code du 3 brum. an IV substitua à ce tribunal un tribunal de police composé du juge de paix et de deux assesseurs. Les fonctions du ministère public furent confiées au commissaire du pouvoir exécutif de chaque administration municipale. Enfin, les assesseurs des justices de paix et les administrations municipales ayant été successivement supprimés par les lois des 28 pluv. an VIII et 29 vent. an IX, il a été disposé que les fonctions du ministère public près les tribunaux de police, dès-lors uniquement composés du juge de paix, seraient remplies par les *commissaires de police,* dans les lieux où il en était établi, et dans les autres par les adjoints des maires. (*Code du* 3 *brum. an IV, art.* 166.) Ces dernières dispositions ont été, à peu de chose près, reproduites par les rédacteurs du Code d'instr. crim.

931. Nous traiterons sommairement de l'*organisation* des tribunaux de *simple police* et de la manière de procéder devant eux, avant de nous occuper de leur *compétence* dont la base, réglée par l'art 187 du Code d'instr. crim., fait l'objet du chapitre suivant.

932. Les tribunaux de *simple police* sont de deux espèces : les uns sont présidés dans chaque canton par le *juge de paix,* qui a une compétence exclusive pour certaines contraventions ; les autres sont tenus dans les communes *non chefs-lieux de canton,* par le *maire,* qui statue concurremment avec le juge de paix sur certaines contraventions.

La connaissance des contraventions de police est attribuée aux juges de paix et aux maires, suivant les règles et les distinctions établies par les art. 139, 140 et 166 du Code d'instr. crim. (Voir CHAP. XVI, nos 966 et suiv.)

933.   Nous ne dirons qu'un mot des règles relatives aux attributions des *maires* comme *juges de police*. Cette juridiction n'est exercée presque nulle part ; et si le commissaire de police peut la saisir, il demeure étranger à son organisation. Les fonctions du ministère public sont remplies auprès du maire juge de police par l'adjoint ou à son défaut par un conseiller municipal désigné par le procureur impérial. (*Code d'instr. crim.*, art. 167.) Dans l'usage, les maires se bornent à constater ou faire constater les contraventions de police dont ils pourraient connaitre comme juges, et laissent au maire ou au commissaire de police de la commune chef-lieu et au juge de paix le soin de les poursuivre et de les juger.

934.   Pour que le tribunal de police du *maire* soit compétent, il faut, 1º que les prévenus et les témoins soient résidants dans la commune, ou qu'ils y soient trouvés ; 2º que le plaignant n'ait pas conclu à des dommages-intérêts au-dessus de la valeur de 15 fr. ; que l'affaire ne rentre pas, d'après l'art. 139 du Code d'instr. crim., dans la compétence exclusive du tribunal de police du juge de paix ; 4º que la contrevention ait été commise sur le territoire de la commune. Ce n'est que par la réunion de toutes ces circonstances que le maire peut être régulièrement saisi, encore n'a-t-il que simple concurrence avec le tribunal de police ordinaire. (*Art.* 166.)

935.   Devant le tribunal de simple police du *maire* les poursuites peuvent être exercées par le ministère public

comme par la partie civile. Aucune disposition n'ayant dérogé, en ce qui concerne cette juridiction, au principe général, les maires, siégeant comme juges de police, se conforment aux art. 149 à 160 du Code d'instr. crim. dont les principales dispositions sont rapportées dans la section suivante. Toutefois, le ministère des huissiers n'est pas nécessaire pour appeler devant le maire, les parties et les témoins ; il suffit d'un simple avertissement, sans frais, de ce fonctionnaire, qui fait connaître au défendeur le *fait* dont il est inculpé, le *jour* et l'*heure* où il doit se présenter ; et qui indique également aux témoins le moment où leur déposition sera reçue. (*Art.* 169 *et* 170.)

Les fonctions de greffier près le tribunal de simple police du *maire* sont remplies par un citoyen qui prête serment, en cette qualité, devant le tribunal correctionnel. (*Art.* 168.)

936.   Le *tribunal de simple police* tenu par *le juge de paix* diffère essentiellement de la *justice de paix* quoique l'un et l'autre de ces tribunaux aient le même juge : à la justice de paix est réservée la connaissance des affaires civiles, tandis que c'est au tribunal de police seul qu'il appartient de prononcer sur les faits de police. (*Arr. de Cass.*, 27 *vend. an IX.*) Ainsi, un tribunal de paix saisi d'une pure action civile ne peu la transformer en une affaire de police municipale, et, *à fortiori*, le juge de paix lorsqu'il est saisi de la connaissance d'une affaire comme juge civil, ne peut-il, *hic et nunc*, se déclarer juge de police et faire application de la loi pénale. (*Arr. de Cass.*, 18 *prair. an VIII;* 25 *avr.* 1806 *et* 1ᵉʳ *avr.* 1813.)

937.   Le tribunal de simple police du *juge de paix* se compose, comme celui du maire, d'un juge, d'un officier du ministère public, et d'un greffier. Voir Code d'instr. crim., art. 141 et suiv. Pour tout ce qui a plus particuliè-

rement trait à l'exercice des fonctions du ministère public,
remplies près de ce tribunal par le commissaire de police.
Voir, ci-après, CHAP. XVII, n°s 991 et suiv.

SECTION II.

Comment le tribunal de simple police est saisi. — Avertissement sans frais. —
Citation. — Opérations préliminaires. — Comparution. — Audiences. — Huis
clos. — Police de l'audience. — Délits commis à l'audience. — Rôle. — Remise.
— Appel des affaires. — Instruction à l'audience. — Preuve des contraventions.
— Témoins : — Audition ; — Défaillance ; — Excuse ; — Témoin militaire. —
Jugements : — Préparatoires ; — Interlocutoires ; — Provisoires ; — Définitifs.
— En premier ou en dernier ressort. — Contradictoire ou par défaut. — Appel.
— Pourvoi en cassation. — Exécution.

938. Le *tribunal de simple police*, notamment celui
du *juge de paix* qui nous occupe, ne peut prononcer *d'office* sur une contravention dont il n'est *saisi* par la plainte
ni de la partie publique, ni de la partie privée. (*Arr. de
Cass.*, 26 vend. an IX, 4 brum. an XIV et 29 fév. 1828.)
Il est régulièrement appelé à statuer sur des contraventions
de sa compétence, soit par le renvoi qui lui en est fait
par la chambre du conseil (*Code d'instr. crim.*, art. 129
et 130), soit par la *citation* donnée directement au prévenu à la requête de la partie civile ou du ministère public
(*Art.* 145 et 182), soit par la comparution volontaire des
parties (*Art.* 147.) Les *témoins* peuvent également comparaître devant les tribunaux de police sur *un simple avertissement* sans qu'il soit besoin de citation (*Art.* 153.) Les
commissaires de police chargés des fonctions du ministère
public près les tribunaux de simple police, useront, le

le plus fréquemment qu'ils le pourront, du moyen autorisé
par les articles précités, de faire comparaitre *sans frais*,
à l'audience, les inculpés et les témoins ; dans l'intérêt du
trésor et des justiciables, ils ne devront y renoncer que
dans les cas d'*urgence*, d'*éloignement* ou lorsqu'ils auront
des *motifs sérieux* de penser que l'inculpé ou les témoins
n'obtempéreraient pas à leur avertissement. Ces *avertissements* se donnent par une simple lettre, qui ne doit entrai-
ner aucun frais, soit salaire à l'appariteur, agent ou garde-
champêtre qui en est chargé, soit frais de poste. (*Circ.
minis. du* 26 *décem.* 1845.)

939.   Les *prévenus* et les *témoins* qui ne comparaissent pas sur *simple avertissement* sont *cités* pour la prochaine audience. Le commissaire de police n'est point tenu
de prendre la *cédule* du juge de paix pour citer en simple
police un prévenu (*Arr. de Cass.*, 4 *brum. an XIV*) ; cette
cédule ou autorisation n'est nécessaire que lorsque, dans
les cas d'extrême urgence, il y a lieu de provoquer une audience extraordinaire et de citer d'*heure à heure*.

940.   Sauf l'exception que nous venons d'indiquer, la
citation ne pourra être donnée à un délai moindre que
vingt-quatre heures, outre un jour par trois myriamètres,
à peine de nullité tant de la citation que du jugement qui
serait rendu par défaut. Néanmoins cette nullité ne pourra
être proposée qu'à la première audience, avant toute exception et défense. (*Code d'instr. crim.*, art. 146.)

941.   La *citation* doit être donnée au nom du ministère
public ou de la partie civile. Lorsque l'inculpé n'habite
point la localité, le commissaire de police adresse le procès-
verbal ou le rapport approuvé au juge de paix de son domicile avec prière de le faire *citer* par un huissier du

canton pour le jour et l'heure qu'il indique. Voir CORRES-
PONDANCE, DES COMMISSAIRES DE POLICE, nos 130 et suiv.;
FORMULAIRE, VIIe PARTIE.

942.   Avant le jour de l'audience le juge de paix pourra,
sur la réquisition du *ministère public* ou de la partie civile, estimer ou faire estimer les dommages. (*Code d'instr.
crim., art.* 148.) Voir VIIe PARTIE, formule du réquisitoire du ministère public pour faire fixer un dommage.

943.   La personne citée *comparaît* par elle-même, ou
par un fondé de procuration spéciale duement enregistrée.
(*Code d'instr. crim., art.* 152.) Il a été jugé que l'art.
152 n'est pas prescrit à peine de nullité; qu'ainsi, par
exemple, on doit réputer *contradictoire* le jugement du
tribunal de police qui a statué sur la prévention, avec la
femme du prévenu qui s'est présentée au lieu et place de
son mari cité, lorsque le ministère public a accepté le débat avec cette femme. (*Arr. de Cass.,* 7 *févr.* 1856.)

944.   Le juge de simple police tient ses *audiences*
dans le local fourni par la commune pour celle de la justice de paix. (*Loi du* 18 *juill.* 1837, art 30 § 10.) Il peut
néanmoins, comme le juge de paix (*Code de proc. civ.,
art* 8), rendre la justice en sa demeure; pourvu que *l'audience* soit publique. (*Arr. de Cass.,* 6 *oct.* 1837.) I a
publicité est de l'essence de tout débat en matière criminelle; elle est prescrite, à peine de nullité, devant les tribunaux de simple police. (*Arr. de Cass.,* 19 *juin* 1828.)
Néanmoins, les tribunaux de simple police peuvent, comme
les cours d'assises et les tribunaux de police correctionnelle, ordonner que les débats auront lieu à *huis clos* lorsque la publicité leur paraît dangereuse pour l'ordre et les
mœurs. (*Arr. de Cass.,* 9 *juill.* 1852 et 17 *janv.* 1829.)
Le commissaire de police-ministère public a le droit de re-

quérir cette mesure; c'est au juge-président qu'il appartient de prononcer. Même dans le cas de *huis clos*, le jugement doit toujours être prononcé en public et les portes ouvertes.

945. La *police de l'audience* appartient au juge de paix. Mesures à prendre; délits commis à l'audience : voir CODE DE PROCÉD. CIV., art 88 et 89; CODE D'INSTR. CRIM., art. 504. Le pouvoir conféré au juge pour maintenir la *police de l'audience* étant discrétionnaire, c'est à ce magistrat qu'il appartient exclusivement d'apprécier si les faits qui motivent son ordre d'expulsion ou de dépôt à la maison d'arrêt constituent des murmures ou s'élèvent jusqu'au tumulte, et la contradiction n'est pas permise à cet égard. (*Arr. de Cass.*, 14 *juin* 1833.)

946. Bien que la *police de l'audience* appartienne au juge, le ministère public peut intervenir et faire des réquisitions; c'est même ordinairement ce qui a lieu après que le juge a agi. S'il n'agissait pas, et que des réquisitions lui fussent adressées par le ministère public, il serait dans l'obligation d'y statuer. (*Arr. de Cass.*, 3 *nov.* 1806.)

947. Les huissiers sont actuellement préposés au maintien de l'ordre dans la salle d'audience. Le commissaire de police-ministère public fera bien d'y avoir toujours au moins un agent ou un garde-champêtre à sa disposition. Si la nature de l'affaire paraissait devoir attirer un public nombreux et turbulent, il devrait même, après s'en être entendu avec le juge de paix, requérir la gendarmerie ou un piquet de troupe de ligne. Ces demandes sont adressées au commandant de la gendarmerie ou au commandant de place, sous forme de lettre ou de réquisition. Voir FORCE PUBLIQUE, nᵒ 481 ; FORMULAIRE, VIIᵐᵉ PARTIE.

948.   Dans les tribunaux de police où les affaires sont nombreuses, un *rôle* est dressé pour régler l'ordre de leur *appel*. C'est ordinairement le juge, d'accord avec le ministère public, qui détermine l'ordre de ce *rôle*. Les causes *remises* d'une précédente audience doivent y être portées les premières. A Paris et dans la plupart des grandes villes, les affaires sont classées sur le *rôle* dans l'ordre des art. 471, 475 et 479. du Code pén. Cette méthode abrége et facilite l'instruction à l'audience. *L'appel* des affaires est fait pour par un des huissiers de service, en suivant le *rôle*.

949.   C'est ici le lieu de recommander au commissaire de police chargé des fonctions du ministère public près un tribunal de simple police, de se bien pénétrer des dispositions des art. 153 à 165 du *Code d'instr. crim.*, concernant :

1° L'instruction de l'affaire à l'audience ; (*Art.* 153); cas où le prévenu ou les témoins sont sourds muets. (*Art.* 333);

2° La preuve des contraventions (*Art.* 154). Voir en outre PROCÈS-VERBAUX DES COMMISSAIRES DE POLICE. n°ˢ 271 et suiv. ; THÉORIE DES PREUVES, n° 277 ;

3° Le serment et les dépositions des témoins (*Art.* 155);

4° Les témoins défaillants et leur condamnation à l'amende ; (*Art.* 157 *et* 158). Le tribunal peut refuser au ministère public un délai pour faire réassigner des témoins qui n'ont pas pu être trouvés lors de la première citation, s'il reconnaît que leur témoignage n'ajouterait rien à celui des témoins déjà entendus. (*Arr. de Cass.*, 9 *décem.* 1830). Le tribunal peut encore, malgré la demande d'un sursis, formée par le ministère public, ouvrir les débats d'une affaire en l'absence d'un témoin cité, et ordonner la lecture de sa déclaration écrite. (*Arr. de Cass.*, 4 *août* 1832.) La maladie est *l'excuse* la plus ordinaire des témoins ; elle s'é-

1009.   L'autorité emprunte surtout son prestige et sa force à ce qu'il y a en elle d'essentiellement protecteur, à la permanence et à l'étendue de son influence bienfaisante. Les masses la considèrent, non sans raison, comme une émanation de la divinité d'où vient toute puissance ; l'implorent dans toutes les circonstances difficiles ; attendent d'elle un remède à tous les inconvénients et à tous les maux dont elles ont à se défendre. Si les agents de l'autorité veulent être honorés, aimés et soutenus : que leur oreille s'ouvre obligeamment à toute prière, que leur sollicitude ne fasse défaut à aucun des intérêts qui l'invoquent.

1010.   Le commissaire de police, celui des campagnes principalement, en contact immédiat et journalier avec les populations, est consulté à chaque instant sur les points de droit les plus divers, ou mis en demeure de prononcer officieusement sur des difficultés de natures les plus opposées, par de bonnes gens chez lesquels l'idée du savoir est inséparable de celle du pouvoir, et qu'il serait au moins imprudent de déshabituer à voir dans un magistrat de *l'ordre judiciaire,* un homme initié à la science des lois ; dans un fonctionnaire de *l'ordre administratif,* un esprit droit, conciliant, toujours disposé à prévenir une collision ou à éviter un procès. Quelques notions de législation *civile,* la connaissance des règles qui servent de base au corps de droit, sont donc, à notre sens, indispensables au commissaire de police qui, ayant charge d'intérêts moraux et matériels, ne saurait échapper à la qualification générique d'*homme de loi.*

1011.   En conséquence, fidèle à notre titre : *Memento, guide pratique;* à notre épigraphe : *beaucoup de choses en peu de mots;* à notre tâche, qui consiste à *jalonner;* nous

allons essayer de résumer succinctement, afin d'en faciliter l'étude, au point de vue de l'exercice des fonctions de
commissaire de police, les matières contenues dans le
Code Napoléon, cette œuvre admirable, cette conception
si vaste qu'elle embrasse tout à la fois l'ordre moral et l'ordre politique, les choses et les droits, l'homme et le citoyen,
la famille et l'Etat. Nous terminerons cette partie de notre
livre en exposant, d'après *le droit romain* et *le droit canonique*, quelques-uns de ces principes de l'éternelle justice, quelques-unes de ces règles de la raison, guides
généraux qui, en ouvrant au commissaire de police un
nouvel horizon, lui permettront de poser le premier appareil sur toutes les plaies morales, faciliteront son intervention paternelle et officieuse en toute matière, d'une façon,
si non décisive et complète, du moins toujours éclairée,
partant toujours utile.

1012. Il va sans dire que les conseils et les bons offices du commissaire de police, alors même qu'ils ne servent
que des intérêts purement privés, doivent demeurer complètement désintéressés, et qu'aucune rénumération, même
sous forme de cadeau, ne peut être acceptée par lui à leur
occasion. C'est au chef de l'Etat que les fonctionnaires de
tout ordre ont le devoir de faire aimer, c'est à l'intelligence
et à la prévoyante sagesse que la haute administration ap-
porte dans le choix de ses agents, qu'il convient de faire
remonter le bénéfice de la reconnaissance des obligés,
comme celui des heureux effets qui en sont la conséquence.

CHAPITRE XIX.

NOTIONS GÉNÉRALES DE DROIT CIVIL.

SECTION I.

Des différentes espèces de droit. — Droit naturel. — Droit civil. — Droit politique. — Codes anciens. — Code Napoléon. — Titre préliminaire. — De la publication, des effets et de l'application des lois en général. — Lois qui
intéressent l'ordre public et les bonnes mœurs. — Limites opposées au conventions particulières.

1013. Trois espèces de droits régissent les hommes
réunis en société, disait le tribun Gary (*Discours au corps
législatif*), le droit *naturel* ou *général* qui se trouve chez
toutes les nations : c'est celui qui établit la sûreté des
personnes et des propriétés, et qui est la source de tous
les contrats entre vifs, sans lesquels il est impossible de
concevoir qu'une association quelconque puisse se former ou se maintenir ;

Le *droit civil,* qui est le droit propre à chaque nation
et qui la distingue des autres, c'est celui qui règle les
successions, les mariages, les tutelles, la puissance paternelle, et généralement tous les rapports entre les personnes ;

Enfin le *droit politique,* qui n'est pas moins propre à

une nation que son droit civil, mais qui s'occupant d'intérêts plus relevés, détermine la manière dont les citoyens concourent plus ou moins immédiatement à l'exercice de la puissance publique. Il y a donc lieu de séparer les règles de ce droit de celles du droit civil, et de remarquer que les premières appartiennent à l'acte constitutionnel, tandis que les autres sont l'objet de la loi civile.

1014. Le mot *code* vient du latin *codex*. C'est sous Constantin que ce nom fut donné pour la première fois à un ensemble de lois. Les constitutions des empereurs chrétiens qui vinrent ensuite furent réunis dans le *Codex Theodosianus*. Cette œuvre fut continuée par *Justinien*, qui fit publier un nouveau code en l'an 529, et un autre en 533.

Le *Code Napoléon* est le corps du droit civil des Français.

1015. « L'ordre du Code Napoléon, dit Tronchet, est conforme à la marche naturelle des idées. »

A la première page, c'est la loi qui se présente elle-même, ainsi que le fait judicieusement observer Bousquet, avec la condition qui oblige à l'exécution : *sa promulgation*, c'est-à-dire la règle de ses prescriptions, portée à la connaissance du peuple : *lex moneat priusquàm feriat*, avait écrit Bacon ; *sa non-rétroactivité* qui garantit le passé, les droits acquis ; l'obligation qu'elle impose au juge de prononcer, sans qu'il puisse fonder un refus, en prétextant le *silence*, *l'obscurité* ou *l'insuffisance* de son texte ; les limites qu'elle oppose aux *conventions particulières*, lorsqu'il s'agit des règles qu'elle a tracées, concernant *l'ordre public et les bonnes mœurs*. (*Code Nap.*, art. 1er à 6.)

1016. Il faut entendre par les lois qui intéressent

l'ordre public celles qui intéressent la société entière prise collectivement, et par les expressions *bonnes mœurs* tout ce qui est d'honnêteté publique. (*Teulet, d'Auvilliers et Sulpicy; Duranton; Toullier.*)

1017. Ainsi, la séparation de corps ne peut avoir lieu par le consentement mutuel des époux (*art.* 307).

1018. Les servitudes établies par le fait de l'homme ne peuvent avoir rien de contraire à l'ordre public (*art.* 386).

1019. On ne peut stipuler sur une succession future (*art.* 791).

1020. Le partage entre communistes peut toujours être demandé, nonobstant prohibitions et conventions contraires (*art.* 815).

1021. Dans les donations et les testaments, les clauses contraires aux lois ou aux mœurs sont réputées non écrites (*art.* 900).

1022. Le donataire profite seul de l'objet dont le donateur s'est réservé le droit de disposer, si la disposition n'a pas eu lieu, alors même que la donation renfermerait une clause ou une stipulation contraire, à moins qu'il ne s'agisse de donation par mariage (*art.* 946 *et* 947).

1023. La renonciation à ce que la donation soit révoquée pour survenance d'enfants est nulle (*art.* 965).

1024. Est nulle la convention qui a une cause contraire aux bonnes mœurs ou à l'ordre public (*art.* 1133).

1025. Est nulle toute obligation reposant sur une condition contraire aux bonnes mœurs ou prohibée par la loi (*art.* 1172).

1026. Est nulle toute obligation contractée sous une

condition protestative de la part de celui qui s'oblige (*art.* 1174).

1027. On ne peut renoncer au droit de faire cession de biens (*art.* 1268).

1028. Le contrat de mariage ne peut renfermer aucune convention contraire aux bonnes mœurs (*art.* 1387). Ni aucune dérogation aux droits résultant de la puissance maritale ou paternelle (*art.* 1388). Ou à l'ordre légal des successions (*art.* 1389). Ni aucune convention qui soumette le mariage à un statut abrogé (*art.* 1390).

1029. La séparation de biens ne peut avoir lieu volontairement (*art.* 1443).

1030. Après la séparation de biens prononcée en justice, la communauté ne peut être rétablie entre les époux que sur les premières bases (*art.* 1541).

1031. Ni la femme, ni ses héritiers, ni ses ayant-cause, ne peuvent, avant la dissolution de la communauté, renoncer au droit de l'accepter ou de la répudier (*art.* 1453).

1032. Quand la communauté fait aux époux des parts inégales dans les bénéfices, la même proportion doit être observée dans la répartition des dettes, à peine de nullité (*art.* 1521).

1033. La femme ne peut avoir le droit d'aliéner seule ses immeubles, et toute autorisation générale qui lui est donnée à cet égard par son mari est nulle (*art.* 1538).

1034. Le vendeur ne peut être déchargé de la garantie résultant de son fait (*art.* 1628).

1035. Le réméré est toujours réductible à cinq ans (*art.* 1660).

1036. L'acquéreur ne peut renoncer à l'action en rescision pour cause de lésion de plus des sept douzièmes (*art.* 1674).

1037. Le contrat de louage du travail personnel ne peut pas être illimité (*art.* 1780). Toute obligation de faire peut se résoudre en dommages-intérêts.

1038. Principes d'égalité qui doivent être admis à peine de nullité dans le cheptel simple (*art.* 1811). Et dans le cheptel à moitié (*art.* 1819). Et dans celui donné au colon partiaire (*art.* 1828).

1039. Toute société doit avoir un objet licite (*art.* 1823).

1040. Défense de faire entrer dans les sociétés universelles autres que celles résultant du mariage, des biens futurs (*art.* 1837).

1041. Restriction apportée aux sociétés universelles (*art.* 1840).

1042. Prohibition des sociétés léonines (*art.* 1855).

1043. Refus de toute action pour dette de jeu ou le paiement d'un pari (*art.* 1965). Voir JEU ET PARI, n° 515.

1044. Défense de stipuler la contrainte par corps hors des cas prévus (*art.* 2063).

1045. Défense faite au créancier nanti de disposer du gage mobilier sans l'accomplissement des formalités prescrites (*art.* 2078). Même prohibition à l'égard des immeubles donnés à antichrèse (*art.* 2088).

1046. Défense de renoncer à l'inscription de l'hypothèque légale de la femme (*art.* 2140), ou du mineur et de l'interdit (*art.* 2141).

1047.   On ne peut renoncer à la prescription non acquise (art. 2220).

1048.   Défense à la partie saisie d'aliéner, à peine de nullité, l'immeuble saisi, à compter du jour de la transcription de la saisie (Code de procéd. civ., art. 686), ou après le jugement de conversion (art. 748).

1049.   Défense au créancier de vendre les biens de son débiteur même de son consentement, sans formalités de justice. (Code de procéd. civ., art. 742).

1050.   Défense de mettre aux enchères en justice les immeubles appartenant à des majeurs maîtres de disposer de leurs droits. (Code de procéd. civ., art. 743).

1051.   Le Code Napoléon se divise en trois livres : le premier traite des personnes ; le second des choses ; et le troisième des manières d'acquérir la propriété. L'analyse succincte de ces matières fait l'objet des trois sections qui suivent.

SECTION II.

Des personnes. — Jouissance et privation des droits civils. — Actes de l'état civil. — Domicile. — Absents. — Mariage. — Séparation de corps. — Paternité et filiation. — Adoption et tutelle officieuse. — Puissance paternelle, droit de correction. — Minorité, tutelle et émancipation. — Majorité, interdiction conseil judiciaire.

1052. Le mot *personne* signifie membre d'une nation. Le Code entend par personne tout membre de la France ; les autres ne sont que des *individus*.

Le livre premier du Code Napoléon qui traite des personnes se divise en onze titres : 1° de la jouissance et de la privation des droits civils ; 2° des actes de l'état civil ; 3° du domicile ; 4° des absents ; 5° du mariage ; 6° de la séparation de corps ; 7° de la paternité et de la filiation ; 8° de l'adoption et de la tutelle officieuse ; 9° de la puissance paternelle ; 10° de la minorité, de la tutelle et de l'émancipation ; 11° de la majorité, de l'interdiction et du conseil judiciaire.

1053. JOUISSANCE ET PRIVATION DES DROITS CIVILS. — L'exercice des droits civils est indépendant de la qualité de *citoyen*, laquelle ne s'acquiert et ne se conserve que conformément à la loi constitutionnelle. La qualité de citoyen appartient à l'ordre politique, la qualité de Français à l'ordre civil. Voir ETRANGERS, n° 462.

Quoique les étrangers ne soient pas soumis aux lois françaises, autres que celles de *police* et de *sûreté* (*voir* n° 7), les tribunaux de France peuvent connaître des obligations contractées entre eux et des Français ; alors, s'ils sont demandeurs, ils sont tenus, en toutes matières autres que celles de commerce, de donner des garanties du préjudice qu'ils causeraient au Français poursuivi à tort. (*Code Nap.*, *art.* 7 à 16.) C'est là la *caution judicatum solvi*. Les sujets sardes sont dispensés de fournir cette caution par le traité de 1760, encore en vigueur. (*Bastia*, 8 *fév.* 1841.) Les Suisses en sont également dispensés par l'art. 14 du traité du 4 vend. an XII. (*Arr. de Cass.*, 9 *avr.* 1807; *Colmar*, 28 *mars* 1810 *et* 10 *janv.* 1816.)

La privation des droits civils résulte de la perte de la qualité de Français ou bien de certaines condamnations *art.* 17 à 33). La déportation (*loi de* 1851) et les travaux forcés à perpétuité (*loi de* 1852) n'emportent plus la mort civile.

1054. **ACTES DE L'ÉTAT CIVIL.** — Les actes de l'état civil des personnes (*art.* 34 à 54) sont au nombre de trois : les naissances (*art.* 55 à 62), les mariages (*art.* 63 à 76) et les décès (*art.* 77 à 87). Aux naissances se rattachent les reconnaissances (*art.* 62) et les légitimations (*art.* 331) d'enfants naturels, ainsi que les adoptions (*art.* 359). Voir NAISSANCE, n° 591; SAGES-FEMMES, n° 689; DÉCÈS, n° 406; LEVÉE DE CADAVRE, n° 526.

L'officier de l'état civil qui inscrit les actes sur des feuilles volantes est passible d'un emprisonnement d'un mois au moins, et de trois mois au plus, et d'une amende de 16 fr. à 200 fr. (*Code pén.*, *art.* 192.)

Les actes de l'état civil qui concernent les militaires et autres personnes employées aux armées, sont dressés, hors du territoire français, conformément aux dispositions des art. 88 à 98 du Code Nap.

Enfin, les actes de l'état civil des Français en pays étranger font foi s'ils ont été reçus par les consuls ou s'ils ont été rédigés dans la forme du pays.

Rectification des actes de l'état civil. (*Voir art.* 99 à 101.)

1055. DOMICILE. — Le *domicile* de tout Français (*art.*
102 *à* 111) est le siége légal de l'exercice de ses droits civils: il est au lieu de son principal établissement. On entend par là, disait le conseiller d'État Emmery (*Exposé
des motifs*), le lieu où une personne jouissant de ses droits
a établi sa demeure, le centre de ses affaires, le siège
de sa fortune, le lieu d'où cette personne ne s'éloigne qu'a-
vec le désir et l'espoir d'y revenir dès que la cause de son
absence aura cessé. Le domicile diffère de la *résidence,*
qui est toute de fait, et se perd dans un lieu dès que l'on
va dans un autre.

Il est fort utile de connaître le domicile car il détermine
le tribunal devant lequel le défendeur doit être poursuivi,
ainsi que le lieu de l'ouverture de la succession d'une personne, et le tribunal compétent pour connaître des contestations auxquelles elle donne lieu. Cependant si un
débiteur a fait élection de domicile dans un autre lieu,
pour l'exécution d'un acte, il peut être poursuivi, au gré
de son créancier, non seulement devant le tribunal de son
véritable domicile, mais encore devant celui du domicile élu.

Le domicile d'origine ou de naissance se conserve jusqu'il y ait preuve de changement. La preuve de changement résulte : 1º du fait, qui consiste dans l'habitation
réelle en un autre lieu ; et 2º de l'intention de la personne
de fixer dans ce nouveau lieu son principal établissement.
Cette intention se manifeste par des circonstances va-
riées qui sont toutes d'appréciation.

Toutefois celui qui accepte une fonction perpétuelle et
irrévocable, comme celle de juge, est nécessairement domicilié dans le lieu où il doit exercer sa fonction, à partir
de la prestation de son serment. Mais si la fonction est
temporaire, comme celle de député, ou révocable comme
celle de juge de paix ou de commissaire de police, son

acceptation n'entraîne pas nécessairement translation de domicile.

Celui qui est soumis à une personne est domicilié chez elle : ainsi la femme est domiciliée chez son mari ; le mineur non émancipé, chez ses père, mère ou tuteur ; l'interdit chez son tuteur ; le majeur travaillant et couchant habituellement dans la maison d'une personne, chez cette personne.

1056. ABSENTS. — *L'absent* est celui qui a quitté son domicile ou sa résidence, dont on n'a pas de nouvelles, et dont l'existence est incertaine ; tandis que celui dont on a des nouvelles et qui ne se trouve pas au lieu où se traite l'affaire qui l'intéresse est indistinctement appelé *absent* ou *non présent*.

L'absent n'est aux yeux de la loi ni mort ni vivant (*art. 112 à 114.*)

Déclaration d'absence. (*Voir art. 115 à 119.*)

Effets de l'absence (*art. 120 à 140.*)

Surveillance des enfants mineurs du père qui a disparu (*art. 141 à 143.*)

1057. MARIAGE. Les familles, disait Portalis (*Exposé des motifs*), sont la pépinière de l'Etat, et c'est le *mariage* qui forme les familles.

Chez les Romains, le mariage avait lieu de plusieurs manières ; chez nous il ne s'accomplit que d'une seule. Notre Code ne voit dans le mariage qu'un contrat civil ; l'Eglise y voit de plus un *sacrement*. Tous les peuples ont fait intervenir le Ciel dans un contrat qui intéresse à la fois la famille et l'Etat.

Conditions requises pour le mariage (*art. 144 à 164*). Oppositions (*art. 172 à 179*). Formes (*art. 165 à 171*). Demandes en nullité (*art. 180 à 202*). Obligations résultant du mariage (*art.* 203 *à* 211). Droits et devoirs des époux (*art.* 212 *a* 226). Dissolution du mariage (*art.* 227). Seconds mariages (*art.* 228)

1058. SÉPARATION DE CORPS. — Les causes de séparation de corps sont au nombre de trois, savoir : 1° l'adultère de la femme, et l'adultère du mari qui a entretenu une maîtresse dans le domicile conjugal ; 2° les excès, sévices et injures graves ; 3° la condamnation de l'un des époux à une peine infamante (*art.* 306 *à* 311.)

1059. PATERNITÉ ET FILIATION. — Les mots *paternité* et *filiation* expriment les deux termes opposés du même rapport de famille.

Il y a deux espèces de paternité et filiation : la *légitime* qui est à la fois naturelle et civile (*art.* 312 *à* 330), et la *naturelle* seulement (*art.* 331 *à* 342). Enfin il y en a une troisième qui est une image de la légitime et qui est appelée *adoptive*.

1060. ADOPTION ET TUTELLE OFFICIEUSE. — *L'adoption* est un acte solennel qui établit entre deux personnes des rapports civils de paternité et de filiation qui ne sont point fondés sur les liens du sang (*art.* 343 *à* 360). La *tutelle officieuse* est un acte de bienfaisance qui consiste à prendre soin de la personne et des biens d'une pupille que l'on se propose d'adopter (*art.* 361 *à* 370.)

1061. PUISSANCE PATERNELLE. — DROIT DE CORRECTION. — La puissance paternelle a deux objets : la personne des enfants et leurs biens (*art.* 371 *à* 387.)

Exécution d'une ordonnance rendue en vue de l'exercice du droit de correction paternelle (*voir n°* 850.)

D'après l'art. 32 de la loi du 21 mars 1831, ce n'est qu'à *vingt ans* seulement que l'enfant peut s'engager volontairement sans le consentement de ses père, mère ou tuteur. Voir RECRUTEMENT, n° 667.

1062. MINORITÉ, TUTÉLLE ET ÉMANCIPATION. — (*Art.* 388 à 487.)

1063. MAJORITÉ, INTERDICTION, CONSEIL JUDICIAIRE. — (*Art.* 488 à 515.)

SECTION III.

Des biens et des différentes modifications de la propriété. — Distinction des biens et leurs rapports avec ceux qui les possèdent. — Usufruit, usage, habitation. — Servitudes.

1064. DISTINCTION DES BIENS ET LEURS RAPPORTS AVEC CEUX QUI LES POSSÈDENT. — Les *biens* sont appelés *meubles* ou *immeubles*, selon qu'ils peuvent ou non être changés de place.

Il y a des immeubles par nature, par destination et par l'objet auquel ils s'appliquent (*art.* 516 à 526).

Il y a des meubles par nature et par détermination de la loi (*art.* 527 à 536).

Les biens sont *communs, publics,* d'une *corporation* ou des *particuliers* (*art.* 537 à 543). Voir DOMAINE PUBLIC, n° 293.

Un particulier peut avoir sur un bien un *droit de propriété,* ou un simple *droit de jouissance,* ou seulement un *droit de servitude.*

La *propriété entière* sur une chose est le droit de se servir, de jouir et de disposer de cette chose selon sa convenance, mais sans pouvoir contrevenir aux lois et règlements, ni même aux principes d'une bonne morale. Le propriétaire a droit non seulement aux fruits de sa chose, mais encore à tout ce qui devient l'accessoire de sa chose mobilière ou immobilière (art. 544 à 577).

Lorsque l'utilité publique l'exige, le propriétaire peut être exproprié de sa chose, moyennant une juste et préable indemnité. Voir EXPROPRIATION POUR CAUSE D'UTILITÉ PUBLIQUE, nᵒ 470.

1065. USUFRUIT, USAGE, HABITATION. — *L'usufruit* est le droit d'user et de jouir de la chose d'autrui, à la charge d'en conserver la substance (*art*. 578 à 624). *L'usage* est le droit de se servir d'une chose d'autrui, et d'en percevoir les fruits pour ses besoins. *L'habitation* est le droit de loger dans la maison d'autrui (*art*. 625 à 636). Voir USAGES DANS LES BOIS ET FORÊTS, nᵒ 744.

Celui sur la tête duquel reposent l'usage et la jouissance est appelé *usufruitier;* celui qui a la simple propriété se nomme alors *nu-propriétaire.*

1066. SERVITUDES. — La *servitude* est une charge imposée sur un héritage pour l'usage et l'utilité d'un héritage appartenant à un autre propriétaire. Tandis que l'usufruit, l'usage et l'habitation sont toujours constitués au profit des personnes, les servitudes sont au contraire toujours constituées en faveur d'immeubles (*art*. 637 à 639.)

L'héritage en faveur duquel existe la servitude s'appelle fonds *dominant;* et celui sur lequel elle pèse s'appelle fonds *servant.*

Les servitudes dérivent ou de la situation des lieux (*art*. 640 à 648), ou des obligations imposées par la loi (*art*. 649 à 685), ou enfin des conventions entre les particuliers (*art*. 686 à 710.)

Les servitudes étant indivisibles et ne pouvant pas s'éteindre partiellement, il s'en suit que leur exercice par un seul des co-propriétaires du fonds dominant conserve le droit des autres ; et que, si parmi eux il y a une personne contre laquelle la prescription ne court point, comme un mineur, elle conserve le droit entier.

<hr>

SECTION IV.

Différentes manières dont on acquiert la propriété. — Successions. — Donations entre vifs et testaments. — Contrats ou obligations conventionnelles en général. — Engagements qui se forment sans convention. — Contrat de mariage et droit respectif des époux. — Vente. — Échange. — Louage. — Contrat de société. — Prêt. — Dépôt et sequestre. — Contrats aléatoires. — Mandat. — Cautionnement. — Transactions. — Contrainte par corps en matière civile. — Nantissement. — Priviléges et hypothèques. — Expropriation forcée. — Prescription.

1067. Les manières d'acquérir la propriété sont des actes qui confèrent à une personne un droit sur une chose.

Les divers modes d'acquisition de la propriété sont : 1° *l'occupation* qui est le fait de l'appréhension d'une chose qui n'appartient à personne, avec l'intention d'en devenir propriétaire ; 2° *l'accession* par laquelle la chose d'autrui s'unit à la nôtre et en devient l'accessoire ; 3° *la tradition* qui est la remise que le propriétaire fait de sa chose à quelqu'un, dans le but de lui en transférer la propriété (*art.* 711 à 717) ; 4° *la succession ;* 5° *la donation entre-vifs ;* 6° *la donation testamentaire ;* 7° *l'effet des obligations ;* 8° *la prescription.*

Le livre III et dernier du Code Napoléon se divise en vingt titres, qui traitent : 1° des successions ; 2° des donations entre-vifs et des testaments ; 3° des contrats ou

des obligations conventionnelles en général; 4° des engagements qui se forment sans convention ; 5° du contrat
de mariage et des droits respectifs des époux; 6° de la
vente; 7° de l'échange; 8° du louage; 9° de la société;
10° du prêt; 11° du dépôt et du sequestre; 12° des contrats
aléatoires; 13° du mandat; 14° du cautionnement; 15° des
transactions; 16° de la contrainte par corps en matière
civile; 17° du nantissement; 18° des priviléges et hypothèques; 19° de l'expropriation forcée; 20° de la prescription.

1068. Successions. — La *succession* est la transmission des biens, droits et charges d'une personne morte à
un ou plusieurs vivants. La succession est *légitime*, lorsque celui qui la recueille est appelé par la loi; elle est
testamentaire, lorsqu'il est appelé par la volonté expresse
du défunt.

Ouverture des successions légitimes et saisine (*art.* 718
à 724.)

Qualités requises pour succéder (*art.* 725 à 730.)

Divers ordres de succession (*art.* 731 à 755.)

Successions irrégulières (*art.* 756 à 773.)

Acceptation et répudiation des successions (*art.* 774
à 814.)

Partages et rapports (*art.* 815 à 892.)

1069. Donations entre-vifs et testaments. — On
peut disposer de ses biens à titre gratuit de deux manières, par *donation entre-vifs* et par *testament.*)

Dispositions générales de la matière (*art.* 893 à 900.)

Capacité de donner ou de recevoir (*art.* 901 à 912.)

Portion des biens disponibles et réduction (*art.* 913
à 930.)

Donations entre-vifs (*art.* 931 à 966.)

64

Dispositions testamentaires (*art.* 967 *à* 1047.)

Substitutions permises (*art.* 1048 *à* 1074.)

Partages faits par ascendants (*art.* 1075 *à* 1080.)

Dispositions faites par des tiers aux époux (*art.* 1081 *à* 1090.)

Dispositions faites par un époux à son conjoint (*art.* 1091 *a* 1100.) Voir Main-morte, n° 539.

1070. Contrats ou obligations conventionnelles en général. — *L'obligation* est un lien de droit qui nous astreint envers un autre à donner, à faire ou à ne pas faire quelque chose : le simple consentement suffit en général pour la faire naître, et même pour opérer la translation de la propriété des choses qui en sont l'objet. Aussi, Picot dit-il avec beaucoup de raison, qu'on ne saurait trop recommander à tous de se prémunir contre la facilité et la légèreté si communes de former des obligations : il ne faut généralement acheter que les choses que l'on peut payer comptant, et ne jamais compter sur des espérances, quelque probables qu'elles puissent être, pour se procurer l'argent nécessaire au paiement des choses achetées. Si l'on a manqué cette règle de prudence, il faut bien se garder d'éteindre une obligation en en contractant une autre, pour sûreté de laquelle il faut souvent grever ses biens d'hypothèque : les frais et les intérêts ont bientôt épuisé la fortune de celui qui a recours à de pareilles ressources. Il vaut cent fois mieux se hâter de payer ce que l'on doit en vendant une partie de ses biens, quelque soit l'intérêt d'affection que l'on y attache, afin d'obtenir par là la libération de l'autre partie et de soi-même. Combien il y a en France de personnes qui, pour avoir négligé cette règle de sage conduite et avoir recouru aux remèdes ruineux des nouveaux emprunts, sont tombées promptement dans la plus grande pénurie !

Dispositions préliminaires (*art.* 1101 à 1107.)

Conditions essentielles pour la validité des conventions (*art.* 1108 à 1133.)

Effets des obligations (*art.* 1134 à 1167.)

Diverses espèces d'obligations (*art.* 1168 à 1233.)

Extinction des obligations (*art.* 1234 à 1314.)

Preuve des obligations et celle du paiement (*art.* 1315 à 1369.)

1071. ENGAGEMENTS QUI SE FORMENT SANS CONVENTION. — Certains engagements se forment sans qu'il intervienne aucune convention ni de la part de celui qui s'oblige, ni de celui envers lequel il est obligé. Les uns résultent de l'autorité seule de la loi et sont appelés obligations *légales :* ainsi les propriétaires voisins sont obligés par la loi de contribuer aux frais de bornage de leurs propriétés contiguës, et, dans les villes et faubourgs, ils sont tenus de contribuer aux constructions et réparations de la clôture faisant séparation de leurs maisons, cours et jardins ; ainsi encore les tuteurs sont obligés de remplir la fonction qui leur est déférée (*art.* 1370) ; les autres naissent d'un fait personnel à celui qui se trouve obligé, ils résultent des quasi-contrats (*art.* 1371 à 1381), ou des *délits* ou *quasi-délits* (*art.* 1382 à 1386). Voir AVARIES, nᵒ 357 ; RESPONSABILITÉ CIVILE, nᵒ 679 ; RESPONSABILITÉ DES COMMUNES, nᵒ 680.

Le *délit*, dans le Code Napoléon, est défini : toute action de l'homme causant du préjudice à autrui et faite avec l'intention de nuire. Ainsi, deux éléments caractérisent le délit : le fait illicite et l'intention de nuire. Dans le Code pénal, on appelle délit le fait prévu par la loi, commis avec intention de nuire, et puni d'un emprisonnement de six jours à cinq ans. Voir DÉLIT, nᵒ 854.

Le *quasi-délit* est un acte illicite, causant du préjudice à autrui, et fait sans intention de nuire.

1072. CONTRAT DE MARIAGE ET DROITS RESPECTIFS DES ÉPOUX. — Le contrat de mariage est celui qui a pour objet de régler quant aux biens l'union conjugale. Il ne faut pas confondre ce *contrat*, qui règle les intérêts pécuniaires des époux, avec *l'acte d'union* célébré devant l'officier de l'état civil, acte qui produit des droits et des devoirs qui ne peuvent être en rien ni augmentés, ni diminués par les parties : on ne peut donc déroger ni aux droits qui appartiennent au mari, comme chef de la famille, sur la personne de la femme et des enfants, ni aux droits de puissance, de correction et d'usufruit qui appartiennent au survivant des père et mère sur la personne et les biens des enfants ; ni à l'ordre légal des successions soit par rapport aux époux dans la succession de leurs enfants ou descendants, soit par rapport à leurs enfants entre eux.

Dispositions préliminaires (*art.* 1387 à 1398.)

Régime de communauté (*art.* 1399 à 1528.)

Régimes exclusifs de la communauté, qui sont le régime sans communauté et celui de la séparation de biens (*art.* 1529 à 1539.)

Régime dotal (*art.* 1540 à 1581.)

Les contrats, les ventes et autres actes consentis par la femme mariée sous le régime dotal, lorsqu'elle a été autorisée de son mari ou de justice, sont aussi valables que si elle était mariée sous le régime de la communauté légale, si, dans son acte de mariage célébré à partir du 1er janvier 1851, elle n'a pas déclaré et fait insérer dans son acte de mariage passé devant l'officier de l'état civil, qu'elle est mariée tous le régime dotal (*loi de* 1850.)

1073. VENTE. — La *vente* est un contrat par lequel

l'une des parties s'oblige à livrer une chose et l'autre à en payer le prix. Contrat *consensuel,* c'est-à-dire qui n'exige pour sa perfection que le consentement des parties, la vente n'est soumise à aucune *forme ;* elle est parfaite, c'est-à-dire civilement obligatoire, par le simple consentement des parties. La preuve de la vente peut être faite, conformément aux principes généraux, soit par acte authentique, soit par acte sous-seing privé (voir FORMULAIRE VIIe PARTIE), soit par témoins, en matière commerciale, quelle que soit la valeur, et en matière civile, lorsque la valeur n'excède pas cent cinquante francs. La vente est, de son essence, productive de deux obligations ; elle est de sa nature, translative de la propriété de la chose vendue au profit de l'acheteur (*art.* 1582 *à* 1593.)

Personnes qui peuvent vendre et acheter (*art.* 1594 *à* 1597.)

Choses qui peuvent être vendues (*art.* 1598 *à* 1601.)

Obligations du vendeur (*art.* 1602 *à* 1649.)

Obligations de l'acheteur (*art.* 1650 *à* 1657.)

Nullité et résolution de la vente (*art.* 1658 *à* 1685.)

Licitation ou vente aux enchères d'une chose appartenant à plusieurs (*art.* 1686 *à* 1688.)

Transport des créances et autres choses incorporelles (*art.* 1689 *à* 1701.)

1074.　ÉCHANGE. — *L'échange* est un contrat par lequel les parties conviennent de se livrer respectivement une chose pour une autre.

De même que la vente, l'échange est un contrat consensuel et *synallagmatique,* c'est-à-dire où les contractants s'obligent réciproquement l'un envers l'autre. Voir FORMULAIRE, VIIe PARTIE.

Toutes les règles de la vente sont applicables à l'échange, excepté qu'il n'y a jamais lieu, dans l'échange d'immeubles, à la rescision pour cause de lésion en faveur des capables (*art.* 1702 *à* 1707.)

1075. LOUAGE. — Le *louage* est un contrat par lequel l'une des parties s'oblige soit à faire jouir l'autre d'une chose pendant un certain temps, soit à faire quelque chose pour elle, moyennant un prix certain que celle-ci s'oblige à payer. Voir FORMULAIRE VIIᵉ PARTIE.

Dispositions générales du louage (*art.* 1708 *à* 1712.)

Louage de choses (*art.* 1713 *à* 1778.)

Louage d'ouvrage et d'industrie (*art.* 1779 *à* 1799.)

Voir VOITURIERS PAR TERRE ET PAR EAU, nº 764.

Bail à cheptel (*art.* 1800 *à* 1831.)

1076. CONTRAT DE SOCIÉTÉ. — La *société* est un contrat par lequel deux ou plusieurs personnes conviennent de mettre en commun quelque chose, dans la vue de partager les bénéfices qui pourront en résulter.

Les associés ne s'unissent qu'en vue des *bénéfices ;* mais il est essentiel qu'ils aient dans les *pertes* la même part que celle qui leur est fixée pour les bénéfices. *L'objet* de la société doit être licite. Les *apports* des associés peuvent consister en argent, ou en autres biens, ou même en industrie. Ce contrat doit être formé essentiellement dans l'intérêt commun des parties ; il est consensuel, synallagmatique et *aléatoire,* c'est-à-dire que l'une au moins des parties y reçoit un avantage qui dépend d'un évènement incertain (*art.* 1832 *à* 1834.)

Diverses espèces de société (*art.* 1835 *à* 1842.)

Engagements des associés soit entre eux, soit à l'égard des tiers (*art.* 1843 *à* 1864.)

Des différentes manières dont finit la société (*art.* 1865 *à* 1873.)

1077. PRÊT. — Il y a deux sortes de prêt : celui des choses dont on peut user sans les détruire, et celui des choses qui se consomment par l'usage qu'on en fait. La première espèce s'appelle *prêt à usage*, ou *commodat ;* la deuxième s'appelle *prêt de consommation*, ou simplement *prêt* (art. 1874.)

Prêt à usage ou commodat (*art.* 1875 à 1891.)

Prêt de consommation ou simple prêt (*art.* 1892 à 1904 .)

Prêt à intérêts et constitution de rente (*art.* 1905 à 1914.)

Voir FORMULAIRE, VIIᵉ PARTIE.

1078. DÉPÔT ET SÉQUESTRE. — Le *dépôt* est un acte par lequel une personne reçoit la chose d'autrui, à la charge de la garder et de la restituer en nature. Le *séquestre* est le dépôt d'une chose contentieuse ; il est conventionnel ou judiciaire (*art.* 1915 *et* 1916.)

Dépôt *volontaire* et *nécessaire* (*art.* 1917 à 1954.) Voir LOGEURS, nᵒ 433 ; VOITURIERS PAR TERRE ET PAR EAU, nᵒ 764.

Séquestre *conventionnel* et *judiciaire* (*art.* 1956 à 1963.)

La mise en *fourrière* est une sorte de séquestre judiciaire. Voir FOURRIÈRE, nᵒ 482.

1079. CONTRATS ALÉATOIRES. — Le contrat *aléatoire* est une convention dont les effets quant aux avantages et aux pertes, soit pour toutes les parties, soit pour l'une d'entre elles, dépendent d'un évènement futur et incertain (*art.* 1964.)

Il y a beaucoup de contrats aléatoires : l'un des plus fréquents est le contrat d'assurance soit contre l'incendie, soit contre la grêle, soit contre les sinistres de mer et autres. Le Code Napoléon s'occupe du jeu et du pari (*art.*

1965 à 1967), voir JEU ET PARI, n° 515 ; et de la rente viagère (*art.* 1968 à 1983.)

1080. MANDAT. — Le *mandat* ou *procuration* est un acte par lequel une personne donne pouvoir de faire quelque chose pour elle et en son nom à une autre personne ; dès que celle-ci a accepté le pouvoir, l'acte s'élève au rang de contrat.

Celui qui donne le pouvoir s'appelle *mandant ;* celui qui le reçoit prend le nom de *mandataire.*

Nature et forme du mandat (*art.* 1984 à 1990.)

Obligations du mandataire (*art.* 1991 à 1997.)

Obligations du mandant (*art.* 1998 à 2002.)

Différentes manières dont le mandat finit (*art.* 2003 à 2010.) Voir FORMULAIRE, VIIe PARTIE.

1081. CAUTIONNEMENT. — Le *cautionnement* est un contrat consensuel et *accessoire,* car il suppose nécessairement une obligation dont il garantit l'exécution. Celui qui cautionne prend le nom de *caution.*

Nature et étendue du cautionnement (*art.* 2021 à 2020.)

Effet du cautionnement (*art.* 2011 à 2033.)

Extinction du cautionnement (*art.* 2034 à 2039.)

Caution légale et caution judiciaire (*art.* 2040 à 2043.)

1082. TRANSACTIONS. — La *transaction* est un contrat par lequel les parties terminent une contestation née, ou préviennent une contestation à naître. Ce contrat doit être rédigé par écrit (*art.* 2044). La loi déroge ici, comme dans le louage, au principe que la preuve testimoniale est admise jusqu'à la valeur de cent cinquante francs.

Objet de la transaction, capacité requise pour transiger, effets de la transaction, transactions annulables et transactions radicalement nulles, (*art.* 2045 à 2058.)

« Un mauvais arrangement vaut mieux qu'un bon procès, » dit un sage proverbe ; les transactions seront donc généralement conseillées : au moyen de mutuelles concessions, les parties évitent de se jeter dans les ennuis, les démarches et les frais ordinairement si coûteux des procès. En cas de désaccord absolu, ce qu'elles ont de mieux à faire c'est de soumettre la question à l'arbitrage de tiers probes et désintéressés qu'elles choisissent elles-mêmes, en s'engageant d'avance et par écrit à accepter comme souveraine leur décision.

1083. Contrainte par corps en matière civile. — (art. 2059 à 2070.)

1084. Nantissement. — Le *nantissement* est un contrat par lequel un débiteur ou un tiers remet une chose à un créancier pour sûreté de la dette. Ce contrat est *réel*, car il ne se forme que par la remise de la chose, comme le commodat et le dépôt ; *accessoire*, car il suppose nécessairement l'existence d'une obligation qu'il garantit, de même que le cautionnement (art. 2071.)

Le nantissement d'une chose mobilière s'appelle *gage* (art. 2072 à 2084), celui d'une chose immobilière prend le nom d'*antichrèse* (art. 2085 à 2091). L'antichrèse ne se constitue que par un écrit, quelle que soit d'ailleurs la valeur de la créance. Voir Formulaire, VIIᵉ partie.

1085. Priviléges et hypothèques. — Le *privilége* est un droit que la qualité de la créance donne à un créancier d'être préféré aux autres créanciers, même hypothécaires, du débiteur commun. L'*hypothèque* est un droit réel sur les immeubles affectés à l'acquittement d'une obligation. Elle donne au créancier un droit de préférence et de suite.

Dispositions générales (art. 2092 à 2094).

Priviléges (*art.* 2095 à 2113.)

Hypothèques (*art.* 2114 à 2145.)

Du mode de l'inscription des priviléges et hypothèques (*art.* 2146 à 2156.)

De la radiation et réduction des inscriptions (*art.* 2157 à 2165.)

Effet des priviléges et hypothèques contre les tiers détenteurs (*art.* 2166 à 2179.)

Extinction des priviléges et hypothèques (*art.* 2180.)

Mode de purger les propriétés des priviléges et hypothèques (*art.* 2181 à 2192.)

Mode de purger les hypothèques, quand il n'existe pas d'inscription sur les biens des maris et des tuteurs (*art.* 2193 à 2195.)

Publicité des registres et responsabilité du conservateur des hypothèques (*art.* 2196 à 2203.)

1086. EXPROPRIATION FORCÉE. — Il ne s'agit point ici de l'expropriation pour cause d'utilité publique, qui est réglée par des lois particulières. Voir EXPROPRIATION POUR CAUSE D'UTILITÉ PUBLIQUE, nº 470 ; mais de l'expropriation poursuivie à la requête d'un créancier voulant obtenir son paiement (*art.* 2204 à 2217.)

Lorsque les biens d'un débiteur sont vendus, il y a ordinairement lieu à la fixation d'un ordre pour la distribution du prix entre les divers créanciers. Ceux-ci sont de trois espèces : *privilégiés; hypothécaires;* ou n'ayant aucun droit de privilége ni d'hypothèque, alors appelés *simples,* ou *ordinaires,* ou *cédulaires,* ou *chirographaires.*

Sur les biens affectés de privilége ou d'hypothèque, les créanciers qui ont un droit de préférence viennent chacun à son rang, et ensuite ils viennent, sur les autres biens

de leur débiteur, en concours avec les créanciers simples
(*art.* 2218; *Code de proc. civ.*, *art.* 749 *et suiv.*)

1087. PRESCRIPTION. — La *prescription* est une manière d'acquérir la propriété ou de se libérer d'une obligation par un certain laps de temps et sous les conditions
déterminées par la loi. Elle est d'une utilité si générale
que les auteurs l'ont proclamée *la patronne du genre humain :* le Code Napoléon déclare qu'elle est d'ordre public.

Dispositions générales (*art.* 2219 *à* 2227.)

Possessions pouvant servir de base à la prescription
acquisitive (*art.* 2228 *à* 2235.)

Causes qui empêchent la prescription (*art.* 2236 *à* 2241.)

Causes qui interrompent ou qui suspendent la prescription (*art.* 2242 *à* 2259.)

Temps requis pour prescrire (*art.* 2260 *à* 2281.)

Dans toute espèce de prescription, le juge ne peut jamais, dans le silence des parties, déclarer *d'office* que la
dette ou le droit est éteint par la prescription.

CHAPITRE XX.

RÈGLES DE DROIT.

SECTION UNIQUE.

Définition. — Usage, interprétation. — Droit romain. — Droit canonique. —
Règles de droit publiées par Boniface VIII. — Conseils divers.

1088. On entend par *règles de droit*, dit Merlin, des principes généraux qui sont, à peu près, dans la jurisprudence ce que sont les axiomes dans la géométrie.

1089. Il faut user des règles de droit avec intelligence et réserve : nous pensons avec de Héricourt qu'on en abuse, soit par la mauvaise interprétation qu'on leur donne, soit en les appliquant à des espèces qui ne doivent pas être décidées par des principes généraux. Les règles les plus générales souffrent beaucoup d'exceptions.

1090. Les diverses règles de droit qui suivent sont empruntées au *droit romain* et au *droit canonique*, qui s'en est inspiré; elles seront pour le commissaire de police, ainsi que nous l'avons dit, de précieux jalons en toute matière.

1091. La *règle* est ce qui explique brièvement ce qui est : *régula est, quæ rem quæ est breviter enarrat.* (*Dig.,* liv. 50, tit. 17, *de diversis regulis juris*, loi 1ʳᵉ.)

1092. Les femmes sont exclues de toutes les charges civiles ou publiques. C'est pourquoi elles ne peuvent être ni juges, ni exercer aucune magistrature, ni postuler, etc. De même un impubère doit s'abstenir de tous offices civils (*loi* 2.)

1093. On est censé ne pas consentir, lorsqu'on ne fait que céder à l'autorité d'un père ou d'un maître (*loi* 4.)

1094. Les droits du sang ne peuvent être détruits par aucune loi civile : *jura sanguinis nullo jure civili dirimi possunt* (*loi* 8.)

1095. Dans les choses obscures il faut toujours se décider pour la moindre chose (*loi* 9.)

1096. L'équité naturelle veut que celui qui a les profits supporte les charges (*loi* 10.)

1097. On ne peut, sans notre fait, transporter à autrui ce qui nous appartient (*loi* 11.)

1098. C'est dans les testaments qu'il faut *le plus pleinement* (*pléniüs*) interpréter la volonté des testateurs (*loi* 12.)

1099. Lorsqu'il s'élève des doutes sur une question de liberté, c'est en faveur de la liberté qu'il faut se déterminer : *Quoties dubia interpretatio libertatis est, secundùm libertatem respondendum erit* (*loi* 20.)

1100. Celui qui peut le plus ne doit pas ne pas pouvoir le moins (*loi* 21.)

1101. Il est de principe que, dans toutes les actions de bonne foi où l'on fait dépendre la condition de l'arbitrage d'un tiers, cela doit s'entendre d'un homme de bien (*loi* 22.)

1102. Il y a plus de sûreté dans la chose que dans la personne (*loi* 25.)

1103. Celui qui peut aliéner malgré la volonté d'un autre, peut, à plus forte raison, le faire à son insu et en son absence (*loi* 26.)

1104. Il n'y a ni pactes ni stipulations qui puisse faire que ce qui est ne soit pas ; et une chose impossible ne saurait être le sujet d'aucune convention, ni produire aucune action (*loi* 31.)

1105. Quand il s'agit d'interpréter une convention, il faut examiner quelle a été l'intention des parties, si elle ne paraît pas assez clairement expliquée, on doit suivre l'usage du lieu où la convention a été faite ; et si cet usage est incertain ou muet, il faut adopter le parti le moins onéreux pour le débiteur (*loi* 34.)

1106. C'est une faute que de se mêler des choses qui ne nous regardent pas et pour lesquelles nous ne sommes pas aptes (*loi* 36.)

1107. Celui qui peut condamner peut absoudre(*loi* 37.)

1108. Dans le doute, il vaut mieux favoriser celui qui réclame son bien que celui qui ne plaide que pour faire un gain (*loi* 41.)

1109. Les conventions des particuliers ne peuvent pas déroger au droit public (*loi* 45.)

1110. Un conseil donné de bonne foi n'engage à rien :

consilii non fraudulenti nulla obligatio est; mais s'il y est entré de la fraude ou de la ruse, celui qui en a été dupe peut agir du chef de dol (*loi* 47.)

1111. Ce qui se dit ou se fait dans la chaleur de la colère ne doit être considéré comme un acte de volonté que quand on persévère dans les sentiments que la colère a inspirés. Une femme qui rentre en la maison de son mari peu de temps après l'avoir quittée n'est pas censée avoir fait divorce (*loi* 48.)

1112. On n'est pas coupable d'une mauvaise action qu'on sait, mais qu'on ne peut empêcher (*loi* 50.)

1113. Nul ne peut transférer à autrui plus de droits qu'il n'en a lui-même (*loi* 54.)

1114. Dans le doute, il faut prendre le parti le plus doux (*loi* 56.)

1115. L'héritier a le même pouvoir et le même droit qu'avait le défunt (*loi* 59.)

1116. Celui qui n'empêche pas un autre d'intervenir pour lui est censé l'avoir autorisé (*loi* 60.)

1117. Nul n'est contraint d'accepter un bienfait (*loi* 69.)

1118. Ce qui est inintelligible doit être considéré comme non-écrit (*loi* 73, ₰ 3.)

1119. On ne peut changer de sentiment au détriment d'autrui (*loi* 75.)

1120. Les actes qui doivent être l'œuvre du consentement ne peuvent être parfaits que s'ils ont lieu en pleine connaissance de cause (*loi* 76.)

1121. Il est de principe en droit que l'espèce déroge

au genre, et que les dispositions spéciales doivent toujours l'emporter (*loi* 80.)

1122. Point de demeure lorsqu'il n'y a point de demande (*loi* 88.)

1123. La liberté est ce qu'il y a de plus favorable (*loi* 122.)

1124. Les défendeurs sont plus favorables que les demandeurs (*loi* 125.)

1125. En parité de cause, le possesseur est le plus favorable (*loi* 128.)

1126. Celui qui acquiert par autorité de justice est possesseur de bonne foi (*loi* 137.)

1127. Celui qui se tait n'avoue pas, mais il est vrai de dire qu'il ne nie pas (*loi* 142.)

1128. Une vaine frayeur n'est pas une excuse légitime (*loi* 184.)

1129. Il n'y a pas de loi qui puisse valider ce que défend la nature (*loi* 188, § 1er.)

1130. La chose jugée est regardée comme la vérité même (*loi* 207.)

1131. Lorsque les actions ne sont pas mauvaises en elles-mêmes, et qu'on peut douter de l'intention, il faut les prendre toujours en bonne part.

1132. Il vaut mieux s'exposer à causer du scandale que d'abandonner la vérité.

1133. La nécessité rend quelquefois licite ce qui est défendu, comme de ne point observer le jeûne commandé par l'Église, lorsqu'on est malade.

1134. On n'est point obligé d'exécuter les conventions illicites, ou qui sont l'effet de la violence ou de la fraude.

1135. Il faut qu'il y ait des commencements de preuves, avant que de condamner à la question.

1136. C'est un sacrilége que de s'emparer des droits et des biens de l'Eglise.

1137. Celui qui n'accomplit un précepte que par une crainte servile, est regardé de même que s'il ne l'accomplissait pas.

1138. Le pasteur qui ne veille pas sur son troupeau est responsable du mal qui y arrive.

1139. Il n'est pas permis de faire la foi et hommage pour les choses spirituelles. (De Héricourt, *Lois ecclésiastiques de France*, pag. 165 et suiv.)

1140. On ne peut posséder licitement des bénéfices sans une institution canonique.

1141. Un possesseur de mauvaise foi ne peut acquérir la prescription.

1142. Il n'y a point de prescription sans possession.

1143. On n'obtient la rémission de ses péchés qu'en réparant le tort qu'on a fait.

1144. On n'obtient la rémission de ses péchés qu'en se corrigeant.

1145. Personne n'est obligé à l'impossible.

1146. Le privilége personnel suit la personne et il est éteint par la mort du privilégié.

1147. On a droit de présumer que celui qui a été convaincu d'un crime peut en avoir commis un autre.

1148. Uu homme peut ratifier ce qu'on a fait en son nom.

1149. La ratification a un effet rétroactif et n'a pas moins de force qu'aurait eu une procuration.

1150. Dans le doute, il vaut mieux se déterminer pour le défendeur que pour le demandeur.

1151. En justice, il ne doit point y avoir d'acception de personnes.

1152. L'ignorance du fait excuse, mais non celle du droit.

1153. Celui qui succède au droit d'autrui peut avoir un prétexte légitime d'ignorance.

1154. Il faut restreindre tout ce qui est odieux et étendre tout ce qui est favorable.

1155. La grâce que le prince accorde doit être fixe et stable.

1156. On ne doit priver personne des droits que la loi lui accorde.

1157. Ce qui est nul dans le principe ne devient point valable dans la suite.

1158. Il y a toujours de la faute de celui qui se mêle des affaires d'autrui sans en avoir un ordre.

1159. Il est permis d'employer différents moyens de défense.

1160. On ne peut désapprouver ce qu'on a une fois approuvé.

1161. Il n'est point permis de faire tomber sur une personne ce qu'il y a d'odieux dans l'action d'une autre.

1162. Il faut qu'une personne ait commis un crime pour pouvoir la punir.

1163. Ce qu'on fait par ordre du juge ne peut jamais être considéré comme dol, parce qu'on est obligé de lui obéir.

1164. Le retardement nuit à celui qui est en demeure.

1165. Ce que fait un juge au-delà des fonctions de sa charge est nul.

1166. On ne peut se plaindre de ce qu'on a su et approuvé, ni dire qu'il y a eu dol.

1167. On ne doit point tirer à conséquence ce qui est contre le droit commun.

1168. Ce qui concerne plusieurs personnes doit être approuvé par tous ceux qui y ont quelque intérêt.

1169. Dans les choses obscures, il faut prendre le parti le moins sévère.

1170. Celui qui est assuré d'un fait ne peut exiger de nouvelles preuves.

1171. Ce qui n'est point permis au défendeur ne l'est pas au demandeur.

1172. Il n'est point permis de changer de résolution au préjudice d'un tiers.

1173. Les règles particulières dérogent aux règles générales.

1174. Le plus contient toujours le moins.

1175. Celui qui cesse par fraude de posséder est toujours regardé comme possesseur.

1176. Les clauses inutiles ne vicient point ce qui est valable.

1177. Celui qui attaque ne doit point en tirer avantage.

1178. La loi en défendant une action est censée défendre tout ce qui est une suite de l'action.

1179. Le nombre de deux suffit pour qu'on puisse se servir du pluriel.

1180. On ne doit point imputer à une personne de n'avoir pas fait ce qu'elle devait faire quand cela n'a point dépendu d'elle.

1181. L'accessoire suit le principal.

1182. Celui qui se tait est censé consentir.

1183. Celui qui se tait n'avoue point les faits mais il ne les dénie point.

1184. Dans les choses obscures, il faut examiner ce qui est plus vraisemblable, ou ce qu'on a coutume de pratiquer.

1185. Celui qui exerce les droits d'un autre doit se conduire comme l'aurait dû faire la personne à laquelle il succède.

1186. Quand on ne prouve pas qu'une personne a su un fait, on présume qu'elle l'a ignoré.

1187. Personne ne doit s'enrichir aux dépens d'autrui.

1188. Dès qu'il s'agit de prononcer des peines, il faut suivre l'interprétation la plus douce.

1189. Les actes approuvés par la loi ne dépendent, ni du jour, ni de la condition.

1190. Il n'est point permis d'employer à des usages profanes ce qui est consacré au Seigneur.

1191. Ce qui est nul de plein droit ne peut former aucun empêchement.

1192. Qui peut le plus peut le moins.

1193. Il y a des matières sur lesquelles le premier en date a le meilleur droit.

1194. Celui qui porte les charges doit avoir les profits.

1195. Dans les choses communes, celui qui s'oppose aux changements est le plus favorable.

1196. On doit se déterminer contre celui qui a pu s'expliquer d'une manière plus claire.

1197. Le serment qui est contre les bonnes mœurs n'oblige point.

1198. C'est un dol de demander ce qu'on est obligé de restituer.

1199. Celui qui a une excuse légitime n'est point en demeure.

1200. Ce qui est accordé par grâce à une personne ne doit point tourner à son préjudice.

1201. Le simple conseil n'oblige point, pourvu qu'il ne soit point donné en fraude.

1202. En proposant une exception, on n'est point censé renoncer aux moyens qu'on a pour le fond.

1203. On doit regarder comme non fait tout ce qui s'est fait contre le droit.

1204 Quand tout est égal, la condition du possesseur est la meilleure.

1205. Lorsqu'il ne dépend point d'une partie qu'une condition ne soit exécutée, on doit agir comme si elle avait été exécutée.

1206. Il n'est point permis de faire sous le nom d'autrui ce qu'on ne peut faire sous son nom.

1207. On peut ordinairement faire par un autre ce qu'on peut faire soi-même.

1208. On ne doit point tenir les promesses qui sont contre les bonnes mœurs.

1209. Lorsqu'il y a une alternative, le choix dépend du débiteur, et il suffit de satisfaire à l'une des choses qui sont proposées.

1210. Celui qui est recevable à intenter une action doit, à plus forte raison, être admis à proposer des exceptions.

1211. C'est la même chose de faire par un autre que de faire par soi-même.

1212. Ce qui est valable dans son principe ne peut devenir nul dans la suite, quoi qu'il soit depuis arrivé des choses qui auraient rendu nul ce qui a été fait.

1213. Ce qu'on accorde à une personne par une faveur particulière ne doit pas servir d'exemple aux autres pour demander la même grâce.

1214. Celui qui ne veut pas tenir ce qu'il a promis à une personne ne doit pas demander que cette personne exécute ce qu'elle lui a promis.

1215. Le délit d'un bénéficier ne doit pas retomber sur son église.

1216. Quand on succède à l'honneur et au profit, on doit succéder aux charges.

1217. Ce qu'on accorde par nécessité ne doit point être tiré à conséquence.

1218. On ne peut donner à un autre plus de droit qu'on n'en a soi-même.

1219. La partie est contenue dans le tout.

1220. On ne comprend pas dans les clauses générales ce qu'il paraît qu'on n'aurait pas accordé en particulier.

1221. On ne présume point de bonne foi de la part de celui qui a fait un traité contre les lois.

1222. Il n'y a point de bonne foi à exiger deux fois la même chose.

1223. Il n'est pas permis de faire indirectement ce que la loi a défendu d'une manière directe.

1224. Les contrats se règlent sur les conventions, qui font une loi entre les parties qui ont contracté.

1225. On doit s'imputer à soi-même et non aux autres la perte qu'on a fait par sa propre faute.

1226. Les infâmes sont exclus des dignités.

1227. C'est pécher contre la loi que d'en suivre la lettre, et d'agir contre l'esprit de la loi. (*Boniface VIII,* 1298.)

1228. Quand un texte de loi paraît obscur, il faut rechercher qu'elle a pu être l'intention du législateur, en examinant l'ensemble de la loi, comparer cette loi avec les lois antérieures sur la même matière, et en faire l'application, en sens divers à quelques hypothèses, afin de reconnaître quelle est la plus saine et la meilleure interprétation. (*Bousquet.*) Voir Lois, n° 535 ; n°ˢ 1184 et 1188.

1229.   Enfin, il y a lieu d'observer dans la vie privée une discipline qui n'est autre chose que cette politesse fondée sur un échange de sacrifices réciproques et intéressés, d'amour-propre, de liberté, d'inclinations, qui préside aux rapports ordinaires de la vie, que les lois ne peuvent prévoir, et qui remplace pour la plupart la vertu.

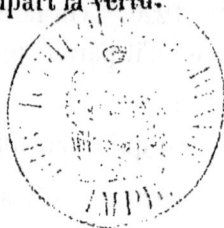

SEPTIÈME PARTIE.

FORMULAIRE DU COMMISSAIRE DE POLICE. —
RECUEIL DES MODÈLES DE TOUS LES DOCUMENTS,
RAPPORTS, PROCÈS-VERBAUX,
RÉQUISITOIRES, TAXES, CERTIFICATS,
PROJETS D'ACTES, ETC.,
QUI PEUVENT ÉMANER D'UN BUREAU DE POLICE.

NOTA. — Pour faciliter l'usage du formulaire nous avons cru devoir suivre dans la classification des modèles, l'ordre adopté pour celle des matières contenues dans l'ouvrage, et faire précéder chaque formule du numéro sous lequel l'objet qui y donne lieu est traité. — Nous recommandons en outre aux rédacteurs de procès-verbaux de demeurer constamment pénétrés des principes exposés n°s 271 à 287.

CHAPITRE XXI.

FORMULES DE LA PREMIÈRE PARTIE
(SERVICE GÉNÉRAL.)

SECTION UNIQUE.

Exécution de la contrainte par corps. — Assistance du commissaire de police, visa de mandats. — Sommations aux attroupements. — Garantie. — Exhumations. — Procès-verbal d'expertise d'une voiture publique. — Réquisitoire à la force publique pour prêter main-forte. — Mandat d'amener. — Avis aux autorités. — Rapport. — Correspondance entre commissaires centraux et simples commissaires de police. — Réquisition adressée aux gardes-champêtres. — Réquisitoire aux gardes forestiers. — Serment. — Contre-seing des lettres et paquets de service. — Journal-agenda. — Répertoire. — Registre d'ordre. — Inventaire. — Bulletin de renseignements. — Registres à l'usage des brigadiers et agents de police. — Ordres du jour du commissaire de police.

1230. PROCÈS-VERBAL CONSTATANT L'ARRESTATION D'UN DÉBITEUR SOUMIS A LA CONTRAINTE PAR CORPS. (*Délégation du juge de paix aux termes de la loi du 4 avr. 1855.*) Voir n°s 21 et 489.

L'an mil huit cent cinquante, le
nous Commissaire de police de
agissant en vertu d'une délégation de M. le Juge de paix de
, conformément aux dispositions de la loi
du 4 avril 1855, à l'effet d'assister le sieur B..., huissier (*si
ce sont des agents de la force publique, les désigner*), pour
l'exécution d'un jugement rendu par le tribunal de
qui condamne par corps le sieur D... à payer au sieur G... la
somme de

Nous sommes transporté au domicile dudit sieur D... (*si c'est
dans une autre maison l'indiquer*), où étant et parlant à sa
personne nous lui avons fait connaître notre qualité en exhibant
la délégation dont nous étions porteur. Aucun doute ne pouvant s'élever sur l'identité de la personne du débiteur, nous
avons cru devoir autoriser son arrestation.

De ce que dessus, nous avons en conséquence rédigé le présent procès-verbal que nous adressons à notre mandant afin
qu'il soit pris en telle considération que de raison.

Fait et clos à   les jour, mois et an que dessus.

(*Signature.*)

(*Sceau du commissariat.*)

Il y a lieu de mentionner dans ce procès-verbal les divers incidents qui peuvent se produire pendant l'opération.

Aucun jugement portant contrainte par corps ne peut
être mis à exécution avant le lever, après le coucher du
soleil, ni les jours de fête légale (*Code de proc. civ.,
art. 781.*)

Enfin, l'art. 22 de la loi du 17 avr. 1832 est ainsi conçu :
« Tout huissier, garde du commerce ou *exécuteur* des
mandements de justice qui, lors de l'arrestation d'un débiteur, se refuserait à le conduire en référé devant le
président du tribunal de première instance, aux termes de
l'art. 786 du Code de proc. civ., sera condamné à 1,000
fr. d'amende, sans préjudice des dommages-intérêts. »

1231. Assistance du commissaire de police dans les procès-verbaux que dressent les procureurs impériaux, et visa des mandats d'amener ou d'arrêt. — Voir nos 22 et 755.

Dans le cas prévu par l'art. 42 du Code d'instr. crim. la signature du commissaire de police suffit. Quand on procède par application des art. 98 et 105 du même Code, cette signature doit être précédée du mot *vu*, avec indication du lieu et de la date du visa.

1232. Sommations aux attroupements. — Voir nos 23 et 356. Les termes de la sommation se trouvent sous le no 356.

1233. Assistance des préposés des bureaux de garantie. — Voir nos 24, 491 et 561.

Le commissaire de police se borne à apposer sa signature à côté de celle du contrôleur à la garantie sur le registre des bijoutiers ou orfèvres.

1234. Procès-verbal d'exhumation. — Voir nos 24 et 467.

Le   mai 185

Nous (*nom et prénoms*), commissaire de police de
Vu l'arrêté de M. le Maire de
portant autorisation de procéder à l'exhumation du corps du sieur F..., et à sa réinhumation dans une autre partie du cimetière de ladite commune (*si c'est ailleurs, indiquer le lieu*);
(*Viser l'arrêté préfectoral ou l'autorisation ministérielle si le cadavre doit sortir du territoire de la commune ou du département*);
Nous sommes transporté sur la tombe dont l'ouverture devait avoir lieu, et nous avons fait procéder sous nos yeux aux opérations de l'exhumation avec toutes les formes et précautions convenables.

Le corps du sieur F..., reconnu par sa famille, ayant été immédiatement transporté et réinhumé au lieu destiné à sa nouvelle sépulture (ou ayant franchi les limites du territoire de la commune), nous nous sommes retiré, et, de ce que dessus, nous avons rédigé procès-verbal en double expédition que nous adressons : l'une à M. le Maire de   et l'autre à M. le Préfet ou à M. le Sous-préfet de

1235. PROCÈS-VERBAL D'EXPERTISE D'UNE VOITURE PUBLIQUE. — Voir nᵒˢ 24, 469 et 748.

                                              Le   juin 185
Nous (*nom et prénoms*), commissaire de police de
délégué par M. le Préfet de   (ou M. le Sous-préfet de   )
à l'effet d'assister les sieurs G... et P... dans l'expertise de la
voiture du sieur R... destiné à faire le service de   à
Nous avons constaté la régularité de l'opération et recueilli
le résultat des observations des experts que nous consignons
ci-après :

Nombre de places
Distribution
Hauteur
Largeur
Etc., etc....

De tout quoi, nous avons rédigé en double expédition le présent procès-verbal, que les sieurs G... et P... ont signé avec nous.

Les deux expéditions de ce procès-verbal doivent être immédiatement adressés au préfet ou au sous-préfet.

Dans un grand nombre de localités les formules imprimées des procès-verbaux d'expertise de voitures publiques sont remises au commissaire de police par la préfecture ou la sous-préfecture.

1236. RÉQUISITOIRE A LA GENDARMERIE OU A LA GARDE NATIONALE POUR PRÊTER MAIN-FORTE. — Voir nᵒˢ 25, 55, 356, 481, 492, 610, 677 et 776.

Le commissaire de police de
Vu l'art. 25 du Code d'instruction criminelle,
Requiert M. le Commandant de la gendarmerie de
ou M. le Commandant de la garde nationale de   de
l'assister ou lui prêter main-forte à l'effet de.
(*Énoncer l'opération à laquelle le Commissaire de police doit
se livrer, telle que transport sur les lieux; perquisitions; sommations à un attroupement, etc.*)

A   le   185
                          Le Commissaire de police,
(*Sceau du commissariat.*)

1237. MANDAT D'AMENER. — Voir nᵒ 25, 553, 767
et suiv.

AU NOM DE L'EMPEREUR.

Nous Commissaire de police de
Procédant en cas de flagrant délit, et vu les articles 25, 40,
49 et 50 du Code d'instruction criminelle ;
Mandons et ordonnons à tous huissiers et exécuteurs des
mandements de justice, d'amener, devant nous, en se confor-
mant à la loi :
Le nommé   (*Nom, prénoms, profession, domicile
de l'inculpé; si l'on ne possède pas ces indications, il faut les
remplacer par son signalement exact*),
Pour y être entendu sur les inculpations dont il est l'objet.
Requérons tous commandants et agents de la force publique
de prêter main-forte pour l'exécution du présent mandat.
Fait et scellé à   le   185
                          Le Commissaire de police,
(*Sceau du commissariat.*)   (Signature.)

1238. AVIS DU COMMISSAIRE DE POLICE AUX AUTORITÉS
DONT IL DÉPEND. — Voir nᵒ 37 et suiv.

A   , le 185

Monsieur le
J'ai l'honneur de porter à votre connaissance les faits suivants :

(*Narrer simplement et clairement ; indiquer les démarches faites, et les mesures prises ; rapporter les appréciations du public et exprimer une opinion personnelle.*)

En l'état, il ne reste plus qu'à attendre vos instructions et vos ordres.

Daignez agréer, Monsieur le   , un nouvel hommage de mon respectueux dévouement,

Le Commissaire de police,

1239.   RAPPORT. — Voir n° 39 et suiv.

Faits politiques.   A   , le   185

(*S'il s'agit d'un autre objet l'indiquer en marge.*)

A Monsieur le Préfet *ou* le Sous-préfet de
Monsieur le Préfet,

Conformément à vos instructions, j'ai.... *ou* informé que depuis quelque temps, (*faire connaître les circonstances*) ; je me suis empressé d'apporter sur ce point un redoublement de surveillance en m'appliquant à m'y créer de nouvelles sources d'indications. Mes démarches viennent d'avoir pour résultat la découverte de faits dont votre haute sagesse appréciera l'importance et la gravité.

(*Détails.*)

Daignez agréer, etc.

Lorsque les renseignements demandés ont été signalés comme ayant un caractère confidentiel, la réponse, lettre ou rapport, doit porter ce mot : *confidentielle.*

Les rapports au maire et au procureur général ou impérial, conçus dans des termes analogues, ne diffèrent que de sujet.

1240.   CORRESPONDANCE ENTRE COMMISSAIRES CENTRAUX ET SIMPLES COMMISSAIRES DE POLICE. — Voir n° 64 et suiv.

Monsieur le Commissaire central,

J'ai l'honneur, etc.   (*Détails.*)

Veuillez agréer, etc.

Le Commissaire de police,
Signature.

Monsieur le Commissaire de police,

Je m'empresse de vous transmettre, etc. — En conséquence, je vous invite, etc.

Recevez, etc.

Le Commissaire central,
(Signature.)

1241. RÉQUISITION ADRESSÉE PAR LE COMMISSAIRE DE POLICE AUX GARDES-CHAMPÊTRES A L'EFFET DE CONFÉRER. — Voir nᵒ 95.

Le Commissaire de police de

Vu l'art. 3 du décret du 28 mars 1852;

Vu les instructions ministérielles;

Requiert le sieur R..., garde-champêtre de la commune de   de se rendre le   , à   heure, dans son bureau (*ou sur tel point déterminé du canton*) pour y conférer avec lui sur les besoins du service.

A   le   185

Le Commissaire de police,

(*Sceau du commissariat.*)   (Signature.)

1242. RÉQUISITOIRE AUX GARDES-FORESTIERS. — Voir nᵒ 97. Formule précédente. Aux termes d'une circulaire ministérielle en date du 4 octobre 1853, ce droit de réquisition aux gardes-forestiers n'a d'application que dans des circonstances exceptionnelles.

1243. SERMENT. — Voir nᵒˢ 120, 121, 122 et 123.

Je jure fidélité à l'Empereur et obéissance à la Constitution. Je jure de remplir les fonctions qui me sont confiées en bon et loyal magistrat.

1244. CONTRE-SEING DES LETTRES ET PAQUETS DE SERVICE. — Voir la formule nᵒˢ 132 et 133.

1245.   JOURNAL-AGENDA, OU MAIN-COURANTE. — Voir
n° 167.

DATES.	OPÉRATIONS.	RÉSULTATS.
1857. — Avril. — 10.	Rechercher le nommé N...., tailleur de pierres ; s'enquérir de ses ressources, de ses fréquentations, de sa manière de vivre.	Recherches infructueuses. N... est complètement inconnu dans le canton, (27 mai.)
12.	Faire enlever le tas d'immondices déposé à l'entrée de la rue de Paris.	Objet rempli, (14 avril.)
14.	Vérifier si les inconvénients dont se plaint le sieur B.... sont réellement sérieux.	Il n'y a pas lieu de donner suite à cette affaire, (15 avril.)
Mai. 1er.	Etc.	

1246.   RÉPERTOIRE. — Voir n° 176.

NUMÉROS D'ORDRE.	1857.
1.	Le 3 janvier procès-verbal dressé contre le sieur B..., boulanger. — Usage de faux poids au préjudice de la dame L.. — Envoi à M. le procureur impérial le 4 janvier.
2.	Le 5 etc., etc.

1247. Registre d'ordre. — Voir nᵒ 176.

NUMÉROS D'ORDRE.	DATE DE L'ARRIVÉE.	ACTES, DOCUMENTS, LETTRES, ETC.
1.	1857. 15 janvier.	Circulaire de M. le Préfet de aux commissaires de police du département concernant les filles-mères.
2.	7 février.	Instructions de M. le Maire de relatives aux mesures à prendre pendant le carnaval.
3.	9 février.	Lettre de M. le Procureur impérial qui prescrit, etc.

1248. Inventaire. — Voir nᵒ 177.

Le   185

Nous, V..., Commissaire de police de
agissant conformément aux instructions ministérielles, avons,
sous le contrôle de M. le Maire de notre résidence, procédé à
l'inventaire des documents appartenant à l'administration dont
nous étions dépositaire, qui se composent savoir :

1ᵒ

2ᵒ

Etc.

Toutes les pièces et objets dont l'énumération précède ont
été immédiatement remis par nous à notre successeur (ou déposés aux archives du commissariat). Et de ce que dessus, nous
avons en conséquence dressé le présent procès-verbal que M. le
Maire de .. a signé avec nous,

(*Sceau du commissariat.*)   (Signature.)

Ce procès-verbal peut trouver place sur le registre d'ordre dont il n'est que l'affirmation.

1249.   BULLETIN DE RENSEIGNEMENTS. — Voir n° 179 sous lequel se trouve le *modèle*.

1250.   REGISTRE DESTINÉ A RECEVOIR LA SIGNATURE DES AGENTS DE POLICE LORSQU'ILS PRENNENT OU QUITTENT LE SERVICE. — Voir n° 187.

DATE.	ARRIVÉE.	DÉPART.
1857. — Mai. 3.	6 heures du matin. *Signature des agents.*	11 heures du soir. *Signature des agents.*
	Clos à 5 h. 1/4. *Le brigadier-chef,*	Clos à 11 h. 1/4. *Le brigadier-chef,*

1251.   REGISTRE SUR LEQUEL LES BRIGADIERS PRENNENT NOTE DES PLAINTES ET RÉCLAMATIONS. — Voir n° 186.

1857.	
Juin. 1er.	M. F... se plaint... etc.
	Mme B... fait connaître que plusieurs individus de mauvaise mine... etc.
	Le sieur R..., aubergiste, désirerait, etc.

1252. REGISTRE SUR LEQUEL LES BRIGADIERS ET LES SERGENTS DE VILLE FORMULENT LE COMPTE-RENDU DE LEURS TOURNÉES ET INSPECTIONS. — VOIR nᵒ 190.

DATE.	HEURE de la sortie.	HEURE du retour.	ITINÉRAIRE suivi.	FAITS ET OBSERVATIONS.

1253. ORDRE DU JOUR DU COMMISSAIRE DE POLICE A SES AGENTS EN VUE DE L'ORGANISATION D'UN SERVICE OU DE L'EXÉCUTION D'UNE MESURE. — VOIR nᵒˢ 180 à 209.

ORDRE DU JOUR.

Le Commissaire de police de
considérant qu'il importe, etc.

Vu, etc.

Décide :

1ᵒ Etc.

2ᵒ Etc.

Le brigadier-chef de police est chargé d'assurer l'exécution du présent ordre.

A   le   185

Le Commissaire de police,

(Sceau du commissariat.)   (Signature.)

1254. ORDRE DU JOUR DU COMMISSAIRE DE POLICE PORTANT INFLICTION D'UNE PEINE DISCIPLINAIRE. — VOIR nᵒ 204.

ORDRE DU JOUR.

Le Commissaire de police de

considérant que le Sergent de ville X... a essentiellement manqué à ses devoirs en (*indiquer le fait reproché*) ;

Vu l'article.... du règlement approuvé par M. le Maire de
(*ou M. le Préfet de*   ) ;

Décide :

1° Le Sergent de ville X... sera privé de solde pendant trois jours ;

2° Ampliation du présent ordre du jour sera remise à M. l'Agent comptable par les soins du brigadier-chef de police.

A   le   185

Le Commissaire de police,

Les ordres du jour du commissaire de police sont placés dans un cadre *ad hoc* ordinairement appendu dans le corps-de-garde des agents de police.

CHAPITRE XXII.

FORMULES DE LA DEUXIÈME PARTIE
(POLICE ADMINISTRATIVE.)

SECTION UNIQUE.

Acte de notification. — Procès-verbal en matière administrative. — Constatation d'un accident grave, — D'une infraction aux lois sur l'affichage ou le colportage. — Réquisitoire concernant un aliéné dangereux. — Constatation de l'aliénation mentale furieuse. — Constatation d'une avarie. — De l'excès de chargement d'un bac ou bateau de passeur. — De l'excès de chargement d'un bateau à vapeur. — Départ effectué avant ou après l'heure prescrite. — D'un abordage de bateau. — Certificat de moralité. — Bon de permis de chasse. — Constatation d'un délit de chasse. — Avis concernant les débits de boissons. — Extrait de procès-verbal à fin d'inhumation dans le cas de décès accidentel, violent ou subit. — Procès-verbal constatant l'arrestation d'un individu non pourvu de titre régulier de voyage. — Constatation d'un déménagement furtif. — Procès-verbal en matière de drainage. — Défaut d'affichage des droits de péage ou de passage d'un bac ou d'un pont. — Réquisitoire en vertu duquel est fait l'acte d'écrou d'un inculpé. — Significations, sommations et procès-verbaux auxquels peut donner lieu un arrêté prescrivant la démolition d'un édifice menaçant ruine, ou dont la suppression est régulièrement ordonnée pour cause d'alignement. — Constatation d'un embarras ou encombrement de la voie publique. — Procès-verbal constatant la découverte d'un enfant nouveau-né exposé sur la voie publique ou dans un lieu quelconque. — Bulletin d'envoi provisoire d'un enfant nouveau-né dans un hospice. — Certificat à fin de retirer un enfant d'un hospice. — Procès-verbal d'enquête. — Procès-verbal constatant le dépôt d'un objet trouvé, — La disparition d'un individu, — Une évasion de détenus. — Une exhumation, — Une expertise de voiture. — Ordre de conduite en cas d'expulsion. — Force publique, réquisitoire. — Requête pour être autorisé à disposer d'objets périssables mis en fourrière. — Folie furieuse, constatation. — Entête des livres de fripiers ou brocanteurs. — Assistance à l'examen des matières d'or et d'argent. — Entête des livres des bijoutiers, joailliers, etc. — Réquisitoire afin d'admission dans un hospice. — Légalisation de signature. — Levée de cadavre. — Modèle de registre des logeurs, aubergistes, etc. — Mandat d'amener. — Mise en demeure. — Notification. — Bon de passe-port. — Déclaration de la perte d'un titre de voyage. — Procès-verbal en matière de roulage et messageries. — Rédaction des procès-verbaux des gardes illettrés. — Réquisitions, réquisitoires. — Serment. — Visa des mandats. — Visa des passe-ports et livrets. — Procès-verbal de visite domiciliaire, mesure administrative.

1255.   ACTE DE NOTIFICATION D'UN ARRÊTÉ OU D'UN ACTE
ADMINISTRATIF QUELCONQUE. — Voir n°s 229, 241, 318,
598.

L'an 185   , le   à   heures du soir (*ou du matin*);
Nous (*nom et prénoms*), Commissaire de police de   ,
agissant conformément aux instructions de M..., nous sommes
transporté au domicile du sieur (*nom, prénoms, profession et
domicile*) à l'effet de lui notifier l'arrêté de M. le Maire (*ou*
de M. le Préfet) en date du   , concernant (*énoncer ici
sommairement l'objet de l'arrêté*), et dont copie précède ;

Où étant, nous avons, en effet notifié ledit arrêté au sieur
   , parlant à sa personne (*en cas d'absence, désigner clairement la personne à laquelle on s'adresse*), lequel a signé
avec nous l'original du présent acte de notification dont nous
lui avons laissé copie.

Fait à   le   185

(*Signature.*)

(*Sceau du commissariat*)

L'arrêté ou l'acte administratif à notifier doit être transcrit en entier en tête de l'acte de notification et de ses
copies. L'original de cet acte est immédiatement envoyé à
l'autorité dont la décision ou l'arrêté émane. Les copies,
comme l'original, doivent être signées du commissaire
de police.

1256.   PROCÈS-VERBAL CONSTATANT UN DÉLIT OU UNE
CONTRAVENTION DE LA COMPÉTENCE DES CONSEILS DE PRÉ-
FECTURE. — Voir n°s 288 à 766.

Le   185

Nous Commissaire de police de
Nous trouvant, etc.
Avons aperçu, etc.

(*Détails.*)

Et attendu que les faits ci-dessus rapportés constituent à la
charge du sieur L... une contravention à   Nous avons

·rédigé le présent procès-verbal en double expédition que nous adressons à M. le Préfet (*ou* à M. le Sous-préfet), pour être, avec ses observations, transmises au conseil de préfecture.

Fait et clos à   , les jour, mois et an que dessus.

1257. CONSTATATION D'UN ACCIDENT GRAVE. — Voir nos 327, 348, 406, 526, 863, 2 9.

L'an 185   , le, etc.

Nous (*nom et prénoms*), Commissaire de police de

Informé qu'un accident venait d'arriver (*indiquer le lieu*), nous nous y sommes immédiatement transporté, assisté de (*indiquer les témoins ou agents*), où étant, nous avons remarqué (*détails, circonstances, appréciations.*)

De tout ce que dessus nous avons dressé le présent qui, après lecture faite, a été signé par les plaignants et les témoins.

1258. PROCÈS-VERBAL CONSTATANT UNE INFRACTION AUX LOIS SUR L'AFFICHAGE OU LE COLPORTAGE. — Voir nos 330, 331, 859.

L'an, etc.

Nous, etc., informé, etc.,

avons fait exercer à ce sujet une active surveillance qui n'a point tardé à amener, la rencontre du nommé X..., pris en flagrant délit de colportage (*ou* d'affichage) d'un imprimé sans nom d'auteur ou d'imprimeur, et intitulé (*indiquer le titre*), commençant par ces mots: et finissant par ceux-ci :

Cet individu en avait en sa possession   exemplaires qui ont été saisis.

Amené devant nous et interpellé sur l'origine de ces imprimés, le nommé X..., a déclaré les tenir d'un sieur K..., pour le compte duquel il fait cette distribution depuis (*indiquer l'époque*), et que déjà il en a distribué   exemplaires, chaque exemplaire vendu le prix de   (ou donné *gratis*) aux personnes qui lui avaient été indiquées.

Sommé de remettre la liste des personnes auxquelles il en a déjà délivré, il a répondu (*mentionner sa réponse.*)

Nous l'avons ensuite fait fouiller, il en est résulté : (*Détail.*)

Ces premiers faits constatés, attendu le flagrant délit et l'urgence, nous avons cru devoir procéder, sans retard, à de minutieuses perquisitions tant au domicile du sieur K... qu'à celui du nommé X... ces opérations ont eu pour résultat (*l'indiquer.*)

K... confronté avec X, et mis en demeure de donner des explications, a déclaré : (*inscrire sa déclaration.*)

Nous lui avons enfin demandé le nom de l'auteur de l'imprimé saisi, il a répondu : (*faire connaître sa réponse.*)

Présomption suffisante de culpabilité existant contre les nommés X... et K..., nous avons cru devoir les déclarer en état d'arrestation et les consigner à la maison d'arrêt à la disposition de M. le Procureur impérial.

De tout ce que dessus nous avons, en conséquence, dressé le présent procès-verbal qui, lecture faite, a été signé de toutes les personnes qui y figurent. (*Faire signer les inculpés et les témoins ou mentionner la déclaration de l'impossibilité ou du refus.*)

Fait et clos à   le   **185**

1259. Réquisitoire du commissaire de police tendant a l'admission provisoire a l'hospice de la commune d'un aliéné dangereux ou fou furieux. — Voir nᵒˢ 335, 484.

Le Commissaire de police de

attendu que la présence sur la voie publique (*ou dans tel autre lieu*) du sieur P..., atteint d'aliénation mentale furieuse, compromet la sûreté publique et constitue un danger imminent;

Vu l'art. 24 de la loi du 30 juin 1838 ;

Requiert M. le Contrôleur de l'hospice de la commune de

de recevoir provisoirement le sieur P... et de lui faire donner des soins jusqu'à ce qu'il soit statué sur son admission à l'hospice des aliénés du département.

A   le   185

(*Sceau du commissariat.*)   (Signature.)

1260. Procès-verbal constatant l'aliénation mentale furieuse. — Voir nᵒ 335.

L'an , etc.

Nous, etc.

Informé que le sieur P... (*nom*, *prénoms*, *âge*, *lieu de naissance*, *profession et demeure de l'aliéné*), atteint d'aliénation mentale furieuse , se livrait à des actes de violence de nature à compromettre sa propre sûreté et la sûreté publique, — nous sommes immédiatement transporté à son domicile, assisté de   , où étant, nous avons remarqué (*Détails.*)

Interpellé par nous , le sieur P... n'a pu répondre d'une manière satisfaisante à aucune de nos questions , l'accès de fureur dans lequel il se trouvait était tel que, sans perdre un instant, nous avons cru devoir requérir son admission provisoire à l'hospice de la commune (ou le placer provisoirement sous la garde de   )

Procédant ensuite à une enquête sur l'époque des premiers symptômes, les causes et les effets habituels de cet état, nous avons successivement entendu les sieurs H..., V..., R..., les dames B... et F..., voisins et voisines de l'aliéné avec lequel ils ont , depuis longues années , des rapports quotidiens.

1º Le sieur H... déclare : (*rapporter la déclaration du témoin et la lui faire signer.*)

2º Le sieur V..., etc., etc. (*idem.*)

———

L'aliéné a une fortune consistant en (*la décrire*), évaluée à la somme de

Il habite la commune depuis le

Il est marié (*ou célibataire*, *la profession de sa femme.*)

Il n'a ni père , ni mère , ni aïeux.

Il a   enfants (*leur âge*, *leur état*, *leur position de fortune.*)

Il a reçu les soins de M. le docteur (*son nom et sa demeure*), qui a délivré les certificats ci-annexés.

De tout ce que dessus nous avons, en conséquence, dressé le présent procès-verbal que nous transmettons à M. le Maire (*ou* à M. le Préfet) afin qu'il soit pris en telle considération que de raison.

Lecture faite, les parents du sieur P... et les témoins ont signé avec nous.

Fait et clos a   , le 185

1261. Procès-verbal constatant une avarie. — Voir n° 357.

L'an, etc.

Nous, etc.

Vu l'urgence, agissant sur la réquisition expresse du sieur G... (*nom, profession, demeure*), nous sommes transporté (*indiquer le lieu*); où étant, nous avons constaté que les marchandises (*meubles ou effets*) consistant en (*détail*) à lui expédiées par le sieur R... (*nom, profession, demeure*), et transportées de   à   par le sieur F..., messager demeurant à   , se trouvaient, à leur arrivée à destination, dans l'état dont description suit :

(*Indiquer en quoi consiste l'avarie.*)

De ce que dessus nous avons en conséquence dressé le présent procès-verbal dont nous délivrons minute sur timbre et dûment enregistrée au requérant pour en faire tel usage que de droit.

A   le   185

1262. Procès-verbal constatant l'excès de chargement d'un bac ou bateau de passeur. — Voir n° 358.

Le   185

Nous, etc.

en tournée dans les communes placées sous notre juridiction, et nous trouvant dans la commune de   où, à l'aide d'un bateau, l'on franchit la rivière d   , avons aperçu, au milieu de ladite rivière, le bac établi pour son passage et tenu par le sieur B..., et avons reconnu qu'il contenait trente personnes, et trois voitures attelées de deux chevaux chacune; que la charge [extraordinaire occasionnée par le trop grand nombre de personnes, de chevaux et de voitures compromet la sûreté des voyageurs, et met le bac en danger de sombrer;

que le dit B..., batelier, est en contravention à l'art. 15 du cahier des charges de son bail, qui lui enjoint de ne jamais recevoir dans son bac plus de vingt voyageurs sans chevaux ni voitures, ou plus de dix voyageurs avec des voitures attelées de deux chevaux au plus.

En conséquence, et attendu que les faits ci-dessus relatés constituent une contravention à l'art. 51 de la loi du 6 frimaire an VII, avons déclaré au dit B... que nous dresserions contre lui le présent procès-verbal, que nous avons rédigé en double expédition que nous adressons, conformément au décret du 12 novembre 1809, à M. le Préfet (*ou* M. le Sous-préfet de l'arrondissement de   ) qui les transmettra, avec ses observations, au Conseil de préfecture chargé de statuer sur ladite contravention.

Fait et clos à   , les jour, mois et an que dessus.

1263. Constatation de l'excès de chargement d'un bateau a vapeur. — Départ effectué avant ou après l'heure prescrite. — Voir nᵒ 365.

Le   185

Nous, etc.

étant en surveillance avec l'un de nos agents, un peu avant le départ du bateau à vapeur faisant le service de   à (*indiquer son nom et son numéro*), nous avons remarqué qu'il avait une surcharge extraordinaire de voyageurs, ce qui pouvait compromettre la sûreté publique, et d'ailleurs est contraire aux termes de son permis de navigation; nous en avons fait la remarque à M. (*nom du capitaine du bord*), qui nous a répondu (*consigner sa réponse*), nous lui avons déclaré contravention et fait défense de partir sans avoir réduit le nombre des passagers à celui prescrit par son permis de navigation; ce à quoi il a immédiatement obtempéré.

De tout ce que dessus nous avons dressé le présent procès-verbal afin qu'il lui soit donnée telle suite qu'il appartiendra.

Signature.

(*Sceau du commissariat.*)

S'il s'agissait d'un départ effectué avant ou après l'heure prescrite, le procès-verbal devrait indiquer exactement cette heure, contenir les excuses ou allégations du contrevenant, et rappeler l'ordonnance ou l'arrêté violé.

1264.   PROCÈS-VERBAL CONSTATANT UN ABORDAGE DE BATEAU. — Voir n° 326 ; FORMULE , n° 1256.

1265.   CERTIFICAT DE MORALITÉ. — Voir n° 379.

Le Commissaire de police de
certifie qu'aucune plainte ne lui a été portée contre le sieur N...
(*nom , prénoms , profession , demeure.*)

A `   le   185

                        (Signature.)

(*Sceau du commissariat.*)

1266.   AVIS DU COMMISSAIRE DE POLICE A METTRE AU BAS DE LA DEMANDE D'UN PERMIS DE CHASSE. — Voir n°s 382 et 633.

Le Commissaire de police de   ne voit pas d'inconvénient à la prise en considération de cette demande.

A   le   185

ou

Le Commissaire de police de   estime qu'il n'y a pas lieu de prendre en considération cette demande en raison (*exposer les motifs.*)

A   le   185

1267.   PROCÈS-VERBAL CONSTATANT UN DÉLIT DE CHASSE. — Voir n° 382.

L'an , etc.

Nous , etc.

passant sur le chemin de   avons aperçu à environ mètres de nous , un individu qui chassait dans une vigne appartenant à M... avec un fusil à deux coups et à piston , ayant avec lui un chien courant. Nous étant approché , nous l'avons requis de nous exhiber : 1ᵒ son permis de chasse ; 2ᵒ l'autorisation du propriétaire du terrain sur lequel il chassait. Ce à quoi n'ayant pu satisfaire, nous l'avons mis en demeure de nous dire ses nom, prénoms, âge, profession, domicile. Il nous a répondu se nommer F... P..., être âgé de   ans, demeurer à   et exercer la profession de   Nous lui avons ensuite déclaré le présent procès-verbal que nous transmettons à M. le Procureur impérial afin qu'il lui soit donnée telle suite qu'il appartiendra.

Fait et clos à   le   185

1268. AVIS DU COMMISSAIRE DE POLICE A METTRE AU BAS D'UNE DEMANDE TENDANT A L'OUVERTURE D'UN DÉLIT DE BOISSONS. — Voir nᵒ 405.

Informations prises, le Commissaire de police de   , soussigné, estime qu'il y a lieu (ou qu'il n'y a pas lieu) de prendre en considération cette demande. L'impétrant (*faire connaître les renseignements qui ont servi de base à cette appréciation*)

A   le   185

1269. EXTRAIT DE PROCÈS-VERBAL AFIN D'INHUMATION DANS LE CAS DE DÉCÈS ACCIDENTEL, VIOLENT OU SUBIT. — Voir nᵒ 406 et 1257.

D'un procès-verbal adressé aujourd'hui par nous (*noms et qualités*) ; résulte qu'assisté de M. B..., docteur en médecine, demeurant à   , nous avons constaté la mort d'un nommé F..., âgé de   , né à   , le   , profession de   , logé   , de son vivant fils de   et de   , marié à   (*ou célibataire ou veuf*), et qui est décédé le   à   heure, rue   où son corps est placé.

Il résulte aussi de notre procès-verbal et du rapport de M. le docteur B... que cette mort a été causée par

Nous estimons qu'il y a lieu de procéder, en la manière accoutumée, à l'inhumation dudit F... dont l'indigence nous a paru complète (*ou dont les frais seront faits par*)

En foi de quoi nous avons délivré le présent extrait pour

être immédiatement soumis au visa de M. le Procureur impérial, et être ensuite adressé à M. le Maire de   , afin de
servir à ladite inhumation.

A   le   185

Ainsi qu'il résulte du modèle qui précède, il est indispensable de soumettre cette pièce au procureur impérial.

1270. PROCÈS-VERBAL CONSTATANT L'ARRESTATION D'UN
INDIVIDU NON POURVU DE TITRE RÉGULIER DE VOYAGE. — Voir
nos 408 et 493.

L'an , etc.

Nous, etc.

informé par un rapport du sergent de ville B... qu'un individu
étranger à la localité, avait été rencontré la nuit dernière à
heures, errant dans les rues de la ville, et placé dans la chambre de sûreté comme se trouvant non pourvu de titre régulier
de voyage, nous l'avons fait amener devant nous et l'avons interrogé comme suit :

D. — Quels sont vos nom, prénoms, âge, profession, lieu
de naissance et demeure? — R.

D. — Depuis combien de temps demeurez-vous au domicile
que vous indiquez? — R.

D. — Exercez-vous sérieusement la profession que vous dé-
clarez être la vôtre ? — R.

D. — Depuis combien de temps êtes-vous sans ouvrage? — R.

D. — Indiquez les patrons chez lesquels vous avez travaillé
en dernier lieu ? — R.

D. — Faites-nous connaître les personnes qui pourraient donner d'utiles renseignements sur votre compte ? — R.

D. — Quels sont aujourd'hui vos moyens de subsistance? — R.

D. — Avez-vous un titre de voyage (*ou* des papiers de sûreté).? — R.

D. — Comment vous trouviez-vous, cette nuit, à   heures?
— R.

D. — Avez-vous déjà été arrêté ou repris de justice? — R.

Lecture faite, le nommé   a persisté dans ses réponses
et a signé avec nous ;

Et attendu qu'il résulte de l'interrogatoire ci-dessus, que le dit   n'a ni domicile fixe, ni moyens de subsistance, et n'exerce habituellement ni métier ni profession, que par conséquent il se trouve en état de vagabondage, nous l'avons retenu en état d'arrestation et consigné à la maison d'arrêt à la disposition de M. le Procureur impérial, (*ou* attendu que le dit   est dans un état de dénûment complet et qu'il ne peut justifier de son identité, nous avons cru devoir le consigner à la maison d'arrêt à la disposition de M. le Préfet (*ou* M. le Sous-préfet de   ) qui prendra à son égard telles mesures qu'il jugera convenables.

A   le   185

1271. CERTIFICAT SUR TIMBRE ET ENREGISTRÉ POUR CONSTATER UN DÉMÉNAGEMENT FURTIF. — Voir nᵒ 411.

L'an, etc.

Nous, etc.

certifions, sur la réquisition du sieur (*nom, prénoms, qualité et demeure du propriétaire*), que le sieur G..., qui occupait un appartement de   pièces au rez-chaussée (ou étage) de sa maison, rue   , nᵒ   , a déménagé furtivement dans la nuit du   au   du mois de   de cette année, emportant tout son mobilier, sans qu'on sache ce qu'il est devenu, ainsi qu'il résulte de la déclaration des sieurs   (*nom, prénoms, profession et domicile de deux témoins.*)

En foi de quoi nous avons rédigé le présent certificat pour servir et valoir au sieur P... comme il appartiendra.

Et ont le requérant et les parties signé avec nous.

1272. PROCÈS-VERBAL EN MATIÈRE DE DRAINAGE. — Voir nᵒ 427.

L'an, etc.

Devant nous, etc.

s'est présenté M. (*nom, prénoms, profession, domicile.*)

Lequel nous a porté, en matière de drainage, la plainte suivante : (*détailler la plainte, mentionner, autant que possible, les jour et heure où le délit a été commis.*)

Il nous a indiqué comme témoins :

(*Noms, prénoms, professions et demeures.*)

Aussitôt cette plainte reçue et signée, assisté de l'un de nos agents et de M. F..., expert requis à cet effet et qui a prêté entre nos mains le serment de bien et loyalement remplir la mission à lui confiée, nous nous sommes transporté au lieu de   , commune de   , où étant arrivé à l'heure de nous avons constaté :

(*Décrire l'état des lieux, apprécier la gravité du délit, évaluer le dommage.*)

Nous avons ensuite appelé devant nous les témoins indiqués, lesquels, séparément entendus, nous ont fait les déclarations qui suivent, savoir :

1o Le sieur (*nom, prénoms, âge, profession, demeure*) dépose :

2o La dame, etc.

Nous avons enfin fait comparaître le sieur (*nom, prénoms, âge, lieu de naissance, profession et domicile*), inculpé, et nous lui avons fait subir l'interrogatoire suivant :

D. —
R. —
Etc.

Attendu que ledit sieur   est connu et domicilié, nous l'avons laissé en liberté provisoire.

De tout ce que dessus nous avons dressé le présent procès-verbal que nous transmettons à M. le Procureur impérial, afin qu'il lui soit donnée telle suite qu'il appartiendra.

Lecture faite, le sieur F..., expert, et toutes les personnes mentionnées plus haut ont signé avec nous.

(*Sceau du commissariat.*)   (Signatures.)

1273. PROCÈS-VERBAL CONSTATANT QUE LE FERMIER OU EMPLOYÉ D'UN BAC OU D'UN PONT N'A POINT AFFICHÉ OSTENSIBLEMENT, DANS UN LIEU VOISIN DU BAC OU PONT, LE TARIF DES DROITS DE PÉAGE OU DE PASSAGE. — Voir no 429.

Le   **185**

Nous, etc.

ayant reconnu que le tarif des droits de péage (*ou* de passage),
qui, aux termes de la loi du 6 frimaire an VII, devait être attaché ostensiblement en un lieu voisin dudit bac (*ou* pont),
ne s'y trouve point ; nous en avons fait l'observation au sieur
G..., fermier, qui nous a répondu : (*consigner sa réponse*).
Nous l'avons sommé de réafficher de suite ce tarif.

Et attendu que le fait de s'être abstenu d'avoir tenu ledit
tarif placé dans le lieu prescrit par la loi, constitue, de la part
du sieur G..., une contravention à l'art. 30 de la loi du 6 frimaire an VII, nous avons rédigé le présent procès-verbal en
double expédition que nous adressons à M. le Préfet de   (*ou*
M. le Sous-préfet de   ) à l'effet par lui de les transmettre,
avec ses observations, au Conseil de préfecture chargé de statuer
sur ladite contravention.

1274. Réquisitoire du commissaire de police en
vertu duquel est fait l'acte d'écrou d'un inculpé. —
Voir nᵒ 436.

Le Commissaire de police de
requiert le gardien chef de la maison d'arrêt de   de recevoir
et retenir à la disposition de M. le Procureur impérial le nommé
(*nom et prénoms*) inculpé de
  ou
A la disposition de M. le Préfet de   (*ou* de M. le Sous-
préfet de   ) le nommé (*nom et prénoms*) non pourvu de
papiers (*ou* par mesure de sûreté.)
  Ou
A la disposition de M. le Maire de   la nommée (*nom et
prénoms*) se livrant habituellement à la prostitution clandestine. (*Voir nᵒ* 471.)

A   le   185

1275. Significations, sommations et procès-verbaux
auxquels peut donner lieu un arrêté prescrivant la

DÉMOLITION D'UN ÉDIFICE MENAÇANT RUINE, OU DONT LA SUP-
PRESSION EST RÉGULIÈREMENT ORDONNÉE POUR CAUSE D'ALI-
GNEMENT. — Voir n°s 336, 366, 437, 734, 760 et 761.

(*Notification d'un arrêté ordonnant la démolition d'un bâtiment. — Transcrire, en tête de cet acte, le texte même de
l'arrêté.*)

L'an , etc.

Nous, etc.

avons notifié et laissé copie au sieur B..., propriétaire d'une
maison sise à   rue   , en son domicile, parlant à
de l'arrêté transcrit plus haut, pour qu'il n'en ignore et ait à
s'y conformer; lui déclarant que, faute par lui d'y satisfaire
dans les délais fixés, il sera procédé d'office, à ses frais aux
opérations ordonnées, sans préjudice des peines de droit dont
il sera passible.

Nous avons audit sieur B..., parlant comme dessus, laissé
copie tant du dit arrêté que du présent.

(*Si le bâtiment sujet à démolition est occupé par des locataires, il y a lieu de faire la sommation suivante.*)

L'an, etc.; en exécution de l'arrêté de M..., du   portant
que, dans le délai de   le sieur B..., propriétaire d'une
maison, sise à   , rue   , n°   , sera tenu de faire
démolir ladite maison; nous, etc., avons notifié et déclaré à
chacun des ci-après dénommés (*noms, prénoms et professions
des locataires*), tous locataires et habitants de ladite maison,
en leur domicile et parlant à, 1° la personne du sieur F...;
2° la demoiselle H..., attachée au service de la dame V...;
3° etc.;   que, faute par le sieur B..., de s'être
conformé aux dispositions dudit arrêté, nonobstant sommation
à lui faite en la forme voulue par la loi, il sera, le   mis
d'office des ouvriers à la démolition de   ; en conséquence,
nous avons sommé tous et chacun des locataires sus-nommés
de vider les lieux qu'ils occupent de tous meubles, effets et
marchandises dans le délai de   ; si non, et faute de ce
faire, leur avons déclaré qu'à leurs risques et périls, les meu-

bles garnissant lesdits lieux seront évacués et mis sur le carreau, et qu'il sera passé outre à la démolition, le tout sous la réserve de leurs droits contre ledit sieur B...; et pour qu'ils n'en ignorent, nous avons à chacun des sus-nommés, séparément, parlant comme dessus, laissé copie du présent qu'ils ont signé avec nous.

(*Sommation aux propriétaires voisins de se retenir s'il y a démolition du mur de face ou du pignon.*)

L'an, etc.; en exécution de l'arrêté de M..., du   , portant que, dans le délai de   , le sieur B..., propriétaire d'une maison sise à   , rue   , nᵒ   , sera tenu de démolir   , de ladite maison; nous, etc., avons signifié et déclaré au sieur G..., propriétaire de la maison portant le nᵒ   , même rue, contiguë à celle ci-dessus spécifiée, demeurant rue   , en son domicile à   , parlant à   , que, faute par ledit sieur B..., d'avoir satisfait à l'arrêté précité, nonobstant les sommations à lui régulièrement faites, il sera le   mis d'office des ouvriers à cette démolition; en conséquence, et conformément à la loi, nous avons sommé ledit sieur G..., de se retenir par tous les moyens qu'il jugera convenables, et de pourvoir à ce que, lors de la démolition de la maison contiguë à la sienne, il n'en résulte aucun accident en ce qui le concerne, sous peine de toute garantie de droit; et pour qu'il n'en ignore lui avons, en parlant comme dessus, laissé copie du présent qu'il a signé à l'original (*ou que le sieur X... a signé avec nous.*)

(*Faire signer la personne à laquelle remise est faite de la copie, ou mentionner son refus.*)

(*Procès-verbal de démolition d'office.*)

L'an, etc.

Nous, etc.

en exécution d'un arrêté de M..., arrêté notifié le   , tous délais de droit étant expirés, nous nous sommes transporté aujourd'hui à   heures, assisté de MM. W..., architecte, S..., agent-voyer, et de (*nombre*) ouvriers maçons, choisis par ce dernier, à l'effet de faire procéder à la démolition de *indiquer l'édifice à démolir et sa situation*). Après avoir, de concert avec MM. W... et S.., pris toutes les mesures de précaution que la prudence exigeait dans l'intérêt de la sécurité des personnes, nous avons mis immédiatement les ouvriers à l'œuvre, et fait commencer l'opération qui s'est terminée sans encombre, et dont la durée a été de   (*nombre d'heures*)

De tout ce que dessus nous avons, en conséquence, dressé le présent procès-verbal que nous transmettons à M... (*indiquer l'autorité dont l'arrêté de démolition émane*) afin qu'il en soit fait tel usage que de droit.

Lecture faite, MM. W.., architecte, et S..., agent-voyer, ont signé avec nous.

1276. Procès-verbal constatant un embarras ou encombrement de la voie publique. — Voir nos 441, 444 et 760.

L'an, etc.

Nous, etc.,   nous trouvant, etc.,
nous avons remarqué (*indiquer le lieu*) un dépôt de
qui embarrassait la voie publique sur une longueur de
mètres et une largeur de   mètres.

Le sieur F..., à nous désigné comme l'auteur de ce dépôt, n'ayant pu justifier de sa nécessité, nous lui avons déclaré contravention, et de ce que dessus nous avons dressé le présent procès-verbal auquel il sera donnée telle suite qu'il appartiendra.

A   le   185

Lorsqu'il s'agit d'un travail quelconque, sans permission de voirie, ou d'un empiètement sur la voie publique, il y a lieu d'expliquer en quoi il consiste. En pareille matière, il est toujours utile de conférer avec l'agent-voyer et de prendre les instructions du maire.

1277. Procès-verbal constatant la découverte d'un enfant nouveau-né exposé sur la voie publique ou dans un lieu quelconque. — Voir n° 445.

L'an , etc.

Nous , etc.

sur avis à nous donné, nous nous sommes transporté, assisté de l'un de nos agents, (*préciser le lieu*), pour y recueillir un enfant nouveau-né qui y était exposé.

Il résulte de l'examen auquel nous avons dû procéder que cet enfant est du sexe   , qu'il est âgé d'environ   jours ; qu'il ne porte aucune trace de violence sur le corps et paraît en parfait état de santé.

Il avait sur lui (*indiquer les objets.*)

Ses langes se composaient (*les décrire minutieusement.*)

L'enfant réclamant des soins immédiats, nous l'avons fait transporter à l'hospice des enfants trouvés (*ou* envoyé provisoirement à l'hôpital de la commune *ou* confié à la garde de la dame A...)

Et de tout ce que dessus nous avons rédigé le présent procès-verbal en triple expédition, dont l'une sera adressée à M. le Préfet (*ou* M. le Sous-préfet de   ), l'autre à M. le Maire de   et la troisième à M. le Procureur impérial.

Fait et clos à   les jour , mois et an que dessus.

1278. BULLETIN D'ENVOI PROVISOIRE D'UN ENFANT NOU-VEAU-NÉ DANS UN HOSPICE. — Voir nᵒ 446.

M. le Directeur de   est invité à recevoir provisoirement dans l'établissement qu'il dirige un enfant du sexe   , âgé de   , inscrit à la mairie de   le   sous les noms de   , lequel fait l'objet de notre procès-verbal en date du   , et dont le placement définitif est sollicité de M. le Préfet.

Cet enfant a besoin de secours immédiats à raison de

A   le   185

1279. CERTIFICAT, RÉDIGÉ SUR TIMBRE, AFIN DE RE-TIRER UN ENFANT D'UN HOSPICE.

Le, etc.   Devant nous, etc.   S'est présenté le sieur B... (*profession, demeure*) lequel nous a déclaré qu'il se propose

de prendre à l'hospice des orphelins un enfant du sexe   ,
qu'il désire élever, nourrir et entretenir.

Et de suite, les sieurs K... et J..., propriétaires, (*ou patentés*), demeurant à   , rue   , n°   , ont affirmé connaître
le sieur B.., comme étant d'une bonne moralité, et comme
pouvant facilement trouver dans sa position les ressources nécessaires afin d'élever convenablement l'enfant dont il veut avoir
soin.

En foi de quoi nous avons délivré au sieur B... le présent
certificat que l'impétrant et les témoins ont signé avec nous,
après lecture faite.

1280. PROCÈS-VERBAL D'ENQUÊTE. — Voir n° 449.

L'an, etc.

Nous, etc.

agissant conformément aux instructions de M..., avons procédé
à une enquête à l'effet de   (*exposer le but.*)

Sont, en conséquence, comparus devant nous les sieurs O...,
X..., W..., K...; les dames T... et S.., lesquels, en mesure
de fournir des renseignements utiles, nous avons séparément et
successivement entendus dans l'ordre suivant :

1° Le sieur O... déclare : (*Reproduire la déposition du témoin avec emploi du style direct conformément aux principes
exposés plus haut n° 279, § 8.*)

2° Le sieur X... dépose :

3° Le sieur K... reproduit à peu près dans les mêmes termes
(*ou dans des termes identiques*) les déclarations qui précèdent,
en ajoutant toutefois : (*Reproduction textuelle de l'observation.*)

4° Etc.

(*On ajoutera s'il y a lieu*). Nous avons pu vérifier nous
même l'exactitude de quelques-uns des faits énoncés dans les
déclarations qui précèdent, ainsi : (*Faire connaître en quoi
consiste cette vérification.*)

De tout ce que dessus et d'autre part, nous avons donc rédigé le présent procès-verbal qui sera adressé à M... afin qu'il
soit pris en telle considération que de raison.

Lecture faite de leur déposition, les sieurs O..., X..., W...
et K... ont signé avec nous ; les dames T... et S... se sont abs-
tenues, déclarant ne savoir signer.

Fait et clos à   , les jour, mois et an que dessus.

1281. PROCÈS-VERBAL CONSTATANT LE DÉPÔT D'UN OBJET
TROUVÉ. — Voir nᵒ 452.

L'an, etc.

Devant nous, etc.

s'est présenté le sieur K..., (*profession, domicile*), lequel nous
a déclaré que le   à   heure, il a trouvé (*indiquer
le lieu et décrire l'objet*), objet qu'il a déposé en notre bureau.

Le déclarant nous a indiqué comme témoins de sa découverte
les sieurs (*noms, professions, demeures.*)

(*S'il s'agit d'un animal, d'une voiture ou de marchandises.*)
Nous avons immédiatement fait conduire en fourrière (*indiquer le lieu*) ce cheval, cette voiture ou ces marchandises.

(*S'il sagit d'un enfant, voir nᵒˢ 445, 1277, 1278, 1279.*)
De tout ce que dessus, nous avons en conséquence dressé le
présent procès-verbal qui, après lecture, a été signé du sieur
K... et des témoins.

1282. PROCÈS-VERBAL CONSTATANT L'ABSENCE OU LA
DISPARITION D'UN INDIVIDU. — Voir nᵒ 406.

L'an etc.

Devant nous, etc.

sont comparus les sieurs X..., H... et Z... (*professions, domiciles*),

Lesquels nous ont déclaré que le sieur B... ou la dame R...,
demeurant   et habitant seul, n'a point paru depuis le   ;
qu'on ne sait à quelle cause attribuer cette absence qui ne peut
s'expliquer que (*énoncer les présomptions.*)

Vu la déclaration qui précède, et attendu que la disparition
du sieur B... pourrait avoir pour cause une mort accidentelle,
ou un crime, nous, etc., nous sommes immédiatement transporté au domicile de l'absent, en présence desdits déclarants,
et là, assisté du sieur G..., serrurier requis, nous avons fait

ouvrir la porte du domicile , et nous avons remarqué (*description des lieux.*)

De tout ce que dessus nous avons , en conséquence , dressé le présent procès-verbal que les témoins et autres personnes requises ont signé avec nous , après lecture.

Dans le cas de mort accidentelle , suicide ou crime , il y a lieu de procéder comme il est dit ailleurs , voir ACCIDENTS GRAVES, n° 327 ; ASPHIXIE, n° 348 ; DÉCÈS ACCIDENTEL, VIOLENT OU SUBIT, n° 406 ; LEVÉE DE CADAVRE, n°s 526 et 1295 ; POLICE JUDICIAIRE, n° 767 et suiv. , et les formules correspondant à ces matières.

1283.   PROCÈS-VERBAL CONSTATANT UNE ÉVASION DE DÉTENUS. — Voir n° 463.

L'an , etc.

Nous , etc.

informé, etc. (*détails*), nous nous sommes transporté sur le lieu de l'évasion où nous avons appris et constaté (*narrer le fait d'évasion.*)

Nous avons ensuite fait comparaître devant nous (*enquête , voir formule formule n° 1280.*)

Enfin , nous nous sommes mis à la recherche de l'évadé (*indiquer les mesures prises et leur résultat.*)

Et de tout ce que dessus nous avons rédigé le présent procès-verbal en double expédition pour l'une être transmise à M. le Préfet de   (*ou M. le Sous-préfet de*) et l'autre à M. le Procureur impérial.

Lecture faite , les témoins et les agents qui nous assistaient ont signé avec nous.

Avis à donner immédiatement , en cas d'évasion de détenus , à l'autorité administrative et judiciaire , voir FORMULE , n° 1238.

1284.   PROCÈS-VERBAL D'EXHUMATION. — Voir n°s 24 et 467 ; FORMULE, n° 1234.

par nos agents (*ou* le garde-champêtre de la commune) de se conformer aux dispositions ci-dessus rappelées et qu'il n'en avait pas tenu compte, à raison de quoi nous lui avons déclaré procès-verbal.

1328. PROCÈS-VERBAL CONTRE UN AUBERGISTE , CABA-RETIER OU CAFETIER QUI A GARDÉ DU MONDE APRÈS L'HEURE FIXÉE PAR LES RÈGLEMENTS. — Voir nos 922, 923 et 924.

L'an , etc.
Nous, etc.
Avons constaté, etc.
Et attendu qu'il était plus de   heures du soir, et que par conséquent l'heure fixée par l'arrêté pour la fermeture des établissements publics était passée ; que le sieur P... est coutumier du fait à lui reproché, et qu'il n'a tenu aucun compte de nos nombreux avertissements, nous lui avons, ainsi qu'aux sieurs S..., V... et T..., consommateurs trouvés dans l'établissement, déclaré procès-verbal.

Ou

L'an , etc.
Nous B... , commissaire de police à
Vu le rapport qui précède , signé des sieurs C.. et H..., sergents de ville , duquel il résulte que dans la nuit du de ce mois, le sieur J..., aubergiste (cabaretier ou cafetier), demeurant rue   , no   , aurait conservé plusieurs personnes jusqu'à   heures du matin, dans son établissement, à boire et à jouer, nous avons rédigé le présent procès-verbal, et avons signé.

1329. PROCÈS-VERBAL CONSTATANT UN BRUIT OU TAPAGE INJURIEUX OU NOCTURNE. — Voir nos 361 , 569, 900.

L'an , etc.
Nous, etc.
Attendu qu'il résulte d'une plainte portée par le sieur G...

74

et des renseignements que nous avons pris, que les sieurs E..., M... et J... (*professions, demeures*) se seraient réciproquement injuriés sur la place du marché, le   185   , ce qui aurait occasionné un rassemblement considérable (*ou* auraient troublé le repos et la tranquillité publiques en se battant sur la voie publique *ou* dans l'intérieur de leur maison, hier soir entre onze heures et minuit; nous avons rédigé contr'eux le présent procès-verbal.

1330. Procès-verbal constatant l'arrestation d'un vagabond ou mendiant. — Voir n° 861, § 10; 870 et suiv.; Formule, n° 1270.

L'an, etc.

Devant nous, etc., a été amené par l'agent de police S... (*ou* le garde-champêtre B...) un individu trouvé mendiant que nous avons interrogé ainsi qu'il suit:

D. — Quels sont vos nom, prénoms, âge, profession, demeure et lieu de naissance?

R. —

D. — Il résulte d'un rapport du sergent de ville S... que vous auriez été trouvé en flagrant délit de mendicité rue
Les nombreux morceaux de pain de qualité différente dont vous êtes porteur indiquent que la mendicité est votre occupation habituelle.

R. — Je reconnais avoir mendié.

Attendu que le nommé   est prévenu de mendicité, nous le retenons en état d'arrestation et disons qu'il sera déposé à la maison d'arrêt de   (*ou* conduit devant M. le Procureur impérial de   )

1331. Procès-verbal constatant une contravention de petite voirie. — Voir n°s 761, 876, 881, 882.

L'an , etc.

Nous , etc.

avons constaté la présence récente d'une enseigne , au premier étage de la maison portant le n°   , rue   , et faisant partie de la petite voirie. Interpellé par nous, le sieur X... , propriétaire de cette enseigne , nous a déclaré ne s'être point muni d'une permission pensant qu'il n'en avait pas besoin. Nous lui avons , en conséquence, déclaré contravention conformément au règlement de voirie du   (celui de la localité.) Et , de tout ce que dessus nous avons dressé le présent procès-verbal qui sera transmis à qui de droit.

Il convient d'aviser l'agent-voyer des contraventions de cette nature.

1332. PROCÈS-VERBAL A AJOUTER AUX RAPPORTS DES AGENTS DE POLICE POUR LA CONSTATATION DES CONTRAVEN-TIONS. — Voir nos 180 à 219 ; 660.

L'an , etc. , nous , etc, vu le rapport qui précéde , et attendu que le nommé V... a contrevenu aux lois et ordonnances de police , en   notamment à l'art.   du Code pénal et à l'arrêté du   avons , contre ledit sieur V... , dressé le présent procès-verbal auquel il sera donné telle suite qu'il appartiendra.

1333. PROCÈS-VERBAL A METTRE EN TÊTE DU LIVRE DES LOGEURS. — Voir nos 533 et 912 ; FORMULE, n° 1298.

1334. PROCÈS-VERBAL DE VISITES DE MAISONS GARNIES ET AUTRES LIEUX PUBLICS. — Voir nos 529 et 533.

L'an , etc. ,

Nous , etc. , constatons que faisant une visite de maisons garnies et auberges de la commune de   (où du quartier de   ) nous sommes transporté avec nos agents T... et P... (ou le garde-champêtre de la commune de   ) ;

1º Dans la maison rue   tenue par X... et y avons demandé
à chacun des individus qui s'y trouvaient, la représentation de
ses papiers de sûreté ; le nommé K... n'ayant pu nous justifier
de papiers en règle, nous l'avons fait conduire   nous
réservant de procéder ultérieurement à son interrogatoire. Voir
DÉFAUT DE PAPIERS, nº 408 ; ETRANGERS, nº 462, EXPUL-
SION, nº 471 ; GENS SANS AVEU, nº 493 ; LIVRETS D'OUVRIERS,
nº 531 ; MOEURS, nº 574 ; PASSEPORTS, nº 625 ;

2º Dans la maison rue   etc. Constatons également
qu'après avoir examiné, dans les établissements par nous visi-
tés, les livres servant à l'inscription des personnes logées en
garni et y avoir trouvé une indication concernant chacune des
personnes qui demeurent dans ces maisons, nous avons visé
lesdits livres tenus conformément aux ordonnances de police.
(*Si une infraction doit être constatée, voir Formule nº* 1325.)

1335.   CERTIFICAT DE DOMICILE. — Voir nos 379 et
1055 ; FORMULE, nº 1265.

Nous, etc., sur l'attestation et sous la responsabilité personnelle des sieurs G... et P... (*professions, demeures*) certifions que le sieur O..., âgé de   , né à   , profession
        réside rue   , depuis   ; qu'il y est connu
pour honnête homme et de bonne moralité.

En foi de quoi nous lui avons délivré, pour lui servir à telles
fins qu'il appartiendra, le présent certificat qu'il a signé avec
les témoins et nous, après lecture.

A   le   185

1336.   CERTIFICAT DE RÉSIDENCE POUR PAIEMENT DE
SUBSIDE AUX RÉFUGIÉS. — Voir nº 462.

Nous, etc, sur l'attestation et sous la responsabilité personnelle des sieurs G... et P... (*professions, demeures*) ; certifions
que le sieur   (*noms*) âgé de   (*grade, nation*),
réfugié à   , profession de   , célibataire (*ou*

marié et père de   enfants âgés de   ), réside
rue   depuis

En foi de quoi nous lui avons délivré le présent certificat pour
servir à recevoir le subside accordé aux réfugiés politiques.

Et ont, le requérant et les témoins, signé avec nous après
lecture.

A   le   185

(*Sceau du commissariat.*)   (*Signatures.*)

CHAPITRE XXV.

FORMULES DE LA CINQUIÈME PARTIE
(TRIBUNAUX DE SIMPLE POLICE.)

SECTION UNIQUE.

Citation sans frais à prévenu; — A témoin. — Réquisitoire à fin de citation par huissier hors du canton. — Lettre d'envoi. — Réquisitoire du ministère public pour faire fixer un dommage. — Citation par huissier à prévenu; — A témoin. — Citations à bref délai, cédule en cas d'urgence. — Procuration pour comparaître devant le tribunal de simple police. — Feuille d'audience. — Rôle. — Conclusions. — Jugements. — Plumitif. — Exécution, réquisitoire. — Mémoire des frais de capture. — Déclaration de pourvoi en cassation. — Requête établissant les moyens sur lesquels un pourvoi est fondé.

1337. CITATION PAR SIMPLE AVERTISSEMENT A PRÉVENU. — Voir n° 938.

CANTON
de ...   * *, le   185 .

TRIBUNAL
de simple police.   M

Vous êtes invité à vous trouver en personne, ou à vous faire représenter par un fondé de pouvoir, à l'audience du tribunal de simple police du canton de   , le   à   heures, pour répondre aux faits constatés par procès-verbal dressé par   le   pour contravention à

Faute de comparaître vous serez assigné par huissier.

Le Commissaire de police , officier du ministère public ,
(Signature.)

Cet avertissement doit être envoyé par la poste sous forme de lettre.

1338. CITATION PAR SIMPLE AVERTISSEMENT A TÉMOIN.
Voir nº 938.

CANTON   * * * , le   185 ..
de ***

TRIBUNAL
de simple police.

M. R..., (*profession*, *demeure*), est invité à se présenter,
le   de ce mois,   heures du matin, à l'audience du
tribunal de simple police, séant à   , pour répondre aux
questions qui lui seront posées.

Faute de comparaître, il sera cité conformément à la loi.

Le Commissaire de police, officier du ministère public,

1339. RÉQUISITOIRE A FIN DE CITATION PAR HUISSIER
HORS DU CANTON. — Voir nᵒˢ 939 et 940.

AU NOM DE L'EMPEREUR,

Nous Commissaire de police à la résidence de
soussigné, remplissant les fonctions du ministère public près
le tribunal de simple police du canton de   séant audit
lieu ;

Vu les articles 145 et 146 du Code d'instruction criminelle ;

Requérons tous huissiers de citer à notre requête, pour l'audience du tribunal de simple police dudit canton, qui se tiendra au lieu ordinaire, heure de   le   185   ,
les ci-après nommés :

1º X... (*nom, profession, demeure.*)

2º S..., etc.

prévenus de contravention à   ayant, etc.,

Suivant procès-verbal dressé par   le

A   le   185   .

(*Sceau du commissariat.*)   (Signature.)

1340. LETTRE D'ENVOI, A UN JUGE DE PAIX OU A UN
COMMISSAIRE DE POLICE, DU RÉQUISITOIRE QUI PRÉCÈDE OU
D'UN PROCÈS-VERBAL SUR LEQUEL DES POURSUITES ONT LIEU.
— Voir nº 941.

A   le   185   .

Monsieur le juge de paix (*ou* Monsieur et cher collègue),

J'ai l'honneur de vous adresser un réquisitoire à fin de citation (*ou* un procès-verbal rédigé) contre le nommé T... au
service du sieur B... civilement responsable.

Veuillez, je vous prie, charger l'un de vos huissiers de les
citer tous deux pour l'audience du tribunal de simple police
de   qui se tiendra, dans le local ordinaire, le
          à heures du matin, et me renvoyer en temps utile le
procès-verbal et l'original de la citation.

Agréez, Monsieur le Juge de paix (*ou* Monsieur et cher
collègue), l'assurance de ma considération la plus distinguée.

Le Commissaire de police, officier du ministère public,

Ces pièces doivent être envoyées sous bandes avec
contre-seing et sceau du commissariat. Voir nᵒˢ 130 à 136.

1341. Réquisitoire du ministère public pour faire
fixer un dommage. — Voir nᵒ 942.

Nous, commissaire de police à   , remplissant les
fonctions du ministère public près le tribunal de simple police
de ce canton, requérons Monsieur le Juge de paix, président
de ce tribunal, d'estimer ou de faire estimer, conformément à
l'art. 148 du Code d'instruction criminelle, les dommages causés par la contravention que le sieur G... est prévenu d'avoir
commise à l'art   du Code pénal, ainsi qu'il résulte du procès-
verbal ci-annexé.

A   le   185.

1342. Citation par huissier a prévenu. — Voir
Voir nᵒˢ 939 et suiv.

L'an, etc., à la requête de M. le Commissaire de police
à   remplissant les fonctions du ministère public près le
tribunal de simple police de ce canton, j'ai, F..., huissier,
cité le sieur N... en son domicile, parlant à   , ainsi
déclaré, à comparaître le   , heure de   à l'audience
du tribunal de police, séant   pour s'expliquer sur les

faits contenus au procès-verbal, dressé le   , constatant
que le susnommé a commis une contravention pour

En conséquence, répondre aux conclusions qui seront prises à l'audience par le ministère public ; lui déclarant que,
faute de comparaître les jour, lieu et heure susdits, il sera
contre lui donné défaut et passé outre au jugement avec dépens ; et j'ai, au sus-nommé, laissé copie du présent, dont le
coût est de

1343. CITATION PAR HUISSIER A TÉMOIN. — Voir nᵒˢ 939
et suiv.

L'an, etc., à la requête de (*le ministère public ou la partie
civile*) lequel fait élection de domicile à   ; j'ai F...,
huissier, etc., cité le sieur V... en parlant à... ainsi déclaré, à
comparaître le   heure de   à l'audience du tribunal de police
du canton de   séant à   pour dire et déposer vérité
sur les faits à sa connaissance, faisant l'objet d'un procès-verbal (*ou* de la plainte) dressé le   contre le nommé
et constatant

Lui déclarant que, faute par lui de comparaître aux jour et
heure susdits, il encourra l'amende et les peines prononcées
par la loi, et lui avons, en parlant comme dessus, laissé copie
dont le coût est de

1344. CÉDULE A DEMANDER AU JUGE DE PAIX POUR FAIRE
CITER A BREF DÉLAI EN CAS D'URGENCE. — Voir nᵒ 939.

Nous, juge de paix, président du tribunal de simple police
du canton de   ; vu l'art. 146 du Code d'instruction criminelle ; attendu l'urgence, mandons et ordonnons à tous huissiers sur ce requis, de citer à la requête du ministère public
près le tribunal, à comparaître aujourd'hui même, à
heures, en l'audience publique de ce tribunal :

1ᵒ Le sieur K... (*profession ; demeure*) ;

2ᵒ Le sieur H..., etc.

A   le   185 .

1345. PROCURATION POUR COMPARAITRE DEVANT LE TRI-
BUNAL DE SIMPLE POLICE. — Voir nᵒ 943.   75

Je soussigné (*nom*, *prénoms*, *profession*, *demeure*), donne pouvoir à M.   de comparaître pour moi et en mon nom, le   , devant le tribunal de police du canton de   , et de présenter toutes exceptions et défenses, nommer, s'il y a lieu, tous experts, assister à leurs opérations, et en un mot faire tout ce qui sera nécessaire.

A   le   185   .

Cette procuration doit être sur timbre et enregistrée. Dans un certain nombre de localités, le tribunal considère comme un acquiescement au jugement ces mots : *bon pour pouvoir*, avec signature du prévenu, placés au bas de la citation par simple avertissement rapportée à sa barre par un tiers, et prononce contradictoirement.

1346.   FEUILLE D'AUDIENCE. — Voir MODÈLE, n° 997.

1347.   RÔLE DRESSÉ POUR RÉGLER L'ORDRE DE L'APPEL DES AFFAIRES. — Voir MÉTHODE et observations, n° 948.

1348.   CONCLUSIONS DU MINISTÈRE PUBLIC. — Voir observations et FORMULES, n° 999 à 1004.

1349.   JUGEMENTS PRÉPARATOIRES, INTERLOCUTOIRES, PROVISOIRES, DÉFINITIFS; EN PREMIER OU EN DERNIER RESSORT; CONTRADICTOIRES OU PAR DÉFAUT. — Voir définition et SUBSTANCE, n°s 950 à 961.

1350.   PLUMITIF. — Le greffier tient note, à l'audience, des dires des parties, des dépositions des témoins et des incidents qui s'y produisent. Copie de ce plumitif est, en cas de pourvoi, jointe au dossier, revêtue du certifié véritable et de la signature du greffier. — Voir n° 949, §§ 1 à 11.

1351.   RÉQUISITOIRE POUR EXÉCUTION D'UN JUGEMENT DE SIMPLE POLICE. — Voir, n° 964.

Nous, etc., exerçant les fonctions du ministère public près le tribunal de simple police du canton de , en vertu du jugement de ce tribunal, en date du lequel condamne le nommé M..., âgé de , demeurant à , à un emprisonnement de , requérons tous huissiers ou agents de la force publique, de conduire et écrouer ledit M..., dans la prison de

Mandons et ordonnons au gardien de ladite prison de recevoir et garder M... pendant le temps déterminé par le jugement ci-dessus énoncé.

A le 185 .

1352. Mémoire des frais de capture. — Voir nᵒ 964; Modèle ci-contre.

Modèle n° 19, art. 77,
du règlement du 18 juin 1841.

Mémoire des frais de capture dus à C...,
sergent de ville à

Frais de justice criminelle.

Mois de ——
185 .
C..., sergent de ville.

NUMÉROS D'ORDRE.	DATE DE LA CAPTURE.	NATURE DU DÉLIT.	AUTORITÉ qui a requis LA CAPTURE.	DÉSIGNATION DE L'ACTE en vertu duquel LA CAPTURE A EU LIEU.	PRIX DE LA CAPTURE.

Je soussigné C..., sergent de ville, certifie véritable le présent mémoire.

A   le   185 .

Signature du sergent de ville.

Nous X..., commissaire de police remplissant les fonctions
du ministère public près le tribunal de simple police de   ;
vu les art. 77 du règlement du 13 juin 1811 ; 6 du décret du
7 avril 1813 ; 1er de l'ordonnance royale du 6 août 1823 ; et
attendu que les captures ont été faites hors la présence des
huissiers, requérons conformément à l'art. 140 du règlement
précité, qu'il soit délivré exécutoire par M. le Juge de paix
de   , en sa qualité de président du tribunal de simple
police, sur la caisse de l'administration de l'enregistrement,
pour le paiement de la somme de

A   le   185 .
(Sceau)   (Signature du Commissaire de police.)

Nous, etc., juge de paix, président du tribunal de simple
police de   , vu le réquisitoire ci-dessus, avons arrêté
et rendu exécutoire le présent mémoire, pour la somme de   ;
montant de la taxe que nous avons faite, et ordonnons que ladite somme sera payée au sieur C..., par le receveur de l'enregistrement au bureau de

A   le   185 .
(Signature du Juge de paix.)

1353. DÉCLARATION DE POURVOI EN CASSATION. — Voir
n°s 952 et suiv.

L'an, etc., au greffe du tribunal de simple police de
et devant nous, greffier soussigné, est comparu le sieur B...,
commissaire de police remplissant les fonctions du ministère
public près le tribunal de simple police du canton de   ,
lequel nous a déclaré qu'il se pourvoit en cassation contre le
jugement rendu le   qui a relaxé le nommé S... ; se réservant de déduire en temps et lieu ses moyens à l'appui du
présent pourvoi, dont il a requis acte, que nous lui avons
donné.

1354. REQUÊTE ÉTABLISSANT LES MOYENS SUR LESQUELS
LE POURVOI EST FONDÉ. — Voir n°s 955 et suiv.

A Monsieur le Président et Messieurs les Conseillers composant la chambre criminelle de la Cour de cassation.

Monsieur le Président et Messieurs ,

Le soussigné Commissaire de police à   , remplissant les fonctions du ministère public près le tribunal de simple police du canton de   , à l'honneur de vous exposer :

(*Mentionner sommairement l'objet de la contravention, la manière dont l'instance a été introduite, les débats et le jugement. Développer les moyens de cassation invoqués à l'appui du pourvoi.*)

En accueillant ces moyens, vous ferez justice.

Le soussigné à l'honneur d'être, avec le plus profond respect, Monsieur le Président et Messieurs , votre très-humble et très-obéissant serviteur.

(Signature.)

CHAPITRE XXVI.

FORMULES DE LA SIXIÈME PARTIE
(DROIT CIIVL.)

NOTA. — Nous n'entendons donner ici que les formules des actes *sous-seings privés* les plus usuels; le libellé, tracé sur timbre, peut et doit varier suivant le but des parties, qui ne sauraient apporter trop de soin à préciser leur intention. Les avis d'un jurisconsulte doivent être invoqués dans la plupart des cas.

SECTION UNIQUE.

Acte de partage d'une succession. — Testament olographe. — Partage par testament olographe. — Acte de vente. — Échange. — Contrat de louage. — Bail. — Quittance de loyer. — Louage d'industrie. — Convention d'apprentissage. — Prêt. — Mandat (contrat civil). — Acte de transaction. — Actes de nantissement. — Gage. — Antichrèse.

1355. ACTE DE PARTAGE D'UNE SUCCESSION. — Voir n° 1068.

Les soussignés,

1° Claude B... (*profession, demeure*).

2° Jean B...   *id.*

3° Louis B...   *id.*

Les trois héritiers chacun pour un tiers de Nicolas B..., leur père;

Voulant procéder au partage amiable et à la liquidation des droits de la succession de Nicolas B..., leur père, déclarent que les biens qui vont être énoncés sont les seuls qui dépendent de ladite succession, et qu'ils en ont fait l'estimation à l'amiable, comme il suit.

(*Etablir la masse à partager : masse active, masse passive, balance. Formation des parts. Attribution des lots ou tirage au sort.*)

Chacun des copartageants susdits et soussignés jouira dès ce jour des choses comprises dans son lot, et paiera également dès ce jour les impôts des biens qui lui sont échus.

Lesdits copartageants déclarent et reconnaissent que chacun d'eux a reçu les titres des immeubles qui lui reviennent.

Ou

Les cohéritiers soussignés acceptent les lots tels qu'ils leur sont échus, avec l'obligation de garantie conformément aux règles ordinaires. Chacun d'eux jouira immédiatement de tous les objets compris dans son lot, et en supportera également les charges. Chacun d'eux reconnaît aussi qu'il a reçu les titres des immeubles qui lui sont échus.

Fait triple à   le   mil

(*Signatures des copartageants.*)

1356. TESTAMENT OLOGRAPHE. — Voir n° 1069. Doit être écrit en entier de la main du testateur, et signé à toutes les pages.

Ceci est mon testament.

Je nomme pour mon légataire universel X .. (*profession, demeure*).

A   le   mil

Ou

Je lègue à X... le quart (*ou* la moitié) de mes biens, (*ou encore telle somme ou tel objet qu'on détermine.*)

Je charge X..., de donner à F... (*profession demeure*) ma maison située à et aussi de donner à C... la somme de

(*Celui qui nomme un exécuteur testamentaire doit ajouter*) : je nomme D..., avocat (*ou* notaire) demeurant à pour exécuteur testamentaire, et je lui donne la saisine de mon mobilier. Je le prie d'accepter la somme de , en témoignage de l'accomplissement du service dont je le charge.

A le mil

(*Signature du testateur.*)

(*Partage par testament olographe.*) Je partage les biens que je laisserai à mon décès entre tous mes enfants qui sont : (*noms et prénoms.*)

Mes biens comprennent : (*désignation et estimation des biens.*)

(*Si l'on veut donner quelque chose par préciput ou hors part à l'un de ses enfants, on dit :*

Sur la somme totale de je donne et lègue par préciput à la somme de , et en outre la maison située à estimée à

(*Formations des parts.*) Le premier lot comprendra (*faire l'énumération exacte*). Il appartiendra à Paul B... mon fils aîné.

Le deuxième lot comprendra (*énumérer*). Il appartiendra à Xavier B... mon second fils.

Le troisième lot comprendra (*énumérer*). Il appartiendra à ma fille Uranie B...

Chacun de mes enfants commencera à jouir des choses comprises dans son lot dès le jour de mon décès.

Les sommes nécessaires pour le paiement des dettes que je laisserai seront prises sur l'argent et le mobilier que je laisserai à mon décès.

Mes enfants paieront les legs particuliers suivants :
1° La somme de   à Eugène W...
2° La somme de   à Louis G...

A   le   mil

(Signature du testateur.)

Les donations entre-vifs ne peuvent être faites que par acte authentique (notarié).

1357.   ACTE DE VENTE. — Voir n° 1073.

Entre les soussignés ,
Pierre H... (*profession , demeure.*)
Et Jean S...   *id.*
Il a été convenu ce qui suit :

Pierre H... vend à Jean S... (*description des objets*) lesquels objets ont été remis à l'instant par Pierre H... à Jean S... qui le reconnaît (*ou* seront livrés le   )

Cette vente est faite moyennant le prix de   que Jean S... s'oblige à payer dans le délai de   , à partir de ce jour, en sa demeure ci-dessus indiquée (*ou* payé à l'instant par Jean S... à Pierre H... qui le reconnaît ; dont quittance.)

Fait double à   le   mil

(Signatures des parties.)

1358.   ECHANGE. — Voir n° 1074.

Entre les soussignés :
Pierre H... (*profession , demeure.*)
Et Jean S...   *id.*
a été faite la convention suivante :

Pierre H... cède à titre d'échange à Jean S... qui accepte (*désigner les objets , et , s'il s'agit d'immeubles , établir le droit de propriété jusqu'au delà de trente ans.*)

De son côté Jean S... cède à titre de contre-échange à Pierre H... qui l'accepte (*désignation des objets , et justification du droit d'en disposer.*)

Chacun des soussignés jouira de (*meuble ou immeuble*) qui lui est donné en échange à partir de ce jour, et (*s'il s'agit d'un immeuble*) en paiera les contributions et autres charges annuelles à partir du même jour.

Cet échange est fait de part et d'autre sans droit de retour (*s'il y a retour, indiquer et fixer la somme*), attendu que chacun de ces (*meubles ou immeubles*) est estimé également à la somme de

Chacun des soussignés a remis à l'autre les titres de propriété ci-dessus énoncés.

Fait double à   le   mil
            (*Signatures des parties.*)

1359. CONTRAT DE LOUAGE. — BAIL. — QUITTANCE DE LOYER OU FERMAGE. — Voir nᵒ 1075.

Entre les soussignés, etc.

Il a été convenu ce qui suit :

A... consent à B..., qui accepte un bail pour le délai de années qui commenceront à courir le   Ce bail a pour objet (*indiquer les lieux loués et leurs dépendances.*)

Ce bail est fait moyennant la somme de   que B... s'oblige de payer par chaque année, de la manière suivante : (*l'indiquer.*)

Outre les conditions du prix, B... contracte les obligations suivantes : (*les énoncer.*)

Fait double à   le   mil
            (*Signatures des parties.*)

(*Quittance de loyer*). Je soussigné, propriétaire de (*désignation et situation de l'immeuble*), reconnais avoir reçu de B..., la somme de   pour le terme échu du loyer (*ou des fermages*) de   qu'il occupe (*ou dont le bail lui été consenti par acte sous-seing privé, en date du*   Dont quittance, et sans préjudice.

A   le   mil
            (*Signature du propriétaire.*)

1360.   LOUAGE D'INDUSTRIE. — CONVENTION D'APPREN-
TISSAGE. — Voir n° 1075 ; TRAVAIL DES ENFANTS, n° 733 ;
MANUFACTURES, n° 555.

Entre les soussignés, etc.
a été faite la convention suivante :

A... voulant faire apprendre un métier à Z... son fils, le
met en apprentissage auprès de B..., qui l'accepte pour
années à partir du   jusqu'au

B... promet d'enseigner, pendant ledit temps, son métier
de   à Z... et, en outre, de le nourrir, loger, coucher
et blanchir. A... entretiendra son fils de chaussures et autres
vêtements, et il promet, en outre, de payer à B..., pour l'in-
demniser de ses soins et de ses dépenses, la somme de
payable lors de l'entrée de Z... chez B... Si Z... venait à s'ab-
senter ou à fuir, A... devrait le ramener chez B... pour tout
le temps qui resterait encore à courir.

Fait double à   , le   mil

(*Signatures des parties.*)

1361.   PRÊT. — Voir n° 1077.

Je soussigné O... (*profession, demeure*), reconnais que
P... (*profession, demeure*), m'a remis à titre de prêt la somme
de   que je m'oblige à lui payer sans intérêts le
(*ou* avec les intérêts au taux légal de cinq pour cent par an
(*si l'intérêt conventionnel est moindre, l'indiquer*), lesquels
intérêts seront exigibles à la fin de chaque année.

A   le   mil

(*Signature de l'emprunteur.*)

1362.   MANDAT (contrat civil). — Voir n°ˢ 553 et 1080.

Je soussigné A... (*profession, demeure*),
donne pouvoir à B... (*profession, demeure*), qui accepte ce
mandat, de recevoir pour moi et en mon nom, de
(*désignations*) ; d'en donner reçu, quittance et décharge, et,

à défaut de paiement, de faire contre ledit   , toutes pour‐
suites, oppositions, saisies-arrêts, saisies-exécutions, expro-
priations et généralement tout ce qui sera nécessaire pour le
recouvrement de la créance ;

De traduire   , ou tous autres en conciliation devant le
tribunal de paix, plaider , transiger, élire domicile, constituer
avoué et le révoquer pour en constituer un autre ; donner toute
main levée ; substituer, et faire généralement tout ce qu'il jugera convenable pour le recouvrement de ladite créance.

Ou

Donne pouvoir à B... de faire pour moi et en mon nom tous
les actes suivants : (*les énumérer.*)

Fait double à   le   mil

(*Signatures du mandant et du mandataire.*)

1363.   Acte de transaction. — Voir nᵒ 1081.

Entre les soussignés ,
A... (*profession , demeure*),
Et B...   *id.*
a été observé ,

Que par acte d'huissier en date du   , A... a introduit
contre B... une demande tendant à

Que B... prétend, de son côté, que

Les soussignés voulant terminer tout différent à cet égard ont
fait, à titre de transaction, la convention suivante :

A... renonce en faveur de B... qui accepte, à

Cette renonciation est faite moyennant la somme de
que B... s'engage à payer à A..., qui accepte, et qui déclare
l'avoir reçue à l'instant, dont quittance.

Au moyen de la présente transaction, le procès existant
entre les parties et porté devant la justice de paix de
(*ou* le tribunal de première instance de   ) est entièrement
éteint et fini.

(*Signatures des parties.*)

1364.   ACTES DE NANTISSEMENT — GAGE. — ANTICHRÈSE.
— Voir n° 1084 ; MAISONS DE PRÊT SUR GAGES, n° 547.

(*Acte de gage.*) Entre les soussignés ,

A... (*profession, demeure*) ,

Et B...   *id.*

a été faite la convention suivante :

B... voulant assurer le paiement tant en capital qu'intérêts échus ou à échoir d'une dette de la somme de   , par lui contractée au profit de A..., et constatée par acte sous-seing privé en date du   , enregistré le

A présentement remis en gage à A..., son créancier de la susdite somme , les objets ci-après , savoir   (*désigner l'espèce et la nature des choses remises en gage.*)

Tous les effets ci-dessus désignés sont affectés , par privilége, au paiement de l'obligation énoncée. A... s'oblige de rendre à B... lesdits effets aussitôt que ce dernier aura acquitté entièrement sa dette en principal , intérêts et autres accessoires , et à veiller avec soin à leur conservation.

Fait double à   , le   mil

(*Signatures des parties*)

(*Acte d'Antichrèse*). Entre les soussignés ,

A .. (*profession, demeure*) ,

Et B...   *id.*

a été faite la convention suivante :

B... voulant assurer le paiement tant en capital qu'intérêts échus et à échoir d'une dette de   , par lui contractée au profit de A... et constatée par acte sous-seing privé en date du   enregistré le

A , remis à titre d'antichrèse, à A..., qui accepte , sa maison située à

En conséquence, A... aura le droit de toucher , sur ses simples quittances , les loyers des locataires de ladite maison à partir du   , et cela par privilége et préférence à tous les créanciers dudit B...

Les soussignés conviennent que le prix touché desdits loyers
se compensera avec les intérêts de la somme due par B... à A...,
jusqu'à concurrence de la somme de   , et que le surplus
s'imputera sur le capital jusqu'à entier acquittement de la dette.

A... prend l'engagement :

1° De payer les contributions quelconques de ladite maison,
et d'y faire toute espèce de réparations, en prélevant toutefois
sur le prix des loyers ce qui sera dépensé pour contributions
et réparations ;

2° De jouir de la maison en bon père de famille ;

3° De rendre ladite maison à B... aussitôt que sa créance
sera intégralement acquittée.

Fait double à   le   mil

(*Signature des parties.*)

... ...

HUITIÈME PARTIE.

DICTIONNAIRE DE POLICE PRATIQUE. —
DROIT ADMINISTRATIF. — DROIT CRIMINEL. —
DROIT CIVIL. — TABLE ALPHABÉTIQUE,
ANALYTIQUE ET GÉNÉRALE
DU MEMENTO DU COMMISSAIRE DE POLICE.

CHAPITRE XXVII.

LEXIQUE.

SECTION I.

A.

1363. Abandon d'animaux ; V. Police municipale. Nᵒˢ 870 à 929 ; Cod. pén., art. 475, §7 ; *Formule*, nᵒ 1325.

Abandon de barreaux, coutres, etc., id. Code pén., art. 471, §7 ; 472 ; même formule.

Abandon de biens. Nᵒ 1070 ; Code Nap., art. 1265 et suiv.

Abandon de choses. V. Epaves.

Abandon d'enfant. V. Enfant abandonné.

Abandon de fous dangereux. Code pén., art. 471 et 475. V. Fous furieux.

Abattage d'arbres. Code pén., art. 445 à 462. V. Arbres, nᵒ 342 ; Régime forestier, nᵒ 670 ; Police rurale, nᵒ 648, Voirie, nᵒ 761.

Abattoirs. Nᵒ 354.

Ab intestat. Succession qui s'ouvre sans que le défunt ait fait de testament, nᵒ 1068.

Abonnement pour les contributions indirectes. Nᵒ 324.

Abonnement (vendanges et vins nouveaux). Nᵒ 325.

Abordage de bateaux. Nᵒ 326. V. Régime des eaux, nᵒ 669.

Abréviations. Les commissaires de police, comme les *officiers* de l'état civil (Code Nap., art. 42), ne doi-

AGENTS DIPLOMATIQUES. N° 332.

AGRICULTURE N°334. V. DRAINAGE, n°427.

ALARME. V. CLOCHES. La propagation de bruits inquiétants et de fausses nouvelles est un délit. V. FAUSSESNOUVELLES.

ALÉATOIRE (CONTRAT). N° 1079.

ALIBI. Ce mot latin, qui signifie *ailleurs*, est employé, en droit criminel, pour indiquer la présence d'une personne dans lieu autre que celui où a été commis le crime ou le délit dont elle est accusée.

ALIÉNÉS. N° 335. V. ABANDON; FOUS FURIEUX.

ALIGNEMENTS ET PERMISSIONS DE VOIRIE. N° 336. V. ROUTES; RUES; TRAVAUX CONFORTATIFS; VOIRIE (grande et petite)

ALIMENTS. V. DENRÉES ALIMENTAIRES; FOURRIÈRE.

ALLUMETTES (fabrique). V. ATELIERS DANGEREUX.

AMBASSADEURS. V. AGENTS DIPLOMATIQUES.

AMENDES. N°s 312, 313; 975 à 990; Code pén., art. 52 à 55.

AMNISTIE. Acte du pouvoir souverain, dont l'objet est d'effacer et de faire oublier un crime ou un délit. V. n° 1005.

AMPLIATION. C'est le double ou *duplicata* d'un titre. V. MINUTE, n° 571.

ANIMAUX. V. ABANDON; BESTIAUX MALADES; CHIENS; HYDROPHOBIE; POLICE MUNICIPALE; POLICE RURALE; Code pén., art. 452 à 454, 479. Responsabilité civile, Code Nap., art. 1385; Code rural, art. 12.

ANIMAUX (mauvais traitements contre les). Loi du 9 juillet 1850.

ANNEXE. Pièce jointe à la minute d'un acte dans lequel elle est énoncée. Les papiers saisis doivent être *annexés* au procès-verbal du commissaire de police.

ANONYME (lettre ou écrit). Code pén., art. 305, 306, 376; lois des 17 mai 1819 et 25 mars 1822.

ANTICIPATIONS. N° 337. V. USURPATION SUR LA VOIE PUBLIQUE, n° 746.

ANTICHRÈSE. N° 1084. *Formule*, n° 1362, § 2.

ANTIDATE. C'est une date antérieure à la véritable date d'un écrit. L'antidate

peut, suivant les circonstances, constituer le crime de faux. V. n° 861.

APOTHICAIRES. V. DROGUISTES ET HERBORISTES; JURY MÉDICAL; MÉDICAMENTS.

APPEL. C'est le recours à un tribunal supérieur, pour faire réformer le jugement d'un tribunal inférieur En matière de simple police, V. n°s 951 à 954.

APPOINTEMENTS DES COMMISSAIRES DE POLICE, n° 338. V. TRAITEMENT DES COMMISSAIRES DE POLICE, n° 731.

APPRENTISSAGE, APPRENTIS. N° 339, 340, 555, 733, 1075. Contrat d'apprentissage, *Formule*, n° 1358.

APPROVISIONNEMENTS. N° 341. V. MARCHÉS; FOURRIÈRE.

ARBITRAIRE. On appelle ainsi ce qui est fait ou ordonné sans autre règle que le caprice et la volonté de celui qui agit. V. ABUS D'AUTORITÉ.

ARBITRAGE, ARBITRES. V. TRANSACTIONS.

ARBRES. N° 342. V. ABATTAGE D'ARBRES.

ARCHITECTES. V. ENTREPRENEURS DE TRAVAUX PUBLICS.

ARCHIVES. N°s 175 à 177.

ARE. Mesure agraire de cent mètres carrés. V. MESURES ET POIDS.

ARMES DE GUERRE. N° 343.

ARMES SECRÈTES. N° 344.

ARMES ABANDONNÉES. Code pén., art. 471, § 7. V. ABANDON.

ARMURIERS. N° 345.

ARRANGEMENTS. V. MASSES NOIRES; TRANSACTIONS.

ARRESTATION. N° 160, 161; en vertu d'un mandat ou d'un jugement, n° 848; *Formule* du procès-verbal n° 1324. Arrestation et conduite d'un inculpé, n°s 826, 827; *Formules*, n°s 1236, 1311. Arrestations illégales et séquestration de personnes, V. ABUS D'AUTORITÉ.

ARRÊTÉS ET RÈGLEMENTS. V. ACTES ADMINISTRATIFS.

ARRHES. Code Nap., art. 1590. En matière de vente, les arrhes s'imputent sur le prix, et sous ce rapport elles diffèrent essentiellement de ce qu'on appelle, en matière de louage, *denier à Dieu*, lequel n'est pas imputable sur le prix du loyer, quoiqu'il

Ayant-cause. Celui à qui les droits d'une personne ont été valablement transmis. V. Notions générales de droit civil, n° 1013 et suiv.

Ayant-droit. C'est celui qui a les droits d'une autre personne, et qui peut les exercer de la même manière que cette personne eût pu le faire.

SECTION II.

B.

Bois et forêts. V. Régime forestier

Boissons, boissons falsifiées, n° 919. V. Denrées alimentaires ; Contributions indirectes.

Bonne foi. La bonne foi est toujours présumée ; c'est à celui qui allègue la mauvaise foi à la prouver (*Code Nap.*, *art.* 2268.)

Bonnes mœurs. V. Mœurs; Notions générales de droit civil. On ne peut déroger par des conventions particulières aux lois qui intéressent l'ordre public et les bonnes mœurs (*Code Nap.*, *art.* 6.)

Bon ordre. V. Police municipale.

Bornage, bornes. Tout propriétaire peut obliger son voisin au bornage de leurs propriétés contiguës. Le bornage se fait à frais communs (*Code Nap.*,

art. 646). Déplacement de bornes ; V. n° 863 ; Code pén., art. 389.

Boucherie, bouchers. N° 918.

Boulangerie, boulangers. N° 917.

Bouquinistes. V. Librairies, libraires.

Bourse. N° 368.

Brevets d'invention. N° 369.

Bris de cloture. Code pén., art. 456.

Bris de prison. V. Evasion de détenus.

Bris de scellés. V. Scellés. *Formules*, n°s 1313 et suiv.

Brocanteurs. V. Fripiers.

Bruits ou tapages injurieux ou nocturnes. N° 900.

Bureaux de placement. V. Police municipale.

Bureau de police, organisation, distribution du service, n°s 172 à 218.

SECTION III.

C.

1365. Cabane de gardien ou instruments d'agriculture détruits. V. Code pén., art. 451 ; *Formules*, n°s 1311 et suiv.

Cabaretiers, cafetiers ou limonadiers N°s 405, 529 et 912. V. Cafés-concerts.

Cabinets littéraires. N° 371.

Cabriolets. V. Messageries ; Police du roulage.

Cadastre. Registre public qui contient en détail la quantité, la qualité et la nature des terres de chaque commune, pour servir de base à la répartition de la contribution foncière. V. Contributions directes.

Cadavre. V. Asphyxie ; Exhumations ; Décès accidentel, violent ou subit; Levée de cadavre ; Cadavre caché ou recelé (Code pén., art. 359.)

Cafés-concerts ou spectacles. N° 372. V. Cabaretiers, cafetiers ou limonadiers; Lieux publics.

Caisses d'épargne. N° 373.

Caisses de retraites pour la vieillesse N° 374.

Calomnie. N° 862, § 17.

Canaux, N° 375. V. Régime des eaux.

Canne a dard. V. Armes secrètes.

Capacité. Incapacité Les causes d'incapacité sont ou dans la présomption que ceux qui contractent n'ont pas un discernement suffisant, ou dans des considérations d'ordre public. V. Notions générales de droit civil.

CAPTURE. N°. 161. V. Arrestation. Mémoire des frais de capture, *Modèle*, n° 1350.

CARENCE. Des certificats de carence peuvent être demandés par l'administration des contributions indirectes lorsque des recherches sont faites pour le recouvrement d'amende ou de frais contre des condamnés dont le domicile est inconnu. Ces certificats sont dressés en la forme ordinaire sur l'attestation et sous la responsabilité de témoins qui les signent. V. Formulaire.

CARNAVAL. V. Déguisements ; Police municipale.

CARRIÈRES, mines et minières. N° 376.

CARTE DE SURETÉ. Elle est délivrée par le maire ou par un commissaire de police, sur le dépôt d'un passe-port ou d'un livret régulier et non périmé et sur l'attestation de deux témoins, certifiant l'identité et la position particulière de l'impétrant. La délivrance des cartes de sûreté fait ordinairement l'objet d'un arrêté de police de l'autorité locale. V. Livrets d'ouvriers ; Passeports.

CARTES A JOUER. N° 377.

CAS FORTUIT. Évènement qui ne peut être prévu, et que d'ailleurs on n'aurait pu empêcher, quoiqu'on l'eût prévu.

CASSATION. V. Pourvoi.

CASTRATION. Code pén., art. 316, 325, 326. V. Police judiciaire. *Formules*, n° 1313 et suiv.

CAUSE. L'obligation sans cause, ou sur une fausse cause, ou sur une cause illicite, ne peut avoir aucun effet. (*Cod. Nap.*, art. 1131.) V. Notions générales de droit civil.

CAUTIONNEMENT. N° 1081.

CÉDULES. N° 939. A demander au juge de paix pour faire citer à bref délai en cas d'urgence, *Formule*, n° 1342.

CÉRÉALES. N° 378. V. Foires et marchés ; Denrées alimentaires ; Location de places ; Pesage et mesurage publics.

CÉRÉMONIES ET FÊTES PUBLIQUES. V. Préséance.

CERTIFICATS DE MORALITÉ. N° 379 ; *Formule*, n° 1265.

CESSION DE BIENS. V. Abandon de biens.

CHAMBRES GARNIES. V. Logeurs.

CHANTEURS AMBULANTS, CHARLATANS. N° 381.

CHARIVARI. V. Tapage injurieux ou nocturne.

CHARGEMENT EXCÉDANT LA LARGEUR PERMISE. N° 380. V. Police du roulage.

CHARRETIERS, rouliers, conducteurs, etc. N° 889.

CHASSE. N° 382. Bon de permis de chasse, *Formule*, n° 1266. Procès-verbal constatant un délit de chasse, *Formule*, n° 1267. V. Fourrière, Chemins publics, n° 383. V. Routes ; Rues ; Voirie grande et petite.

CHEMINS DE FER. N° 384.

CHEMINÉES. V. Fours et cheminées.

CHEVAUX EXCÉDANT LE NOMBRE PERMIS. N° 385.

CHEVAUX ATTELÉS PLUS DE CINQ DE FILE. N° 386.

CHIENS. N° 387. V. Hydrophobie ; Abandon d'animaux.

CHIFFONNIERS. N° 926.

CHIRURGIENS. V. Art de guérir.

CIMETIÈRES. N° 389. V. Inhumations ; Exhumations.

CIRCULAIRES MINISTÉRIELLES. N° 390.

CITATIONS SANS FRAIS. N° 938. A prévenu, *Formule*, n° 1335 ; à témoin, *Formule*, n° 1336.

CITATIONS PAR HUISSIER. N°s 939 et suiv. A prévenu, *Formule*, n° 1340 ; à témoin, *Formule*, n° 1341 ; hors du canton, *Formule*, n° 1337 ; à bref délai en cas d'urgence, *Formule*, n° 1342.

CLAMEUR PUBLIQUE. Est assimilée au flagrant délit. V. n°s 784 à 789.

CLASSIFICATION DES COMMISSARIATS DE POLICE. N°s 56 et suiv.

CLERGÉ. V. Police des églises.

CLOCHES. N° 391. V. Tocsin.

CLOTURES. V. Destruction.

CLOUS DE BANDE A TÊTE DE DIAMANT. N° 392. V. Police du roulage.

COALITION DE FONCTIONNAIRES. N° 163.

COALITION DE MAITRES. Code pén., art. 414. V. Police judiciaire ; *Formules*, n°s 1313 et suiv.

SECTION IV.

D.

1366. DANSE avec des gestes indécents, constitue un outrage public à la pudeur, et donne lieu à l'application de l'art. 330 du Code pén. V. nº 862, § 9 ; BALS PUBLICS.

DATE. Indication du jour, du mois et de l'année, ainsi que du lieu ou un acte est passé. Les actes sous-seing privé n'ont de date *certaine* contre les tiers, que du jour où ils ont été enregistrés, du jour de la mort de celui ou de ceux qui les ont souscrits, ou du jour où leur substance est constatée dans des actes dressés par des officiers publics tels que procès-verbaux de scellés ou d'inventaire. (*Cod. Nap., art.* 1328.)

DÉBAUCHE DE MINEURS. V. EXCITATION A LA DÉBAUCHE. L'art. 334 du Code pén., qui punit l'excitation à la débauche des mineurs de l'un ou de l'autre sexe, est applicable seulement au proxénète qui corrompt la jeunesse dans l'intérêt d'autrui, et non à celui qui agit dans le but de satisfaire ses propres passions. (*Arr. de Cass.,* 18 *juin* 1840, 19 *mai* 1841.)

DÉBIT DE BOISSONS. Nº 405. V. LIEUX PUBLICS.

DÉCÈS ACCIDENTEL, VIOLENT OU SUBIT. Nº 406. V. LEVÉE DE CADAVRE. *Formules,* nᵒˢ 1269 et 1295.

DÉCENTRALISATION ADMINISTRATIVE. Nº 407.

DÉCLARATIONS DES TÉMOINS EN CAS DE CRI-ME. N°ˢ 814 et suiv., *Formule*, n° 1314. V. AUDITION DE TÉMOINS.

DÉCLARATION DE POURVOI EN CASSATION. V. POURVOI.

DÉCORATION. L'art. 259 du Code pén. punit d'un emprisonnement de six mois à deux ans, toute personne qui a publiquement porté une décoration qui ne lui appartient pas.

DÉFAUT DE PAPIERS. N°ˢ 408 et 493. Pro-cès-verbal constatant l'arrestation d'un individu non pourvu de titre régulier de voyage, *Formule*, n° 1270. V. VAGABONDAGE.

DÉFAUT D'ENTRETIEN DES FOURS ET CHEMI-NÉES, USINES, etc. N° 880.

DÉFAUT DE DÉCLARATION D'UN ACCOUCHE-MENT. N° 328.

DÉFAUT V. JUGEMENT PAR DÉFAUT.

DÉFENSE LÉGITIME. Code pén., art. 328 et 329. V. COUPS ET BLESSURES.

DÉGRADATIONS DE MONUMENTS. N°ˢ 577 et 861, § 7.

DÉGUISEMENTS, CARNAVAL. N°ˢ 409 et 921.

DÉLAI. Temps accordé par les parties ou par le juge, ou prescrit par la loi pour faire quelque chose.

DÉLAISSEMENT. V. ABANDON D'ENFANT

DÉLÉGATIONS. N°ˢ 836 et suiv. V. AUTO-RISATIONS, COMMISSIONS ROGATOIRES. Délégations du juge de paix aux ter-mes de la loi du 4 avril 1855, n° 21; *Formule*, n° 1230.

DÉLITS ET QUASI-DÉLITS. N°ˢ 854 et 1071. V. FLAGRANT DÉLIT ET DÉLIT NON FLA-GRANT.

DÉLITS DE CHASSE. N° 864, § 4.

DÉLITS ET CONTRAVENTIONS RURAUX. N° 864, § 3.

DÉLITS FORESTIERS. N° 864, § 1.

DÉLITS DE PÊCHE FLUVIALE ET MARITIME. N° 864, § 2.

DÉLITS DE LA PRESSE. V. PRESSE.

DEMANDES EN DÉCRÈVEMENT. N° 410.

DÉMÉNAGEMENT FURTIF. N° 411.

DÉMENCE. N° 412.

DÉMOLITIONS. N° 413.

DÉNI DE JUSTICE. Le juge qui refuse de juger sous prétexte du silence, de l'obscurité ou de l'insuffisance de la loi, peut être puni comme coupable de *déni de justice*. (*Cod. Nap.*, art. 4.)

DÉNOMBREMENT. V. RECENSEMENT.

DÉNONCIATIONS. N° 796. V. PLAINTES.

DÉNONCIATION CALOMNIEUSE. N°ˢ 796, § 2; 862, § 17.

DENRÉES ALIMENTAIRES. N° 414. V. FOUR-RIÈRE; BOULANGERIE, BOULANGERS; BOUCHERIE, BOUCHERS; BOISSONS.

DENTISTES. N° 415.

DÉPLACEMENT DE BORNES. Code rural, art. 32; Code pén., art. 389, 456. V. BORNES.

DÉPÔTS DE MATÉRIAUX SUR LA VOIE PUBLI-QUE. V. EMBARRAS DE LA VOIE PUBLI-QUE; VOIRIE GRANDE ET PETITE.

DÉPÔTS DE MATÉRIAUX SUR LES BORDS DES RIVIÈRES. N° 417.

DÉPÔTS DE MENDICITÉ. N°ˢ 416 et 861, § 10. V. MENDICITÉ.

DÉPÔT ET SEQUESTRE. N° 1078.

DÉSERTION, DÉSERTEURS. N° 418.

DESSÈCHEMENT DES MARAIS. N° 419.

DÉSISTEMENT D'UNE PLAINTE. N°ˢ 559, 834, 1006; *Formule* et observations, n° 1320. V. PLAINTES ET DÉNONCIA-TIONS.

DESSINS, GRAVURES, LITHOGRAPHIES ET EMBLÈMES. N° 420.

DESTRUCTION D'ACTES de l'autorité publi-que, d'actes ou titres privés. N° 863, § 10.

DESTRUCTION D'INSTRUMENTS D'AGRICUL-TURE. N° 863, § 17.

DESTRUCTION D'ANIMAUX. N° 263, § 16.

DESTRUCTION DE FOSSÉS, DE CLÔTURES. N° 863; § 17.

DÉTAXE DES PAQUETS ET LETTRES. N° 135.

DÉTENTION. V. PEINES.

DÉTENTION ARBITRAIRE, ILLÉGALE. N°ˢ 159 et suiv., V. LIBERTÉ INDIVIDUELLE.

DÉTENTION PRÉVENTIVE. C'est celle que subit un prévenu ou un accusé avant son jugement; elle ne compte jamais pour l'expiation de la peine.

DÉTENUS. V. ÉVASION DE DÉTENUS.

DÉTOURNEMENT. N° 863, § 7. V. ABUS DE CONFIANCE.

DÉTOURNEMENT DE MINEUR. N° 862, § 14.

DÉTOURNEMENT D'OBJETS SAISIS. N° 863, § 3.

DÉVASTATIONS DE RÉCOLTES. N° 863, § 12.

DEVINS, TIREURS DE CARTES. N°' 421 et 899.

DIFFAMATIONS, INJURES. N° 363, § 8.

DILIGENCES. V. MESSAGERIES ; POLICE DU ROULAGE.

DIMANCHES ET FÊTES. N° 422.

DISCERNEMENT. Code pén., art. 66, 68, 69.

DISCOURS SÉDITIEUX. N° 859. V. ATTROUPEMENTS.

DISPARITION D'UN INDIVIDU. V. ABSENCE.

DISPOSITIF. C'est la partie du jugement ou de l'arrêt qui contient ce que les juges ont prononcé sur la contestation des parties.

DISPOSITION DE LA LOI. C'est tout ce que la loi ordonne.

DISPOSITION DE L'HOMME. Ce mot s'applique à tout ce que l'homme ordonne, à toutes les expressions de sa volonté ; ainsi l'on dit : *disposition entre-vifs*, disposition *à cause de mort*, etc. V. NOTIONS GÉNÉRALES DE DROIT CIVIL.

DISPUTES, QUERELLES, RIXES. V. COUPS ET BLESSURES, TAPAGES INJURIEUX OU NOCTURNES ; VIOLENCES LÉGÈRES.

DISTINCTION DES BIENS et leurs rapports avec ceux qui les possèdent n° 1064.

DISTRIBUTEURS D'IMPRIMÉS. N° 423. V. PRESSE.

DISTRIBUTION PAR CONTRIBUTION. C'est la répartition au marc le franc des deniers d'un débiteur entre ses créanciers. V. FOUS FURIEUX ; ABANDON D'ANIMAUX ; CHIENS.

DIVAGATION. V. FOUS FURIEUX ; ABANDON D'ANIMAUX ; CHIENS.

DIVERTISSEMENT D'EFFETS. On se sert de ce mot pour exprimer la soustraction, par un héritier, par le mari ou la femme, d'effets de la succession ou de la communauté.

DIVIDENDE. C'est la portion afférente à chacun des ayant-droit dans une société, dans une faillite.

DOMESTIQUES. Code Nap., art. 1384, 1781, 2272. Les domestiques ont leur domicile chez leurs maîtres, qui sont crus pour le paiement des gages et sont responsables en ce qui concerne les faits se rattachant, même indirectement, à leur service. Les juges de paix sont appelés à prononcer sur les difficultés qui s'élèvent entre maîtres et domestiques. V. OUVRIERS ; LOUAGE.

DOMICILE. N° 1055. Certificat de domicile ; *Formule*, n° 1333.

DOMICILE DE SECOURS. Le domicile de secours est le lieu où l'homme nécessiteux a droit aux secours publics (*Décr. du 24 vend., an II, tit. V, art.* 1er). Le lieu de naissance est le lieu naturel de secours. Pour acquérir ce domicile, il faut un séjour d'un an dans une commune.

DOMMAGE. Réquisitoire du ministère public près le tribunal de simple police pour le faire fixer, *Formule*, n° 1339.

DOMMAGE AUX PROPRIÉTÉS MOBILIÈRES D'AUTRUI. N° 897.

DOMMAGE CAUSÉ AUX ROUTES. N° 424. V. VOIRIE GRANDE ET PETITE.

DOMMAGES ET INTÉRÊTS. On appelle *dommages et intérêts* la perte que quelqu'un a faite, et le gain qu'il a manqué de faire. (*Digest., loi* 13).

DONATIONS ET TESTAMENTS. N° 1069.

DOT. N° 1072. V. CONTRAT DE MARIAGE.

DOUANES. N° 425.

DOUBLÉ (or et argent). N° 426. V. GARANTIE.

DRAINAGE. N° 427.

DROGUISTES ET HERBORISTES. N° 428. V. JURY MÉDICAL.

DROIT. N° 1013. Le droit est la raison reconnue par le consentement des hommes et appliquée aux rapports des hommes entre eux.

DROIT CIVIL. Notions générales. N°' 1013 et suiv.

DROITS CIVILS (jouissance et privation). N° 1053.

DROIT ROMAIN ET DROIT CANONIQUE. Conseils et règles. N°' 1088 et suiv.

DROITS DE PÉAGE NON AFFICHÉS. N° 429.

DUEL. L'auteur d'un homicide commis, de blessures faites ou de coups portés en duel, doit être poursuivi comme prévenu des crimes ou délit punis par les art. 302, 309, 310 et 311 du Code pén. Les témoins d'un duel doivent être poursuivis comme complices de l'auteur principal, lorsqu'ils ont, avec connaissance, assisté celui-ci dans les faits qui ont préparé et consommé l'action. (*Arr. de Cass.*, 6 *juill.* 1838, 2 *févr. et* 11 *décem.* 1839, 12 *nov.* 1840). V. *Formules*, n°' 1311 et suiv.

SECTION V.

E.

et suiv. Visites domiciliaires, perquisitions, etc., n°ˢ 518, 543, 757; *Formule*, n°ˢ 1310 et 1311. En matière civile, Code Nap., art. 1730 et 1731. V. BAIL.

ÉTAT DES PERSONNES. Un individu est-il citoyen français ou étranger; est-il marié ou non; est-il enfant légitime ou naturel : c'est ce qu'on appelle en droit *questions d'état*.

ÉTAT DE SIÉGE. N° 461.

ÉTRANGERS. N°ˢ 462 et 1053 Certificat de résidence pour paiement de subside, *Formule*, n° 1336. V. EXPULSION.

ÉVASION DE DÉTENUS. N° 463. Avis à donner à l'autorité administrative et judiciaire, n° 1238. Procès-verbal d'évasion, *Formule*, n° 1283.

EXCAVATION. N° 464.

EXCÈS DE CHARGEMENT. Bacs et bateaux, n° 465. Voitures, V. POLICE DU ROULAGE.

EXCITATION A LA DÉBAUCHE. (Mineurs de l'un ou de l'autre sexe). N° 862, § 10. V. DÉBAUCHE.

EXCITATION A LA HAINE ET AU MÉPRIS DU GOUVERNEMENT. V. ATTENTATS POLITIQUES.

EXCUSE. Raison alléguée par un individu pour justifier le fait qui lui est reproché, ou pour l'atténuer et modifier la pénalité. Dans le premier cas, l'excuse est *péremptoire*, et aucune pénalité ne peut être prononcée. Dans le second, l'excuse est simplement *atténuante*, et a pour effet de mitiger la peine applicable au fait incriminé. L'excuse de *nécessité*, art. 471, § 4 du Code pén., n'est point admise par la jurisprudence administrative. V. n° 309.

EXCUSE DES TÉMOINS ET DES JURÉS. Code pén., art. 236.

EXÉCUTEUR TESTAMENTAIRE. V. DONATIONS ET TESTAMENTS.

EXÉCUTION DES ACTES DU GOUVERNEMENT. N°ˢ 288 et suiv.

EXÉCUTION DES ARRÊTS CRIMINELS. (Refus de prêter le secours requis). Code pén., art. 475, § 12.

EXÉCUTION DES JUGEMENTS rendus par les tribunaux de simple police. N°ˢ 962 et suiv.

EXÉCUTION DES MANDATS ET ORDONNANCES DE JUSTICE. N°ˢ 847 et suiv.; *Formules*, n°ˢ 1323 et 1324.

EXERCICE DU CULTE. V. CULTE.

EXERCICE DE FONCTIONS PUBLIQUES sans prestation de serment ou après révocation. Code pén., art. 196 et suiv. V. SERMENT.

EXERCICE ILLÉGAL DE LA MÉDECINE, de la chirurgie, de la pharmacie, de l'art des accouchements. N° 864, § 7. V ART DE GUÉRIR; CHANTEURS AMBULANTS, CHARLATANS.

EXHALAISONS INSALUBRES. N° 466. V. SALUBRITÉ.

EXHUMATIONS. N°ˢ 24 et 467; *Formule*, n° 1234. V. VACATIONS DES COMMISSAIRES DE POLICE.

EXONÉRATION DU SERVICE MILITAIRE. V. REMPLACEMENT.

EXPÉDITION. On appelle ainsi la copie littérale de la minute d'un jugement, d'un acte notarié, d'un acte administratif ou d'un procès-verbal.

EXPERT, EXPERTISE. N° 468. V. RÉQUISITIONS, RÉQUISITOIRES.

EXPERTISE DES VOITURES PUBLIQUES. N°ˢ 24, 469 et 748. *Formule*, n° 1235.

EXPLOIT. C'est le nom qu'on donne en général aux actes que font les huissiers pour assigner, ajourner, notifier, exécuter.

EXPLOITATION. V. CARRIÈRES.

EXPORTATION. V. DOUANES.

EXPOSITION D'ENFANT. V. ENFANT ABANDONNÉ.

EXPOSITION ou JET de choses pouvant nuire par leur chute ou leurs exhalaisons. N° 884.

EXPOSITION OU MISE EN VENTE de gravures, images ou livres obscènes. N° 864, § 9; de denrées alimentaires, altérées, corrompues, etc. V. DENRÉES ALIMENTAIRES.

EXPOSITION DE SIGNES destinés à troubler la paix publique. Loi du 25 mars 1822. V. ATTROUPEMENTS; ATTENTATS POLITIQUES.

EXPROPRIATION FORCÉE. N° 1086.

EXPROPRIATION POUR CAUSE D'UTILITÉ PUBLIQUE. N° 470.

EXPULSION (filles de mauvaise vie, gens

sans aveu , étrangers). Instructions et *Formule* d'ordre de conduite , n° 471.

EXTORSION d'un acte, d'un titre ou d'une signature. N° 863 , § 2.

EXTRADITION. N° 472.

EXTRAIT. Analyse ou copie de partie d'un acte.

EXTRA-JUDICIAIRE. N° 473.

EXTREMIS (mariage *in*). C'est ainsi qu'on appelle les mariages contractés à l'ex-

trémité de la vie. Ces mariages étaient, par la déclaration de 1649 et par l'édit de mars 1697, privés de tous les effets civils lorsqu'ils avaient été précédés d'un commerce illicite entre les deux époux. Ils sont permis par notre droit actuel. Dans ce cas, l'officier de l'état civil doit se transporter dans la chambre du moribond. V. ACTES DE L'ÉTAT CIVIL ; MARIAGE.

SECTION VI.

F.

1368. FABRICANT, FABRIQUE. V. APPRENTISSAGE ; ATELIERS DANGEREUX ; MAITRES ET OUVRIERS ; MANUFACTURES.

FABRICATION ET PORT D'ARMES PROHIBÉES. N° 862 , § 4.

FABRIQUE DES ÉGLISES. C'est ainsi qu'on appelle les établissements publics qui ont pour mission d'administrer les fonds et revenus des églises et de pourvoir aux nécessités du culte.

FAILLITE. Tout commerçant qui cesse ses paiements est en état de faillite. Code de comm. , art. 584 et suiv. V. BANQUEROUTE.

FAITS A CONSTATER en cas de crime ou délit. N°s 784 à 789 ; 801 à 835. *Formules*, n°s 1313 et suiv.

FAIT JUSTIFICATIF. V. EXCUSE ; FLAGRANT DÉLIT.

FAITS QUALIFIÉS CRIMES , DÉLITS , CONTRAVENTIONS. V. OBJETS DE POLICE JUDICIAIRE ; OBJETS DE POLICE ADMINISTRATIVE ; OBJETS DE POLICE MUNICIPALE ; FORMULAIRE DU COMMISSAIRE DE POLICE.

FALSIFICATION DE BOISSONS ET DENRÉES ALIMENTAIRES. N° 474.

FALSIFICATION ET FABRICATION DE CERTIFICATS, FEUILLES DE ROUTE, PASSE-PORTS., ETC. V. FAUX.

FAMILLE DU COMMISSAIRE DE POLICE. N° 137 et suiv.

FANATISME. Zèle aveugle et superstitieux.

FARINES. N° 475.

FAUSSES CLEFS. V. VOLS.

FAUSSES MESURES et faux poids. N° 863 , § 8.

FAUSSE MONNAIE. N° 861 , § 1.

FAUSSES NOUVELLES (propagation de), décr. du 17 févr. 1852 , art. 15.

FAUX. (Contrefaçon des sceaux de l'Etat, billets de banque, etc.) Usage , n° 861 , § 2.

FAUX dans les passeports et feuilles de route ; certificats d'indigence. N° 861, § 4.

FAUX en écriture authentique, de commerce ou privée et usage de pièces fausses, n° 861 , § 3.

FAUX TÉMOIGNAGE. N° 862, § 16.

FEMME, FEMME MARIÉE. V. ADULTÈRE; MOEURS; MARIAGE.

FENÊTRES (jet ou exposition d'objets nuisibles). N° 884.

FERMAGES. V. BAIL.

FÊTES LÉGALES. N° 476.

FEUILLE D'AUDIENCE. Observations et modèle, n° 997.

FEUILLE DE ROUTE. V. FAUX.

FEUILLE VOLANTE. V. ACTES DE L'ÉTAT CIVIL.

FEU. V. INCENDIE.

FEU D'ARTIFICE. V. ARTIFICES, ARTIFICIERS.

FEUX DE PAILLE ET AUTRES. N° 477.

FILETS. N° 478. V. PÊCHE.

FILIATION. N° 1059.

FILLES-MÈRES. N° 479.

FILLES PUBLIQUES. V. MOEURS.

FILOUTERIES ET LARCINS. V. VOLS. Formules, n°s 1313 et suiv.

FLAGRANT DÉLIT. Cas assimilés au flagrant délit; délit non flagrant. N°s 784 à 789, 801 à 835. Procès-verbaux en cas de flagrant délit, n°s 271 à 287. Formules, n°s 1313 et suiv.

FLEUVES ET RIVIÈRES. V. RÉGIME DES EAUX.

FOIRES ET MARCHÉS. N° 480. V. CÉRÉALES; LOCATION DE PLACES; VOIE PUBLIQUE.

FOLIE. V. ALIÉNÉS.

FONCTIONNAIRES PUBLICS V. AUTORITÉ; INFRACTIONS AUX DEVOIRS DU COMMISSAIRE DE POLICE; VIE PRIVÉE DU COMMISSAIRE DE POLICE.

FONCTIONS DU COMMISSAIRE DE POLICE. N°s 16 à 171.

FONDÉ DE POUVOIR. V. MANDAT.

FORÇATS (arrestation de), n° 748, § 4.

FORCE MAJEURE. L'empêchement provenant de la force majeure fait exception, en toute matière, à la culpabilité. Ce principe est même applicable aux contraventions de police. (Arr. de Cass., 8 août 1840). V. EXCUSE.

FORCE PUBLIQUE. N°s 25, 55, 356, 481, 492, 677, 776. Formule de réquisitoire, n° 1236. V. RÉQUISITIONS, RÉQUISITOIRES.

FORÊTS. V. RÉGIME FORESTIER.

FORFAITURE. V. INFRACTIONS AUX DEVOIRS DU COMMISSAIRE DE POLICE.

FORMALITÉS DES PLAINTES ET DÉNONCIATIONS. N°s 790 à 800.

FORME DU POURVOI EN CASSATION. N° 955. V. POURVOI.

FORMULAIRE DU COMMISSAIRE DE POLICE. N°s 1230 à 1364.

FORMULE EXÉCUTOIRE. Les jugements et grosses d'actes doivent en être revêtus. Elle consiste en ces mots placés en tête : Napoléon, etc.... et à la fin : Mandons et ordonnons, etc...

FOSSÉS. V. CLÔTURES.

FOSSES D'AISANCE. V. POLICE MUNICIPALE.

FOUILLE DU PRÉVENU. N°s 197 et 826; Formule, n° 1313.

FOUILLES SUR LA VOIE PUBLIQUE. V. EXCAVATIONS.

FOURRIÈRE. N°s 482; 382 (gibier); 629 (poisson) et 414 (denrées alimentaires); Formule de requête au juge de paix pour être autorisé à faire vendre ou à faire remettre à un établissement de bienfaisance des objets périssables mis en fourrière, n° 1288. Réquisitoire au gardien de la fourrière, Formule, n° 1306.

FOURS ET CHEMINÉES. N° 483.

FOUS FURIEUX. N°s 335 et 484. Réquisitoire du commissaire de police tendant à leur admission provisoire dans un hospice, Formule, n° 1259. Constatation de l'aliénation mentale furieuse, Formule, n° 1260. V. ALIÉNÉS.

FRAIS DE CAPTURE. N° 964. Mémoire des frais de capture, Modèle, n° 1350.

FRAIS FUNÉRAIRES. Code Nap., art. 2101, § 2. V. PRIVILÉGES.

FRAIS DE POLICE. Les avances faites par les commissaires de police, leur sont remboursées sur la caisse de la municipalité ou de la préfecture; les sommes payées pour l'exécution d'ordonnances des magistrats sont prélevées sur les frais de justice, dans ce cas un mémoire des frais doit être annexé au procès-verbal d'exécution.

FRAIS URGENTS. V. TAXE ET PAIEMENT DES FRAIS URGENTS.

FRANCHISE DES COMMISSAIRES DE POLICE. N° 130 et suiv. V. CORRESPONDANCE.

FRANCISATION. N° 485.

FRAUDE ET CONTREBANDE. N° 864, § 5.

FRELATEUR de vins. V. BOISSONS.

FRIPIERS ou brocanteurs. N° 486. *Formule* du procès-verbal à mettre en tête de leurs livres, n° 1290.

FRUITS CUEILLIS ET MANGÉS SUR PLACE. N° 886. V. MARAUDAGES.

FUMIERS. V. VOIRIE GRANDE ET PETITE;

POLICE MUNICIPALE.

FUREUR. V. FOUS FURIEUX.

FUTAIES. On appelle ainsi les arbres qui ont plus de cinquante ans. V. RÉGIME FORESTIER.

SECTION VII.

G.

1369. GAGE. V. NANTISSEMENT.

GAGES (salaires). V. LOUAGE; MAÎTRES ET OUVRIERS; LIVRETS.

GAGES (maisons de prêts sur). V. MONTS-DE-PIÉTÉ.

GALERIES SOUTERRAINES. Règlement du 22 mars 1813. V. MINES.

GARANT, GARANTIE en matière de vente. V. VENTE.

GARANTIE DES MATIÈRES D'OR ET D'ARGENT. N°s 491, 561; *Formule* en cas d'assistance des préposés, n° 1231.

GARDE A VUE DU PRÉVENU. N°s 784 à 789, 801 à 835. *Formule*, n° 1313.

GARDES BARRIÈRES DES CHEMINS DE FER. N° 487.

GARDES CHAMPÊTRES ET FORESTIERS. N° 488. Rapports du commissaire de police avec ces agents, n°s 95 à 100. Réquisition afin de conférer, *Formule*, n° 1241. Dans les autres cas, V. RÉQUISITIONS, RÉQUISITOIRES. Rédaction des procès-verbaux des gardes illitérés, n° 668, *Formule*, n° 1305.

GARDES-CHEFS. N° 205.

GARDES DE NUIT. V. EDILES; ORGANISATION DU SERVICE DE SURETÉ

GARDES DU COMMERCE. N° 489.

GARDES NATIONAUX. V. RÉQUISITIONS, RÉQUISITOIRES.

GARDES PARTICULIERS. N° 490.

GARDES RIVIÈRES. V. RÉGIME DES EAUX.

GARDIENS D'ANIMAUX. V. ANIMAUX.

GARDIENS DE PRISONS. V. PRISONS, MAISONS D'ARRÊT ET DE JUSTICE. Réquisitoire du commissaire de police au gardien chef d'une maison d'arrêt, *Formule*, n° 1274.

GARDIENS DE SCELLÉS. V. SCELLÉS.

GARNIS. V. LOGEURS.

GENDARMERIE. N° 492. V. FORCE PUBLIQUE.

GENS SANS AVEU. N° 493.

GESTES. Les gestes sont punissables en certain cas. V. OUTRAGES ET VIOLENCES.

GIBIER. N° 382. V. FOURRIÈRE.

GLACES ET NEIGES. V. POLICE MUNICIPALE.

GLANAGE, RATELAGE ET GRAPPILLAGE. N°s 494 et 887.

GLANDÉE. V. RÉGIME FORESTIER.

GOUÉMON. V. EPAVES; WARECH.

GRACE. La peine vous est remise, mais le crime vous reste, « dit le président de Malesherbes à un coupable gracié, *pœna tolli potest, culpa*

79

perennis erit. L'Empereur a seul le droit de faire grâce et de commuer les peines.

GRAINS. V. CÉRÉALES.

GRANDES ROUTES. N° 495. V. VOIRIE GRANDE ET PETITE.

GRANDE VOIRIE. N° 496. V. VOIRIE GRANDE ET PETITE.

GRAPPILLAGE. V. GLANAGE.

GRAVURES. V. DESSINS.

GREFFE, GREFFIERS. Le *greffe* est le lieu où les jugements et arrêts sont déposés et expédiés. Les *greffiers* sont membres de la juridiction à laquelle ils sont attachés. V. POURVOI.

GROSSE. N° 499.

GUET-APENS. Code pén., art. 296, 298. V. ASSASSINAT; COUPS ET BLESSURES. Lorsqu'il y a guet-apens, il y a *nécessairement* préméditation.

GUINGUETTE. V. BALS.

SECTION VIII.

H.

1370. HABILE. Dans le langage du droit ce mot signifie absence d'incapacité; on dit : *habile* à succéder; *habile* à contracter mariage.

HABITATION. V. USAGE ET HABITATION; MAISONS D'HABITATION.

HAIES arrachées ou coupées. Code pén., art. 456. V. CLOTURES.

HALAGE (chemins de). V. VOIRIE GRANDE ET PETITE.

HAUSSE ET BAISSE. C'est ainsi qu'on nomme les différents mouvements et variations qui ont lieu, soit dans le cours des effets publics, soit dans le cours des denrées et marchandises. V. BOURSE; CÉRÉALES; COALITION DES DÉTENTEURS D'UNE MÊME MARCHANDISE.

HERBORISTES. N° 500.

HÉRÉDITÉ, HÉRITIER. V. SUCCESSIONS.

HÉRITIER BÉNÉFICIAIRE. V. BÉNÉFICE D'INVENTAIRE.

HOMICIDE VOLONTAIRE. V. MEURTRE.

HOMICIDES, BLESSURES ET COUPS INVOLONTAIRES. N° 862, § 5.

HOMOLOGATION. C'est ainsi qu'on nomme l'approbation judiciaire d'une délibération d'un conseil de famille, d'un rapport d'experts, d'un concordat.

HÔPITAUX ET HOSPICES. N° 501. Requisitoire afin d'admission provisoire et de consignation d'un individu malade, dans les cas urgents, *Formule,* n° 1293; d'un fou furieux, *Formule,* n° 1259.

HORLOGERS. V. BIJOUTIERS.

HÔTELIERS. V. LOGEURS.

HÔTELS, AUBERGES, etc. N° 923.

HUIS-CLOS. N° 944.

HUISSIERS. N° 947. V. CITATIONS. Les huissiers ne peuvent, à peine de nullité, exploiter pour leurs parents et alliés, et ceux de leurs femmes; ils sont responsables si l'exploit ou l'enquête sont déclarés nuls par son fait. (*Code de proc. civ., art.* 66 à 71.)

HUÎTRES. Leur vente est interdite, dans un certain nombre de localités, du

1er mai au 1er octobre. Les huîtres gâtées doivent être saisies et jetées à la rivière. La contravention est cons- tatée. V. Denrées alimentaires.

Hydrophobie. No 502.

Hypothèques. No 1085.

SECTION IX.

I.

1371. Identité. Qualité de ce qui est *identique* (le même.)

Ignorance. Il y a l'ignorance *de fait*, et l'ignorance *de droit*. L'ignorance de *fait* ne nuit pas. L'ignorance de *droit* n'excuse pas. Nul n'est censé ignorer la loi.

Illicite. On qualifie ainsi tout ce qui est prohibé par la loi ou contraire aux bonnes mœurs et à l'ordre public.

Images. No 503.

Imbécillité. V. Aliénés.

Immeubles. V. Biens.

Immondices (jet d'). No 884, §§ 1 et 2.

Importation. V. Douanes.

Impots. No 504.

Imprescriptibles (choses). Code Nap., art. 2226. V. Domaine public.

Imprimeries, imprimeurs. No 505.

Imprudence. Chacun est responsable du dommage qu'il a causé par sa négligence ou par son *imprudence*. (*Code Nap.*, *art.* 1383). Blessures par imprudence, n° 862, § 5. Incendie, n° 863, § 9.

Imputation calomnieuse. V. Diffamation.

Imputation des paiements. Le débiteur de plusieurs dettes a le droit de déclarer, lorsqu'il paie, quelle dette il entend acquitter. (*Code Nap.*, *art.* 1253.) V. n° 1070, extinction des obligations.

Incapacité. V. Capacité.

Incendies (précautions à prendre pour les prévenir). No 914.

Incendies accidentels. No 506.

Incendies volontaires ou par imprudence. No 863, § 9.

Inceste, incestueux. Anciennement l'inceste en ligne directe était puni de mort. Nos lois pénales actuelles ne prononcent aucune peine, elles sont muettes sur ce point. V. Enfant adultérin ou incestueux.

Incident. Évènement qui survient dans le cours d'une instance.

Incompatibilité (fonctions de commissaire de police). Nos 145, 270.

Incompétence. V. Compétence. Incompétence des tribunaux de police en raison de la matière, du lieu ou de la personne. Nos 966 et suiv.

Inculpés appartenant a l'armée. (Simple police). No 970.

Indigence, indigents. No 507.

Industrie (agricole et manufacturière). No 508.

Industrie (louage d'). Nos 555, 733.

Infanticide. Code pén., art. 300 et suiv.; *Formules* 1313 et suiv. V. Enfant; Crimes et délits envers l'enfant.

Information (matières de police judiciaire). Nos 781 et suiv. *Formules*, n° 1313 et suiv.

SECTION X.

J.

JEU ET PARI. Nº 515.
JEUX PROHIBÉS. Nº 516.
JEUX, DANSES, PROMENADES, CORTÉGES, etc. Nº 910, § 7.
JONGLEURS, Nº 517.
JOUISSANCE ET PRIVATION DES DROITS CI- VILS. Nº 1053.
JOUR. C'est le temps que la terre emploie à faire une révolution sur son axe, c'est-à-dire 24 heures, de minuit à minuit.
JOUR ET NUIT. Nº 518.
JOUR FÉRIÉ. V. DIMANCHES ET FÊTES.
JOURNAL-AGENDA ou main-courante du commissaire de police, nº 176. Modèle, nº 1245.
JOURNAL DES COMMISSAIRES DE POLICE Nº 520.
JOURNAUX. Nº 519. V. PRESSE.
JUGE. Les juges doivent se souvenir, dit Bacon (*Essais de politique et de morale*), que leur devoir est de *jus dicere* et non pas *jus dare*, c'est-à-dire d'interpréter la loi et non pas de la faire. La loi doit être la conscience du magistrat.
JUGE DE PAIX. Il faut, disait Thouret, en présentant à l'assemblée constituante le décret organique des justices de paix, que tout homme de bien, pour peu qu'il ait d'expérience et d'usage, puisse être juge de paix. Rapports du commissaire de police avec le juge de paix, nᵒˢ 50 et suiv.; 21; 406; 930 et suiv. V. FORMULAIRE.
JUGE DE POLICE (compétence et fonctions). Nᵒˢ 930 à 937.
JUGE D'INSTRUCTION. V. COMMISSIONS ROGATOIRES.

JUGEMENTS. Quoiqu'on appelle jugement toute décision émanée de l'autorité judiciaire, ce mot s'applique plus spécialement aux décisions rendues par les tribunaux inférieurs. Celles qui sont rendues par les cours impériales, par les cours d'assises et par la cour de cassation, portent le nom d'*arrêts*. Jugements préparatoires, interlocutoires, provisoires, définitifs; en premier ou en dernier ressort; contradictoires ou par défaut, nᵒˢ 950 à 961; 1347.
JURIDICTION. V. COMPÉTENCE.
JURIDICTION DES COMMISSAIRES DE POLICE. Nᵒˢ 16 et suiv.
JURISPRUDENCE DES ARRÊTS. Question décidée plusieurs fois de la même manière; c'est là une grande autorité, mais les juges ne doivent pas toujours s'y arrêter : *non exemplis, sed legibus judicandum*.
JURY (criminel). Code d'instr. crim., art. 381 et suiv. L'organisation du jury a été réglée en France par la loi des 16-29 sept. 1791.
JURY D'EXPROPRIATION. V. EXPROPRIATION POUR CAUSE D'UTILITÉ PUBLIQUE.
JURY MÉDICAL. Nº 522.
JUSTICE. C'est, dit Justinien, une volonté ferme et constante de rendre à chacun ce qui lui appartient : *Justitia est constans et perpetua voluntas jus suum cuique tribuendi*.
JUSTICE CRIMINELLE. (Mode de paiement des frais urgents). Nᵒˢ 865 à 869.

SECTION XI.

L.

1373. LACÉRATION D'AFFICHES. Nº 901.
LACS. V. RÉGIME DES EAUX; CHASSE.
LAIT. V. DENRÉES ALIMENTAIRES; GALACTOMÈTRE.

LAMINOIRS. V. BALANCIERS.
LAMPIONS. Nº 523.
LARCINS. V. VOLS.
LÉGALISATION. Nº 624; *Formule*, nº 1294.

LÉGITIME DÉFENSE. Code pén., art. 327, 328, 329. V. BLESSURES ET COUPS.

LETTRES. N° 525. V. CORRESPONDANCE; POSTES.

LETTRES D'ENVOI. V. PROCÈS-VERBAUX. Lettre d'envoi d'un réquisitoire afin de citation hors du canton, n° 941; *Formules*, nos 1337 et 1338.

LETTRES DE VOITURE. V. VOITURIERS.

LETTRES DE CRÉDIT. On appelle lettre de crédit celle par laquelle on écrit à un correspondant de compter à une personne désignée l'argent dont elle pourra avoir besoin, ou bien jusqu'à concurrence d'une somme déterminée.

LEVÉE DE CADAVRE. N° 526; *Formules*, nos 1295 et 1269. V. DÉCÈS ACCIDENTEL, VIOLENT OU SUBIT.

LIBERTÉ. La *liberté*, c'est l'ordre, c'est la justice, c'est l'égalité de tous devant la loi, c'est le triomphe de la raison publique. Loin d'être le droit de tout faire, la liberté n'existe que par l'obéissance aux lois. (*Préambule de la loi dite* Martiale, *du 21 oct.* 1789.)

LIBERTÉ INDIVIDUELLE. N° 527.

LIBRAIRIES, LIBRAIRES. N° 528. V. PRESSE.

LIEUX DE DÉBAUCHE. V. MOEURS.

LIEUX PUBLICS. Nos 529, 912.

LIMITE DE LA COMPÉTENCE DES TRIBUNAUX DE SIMPLE POLICE. Nos 966 et suiv.

LIMITES OPPOSÉES AUX CONVENTIONS PAR-TICULIÈRES. Nos 1015 et suiv.

LITHOGRAPHIE. N° 530.

LIVRES DES AUBERGISTES, LOGEURS, etc. V. LOGEURS.

LIVRES DES BIJOUTIERS, JOAILLIERS, etc. V. BIJOUTIERS.

LIVRES DES FRIPIERS OU BROCANTEURS. V. FRIPIERS.

LIVRETS D'OUVRIERS. Nos 531, 625, 756, 351. Déclaration en cas de perte d'un livret, *Formule*, n° 1296. Visa, *Formule*, n° 1310.

LOCATION DE PLACES (voie publique). N° 532.

LOGEMENT DES MILITAIRES. N° 534.

LOGEURS. Nos 533 et 912. Registres des logeurs, aubergistes, hôteliers, etc., pour l'inscription des voyageurs, *Modèle*, n° 1298. Visa de ces registres, n° 1298, § dernier. Procès-verbal de contravention, *Formule*, n° 1326. Procès-verbal de visite, n° 1332.

LOIS. N° 535.

LOIS DE POLICE ET DE SURETÉ. Nos 7, 264 à 270.

LOIS, ORDONNANCES ET DÉCRETS SPÉCIAUX. N° 864.

LOTERIES. Nos 536, 864, § 10.

LOUAGE. N° 1075. Bail, quittance de loyer ou fermage, *Formule*, n° 1357. Louage d'industrie, convention d'apprentissage, *Formule*, n° 1358.

LOUPS, LOUVETERIE. N° 537

SECTION XII.

M

1374. MACHINATIONS. V. ATTENTATS PO-LITIQUES.

MACHINES. V. ARMES.

MACHINES A VAPEUR. N° 538.

MAGISTRAT. V. ABUS D'AUTORITÉ; FONC-TIONNAIRES PUBLICS.

MAGISTRATURE DU COMMISSAIRE DE POLICE. Nos 17 à 34.

MAIN-D'OEUVRE. Code Nap., art. 570 et suiv.

SECTION XIII.

N.

SECTION XIV.

O.

ORFÈVRES. V. BIJOUTIERS.

ORGANES DE L'ADMINISTRATION. Nº 617.

ORGANES DU MINISTÈRE PUBLIC (tribunaux de simple police). V. MINISTÈRE PUBLIC.

ORGANISATION D'UN BUREAU DE POLICE. Nºˢ 172 et suiv.

ORGANISATION DU SERVICE DE SURETÉ. Nº 179 et suiv.

ORIGINAL. Nº 618.

OUTRAGE PUBLIC A LA PUDEUR. Nº 862, § 9.

OUTRAGES ET VIOLENCES ENVERS LES DÉPOSITAIRES DE L'AUTORITÉ ET DE LA FORCE PUBLIQUE. Code pén., art. 222 à 233; loi du 25 mars 1825, art. 6. La qualification de magistrats de l'ordre administratif ou judiciaire s'applique aux préfets, sous-préfets, maires, adjoints, commissaires de police, aux juges, aux organes du ministère public. Mais les dispositions de la loi ne sont pas limitatives; elles s'appliquent aux dépositaires de l'autorité et de la force publique; dès-lors les présidents des assemblées électorales légalement convoquées sont compris dans ses dispositions. (*Arr. de Cass.*, 19 *août* 1837). V. nº 28 et suiv.

OUVERTURE DE PORTES. Nº 619. V. RÉQUISITOIRES.

OUVERTURE ET FERMETURE DES LIEUX PUBLICS. V. LIEUX PUBLICS; POLICE MUNICIPALE.

OUVERTURE NON AUTORISÉE D'UNE ÉCOLE PRIMAIRE. Nº 864, § 13.

OUVRAGES D'OR ET D'ARGENT. V. MATIÈRES D'OR ET D'ARGENT.

OUVRAGES DRAMATIQUES. Nº 620.

OUVRAGES IMPRIMÉS OU GRAVÉS. V. DESSINS; PRESSE.

OUVRIERS. Nº 621. V. LIVRETS D'OUVRIERS; MAITRES ET OUVRIERS; COALITION D'OUVRIERS; Nº 864, §§ 15, 16, 17; loi du 1ᵉʳ décem. 1849. Procèsverbal, *Formule*, nº 1297.

SECTION Xv.

P.

1377. PACAGE. On appelle droit de *pacage* le droit de faire paître son bétail dans certains pâturages : ce droit est une servitude discontinue. (*Code Nap.*, art. 688). V. VAINE PATURE ET PARCOURS.

PAIEMENT. V. EXTINCTION DES OBLIGATIONS, nº 1070, § 7; IMPUTATION DES PAIEMENTS. C'est au débiteur à faire son appoint. (*Loi du 22 avr.* 1791.)

PAIEMENT DES FRAIS URGENTS (justice criminelle). Nº 865 et suiv.

PAIN. V. BOULANGERS; TAXE.

PAMPHLETS OU PLACARDS SÉDITIEUX. V. AFFICHEURS; PRESSE.

PAPIERS. V. PASSE-PORTS; DÉFAUT DE PAPIERS.

PARAPHE. V. PROCÈS-VERBAUX.

PARCOURS. V. VAINE PATURE.

PARENTÉ DES OFFICIERS DE POLICE AVEC LES DÉLINQUANTS. Nº 777.

PARI. Nº 622.

PARRICIDE. Nº 862, § 1. *Formules*, nºˢ 1313 et suiv.

SECTION XVI.

Q.

SECTION XVII.

R.

RECÉLÉ. Code pén., art. 62. V. COM-
PLICITÉ; VOLS.

RÉCEPTION ET RÉDACTION des plaintes et
dénonciations. Nos 790 et suiv.

RECHERCHE et constatation des crimes et
délits. V. POLICE JUDICIAIRE.

RECHERCHE et constatation des contraventions. V. POLICE MUNICIPALE.

RÉCIDIVE. V. PEINES.

RÉCOLTES (dévastation de). Code pén.,
art. 444. V. MARAUDAGE; POLICE
RURALE.

RÉCOMPENSE REÇUE PAR UN FAUX TÉMOIN.
V. FAUX TÉMOIGNAGE.

RECONNAISSANCE D'ENFANT NATUREL. V.
FILIATION.

RECONNAISSANCE D'IDENTITÉ. Code d'instr.
crim., art. 518, 519 et 520. V. ÉVA-
SION DE DÉTENUS.

RECRUTEMENT. N° 667. V. PUISSANCE
PATERNELLE; INFRACTIONS A LA LOI SUR
LE RECRUTEMENT.

RÉDACTION DES PROCÈS-VERBAUX DES GAR-
DES ILLITTÉRÉS. N° 668, Formule,
n° 1305.

RÉFUGIÉS. N° 462. Certificat qui leur est
nécessaire pour toucher leurs subsi-
des, Formule, n° 1334.

REFUS de la part des hommes de l'art
d'obtempérer aux réquisitions du commissaire de police. N° 806.

REFUS DE SECOURS. N° 895.

REFUS D'UN SERVICE DU LÉGALEMENT. Code
pén., art. 234. V. FORCE PUBLIQUE,
GENDARMERIE.

RÉGIME DES EAUX. N° 669.

RÉGIME FORESTIER. N° 670.

REGISTRE DES AUBERGISTES, LOGEURS, etc.
N° 671. V. LOGEURS.

REGISTRES DES AGENTS DE POLICE. Arrivée
et départ, n° 187, Modèle, n° 1250.
Plaintes et réclamations, n° 186,
Modèle, n° 1251. Compte-rendu
des tournées, n° 190, Modèle,
n° 1252.

REGISTRES DU COMMISSAIRE DE POLICE.
N° 176. Journal-agenda, Modèle,
n° 1245. Répertoire, Modèle, n°
1246. Registre d'ordre, Modèle,
n° 1247.

RÈGLEMENTS ADMINISTRATIFS. N° 672.

RÈGLEMENTS D'ADMINISTRATION PUBLIQUE.

N° 673.

RÈGLEMENTS DE POLICE. Nos 674, 875.
V. ARRÊTÉS.

RÈGLES DE DROIT. Nos 1088 à 1229.

RÉHABILITATION. Code d'instr. crim.,
art. 619 à 634.

REMÈDES, REMÈDES SECRETS. N° 675.

REMPARTS. V. DOMAINE PUBLIC; IMPRES-
CRIPTIBLE.

REMPLACEMENT MILITAIRE. N° 676.

RENSEIGNEMENTS. V. BULLETIN DE REN-
SEIGNEMENT.

RENTE VIAGÈRE. V. CONTRATS ALÉA-
TOIRES.

RENVOI. V. RATURES.

RÉPARATIONS (grosses; d'entretien).
Code Nap., art. 606.

RÉPARATIONS CIVILES. C'est ainsi qu'on
nomme les dommages, et intérêts accordés par un tribunal de justice répressive à la partie lésée par un crime,
par un délit ou par une contravention.
V. DOMMAGES ET INTÉRÊTS; PARTIE
CIVILE.

RÉPARATIONS LOCATIVES. Code Nap., art.
1754. V. BAIL.

RÉPERTOIRE. V. REGISTRES.

REQUÊTE au juge de paix pour être autorisé à faire vendre ou à faire remettre
à un établissement de bienfaisance
des objets périssables mis en fourrière. V. n° 482 (fourrière), 382
(gibier), 629 (poisson), 414 (denrées alimentaires). Formule, n° 1288.

RÉQUISITIONS, RÉQUISITOIRES. Nos 677,
803 et suiv. A la force publique,
nos 25, 55, 356, 481, 492, 677,
776; Formule, n° 1236. Aux gardes-
champêtres afin de conférer, n° 95;
Formule, n° 1241. Aux gardes forestiers, n° 97; Formule, n° 1242.
A des médecins, experts, ouvriers,
gardiens de fourrière, etc., Formules, n° 1306. V. TAXE DES FRAIS UR-
GENTS. Procès-verbal de refus d'un
ouvrier, expert ou médecin de déférer
aux réquisitions d'un commissaire de
police, en cas de flagrant délit, accidents, etc. Formules, nos 1307 et
1313. Ordre de consigne, Formule,
n° 1300.

RÉQUISITOIRE AFIN DE CITATION. Nos 939

et 940, *Formule*, n° 1337. Lettre d'envoi de ce réquisitoire, n° 941, *Formule*, n° 1338.

RÉQUISITOIRE DU MINISTÈRE PUBLIC. Pour faire fixer un dommage, *Formule*, n° 1339; afin d'exécution d'un jugement de simple police, n° 964, *Formule*, n° 1349.

RÉSISTANCE A L'AUTORITÉ. V. RÉBELLION.

RESPECT DU AUX AUTORITÉS CONSTITUÉES. Code d'instr. crim., art. 504 et suiv.

RESPECT HUMAIN. La déférence au jugement des hommes, lorsqu'elle n'a aucune influence sur nos devoirs, n'est pas seulement permise, elle est même sage; mais elle devient coupable, si elle influe d'une manière quelconque sur nos devoirs. (*Bousquet*).

RESPONSABILITÉ CIVILE. N° 679. V. QUASI-DÉLIT.

RESPONSABILITÉ DES COMMUNES. N° 680.

RESTAURATEURS. V. DÉBITS DE BOISSONS; LIEUX PUBLICS.

RESTITUTIONS et autres condamnations prononcées en réparation d'un dommage ont privilége sur les condamnations prononcées au profit de l'État. Code pén., art. 54.

RÉSUMÉ ET CONCLUSIONS du ministère public près les tribunaux de police.

N°ˢ 999 et suiv.

RÉTRIBUTIONS SUPPLÉMENTAIRES. N° 681. V. TRAITEMENT DES COMMISSAIRES DE POLICE; VACATIONS.

RETRAITE. N° 682.

RÉUNION. V. ASSOCIATIONS.

RÉVÉLATION. V. COMPLOT; FAUSSE MONNAIE; SECRETS.

REVENDEURS. N° 683.

RIVIÈRES ET CANAUX. N° 684.

RIXE. V. BRUIT; VOIES DE FAIT; ATTROUPEMENTS.

ROLE pour régler l'ordre de l'appel des affaires à l'audience, n°ˢ 948 à 1345.

RONDES DE NUIT. V. SERVICE DE NUIT.

ROULAGE. N° 685.

ROUTES. N° 686.

RUBRIQUE. C'est ainsi qu'on appelle le titre d'un livre, d'un chapitre ou même d'un paragraphe. Ce mot vient du latin *ruber* (rouge) *rubrica* (couleur rouge), parce que les sommaires et les titres des lois étaient autrefois écrits en lettres rouges.

RUES. N° 687.

RUINES. N° 688.

RUPTURE DU BAN DE SURVEILLANCE. N° 861, § 11. Procès-verbaux, *Formules*, n°ˢ 1270 et 1330. V. SURVEILLANCE DE LA HAUTE POLICE; BAN.

SECTION XVIII.

S.

1380. SAGES-FEMMES. N° 689.

SAILLIES FIXES OU MOBILES. V. EMBARRAS; VOIRIE GRANDE ET PETITE; FORMULAIRE.

SAISIES. V. VISITES DOMICILIAIRES; FLAGRANT DÉLIT; *Formule*, n° 1313.

SALAIRE. V. MAITRES ET OUVRIERS.

SALTIMBANQUES. N° 690 V. POLICE MU-

SECTION XIX.

T.

SECTION XX.

U.

SECTION XXI.

V.

TABLE DES MATIÈRES.

FIN DE LA TABLE DES MATIÈRES.

Avignon, Typ. BONNET FILS.

www.ingramcontent.com/pod-product-compliance
Lightning Source LLC
Chambersburg PA
CBHW031718210326
41599CB00018B/2424